Verlag Edition Hochfeld

W0048018

Bregenzerwald und Bodensee im Jahr 1791 – die Druckwellen der Französischen Revolution beginnen, das feudale Europa zu erschüttern, und auch in Bezau sind die Auswirkungen schon zu spüren.

In dem entlegenen Bergdorf zerfällt die Familie der jungen Bäuerin Franzisca Mauchin, nachdem ihr Vater beim Holzen auf mysteriöse Weise ums Leben gekommen ist. Intrigen zwingen sie, ihren Hof und Heimatort zu verlassen und ihr Auskommen als Pfarrköchin am Bodensee zu bestreiten, denn schweren Herzens entscheidet sie sich gegen eine Flucht in die Heirat. Über den Verlust der Heimat trösten sie zunächst Wärme, Fruchtbarkeit und die Sinnlichkeit der Landschaften am See hinweg. Als sie jedoch unverheiratet schwanger wird, wendet sich die öffentliche Moral gegen sie.

Mutig und mit Finesse setzt sie sich zur Wehr, und ihr Widerstand trifft auf eine verunsicherte gesellschaftliche Elite, denn nicht weit entfernt, in Frankreich, richten sich bereits Revolution und Guillotine gegen kirchliche und weltliche Macht.

J. M. Soedher lebt und arbeitet als Schriftsteller in Landsberg a. Lech und in Lindau (Bodensee). Er ist Autor der Krimireihen *Bucher ermittelt* und *Schielins Fälle* sowie zahlreicher weiterer Romane und Bildbände.

Mauchin

Historischer Roman

Mauchin-Trilogie,
Teil I

Verlag Edition Hochfeld

Von J. M. Soedher sind bisher erschienen:

Villa Seewind
Rotkreuzplatz da Vinci

in der Reihe *Bucher ermittelt*:
Der letzte Prediger/Requiem für eine Liebe
Im Schatten des Mönchs/Marienplatz de Compostela

in der Reihe *Schielins Fälle*:
Galgeninsel/Pulverturm/Heidenmauer/Hexenstein
Inselwächter/Hafenweihnacht/Seebühne/Knochenmühle

1. Auflage
März 2018
Verlag Edition Hochfeld, Landsberg a. Lech
© Verlag Edition Hochfeld
Lektorat: Susann Wendt, Haus des Buches, Leipzig
Umschlagkonzept und Gestaltung: Verlag Edition Hochfeld
Cover: Fresko v. J. W. Baumgartner in der Wallfahrtskirche Baitenhausen;
es zeigt Meersburg gegen Mitte des 18. Jh.
Satzherstellung: Amann, Memmingen
Gesamtherstellung: CPI Ebner & Spiegel, Ulm
Printed in Germany

ISBN Hardcover: 978-3-9818025-2-8
ISBN E-Book: 978-3-9818025-3-5

www.edition-hochfeld.de

Die Hoffnung, die sich verzieht, ängstet das Herz;
wenn's aber kommt, was man begehrt,
das ist wie ein Baum des Lebens.

Sprüche 13, 12

I. Teil – Im Wald

Ganz im Osten, wo der Bodensee ausgestreckt vor den Bergen ruht, weitet sich das Land und gibt einer sanften Ebene Raum. Flüsse und Bäche mäandern durch die Auenlandschaft, aus der sich alte und ehrwürdige Bäume erheben. Ihre Kronen ragen einsam aus den Morgennebeln, und über ihnen scheinen schneebedeckte Gipfel voller dramatischer Schönheit auf. Die Härte ihrer Felsen glättet sich in der weiten Wasserfläche, die sich nach Westen hin im Horizont verliert. Dort aber, wo die Ebene in schmalen Tälern verebbt und wo grasbewachsene Hänge aufstreben bis hinauf zu scharfen Felsgraten, breiten sich grüne Hochtäler aus. Heiteres Hügelland wechselt mit verschwiegenen Tobeln, bunt blühen die Alpmatten, und tosende Wasserfälle stürzen von den Bergkämmen. In einer vom Seeufer weit entlegenen Talschaft, die schon in frühen Zeiten von Walsern besiedelt wurde, liegt ein Flecken hoch auf fruchtbaren Hängen – er trägt den mysteriösen Namen *Marul*. Dort wird im Frühjahr des Jahres siebzehnhundertdreiundneunzig ein Mädchen geboren und auf den Namen Katharina Maria getauft. Ein langes Leben liegt vor diesem Kind, das die Luft der Berge und die des Sees atmen wird. Seine Geschichte allerdings beginnt schon einige Jahre zuvor – im Bregenzerwald.

Nach einem langen Winter ließ das Frühjahr auch im Herzen des Bregenzerwaldes erste Farben sehen. Die Wälderhäuser lagen verstreut auf dem weiten grünen Grund, der von Felsgipfeln und bewaldeten Hügeln umschlossen war. An der Südflanke der Talschaft fiel der schmale und schroffe Nordgrat der Kanisfluh zum Talgrund ab, als wäre er ein versteinerter Wasserfall, und schuf eine felsige Enge, die jeden, der die Stelle passierte, sich klein und schutzwürdig empfinden ließ. Darunter rauschten die kalten Wasser der Bregenzer Ach, und hinter dem Gopfberg, im jenseitigen Winkel des Tals, reckte sich ein Kirchturm in die Höhe. Gleich darum sammelten sich die Gräber, die von schlichten schmiedeeisernen Kreuzen geschmückt waren.

Hier, am Ende des Taleinschlusses, wo sich aus bergumschlossener dunkler Tiefe der Boden hob und den Blick in weite Höhen frei werden ließ, verdichteten sich die Gehöfte zu jenem Ort Bezau, dessen Bedeutung sich neben der Kirche auch durch das eigene Gericht und die stolzen Gasthöfe Gams und Hirsch ausdrückte, in denen Reisende ein sicheres Quartier fanden. Viele Händler waren darunter, die sich im Tal gute Geschäfte erhofften, und solche, die vom Schröcken kamen oder die gefährliche Passstraße noch vor sich hatten.

Das Frühjahr war schon vorgedrungen, doch setzte sich der Winter noch immer zur Wehr und krallte sich in den Nächten mit einer hässlichen Kälte an alles, was er packen konnte. Menschen wie Tiere ersehnten die lichten längeren Tage und warme Winde. Nach dem monochromen Glänzen der Schneewochen sogen die Seelen nun das beginnende frische Grün der Weiden und Wälder auf wie ein Durstiger frisches Wasser, und unterschwellig lauschten die Ohren schon wieder auf das erste fröhliche Zwitschern der Vögel.

Ein belangloser Tag trieb gegen Nachmittag, und der erste warme Regen des Jahres fiel. Auf den Weideflächen standen flache Wassertümpel, und ringsherum gurgelte und gluckste es. Der Boden darunter war noch kaum durchlässig, und nur an wenigen Stellen drang das Nass ins Erdreich vor. Gräben und Bäche waren daher tief und reißend geworden, und die Weiden, Täler und Schluchten um die Bregenzer Ach waren von Tosen erfüllt. Baumstämme, schwere Äste und Geröll wurden mitgerissen als wären sie Spielzeug. Die ganze Natur war von einem Reißen erfasst, von einem ungestümen Davon- und Hinwegfließen, und auch die Menschen waren davon ergriffen – Unrast packte die Gemüter.

Weit draußen vor dem Ort, im Schopf[1] eines alten Stadels, hatte Franzisca Mauchin Schutz vor dem Gewitterregen gefunden. Sie

---

1   Überdachter, offener Vorbau.

war von dem Unwetter überrascht worden, als sie mit den Ziegen auf dem Weg nach Hause war. So sehr ihr Gewitter auch eine natürliche Furcht einflößten, war sie im gleißenden Schein der Blitze und unter dem beständigen Grollen stets zugleich von einem erhebenden Gefühl durchflossen, einer Verheißung von Lebenswillen. Mit wohligem Schaudern fühlte sie unsicher über diesen Zwiespalt in ihr Inneres, um nach dem Quell dieser sie immer wieder verstörenden Sinneswahrnehmung zu forschen. Manchmal wünschte sie sich geradezu ein Gewitter herbei, um dieser Empfindung nachspüren zu können, von der sie meinte, auf eine seltsame Weise Stärke und Kräftigung zu erfahren.

Niemand hatte ihr von dem Sturm erzählt, der am Tag ihrer Geburt über die Talschaft gekommen war, und über die Dramatik der Umstände anlässlich ihres Erscheinens auf dieser Welt. Die schroffen Wände der Kanisfluh hatten damals in dauerhaftem hellen Schein der Blitze gestanden, und die Schwärze des Himmels war den Geschöpfen, die diesem Toben ausgesetzt waren, drohender erschienen als jemals zuvor. Alte Fichten hatten sich unter der Last des Sturms gebogen, und viele waren mit knirschendem Laut geborsten. Felsbrocken waren zu Tal gestürzt und hatten über den felsigen Grund gekratzt. Im Kreischen und Pfeifen der Böen war alles ungehört geblieben – das Klagen der Gebärenden, der erste Schrei des Mädchens und das enttäuschte Ächzen der Großmutter, die wortlos aus der Kammer gegangen war, in der ein Junge zur Welt hätte kommen sollen.

Von all dem wusste Franzisca nichts. Geblieben war ihr jedoch die geheime Lust an Gewitterstürmen, denen sie allerdings nicht zu viel Willkommen schenken wollte.

Sie blickte nach draußen und beobachtete die Regentropfen, wie sie in die ausgedehnten Pfützen fielen und dabei ihre Eruptionen vollzogen. Eine kurze Zeit zuvor war ein Zug mit Fuhrwerken und

Planwagen vorbeigefahren. Müde Maultiere hatten die größeren Planwagen gezogen, und am Ende kam ein einachsiger Karren, auf dem Zelt und Küche eingepackt waren. Die eisenbereiften Räder knirschten unbarmherzig über die Steinplatten in der Fahrspur. Eine gebrochene hölzerne Speiche am Küchenkarren war notdürftig mit einem Kälberstrick versorgt worden; lange würde das Rad nicht mehr halten. Das Knotengewirr pumpte wie ein Herz bei jeder Umdrehung. Über die langsam dahinholpernden Wagen waren schwere Planen gezogen, deren Löcher und Risse notdürftig geflickt waren. Auf den Böcken saßen Männer mit ungestümen schwarzen Haaren und tiefen Augenhöhlen, aus denen sie Franzisca mit leerem Blick ansahen. Sie wich diesen Blicken nicht aus. Auf dem mittleren Wagen war der hintere Lappen der Plane hochgeklappt. Zwei Frauen hockten dort auf den bloßen Brettern nebeneinander und ließen ihre Beine im Takt des Wagens baumeln. Ihre traurigen Augen passten nicht so recht zu ihren bunten Röcken und Westen.

Franzisca kannte die Sippe von den Märkten und Jahrmärkten, auf denen sie allerlei seltsame Salben verkaufte, Kunststücke feilbot und einem die Zukunft aus der Hand las. Feuerschlucker waren auch unter ihnen. Vor wenigen Monaten erst, hatte sie die Gesichter am Katharinenmarkt in Au gesehen. Sie mochte die Feuerschlucker, die erstaunliche Sachen mit glühenden Eisen und kreisenden Fackeln vorführten. Früher war noch ein Bär bei ihnen gewesen, den sie zu ihrer wilden Geigenmusik tanzen ließen, und ein Mädchen, gerade so alt wie sie selbst, hatte einen bunten Papagei in der Runde Schaulustiger herumgetragen, der aufgeregt flatterte und dazu kreischte und schrie. Von all der zügellosen Lebenslust, die sie auf den Jahrmärkten vermittelten, war hier nichts zu sehen. Vermutlich befanden sie sich auf dem Weg nach Bludenz, wo demnächst wieder Vieh- und Jahrmarkt sein würde, oder sie waren gar auf dem Weg über den Schröcken oder hinunter zum Arlberg. Hohe Schneewände würden sie auf diesen Strecken immer noch erwarten.

Franzisca blieb unter dem Schutz des Schopfs sitzen und blickte der traurigen Kolonne hinterher, bis sie hinter der letzten Biegung am Horizont verschwunden war. Aus einigen Wolkenrissen drang unterdessen gleißendes Sonnenlicht; nur ganz im Osten schien ein letztes helles Zucken auf, und alsbald rollte ein Abschiedsgrollen durch das Tal – weit, weit weg, so weit entfernt wie die Jahrmarktstage in Dornbirn, an denen der Vater immer den Umweg über den Mühlebach genommen hatte, weil er sich zuvor im *Schiffle* mit Freunden traf, solange sie eben noch nüchtern waren, und wo man die Pferde so bequem am Brunnen tränken konnte, ohne jedes Gedränge und Geschiebe, wie es drunten am Markt der Fall war.

Mit dem Frühjahr kam auch das Leben wieder ins Tal zurück. Kaum dass der Schnee geschmolzen und die Wege wieder begehbar waren, bevölkerten sie sich mit großen und kleinen Trupps von Hausierern, Bettlern, Scherenschleifern und allerhand zwielichtigen Gestalten, die nicht früh genug aus ihren Winterquartieren kommen konnten, weil die zum Ende hin teuer wurden und alles Vermögen fraßen. Viele der Umherziehenden trugen ihre Habseligkeiten in einer Kraxe oder einer Krätze mit sich oder nannten gar nur die Kleider auf ihrem Leib ihr Eigen. Aus den Gesichtern blickte nicht selten der Hunger und Not. Frauen schleppten Kinder mit sich, manche hatten Kleinvieh dabei, und wer Glück hatte, konnte einem Esel oder Maultier seine Last aufladen. Je wärmer es wurde, desto größer wurde die Zahl der Vaganten[1], die bis in die entlegensten Täler kamen und zu den Märkten der reichen Städte strömten, in denen Überfluss herrschte, Bürger und Kaufleute ihre Geldgürtel spazieren trugen und ganz natürlich die Diebe ihre Gelegenheiten witterten – es waren die Städte im Rheintal, um den Bodensee, die im Appenzell und in Oberschwaben, wohin für die Sommersaison auch die Kinder gezogen waren, um für ihre

---

1 Umherziehende, Fahrende.

15

Familien ein paar Gulden zu verdienen und nicht als zusätzliche Esser zur Last zu fallen.

Franzisca wartete noch ein wenig im Schopf, und ihre Gedanken waren lose. Auf dem Giebel des Stadels hockte ein Star, der gackerte, gluckerte und zwischendrein spitze Rufe ausstieß, dass sie lachen musste. Das Regenwasser rann ihr in winzigen Bächen aus den langen dunklen Haaren und nahm seinen Weg über Stirn, Nase und Wangen zum Kinn. Immer wenn es ihre obere Lippe kitzelte, angelte sich ihre Zungenspitze ein paar Tropfen. Sie schmeckten bereits nach wärmeren Tagen. Das Grau am Himmel zerriss zusehends in Fetzen, und drohend schwarze Wolken wurden durch gleißende Lichtstrahlen dramatisch in Szene gesetzt. Das helle Licht schlug bald darauf aus der Weide entlang des Rimsbachs saftiges Grün. Doch noch immer fielen einzelne schwere Tropfen und sprengten aus den Wasserpfützen kleine Brunnen. Sie zog den Umhang fester um ihre Schultern und sah nach den Ziegen.

Die Fahrspuren des Weges waren über weite Strecken mit Wasser gefüllt, dessen Oberfläche das Licht reflektierte; wie ein silbernes Band wand sich der Weg durch die Frühlingslandschaft, folgte dem Rimsbach und wendete sich erst weit hinten dem Berghang zu, wo er verschwand. Konnte sie es wagen, endlich weiter zu gehen, oder sollte sie noch warten? Es fröstelte sie ein wenig, sodass sie den Umhang noch enger zog. Die Brise, die unschuldig über die Grasspitzen flog, befeuerte die Kälte in ihr. Sie schimpfte grundlos mit den Ziegen und entschied schließlich, noch eine Weile abzuwarten. Von Ferne drang das Gebell eines Hundes in die Stille hier draußen.

So einsam wie es hier draußen im Schopf war, wäre sie niemals auf den Gedanken gekommen, aus nächster Nähe von neugierigen Augen und Ohren verfolgt zu werden. Doch es war so! Eine Zeit lang vor ihr hatte ein alter Kerl ebenfalls Schutz vor dem Gewitter gesucht und sich im Schopf untergestellt. Als er sie bald darauf mit den Ziegen näherkommen sah, hatte er das unverschlossene Tor aufgeschoben und sich in das Innere der Hütte verzogen, wo es nach feuchtem Heu und modrigem Holz roch und nur schales Licht durch die Spalten der Bretterwand hereinfiel. Es war der Gnetzer[1], wie er von allen hier in der Gegend genannt wurde, weil er auffallend hinkte. Er hockte sich auf einen alten Holzstamm, hielt seinen Gehstock fest umschlossen und genoss die Heimlichkeit des Moments, denn seine Seele nährte sich geradezu daran, andere zu belauschen und zu beobachten. Dass sich an diesem stürmischen Tag so eine feine Gelegenheit dazu bieten würde, hätte er sich nicht vorstellen können.

Franzisca sah unbedarft in das Tal, wartete und fühlte sich so jung wie unbedeutend in der Welt. Ihre Gedanken flogen aus. Auf den Märkten und in den Wirtshäusern erzählte man von fernen Ländern, in denen es immer warm war und wo es eigenartige Tiere gab. Ob sie solchen Welten jemals näherkommen würde als auf den Jahrmärkten in Dornbirn oder Feldkirch, wohin sie ihr Vater einige Male mitgenommen hatte und auf denen das ein oder andere Mal Papageien, Affen oder gar Schlangen betrachtet werden konnten – und Menschen mit dunkler, ja fast schwarzer Haut? Wie riesig musste diese Welt sein, wenn man wochenlang über ein Meer fahren konnte, ohne auch nur ein Stück Land zu sehen? Und ihre Welt? Sie schien aus einem Mosaik zu bestehen, das sich aus Fragmenten der Entlegenheit zusammensetzte – Hof, Webstuhl, Stadel, Vorsäß[2], Garten, Kirche.

Nur diese Welt zu verlassen, dauerte alleine schon einen ganzen Tag – von Sonnenaufgang bis Sonnenuntergang. Durch das ganze Tal musste man, über Egg und Andelsbuch hinaus, den dunklen Schwarzachtobel hinunter und von da nach Dornbirn oder Bregenz. Wie eingemauert kam sie sich zeitweise vor. Zu allen Seiten

---

1 Gnetzen – hinken.
2 Alm/Alpe mit Hütten und Ställen unterhalb der Baumgrenze.

hin riegelten Berg und Fels die Talschaft ab, und die Zeitläufte zogen weit an den Dörfern, Kirchtürmen, Weiden und Wäldern vorbei. Die hier lebten, waren dazu bestimmt, den Jahreszeiten zu trotzen, dem Hunger aus dem Weg zu gehen und Gott gefällig zu leben. Wie aus einem fernen Dunst drangen die Nachrichten aus Frankreich hierher, wo das Volk den König abgesetzt und dem Adel und den Bischöfen ihre Macht genommen hatte. Es war unvorstellbar, was man von dort hörte, so erschreckend und dumpf bebend, dass es das eigene, innere Gleichgewicht berührte.

Eine Bewegung zog Franziscas Blick an und riss sie aus ihren Gedanken. Am Horizont, dort wo der Weg nur noch zu erahnen war, regte sich ein Schatten. Sie kniff die Augen zusammen und gewahrte ein Pferdegespann. Der Kaltblüter trabte mit hängendem Kopf dahin, und ein Bursche saß auf dem Bock des offenen Holzwagens. Wer konnte denn zu dieser Zeit noch vom Rimsgrund her unterwegs sein, so kurz vor der Dämmerung? Nur jemand aus dem Dorf, denn er fuhr ja in ihre Richtung, und auf der Fuhre war keine Ladung zu erkennen. Neugierig folgte sie dem Gefährt, das den spiegelnden Glanz der Wasserpfützen zerbrach. Langsam wurde die Kontur des Burschen deutlicher, der da am Bock hockte. Das Pferd, eine gemütliche Noriker[1]-Stute, erkannte sie eher als den Kutscher auf dem Bock – die Fanny vom Mathisbauern. Demnach konnte der Bursche nur der Jakob sein. Das würde auch deshalb passen, weil der Mathishof ein Recht an der Vorsäß Rimsgrund hatte und dazu ein großes Stück Wald gleich in der Nähe. Hatte er am Ende schon Vieh und Schweine auf die Vorsäß gebracht und das Gerät? Dazu war es ja noch zu früh im Jahr.

Umgehend spürte sie ihre Aufgeregtheit und trat einen Schritt aus dem Schopf heraus, sodass er sie sehen konnte. Jakob kam angefahren. Sie meinte, er hätte der alten Fanny nun einen schnelleren

---

1   Süddeutsches Kaltblut.

Schritt verordnet, denn schnell war der Bursch nun deutlich an seiner kantigen Gestalt und den nicht weniger eckigen, schroffen Gesichtszügen zu erkennen. Unter der geraden Stirn saßen zwei dunkel glänzende Augen hinter einem knöchernen Dach, die Nase strebte einer entgegengesetzten Richtung zu, als es die übrige Gesichtsform tat, und so kam es, dass man manchmal meinen konnte, es mit zwei Gesichtern zu tun zu haben. Je näher er kam, desto schneller schlug ihr Herz, und als er endlich bei ihr anlangte und das schwere Pferd zum Stehen gebracht hatte, pochte es heftig.

»Franzl, was machst du hier?«, fragte er, weil ihm nichts anderes einfiel. Sie deutete, unbeholfen wie sie fand, in den Schopf und sagte mit belegter Stimme: »Die Ziegen ...« Ihre Stimme kam ihr peinlich vor, und sie hüstelte anschließend mehr, als es erforderlich gewesen wäre.

»Ah ... die Ziegen.« Er kleidete seine tief empfundene Freude darüber, sie zu sehen, in einen Habitus alltäglicher Belanglosigkeit, doch auch sein Herz klopfte, und immer wieder musste er sich zwingen, nicht in dieses ernste Gesicht zu blicken oder auf die zarte Haut mit dem dunklen Teint, der sich dort, wo die Wangenknochen sanft hervortraten, etwas anrötete. Immer wenn ihn einer dieser magnetischen Blicke aus ihren großen, dunklen Augen traf, erstarrte er für einen Moment, und er musste sich in der Folge jedes Mal wieder in Schwung setzen, was anstrengend war. Sie aber bekam nichts davon mit, weil sie zum einen ähnlich empfand und zum anderen darauf konzentriert war, distanziert und sicher zu wirken. Nicht im Geringsten war sie sich darüber im Klaren, wie magisch sie die Blicke anderer anzog und welche Ausstrahlung sie besaß.

Über ihre Aufregung hinweg doch neugierig geworden, ging sie die paar Schritte zur Ladefläche des Wagens. Eine alte Zeltplane deckte etwas ab, das wie ein Kasten aussah. Hatte er ein Möbel geholt? Jakob sprang vom Kutschbock und lachte. Alles an ihm wirkte kraftvoll und energisch. Seine Stimme klang fest.

»Bist neugierig, ha!?«

»Was ist das?«, fragte sie und strich über das grobe Tuch, das voller Flecken war und in dessen Dellen bei jeder Bewegung kleine Pfützen zitterten, die der Gewitterregen hinterlassen hatte. Er hob die Plane lachend an, sodass das Wasser nach hinten ablaufen konnte, und ein einfacher, schlichter Sarg wurde sichtbar. Erschrocken wich sie einen Schritt zurück und bekreuzigte sich.

»Jesusmaria! Was ist das?«

»Ja das siehst du doch – ein Sarg. Jetzt wo unser geliebter Kaiser Joseph nicht mehr ist, sind uns doch die Särge für einen jeden wieder erlaubt, und es hat ein Ende mit dem Gemeindesarg, der jeden Toten gemein machen sollte.«

»Für wen ist er?«

»Er hat schon einen Besitzer … willst sehen?« Er beugte sich zur Ladefläche hin und machte Anstalten, den Deckel anzuheben. Franzisca ließ einen schrillen Schrei, den sie zugleich zu unterdrücken versuchte, hören, wo auf einmal so unerwartet eine fremde Leiche so nah vor ihr lag. Viele Tote hatte sie schon gesehen und bei einigen auch schon geholfen, den Leichenschmuck anzulegen – beim Vater, beim Großvater und bei der Nachbarin am Stieglerhof. Doch das hier war ihr unheimlich, der Umstände wegen.

»Lass … lass!«, winkte sie energisch ab, und als sie noch einen Schritt weiter zurückgetreten war, klang es schon viel unaufgeregter, als sie fragte: »Wer ist's denn?«

»Der alte Vitus … der Hirte … du kennst ihn doch. Er ist ein sehr entfernter Verwandter vom Vater, wenn überhaupt … Er hat wollen, dass er eine anständige Beerdigung kriegt, der alte Säufer, weil er immer so gut zu ihm war, als er ein kleiner Bub gewesen ist, und ihn hoch mit zur Alpe genommen hat. So sagt er jedenfalls, der Vater. Die Mutter hat es nicht wollen und gezetert, man müsse sich bis nach Appenzell und Lindau schämen dafür, aber er hat es wirklich wollen, und dem Pfarrer hat er ein hübsches Sümmchen gezahlt für eine rechte Leichenpredigt.« Er lachte. »Ich bin mal gespannt, was er über den Kerl zu reden hat.«

Sie trat noch einen halben Schritt zurück, und Jakob zog die Plane wieder über den Sarg.

»Fahr mit mir.« Sie sah ihn überrascht an.

Drinnen im Stadel hatte sich der Gnetzer schon zu Beginn der Begegnung von seinem harten Sitz erhoben und war mit vorsichtigen Schritten nahe an die Bretterwand getreten. Durch einen der breiteren Schlitze konnte er ungefährdet vor Entdeckung einen Blick auf die beiden werfen. Er grinste hässlich. Soso, die Franzisca Mauchin und der Jakob Mathis. Dass ihm gerade heute die junge Mauchin über den Weg laufen musste … gerade heut!? Er hätte gerne laut gelacht.

Die Bestimmtheit, mit der Jakob »Fahr mit mir« gesagt und Franzisca dabei angesehen hatte, verunsicherte sie.

»Nein, nein … ich hab ja die Ziegen dabei …«, lehnte sie halbherzig ab. Wäre es nicht unschicklich gewesen, im Trauerjahr mit dem Jakob auf dem Kutschbock zu hocken, noch dazu mit dem toten Vitus hinten im Sarg? Sie erinnerte sich an den Kerl mit seinem langen dunkelgrünen Mantel und seinen zottelig grauen Haaren, die wild vom Kopf bis herab auf die Schultern hingen. Meist hockte er vor seiner alten Hütte oder stand vor dem kleinen Gärtchen auf den Stock gestützt. Wenn sie sich recht entsann, hatte sie ihn nie auch nur einen ganzen Satz sprechen hören; er hatte sie immer nur angelächelt und ein »Jaja« oder »Soso« von sich gegeben, und sie war immer froh gewesen, möglichst schnell aus seiner Nähe zu gelangen. Jetzt aber war er ihr ganz nah gekommen, da hinten im Sarg. Aber so scheu er stets gewesen war, hatte er doch immer einen zufriedenen Eindruck auf sie gemacht.

Jakob Mathis sprach aufgeräumt, während er die letzten Zupfer an der Plane tat.

»Ah, die Ziegen, die binden wir hinten an. Die Fanny geht langsam, da kommen sie gut mit. Es ist doch noch ein ganzes Stück zu

Fuß, der Weg ist nach dem Herrgottsgewitter ganz im Schlamm versunken, und du kommst so auch nicht in die Dunkelheit.« Sie stand unschlüssig da und sah auf die Plane, von deren Oberfläche an manchen Stellen ein feiner Dunst aufstieg, wenn die Sonnenstrahlen durch die Wolken brachen. Er sah ihren Blick.

»Der Vitus tut dir nichts, und am End begegnest du noch der Maule, wenn sie bei Dunkelheit wieder aus dem Haus gelassen wird und als Geist durch die Nacht streift«, lachte er und sah sie an. Seine Augen leuchteten, und seine Nase wies in die andere Richtung.

Es fröstelte sie bei dem Gedanken, der Maule in der Dunkelheit zu begegnen.

»Die Leut würden reden«, sagte sie unsicher und wunderte sich über ihre Worte, da das Gerede der Leute sie eigentlich überhaupt nicht interessierte.

»Die Leut«, kam es verächtlich von ihm, »ha, die Leut … die reden alle Zeit über alles und jeden … mich interessieren die Leut nicht!« Entschlossen ging er zum Schopf, holte die Ziegen, band sie an den Wagen und stellte sich anschließend mit ausgestreckter Hand an den Kutschbock. Zögernd legte Franzisca ihre Hand in die seine und stieg hinauf, wobei sie ihm für einen Augenblick ganz nahekam und den Atem anhielt. Wie wäre es wohl gewesen, wenn er sie umarmt hätte? Schnell setzte sie sich hin, um diese aufwühlenden Gedanken loszuwerden. Was er wohl empfunden hatte?

Sie atmete laut aus und sah sich um. So gering der Abstand zum Erdboden von hier oben auch war, sah sich die Welt doch nun völlig anders an. Weit drüben an den Berghöhen, die das Tal umgrenzten, schimmerten helle Strahlen durch die Wolken und setzten Himmel und Erde für den Augenblick in eine wunderbare Stimmung. Licht und Schatten zeichneten eine dunkle Tiefe in die Weiden und Hügel, die umfasst waren von weiten freien Höhen. Sie drehte sich um, und ihr Blick blieb am schroffen Felsmassiv der Kanisfluh hängen, deren Schneeblöcke noch drohend leuchteten.

Mit einem sanften Ruck setzte sich der Wagen in Bewegung. Der mächtige Körper der Fanny ließ ein Gefühl von Geborgenheit und Ruhe in ihr aufkommen, was nach dem langen Weg durchs Gewitter, den sie auf der Suche nach den Ziegen hatte laufen müssen, guttat. So nah war sie dem Jakob noch nie gewesen. Bei der Kirchweih in Au im letzten Herbst, da hatte er sie ständig angesehen, aber sie war die ganze Zeit nur mit dem Johann tanzen gewesen. Seither waren sie nicht mehr zusammengekommen. Und jetzt, so unvermittelt, saß sie neben ihm und konnte sogar seinen Körper spüren. Welch ein Glück.

»Billiger war es natürlich schon mit dem Sparsarg«, führte Jakob die Unterhaltung von vorhin nun fort und unterbrach damit Franziscas Gedanken an Johann, die Musikanten in Au und den warmen Herbstsonntag des letzten Jahres. Sie meinte: »Ja sicher, billiger als das Stolgeld[1] für die Beerdigungen allemal.«

»Es geht dahin«, sprach Jakob wie zu sich selbst, »in Frankreich drüben, da haben sie jetzt die Salzsteuer abgeschafft, stell dir vor! Einfach abgeschafft und die Zünfte gleich dazu. Jeder kann seinen Beruf wählen, wie er es gerne hätte. Mir fiele für uns auch das ein oder andere ein, was man abschaffen könnte ... und der Papst soll sich gegen die Franzosen gewandt haben und scharf gegen die neue Zivilverfassung und die Bürger- und Menschenrechte gesprochen haben. Der Lehrer Madligger hat es gestern im *Hirschen* aus seinem Journal vorgelesen.« Sie sah ihn an.

»In Frankreich?«

»Ja, in Frankreich. Beim Vitus in der Hütte lagen auch einige Zeitungen herum. Wo er die nur her hatte? Ich hätte mir nie vorstellen können, dass er lesen kann, aber in der Stube lag auch ein Buch, und er hat da auch reingeschrieben.« Franzisca hätte fragen wollen, was für ein Buch es gewesen sei und was der alte Vitus da dazugeschrie-

---

1   Kirchenrechtlich festgeschriebene Gebühr für Kasualien wie Beerdigung, Taufe, Hochzeit.

ben hätte, zu einem Buch, doch Jakob plapperte fröhlich weiter, und sie wollte ihn nicht unterbrechen. Es war schön.

»Ja, die Franzosen, die wissen, wie des geht …« Jakob lachte und führte seinen Zeigefinger schnell um den Hals herum. »Alle schicken's auf das neue Ding – Guillotine. Aber bei uns wird des net passieren, weil der Joseph den Pfaffen den rechten Weg schon gewiesen hat.« Er lachte wieder. »In Wien hat man sich seinerzeit erzählt, er hätte zwanzig Jahre früher mit dreihundert Mätressen dreihundert Söhne zeugen sollen, dass die hätten abarbeiten können, was er an Arbeit, die es im Kaiserreich zu verrichten gibt, aufgetan hat … und der Vitus, stell dir vor, der hatte einen Papagei, einen echten Papagei in seiner Stube.« Ausgelassen fröhlich erzählte er weiter: »Der Vater hätte ihn ja genommen, aber der Mutter war das doch zu viel. Sie hat Angst vor dem Vieh, seit sie es einmal gesehen hat und er das schimpfen anfing. Er kann nämlich sprechen und soll uralt sein.«

Franzisca lächelte und schwieg und sah auf das mächtige Hinterteil der Fanny und ihr glänzendes Fell.

»Und wo ist er jetzt, der Papagei?«, fragte sie. Jakob lachte.

»Der Gamswirt hat ihn genommen, weil er sich davon einen rechten Auflauf verspricht, und ich glaube, damit liegt er nicht falsch. Er hat ihn auf den Namen Karaki getauft, mit einem Spritzer Obstbrand. Mein Vater war dabei, der Drieber, der Lehrer Madligger war Taufzeuge, und der Stempelkommissär soll ein Papier darüber ausgefertigt haben.«

Franzisca lachte herzlich, verlor ihre Freude aber schnell wieder, weil sie an ihren toten Vater denken musste. Der hatte oft beim Gamswirt gesessen, und der Papagei hätte ihm sicher gut gefallen.

»Der Joseph«, sagte sie, »… die Folter hat er abgeschafft und die Leibeigenschaft! Mein Vater hat gemeint, dafür ist ihm ein Platz in vielen Herzen sicher. Er hat ihn lieber mögen als seine Mutter, die Maria Theresia, weil sie den Pfaffen so sehr nach dem Willen war … so … und jetzt ist auch noch Revolution in Frankreich … wie wird das weitergehen mit uns?«

Jakob schnalzte mit der Zunge, um Fanny etwas anzutreiben, und sah herausfordernd auf Franzisca.

»Wie meinst das?« Er war verwundert, worüber sie mit ihm sprach.

»Ja unsere Landstände, was wird mit denen werden?«

»Hohoho ... machst du dir über solche Sachen Gedanken, Franzl? Unsere Freiheit, die ist doch schon lang nichts mehr wert, und ab und an da braucht's das einfach, den Mächtigen und Herrschern und Pfaffen den Kopf abzuschlagen.« Franzisca lächelte vor sich hin und sagte keck: »Soso ... die Köpfe abschlagen ... da pass nur auf dich und deinen Kopf gut auf.« Er lachte laut und sah zu ihr hinüber. Das erste Mal blickte er ihr offen und ohne Scheu in die Augen. In seinem Blick lag die gleiche Kraft wie in seinen Bewegungen. Doch auch wenn es Franzisca gefiel, sah sie schließlich weg, als sie meinte, es sei zu lange gewesen, und wies schnell auf den Kirchturm, der in der Ferne zu erkennen war.

»Als ich im letzten Herbst in Dornbirn am Markt war, da war ein Jude aus Hohenems, der hat Bilder von ihm verkauft, vom Joseph, und viele arme Häusler und Tagelöhner haben sich den Wein in der Wirtschaft gespart und stattdessen eines dieser Bilder gekauft – weil er ihnen die Leibeigenschaft abgenommen hat, haben sie gesagt. Wie Heiligenbilder vom Jodok sahen die aus, und manche Leut verehren ihn gerad so wie einen Heiligen, und mancher soll vor dem Bild sogar beten – jetzt, wo er tot ist. Der Pfarrer von Schoppernau hat mächtig dagegen gewettert, hat mir meine Base erzählt.« Jakob lachte.

»Naja, der Jud wird sicher auch vor dem Bild beten, so frei und gleich wie der Joseph sie alle gestellt hat, und die Luthrischen dazu. Jetzt liegt er auch in einer Kiste und hätte doch erst jetzt seine rechte Freud an den Franzosen.«

Sie nickte, und ein kalter Schauder lief ihr über den Rücken, als ihr der Sparsarg wieder in Erinnerung kam und das quietschende Geräusch, das entstand, wenn der Totengräber den eisernen Hebel zog, sich die Klappe öffnete und die in ein Tuch gewickelte Leiche herausplumpste und in das Grab fiel, ganz so wie bei den Juden, wie sie es vom Erzählen her gehört hatte. Sie hatte das Geräusch noch von der Beerdigung ihres Vaters in Erinnerung. Wie es ihr durch Mark und Bein gefahren war, den Vater so aufschlagen zu hören, nur weil der Grabboden nicht mit Fichten und Tannenzweigen ausgelegt worden war, wie man das sonst machte. Gern hätte sie ihm einen eigenen Sarg gewünscht, aber wenn es gerade der Kaiser, den er so verehrt hatte, doch verboten hatte? Und nun lag sogar der Säufer da hinten in einer eigenen Kiste. Mit einer solchen Gerechtigkeit konnte sie wenig anfangen.

Über ihre Gedanken war sie ein wenig zusammengesunken und starrte abwesend auf den mächtigen Leib der Fanny, die den Wagen mit gleichmäßigen Schritten weiterbrachte, so ganz anders als ein Ochse vor Karren, die von den gutmütigen Viechern stets mehr dahingerissen denn gezogen wurden. So fuhren sie dahin, und Jakob schwieg wie die Berge und die Bäume und die Weiden. Er fühlte ein Glück in sich.

Kräftige Böen hatten die Wolkendecke inzwischen vollends auseinandergerissen, und in mächtigen Wellen drang nun das späte Licht herab und schaffte eine spürbare Wärme. Kurz vor der ersten Hütte von Bezau legte sie ihm die Hand auf den Arm und sagte: »Dank dir, Jakob, doch lass mich vorne vor der Schafferei absteigen. Ich nehme meine Ziegen und laufe das letzte Stück. Es muss uns niemand sehen, ich will kein Gerede, gerade nicht, wo meine Mutter und ich noch im Trauerjahr sind.« Er nickte und stoppte Fanny im Schatten einer Erlengruppe.

»Es ist schad und traurig mit deinem Vater«, sagte er. »Wie geht's nun weiter mit euch? Die Mutter ist krank, hab ich gehört.« Im Absteigen antwortete sie: »Ja, wir müssen halt schaun, wie es weitergeht, und ja, die Mutter ist arg niedergedrückt von allem, hustet die ganze Zeit und hat keine Kraft mehr. So ist es eben.« Er beugte sich zu ihr.

»Wie willst du das alles schaffen? ... und die Großmutter auch noch, eh ... und zu Lichtmess habt ihr weder Knecht noch Magd bekommen, weil niemand glaubt, dass der Hof wird bestehen können. Jetzt musst mit Taglöhnern einhergehen, ah!« Sie tat, als hätte sie seine letzten Worte nicht gehört, weil sie wusste, dass er nur nicht ausgesprochen hatte, was geredet wurde – dass sie es als unverheiratete Frau nicht würde schaffen können. Sie band die Ziegen los und winkte ihm zu.

»Danke dir. Jetzt ging es doch viel schneller, und ich komme wirklich noch rechtzeitig vor der Dunkelheit heim.« Seine Worte taten ihm jetzt leid. Er stieg vom Wagen und stand unentschlossen vor ihr, bevor er ihr schließlich mit einem kurzen Gruß die Hand zum Abschied reichte.

Sie wartete noch, bis er ein Stück voran war, eh sie aus dem Sichtschutz der Büsche und Bäume trat. Erst beim Absteigen vom Kutschbock war ihr der Sarg wieder in den Blick geraten, und es erfasste sie Bestürzung darüber, wie schnell sie den Vitus in seiner Holzkiste während der Fahrt hatte vergessen können. Einmal, als sie auf dem Rückweg von der Alpe war, da hatte er am Rande des lichten Wäldchens gesessen, in das der Weg von der Vorsäß Marktobel führte, und ihr etwas zugerufen, das sie erschreckt hatte, weil es wie eine Weissagung geklungen hatte.

»Sturmgeborene, wirst stürmisch leben!« Freundlich gewunken hatte er dabei. Seine Worte hatten sie zwar nicht beunruhigt, aber doch ein wenig aufgewühlt. Den Vater hatte sie danach fragen wollen, es aber dann immer wieder vergessen.

Ganz im Nachsinnen versunken, passierte sie die alte windschiefe Hirtenhütte vor dem geduckten Gebäude der Schafferei. Eine dunkle, kratzende Stimme schallte aus dem Winkel des niedrigen Hauses und erschreckte sie.

»Soso – der Vater noch kein Jahr heimgekehrt, und man tut schon wieder poussieren.« Gleich darauf kam ein albernes Lachen aus dem

Halbdunkel zwischen Mauerwerk und wildem Holunder. Der heilige Baum, der auf keinem Hof fehlen durfte, war voller abgestorbener Äste, zwischen denen sich frisches Grün emporreckte. Sie musste den Kerl gar nicht sehen, um zu wissen, wer es war. Die raue, tiefe Stimme gehörte dem Schaffer, der an der Mauer lehnte. Weit und breit war nichts von seiner Schafherde zu hören oder zu sehen, bei der er eigentlich hätte sein sollen. Seine sehnige und knorrige Gestalt steckte in einem dicken Mantel. Einige Haarsträhnen guckten unter dem alten, speckigen Schäferhut hervor und klebten ihm an der Stirn. Aus dem kantigen Gesicht mit den aufgeworfenen Lippen leuchteten zwei wache Augen hervor. Als die herrschaftlichen Schäfereien vor vielen Jahren aufgelöst wurden, hatte er sich zwei große Herden genommen, und dazu zwei Schafhöfe, von denen einer bei Bludenz lag und von drei Schafhirten betrieben wurde. Ein paar Mal im Jahr sah er dort vorbei und hatte ein Auge darauf, dass es seinen Schafen ebenso gut ging wie den Knechten und Hirten. Er selbst hatte die alte Schafferei in der Nähe des Rimsbaches, ein Stück außerhalb von Bezau, zu seinem Domizil erkoren. Trotzdem war er hier nur selten zu sehen, und niemand wusste eigentlich bestimmt, wie er so sein Leben zubrachte. Eigenartige Dinge wurden von ihm erzählt, von weiten Reisen, die er gemacht hätte. Er trat aus dem Dunkel des Gehöfts und ging auf Franzisca zu.

»Da ist er nunmehr auch heimgegangen, der Vitus ...« Sie lief einfach weiter, und er schloss mit ausgreifenden Schritten zu ihr auf. »Viel erlebt haben wir zusammen, und ich habe nie verstanden, wie man damit zufrieden sein kann, auf Viecher, Weiden und Berge zu gaffen. Jetzt nimmt er alle Schuld und all das Schöne und Feierliche und Köstliche unseres Irdendaseins für immer mit hinab! Was hat er sei Lebtag Angst vor dem Gericht gehabt – jetzt kriegt er es. Hätt ihm das Gericht schon vorher gegeben, dass er nicht erst nach Guggais[1] oder zum Galgenholz nach Egg hätt gezerrt werden müssen.«

---

1 Gerichtsstätte bei Bludenz.

Er lachte klagend, und es war ihr unangenehm, denn sie wusste überhaupt nicht, wovon er sprach. »Nichts müssen wir tun, nichts müssen wir lenken – der da droben regelt alles zu unserem Besten, nicht wahr, Franzl!? Jetzt ist er da, wo er immer hinwollte, der Vitus, der gute Kerl, der beste von allen.«

So schaurig und unangemessen sein bizarres Gezeter auch war, so einnehmend wirkte es doch, weil hinter allem, was er da laut daher krächzte, echte Trauer zu erkennen war. Von Guggais hatte sie öfter schon erzählen hören und von der Richtstätte dort. Es schauderte sie. Was war das heute nur für ein eigentümlicher Tag?

Schweigsam setzte sie ihren Weg fort, und er ging weiter neben ihr her. Sie hielt die Lippen aufeinandergepresst und sah nicht einmal zu ihm hin. Er hingegen hatte sie ständig im Blick. Sein langer Mantel pendelte auf Höhe der Knöchel. Auf der vom Wollfett speckig gewordenen Oberfläche hingen letzte Wassertropfen. Er lachte hart.

»Wie ist's wohl zugegangen mit deinem Vater?«

Sie legte noch einen Schritt zu, doch den Ziegen war sie schon jetzt zu schnell. Sie bremsten sie bockig, was sie ärgerlich machte. Wütend zog sie an der Leine. Der Schaffer klebte geradezu an ihrer Seite.

»Wir haben uns oft getroffen ... früher schon und ... immer wieder. Mit jedem Stein war er im Grebentobel vertraut, so wie ich mit jedem Fleck auf meinen Triebwegen einher bin. Wie mag es zugegangen sein, Franzl, dass er tot dalag?« Sie hielt ärgerlich an.

»Was willst du von mir ... was!? Er ist lang schon begraben, und woher soll ich wissen, wie es zugegangen sein mag?! Tot in einem Drüllo[2] im Grebentobel ist er gelegen, von den Felsen zerschlagen und zerschunden«, presste sie hervor, »wie es eben ist, wenn so ein Unglück geschieht.«

»Ja, Franzl, das Wasser ist ein böser Gesell, das ist sicher, und ich

---

2 Wasserstrudel

weiß wahrlich, wovon ich rede. Recht an die Felsen hat es ihn geschlagen, wie ich gehört habe, und der Pfarrer hat von einer Strafe gesprochen bei der Leich.«

»Lass mich in Ruhe … geh zu deinen Schafen und schweig jetzt endlich, Schaffer!«

Sie ging schneller, doch der Schaffer setzte zwei schnelle Schritte, um wieder aufzuschließen.

»Franzl, so glaub mir doch, du kannst den Hof nicht umtreiben. Die Mutter haben die Leut seit vor dem Heiligen Christfest nicht mehr gesehen, und die Großmutter war schon zuvor eine Last, und sie wird dir eine größere Last werden, weil ihr Leben vom ersten Tag an dazu bestimmt war, anderen Mühsal und Bürde zu sein.« Er grinste und deutete eine Verbeugung an. »Wärst mir eine schöne Schafferin und hättest dein Auskommen, Franzl.« Noch bevor sie etwas sagen konnte, lachte er über seine letzten Worte. »Ja, der Mathis, das ist ein junger Bursch, groß, mit dunklen Augen und Kraft und Stolz, und er hat allen Grund dazu. Eine schöne Mutter, der Vater darf bei den Stolzen sein, auf der Wahlwiese in Andelsbuch, und den Landammann wählen. Ja ja, der Mathishof würde auch dir gut stehen, Franzl, und der Jakob erst, der steht dir ganz ausgezeichnet. Ja, ihr seid füreinander geschaffen worden.« Er spürte, wie sehr er ihr lästig und unangenehm wurde, und es tat ihm leid und weh, aber wie sollte er mit ihr reden, da er zuvor doch nie mit ihr gesprochen hatte – immer nur mit ihrem Vater. »Weißt du, ich glaube, du weißt etwas nicht. Hör, Franzl, ich bin nicht gekommen, um dich zu freien, sondern weil ich dir etwas sagen will, was dein Vater dir wohl nicht mehr hat sagen können. Ich vermisse ihn nämlich, deinen Vater – und den Vitus vermisse ich auch.« Er stippte sie an die Schulter, und sie blieb tatsächlich stehen. Er ließ alle Zweideutigkeiten sein. »Hör mir zu: In eurer Rauchküche, unter dem Ofenloch, da wo die Scheiter liegen, da ist unter dem hinteren Stein ein Topf im Boden eingelassen.« Er sah sich um und flüsterte: »Alles darin ist dein – es ist allein dein – und du wirst es irgendwann gut brauchen können, und glaube mir … ihr beide werdet dem Kaiser und den Pfaffen fleißige, gesunde Kinder schenken, dass das Heer der Gläubigen und jenes mit den scharfen Lanzen nicht weniger werde. Gott sei dafür. Aber im letzten Herbst bei der Kirchweih in Au warst du nur mit dem Johann zu sehen, dem Nichtsnutz. Aus dem Haus hat er gehen müssen, weil er mit dem Vater kein Auskommen mehr hatte, ha! Und seither ist er verschwunden. Wie man sich erzählt, hat er sein Auskommen als Kutscher gefunden beim Mailänder Boten, und er würde die Wegstrecke von Chiavenna nach Mailand machen … ganz auf der Seite, wo die Sonne immer scheint und die Winter mehr nass als kalt sind.« Sein wirres Gerede wurde ihr zu viel.

»Was redest du für einen Unsinn, Schaffer. Lass er mich endlich, lass mich!«, zischte sie giftig. Doch der Schaffer ließ sich davon nicht beeindrucken.

»Dein Vater war gut, und er war gut zu mir und zu vielen andern Menschen. Ich lass dich nicht in Ruh. Deinen Stolz hast du von ihm, und das hübsche Gesicht hast du von der Mutter. Ich pass schon auf dich auf, aber du musst dazutun … es wird nicht leicht werden.«

»Ich brauch niemanden zum Aufpassen und dich schon gar nicht. Geh … geh endlich weg!« Doch er ließ sich nicht abschütteln und ging weiter neben ihr her.

»Wir haben den gleichen Weg. Ich geh dem Vitus nach, und du musst nach Haus. Musst aufpassen, Franzl, ich habe es in den Sternen gesehen. Ich weiß noch die Nacht, als du geboren bist. Dein Vater war bei mir, besser gesagt, ich war bei ihm … ich war draußen in jener Nacht und habe den Sturm vor dem Haus abgewettert. Ich weiß genau, wie deine Sterne stehen, Franzl. Sie sagen mir viel über dich und andere. Magst mich gut und gern für verrückt halten, aber noch sind alle doch zu mir gekommen, um ein wenig mehr zu erfahren – sogar einmal der Herr Vikar, der damals unserem alten geistlichen Herrn bei der vielen Seelenarbeit hat helfen dürfen, bevor ihn das Unglück mit der Zigeunerin am Jahrmarkt in Bludenz erfasst hat.« Er lachte hinterhältig, um dann hervorzustoßen: »Dein Vater … niemals wär er hinabgestürzt in den Drüllo … kannst mir glauben. Niemals, Franzl. Ich hab den Baum mir angesehen, den er geschlagen hat. Sag – hat er die Säge dabei gehabt an diesem Tag? Ich glaub nit. Warum aber hat der Baum den Schnitt!?«

Er begann, ihr Angst zu machen mit dem, was er da von sich gab, weil er aussprach, was ihr in manchen Nächten nicht aus dem Kopf ging, wenn sie von der Not geplagt war, die der Tod des Vaters über ihr Leben gebracht hatte. Sie blieb abrupt stehen, zerrte jäh an dem Ziegenstrick und fuhr ihn an: »Hör auf jetzt! Geh … geh, sag ich! Wenn du mir helfen willst, so geh endlich! Was soll das Gerede, was willst du damit erreichen? Lebendig wird er davon ja nicht mehr.« Mit schnellen, festen Schritten lief sie weiter. Der Schaffer blieb stehen. Seine Zunge fuhr über die Unterlippe, und sein Blick hing an ihren Hüften, wie sie so unter dem weiten dunklen Rock schwangen. Er grinste und flüsterte: »Ganz eine Mauchin … so viel von ihrer Tante – in allem. Es wird nicht leicht werden für jemanden, der Mars in Begleitung von Venus hat.«

Er lachte noch einmal bitter für sich selbst und schlug sich dann rechts des Weges in die Wiese. Unter jedem Tritt brach schmatzend Wasser aus dem Boden. Den Weg nach Hause konnte er auf diese Weise abkürzen, und später würde er den Vitus noch einmal sehen können, den alten Kumpan, der so viel mit ins Grab nahm, was auch zu seinem Leben gehörte, der er noch mit seinen Schafen, Hunden und Eseln durch den Bregenzerwald ziehen durfte.

*

Einige Wolken verhingen die Abendstrahlen der Sonne. Franzisca ging weiter durchs Tal, vorbei an Höfen und Stadeln. Jetzt, wo das Wetter grollend davongezogen war, kehrten die Geräusche des Lebens wieder. Oder war sie nur aus einer Benommenheit erwacht?

Sie hörte das Grunzen der Schweine, gackernde Hühner, schnatternde Enten, eine letzte Amsel, einen noch einsamen Buchfinken, und als sie dem Gartenzaun des Nachbaranwesens zu nahe kam, lief eine Handvoll böse zischender Gänse auf sie zu und drohte mit lang gestreckten Hälsen.

Der Schaffer hatte ihr wirklich Angst gemacht. Ob es stimmte, dass er zur See gefahren war, fremde Sprachen sprach und Bücher las? Dunkel glaubte sie sich zu erinnern, einmal von einem Schatz gehört zu haben, den er in der fernen Welt gefunden hatte und von dem er sich die Schafferei hatte kaufen können. Trotz seiner Eigenbrötlerei und Eigenartigkeit war er doch überall gern gesehen, und die Leute mochten ihn vielleicht gerade deswegen, weil er sich nirgends in den Vordergrund drängte.

Sie schob die Gedanken an ihn beiseite und öffnete das windschiefe Holzgatter zum Stieglerhof. Enten, Gänse und Hühner liefen hier frei herum. Sie verscheuchte sie hastig und ging zu dem kleinen Haus, das etwas zurückgesetzt vom Weg stand, umgeben von einem Garten. Hier lebte der Kaspar seit dem Tod seiner Mutter alleine. Seither war es üblich geworden, dass Franzisca beinahe täglich bei ihm vorbeischaute. Am Anfang hatten sie ihn nur manchmal mit Essen versorgt, bis es schließlich zur Alltäglichkeit wurde. Nie aber kam er zu den Mahlzeiten herüber auf den Mauchinhof, was einfacher gewesen wäre. Dafür half er ihnen auf dem Hof, mästete das Federvieh, versorgte einen Teil der Ziegen und transportierte manchmal ihre Stoffe nach Dornbirn oder Lustenau.

Der Kaspar war ein großer, kräftiger Kerl mit riesigen Händen und breiten Schultern, doch brachte er seinen mächtigen Körper niemals zur Geltung und war ein ganz in sich gekehrter, stiller Mensch, der ein besonderes Verhältnis zu Tieren hatte. Das Federvieh rund ums Haus zählte zum schönsten und prächtigsten im ganzen Tal, und wenn ein anderes Vieh an einer Krankheit litt, holte man stets den Kaspar. Er sprach leise mit den Kühen, Pferden, Eseln und Ochsen, strich mit seinen gewaltigen Pranken über ihre

Rücken, zog, drückte und presste, wenn es sein musste, kräftig an Gelenken, und gleich welches Vieh – es ließ alles mit sich geschehen. So half er, lahmende Pferde und Rinder wieder in Gang zu setzen, kam, wenn Kälber blähten, und tat Mensch und Tier mit seinem Ruhe ausstrahlenden Wesen gut. Er sprach sanft und zärtlich zu seinen Tieren und ließ seine riesige Hand mit so großer Zartheit über die Felle gleiten, dass manche Bäuerin neidisch wurde. So hatte er neben dem kleinen Hof, den Tierbehandlungen und den Tagelöhnerdiensten als Drescher, Heuzieher oder Holzscheiter ein auskömmliches Dasein.

Wenn er in der *Gams* oder im *Hirschen* hockte, trank er still an seinem Wein und grinste über das Gezänk der anderen. Selten sprach er selbst ein Wort, und niemand spottete über ihn, wozu es allen Grund gegeben hätte, denn ein jeder wusste von seiner fürchterlichen Angst vor der Dunkelheit, in der er Dämonen und Geister am Werke sah. Holte man ihn von weiter her, um einem der Viecher zu helfen – aus Schoppernau, Alberschwende oder Schwarzenbach – musste es so gestaltet sein, dass er entweder bis zur Dämmerung wieder zu Hause war oder an Ort und Stelle übernachten konnte. Niemals wäre er durch die Dunkelheit gegangen oder gefahren, selbst wenn es nur ein kurzes Stück gewesen wäre.

Besuch bekam er selten, und an den Abenden saß er am liebsten auf seiner Bank an der Stirnseite des Hauses, schmauchte an einer zerbissenen Pfeife und sah hinunter ins Dorf, denn von diesem Platz aus überblickte er den größten Teil der Gehöfte von »Platz« bis »Ellenbogen«, die »Kriechere«, »Mittlere« und weit in den Lauf von Dorf- und Grebenbach. Der Blick endete erst drüben an Gopfberg und Hangspitze. Wäre er neugierig gewesen, hätte er so über Vieles Bescheid gewusst, was zwischen Morgen- und Abenddämmerung drunten stattfand, doch er war mit sich und seinem Dasein zufrieden und pflegte sein Phlegma. Sein Haus gehörte zum Anwesen der Mauchin und war zeitlebens an seine Mutter verpachtet gewesen und seit ihrem Tod eben an ihn – immer von Michaeli auf drei Jahre.

Franzisca kümmerte sich aus deshalb um den großen Kerl, weil sie dem langen Sterben seiner Mutter so nahe gewesen war, das sich über einen ganzen Sommer hingezogen hatte. Während mancher Nächte hatte sie kaum schlafen können, weil ihr die Schmerzensschreie und das laute Greinen und Jammern der Alten die Seele aufgewühlt hatten. Niemand konnte erklären, was es denn war, das sie nicht sterben ließ. Der Pfarrer war nur einmal gekommen, und auch das nur widerstrebend, denn weder die Sterbende noch ihr Sohn gehörten zu denjenigen, deren Gesichter er in seiner Kirche öfter als an den hohen Feiertagen zu sehen bekam. Zudem gingen Geschichten über die Frau herum, wie freizügig sie früher gelebt haben soll, und von dem Vater des Kaspar wusste außer ihr selbst niemand etwas. Und das ein oder andere Mal hatte sich der Pfarrer auch abschätzig über die Heilkunst des großen Kerls geäußert.

Franzisca brachte die Ziegen in den Stadel, rief einen Gruß ins Haus und ging dann hinüber zum Mauchinhof. Bereits aus der Ferne hatte sie den bläulichen Rauch gesehen, der müde aus dem neuen Kamin ihres Hofes kroch und matt emporstieg. Sie freute sich beim Anblick des Gehöfts, dessen breite Fensterfront nach Süden wies und unter dessen Schopf im Osten die warmen Sommertage so friedvoll im wohligen Schatten zu Ende gehen konnten. In den Lagern darüber knisterte das Buchenlaub, das sie schon für die neuen Matratzen und Schlafsäcke gesammelt hatte. Sie sah auch hier zuerst im Stall nach dem Rechten, bevor sie ins Haus ging.

Es war duster in der Flurküche, und beißender Rauch zwang einige Tränen aus ihren Augen. Sie trat an den Herd, tat eine Handvoll Reisig hinein und stieß mit dem Eisenhaken in die Glut, kniff die Augen zu und blies kräftig in das Feuerloch. Asche staubte auf, und augenblicklich schlug ihr eine heftige Hitze entgegen. Ein trockenes Knacken zeigte an, dass Flammen loderten. und sie trat zurück und strich sich über ihre Augen.

In der Stube fand sie das Bild vor, das sie nun schon seit einiger Zeit nicht mehr anders kannte: Ihre Mutter hockte ganz in der Ecke des Raumes unter dem Kruzifix und murmelte einen Rosenkranz; keine Geste, kein einziger Laut galt ihrer Tochter, die gerade nach Hause gekommen war. Neben dem zusammengesunkenen Körper der Mutter saß stumm und mit versteinertem Gesicht die Großmutter. Das düstere Brummen der einen und das ignorante Schweigen der anderen empfand sie inzwischen wie einen Schuldvorwurf. Ja, auch sie vermisste ihren Vater und hatte keine Schuld an dem Schicksal, das sie nun alle zu bewältigen hatten. Sie tat, was sie konnte.

Ihr Blick fiel auf ein Kuvert, das auf dem Holztisch lag. Aufgeregt griff sie es und brach das schlichte Siegel. Sie erkannte sofort die Schrift. Die Muhme aus Lindau hatte geschrieben. Sie freute sich und drückte das Papier kurz an ihre Brust, legte es dann aber zur Seite, um es später in Ruhe zu lesen. Keine der beiden hatte den Brief auch nur angerührt.

Sie sagte: »Mich wundert, dass vom Joseph Anton noch kein Brief gekommen ist. Er hat uns nach dem Tod des Vaters doch eine kurze Nachricht zukommen lassen und wollte sich bald darauf noch ausführlicher melden. Ich hoffe nur, es geht ihm gut.« Keine der beiden Frauen ging darauf ein, und während sie die Suppe richtete, ein paar Brocken Speck in kleine Würfel schnitt und altes Brot dazugab, suchte sie die Gedanken an den Schaffer loszuwerden. Was hatte ihren Vater denn mit ihm verbunden? Sie zwang die Fragen fort und holte sich die Augen von Jakob her, spürte der Fahrt auf dem Kutschbock nach und dem Gefühl, als ihre Körper bei der schwankenden Fahrt aneinandergestoßen waren.

Sie dickte die Suppe mit ein wenig Maismehl an, stellte die gußeiserne Cocotte noch immer gedankenverloren auf den Tisch und verteilte die Holzlöffel. Wie aus der Ferne, aus einer anderen Welt, hörte sie die Großmutter sagen, es würde ihnen allen besser gehen, wenn Franzisca als Junge zur Welt gekommen wäre, so wie es sich gehört hätte. Ihre Mutter beschleunigte daraufhin das Mantra ihres

Rosenkranzes, sprach vernehmbarer und atmete auch lauter, aufgeregter, denn der Vorwurf hatte vor allem sie getroffen.

»Gegrüßet seist du, Maria, voll der Gnade, der Herr ist mit dir. Du bist gebenedeit unter den Frauen, und gebenedeit ist die Frucht deines Leibes, Jesus. Heilige Maria, Mutter Gottes, bitte für uns Sünder jetzt und in der Stunde unseres Todes.«

Franzisca bekreuzigte sich, murmelte ein paar der frommen Worte mit und war schnell wieder eingenommen von der düsteren Stimmung, die in der Stube herrschte. Beinahe hätte sie sich dem Dunklen ergeben, doch etwas in ihr wehrte sich dagegen, und nach dem Amen nahm sie den Löffel und begann zu essen, wortlos und ohne einmal aufzusehen.

Die Zeilen, die sie aus dem fernen Lindau erreichten, waren voller Wärme. Beim Lesen des Briefes sah sie die Schwester ihres Vaters vor sich – sein weibliches Abbild: ihre hellen, fröhlichen Augen unter den lockigen schwarzen Haaren und die drahtige schmale Gestalt. Zuletzt hatten sie sich bei der Beerdigung gesehen, und trotz der Trauer und des düsteren Anlasses hatte sie Freude und Lebensmut mitgebracht. Lag es an diesem See, an dem sie lebte, als Kammerfrau in einem vornehmen Haus einer noch vornehmeren Dame? Würde sie es je einmal zu Gesicht bekommen, dieses stolze Bürgerhaus mit den vielen Stockwerken und großen Fenstern, mitten in der Stadt, an einem schönen Platz direkt gegenüber zweier großer Kirchen? Und schließlich dieser weite See, von dessen Größe, Wärme und Fruchtbarkeit seiner Ufer alle schwärmten, die ihn jemals gesehen hatten? Sie las aus jeder Zeile heraus, wie wohl sie sich dort fühlte. Zugleich waren aber auch mahnende Worte an Franzisca gerichtet, die ihr beinahe predigthaft vorkamen. Sie solle sich wohl überlegen, welche Last sie da auf sich nehmen wolle, und zwischen den Zeilen war zu lesen, wie wenig sie es guthieß, dass Franzisca tat, was sie tat. Feinsinnig deutete sie an, welche anderen Möglichkeiten es gäbe, ihr Leben zu bewältigen, und wie wenig

Aufwand es für sie wäre, sich nach einer guten Anstellung für sie umzusehen.

Sie legte den Brief zur Seite und fühlte sich müde. So gut ihr die Zeilen auch taten, so schön es auch war, von einem Menschen zu wissen, der sich um einen sorgte – sie tat sich nicht leicht mit ihrer Entscheidung, hier in Bezau zu bleiben. Allein der Gedanke an ihre Tante hob trotz aller Anfechtungen ihre Stimmung, und mit ihr hätte sie es hier oben auch gut ausgehalten.

*

Der Schaffer hatte nach seiner Begegnung mit Franzisca noch einmal in seinem Stadel nachgesehen, in dem er einige kranke und lahmende Mutterschafe stehen hatte, und war nun auf dem Weg zum Friedhof. Gerade als er das Kapuzinerkloster passiert hatte, kam der Löwenwirt aus der Tür gesprungen – wie immer in aufdringlich vornehmem Gewand mit karmesinroten Hosen, beigen Strümpfen, einer dunkelgrünen Weste über dem grauen Hemd aus Bomosin[1] und einem nach außen geschnittenen blauen Kamisol[2], welches den Blick auf die mit Seidenbändern ausstaffierten Hosenträger freigab. Der Schaffer stöhnte leise und dachte sich einige Flüche, bevor er dem freundlichen Winken des Wirts und seinem Ruf, er solle doch kurz auf ihn warten, folgte. Etwas außer Atem kam er beim ihm an und legte vertraut seine Hand auf seinen Unterarm. Ohne sich mit höflichen Begrüßungen und Verneigungen aufzuhalten, kam er gleich zur Sache, wobei sein Kopf mit einer Bewegung zum Gamswirt hinüber wies.

»Der Papagei vom Vitus, der ist jetzt beim Gamswirt«, stellte er fest. Der Schaffer nickte und wartete ab, was er wohl von ihm wollen könnte. So recht hatte er keine Vorstellung davon, denn der

---

1 Baumwollstoff
2 Etwa knielanger Gehrock.

Löwe gehörte nicht zu den Gasthäusern, die er aufsuchte. Es war die Beiz für kreditlose Handelsreisende, grobe Knechte und kreischende Weiber, in der es billigen Gigges[3] gab. Das auffällig vornehme Äußere des Wirtes und der Wirtin passten schwer zu der Kundschaft, die ihre Gaststube und Kammern aufsuchte.

»Der Muxel hat den Hirschen und den Laden dazu, der Feuerstein die Gams und auch den Laden, und der Tabakhändler Moosbrugger lässt mir keine Teilhabe an seinem Handel, obschon ich ihn vielmal darum aufgesucht habe …« Er machte eine Pause und sah den Schaffer an, als wolle er, dass der seine Gedanken in Worte fasse und den Satz weiterführe, doch der Schaffer zuckte nur mit den Schultern und setzte zu einer Bewegung an, die andeutete, er würde nun weitergehen. Aber der Löwenwirt hielt ihn an der Schulter fest, ohne große Kraft, und sprach leise: »Ich weiß von Eurem feinen Wein … den französischen … Ihr wisst schon.« Der Schaffer sah ihn an und schwieg. Was wollte der Kerl von ihm? Ausgerechnet der Löwenwirt, von dem man wusste, dass er auch Gesindel Unterschlupf gewährte. Der Wirt kam ihm noch näher und flüsterte: »Niemand sonst hat ihn. Es gibt ihn nicht in der Gams und nicht im Hirschen … Wollt Ihr mir nicht den Händler nennen, was nicht zu Eurem Nachteil wäre.« Über das Gesicht des Schaffers zog sich ein Lächeln. Das war es also. Der Löwenwirt suchte eine Attraktion für sein Gasthaus, um mit dem Papagei und den Läden konkurrieren zu können. Das würde niemals funktionieren, nein, es konnte nicht funktionieren. Wer von der Löwenwirtkundschaft würde denn den teuren Wein haben wollen, solange man den Suff so viel billiger haben konnte? Er sagte: »Es ist ein gewöhnlicher Wein aus Frankreich, aus dem Médoc, und ich werd ihn nicht bei Euch saufen, zusammen mit den Mausfallskramern und Tagdieben, die Ihr allweil beherbergt.« Der Löwenwirt winkte ab und zeigte keine Anzeichen von Entrüstung über die Worte des Schaffers.

---

3   Branntwein

»Nein, nein, das hab ich auch gar nicht gemeint. Ihr versteht mich falsch … ich wollt Euch nur um die Quelle des Bezuges fragen, Euch bitten, mir den Händler zu nennen.« Er sprach leise und fast flehend: »Würdet Ihr mir Euren Händler verraten?« Der Schaffer überlegte, ob es ein Vorteil oder ein Nachteil für ihn wäre. Für den Händler in Lindau bestünde ohne Frage ein Vorteil darin, und der Löwenwirt war ihm gleich. Er nannte ihm also den Namen.

»Frey, Ihr bekommt ihn beim Frey in Lindau.« Der Löwenwirt rieb sich die Hände und lief mit freudig wiegenden Schritten wieder zurück zu seinem Wirtshaus. Kurz ging sein Blick dabei zum Dach – nichts war dort zu sehen und nichts zu hören, ganz so, wie es sein sollte. Nicht von ungefähr hatte er nach oben gesehen, denn da droben, in der großen, geheimen Kammer unter dem Dach, hausten mehrere Frauen und Männer. Sie waren vor einigen Tagen gekommen und ließen sich tagsüber nicht blicken. Nur zwei der Frauen kamen manchmal herunter und holten Wein und Bier. Wie es bei ihm üblich war, hatten sie im Voraus bezahlt, und es war auch nicht das erste Mal, dass sie da droben in der großen Kammer wohnten. Von dort konnten sie über den Stadel hinausgelangen, ohne durch die Wirtsstube zu müssen, denn eine enge Stiege führte durch einen Mauerdurchgang hinunter.

Der Ameisler

Weiter im Westen, dort wo die Sonne gerade hinter den Bergspitzen verschwunden war, verdichteten sich die Wolken noch einmal zu einer zornigen schwarzen Wand, die Gipfel und Hügel verhüllte und letzte böse Blitze auf den Erdboden schleuderte.

Von Dornbirn her war ein Fuhrwerk auf dem Weg, hatte Schwarzach schon hinter sich gelassen und zog stetig bergan. Es war keines der gewöhnlichen Gespanne. Zwei wackere Maultiere zerrten einen großen Planwagen durch die Landschaft. Hinterher trappelte ein kleiner grauer Esel, der mit einem Lederband an den Wagen gebunden war. Auf dem Kutschbock saß ein kräftiger Kerl, der eine alte Pferdedecke um seine Schultern gewickelt hatte und dessen Gesicht unter der weiten Krempe eines alten Schlechtwetterhutes aus Ziegenleder verschwand. Sein breiter, dicker Schnurrbart war vom Gewitterregen getränkt; seine Enden hingen weit über das Kinn hinab. Schwarze, lebendige Augen leuchteten aus tiefen Höhlen, und auf den braun gegerbten Wangen zeigte sich ein feines Geäst aus dunkelroten Äderchen. Jeder, der diese Gestalt zum ersten Mal sah, konnte den Blick nicht von diesem faszinierenden Gesicht wenden, in dem sich Derbheit und Noblesse zugleich eigentümlich mischten. Man nannte ihn den Ameisler.

Der Wind peitschte dem Mann die Regentropfen ins Gesicht, doch er ließ sich nicht aufhalten. Mit sonderbar klingenden Rufen trieb er die zwei Maultiere den engen Weg nach oben – mitten hinein in die Schwärze. Ab und an ließ er die lang geflochtene Schnur an seiner Gerte sanft über die Hinterteile der Zugtiere streichen, und nur die heftigen Gewitterböen ließen das Flechtband heftiger auf das glänzende Fell der Tiere treffen, als er es eigentlich wollte.

Rechts neben dem Weg gurgelte die braune Gischt im Tobel und warf mächtige Baumstämme auf die Felsen wie in einem Spiel. Darüber brauste es in den Baumspitzen, die vom Wüten des Windes angestachelt einen wilden Tanz vollführten. Fast schwindlig konnte einem werden, so ungezügelt fuchtelten sie umher; man hätte meinen können, sie versuchten, einander zu schlagen. Das Toben des Gewittersturms schluckte sogar das eintönige durchdringende und immer fortwährende Kratzen der Steinschleifereien hinter Schwarzach, das sich sonst in die Stille der Natur fraß.

Einmal öffnete sich kurz die Plane hinter dem Kutschbock einen Spalt breit, und eine Frau mit kaffeebraunem Gesicht steckte ihren Kopf hinaus. In eigenwilliger Sprache schimpfte sie auf das Toben des Wetters und den Starrsinn des Kutschers. Er würde sie geradewegs in die Hölle fahren, an einen nichtsnutzigen Platz, an dem sie nichts würden verkaufen können und an welchem kein Mensch der Welt wirklich sein wollte. Unter ihrem weiten Rock huschte ein kleiner verängstigter Hund hin und her, auf der Suche nach Schutz. Jedem Blitz folgte sogleich der Donner, und jedes Mal zuckte sie erschrocken zusammen. Der Kerl auf dem Kutschbock zeigte sich unbeeindruckt von ihrem Gezeter. Was hätte er auch tun sollen? Wer in den Tobel einfuhr, hatte keine andere Wahl, als darauf zu hoffen, am anderen Ende lebend wieder herauszukommen. Eine Umkehr war nicht möglich. Die Frau verschwand wieder hinter der Plane und versuchte, die Kisten mit Töpfen, Pfannen und Geschirr festzuhalten, wenn die Holzräder erneut über einen Brocken Fels oder durch eines der groben Löcher rumpelten.

Es schien, als bekäme der Mann auf dem Kutschbock von all dem Toben um sich herum nichts mit. Sein Blick war starr nach vorne gerichtet, und auch seine Tiere taten in stoischem Gleichmaß Schritt für Schritt, ohne ein einziges Mal zu zaudern. Die Gedanken des Kutschers hingen ganz in vergangenen Zeiten. Er hatte weit schlimmere Stürme erlebt. Ihn konnte nichts mehr erschrecken, das Unwetter kümmerte ihn nicht. Er dachte vielmehr an den Vitus, den Schaffer – und an den Gnetzer.

Endlich polterte das Gefährt aus dem schwarzen Nebelvorhang heraus, die Felswände beiderseits des Weges rückten allmählich vom Weg ab, und der Blick fand wieder weiter entfernt liegende Fixpunkte. Die ersten Häuser von Alberschwende waren erreicht, und die Sicherheit verheißende Fassade des Gasthauses Taube wurde deutlich. Wir Irrwische flogen die Wolken über den Himmel und fielen in den Schlund des Schwarzachtobels. Endlich ging es schneller voran, und schließlich stoppte der Ameisler sein Gefährt hinter dem Gasthaus. Er stieg ab, schüttelte sich das Wasser aus Hut und Mantel und tätschelte seine Maultiere und den Esel, während die Frau auf dem Wagen blieb und ihren Schoßhund liebkoste.

»Von diesem Vitus hast du kaum je etwas erzählt!«, schimpfte sie. Er kraulte dem Esel den Nasenrücken.

»Von Vielem hab ich dir nichts erzählt. Sei froh darum, und dieser Vitus ... als wir beide uns begegneten, war er bereits auf dem Rückweg – zur Strafe. Es ging ihm nicht gut. Hier im Tal war sein Zuhause, und mehr als mit der Pfeife vor der Hütte zu hocken und auf das Land zu starren, brauchte er nicht. Er war treu und verlässlich, immer und – trotz allem.« Sie verstand nichts von dem, was er da sagte, und holte eine Kiste vom Wagen.

Nachdem er sich vergewissert hatte, dass seine Tiere im Stall gut versorgt waren, bezogen sie eine der Kammern. Später gingen sie hinunter in die Wirtsstube, wo armdicke trockene Äste im Kamin krachten. Drumherum war ein buntes Völkchen versammelt: Kaufleute, Händler, Bauern und ein Pfarrer mit seinem Kaplan, all jene eben, die dem Unwetter nicht hatten standhalten können. Aus der Küche kamen wohlige Düfte von Gebratenem.

Der Ameisler setzte sich schweigend an einen Tisch und sprach den ganzen Abend über kein Wort. Die Frau war die verstohlenen und neugierigen Blicke auf sie gewohnt. Ihre dunkelbraune Haut, die Haare – sie war fremd. Sorgenvoll schaute sie ihren Mann an, der auch nach dem ersten Krug Wein noch keinen Satz, ja nicht einmal eine Gehässigkeit losgeworden war. Was steckte nur hinter diesem Vitus? Hals über Kopf hatten sie gewendet, als einer der Postkuriere an der Station in Lustenau von einem Vitus erzählt hatte, einem einsamen Schweinehirten, dem ein reicher Bauer, der wohl verrückt geworden war, ein stattliches Begräbnis ausrichten würde. Sie hatte sich schon so auf St. Gallen gefreut, auf die warmen, angenehmen Wirtshäuser und die großzügigen Stuben – mehr noch allerdings auf ihr Haus am See, das sie ungern verließ und nur, um bei ihm sein zu können. Und jetzt diese wilde Fahrt durch das Unwetter, eines Kerls wegen, den sie nur aus wenigen Erzählungen kannte, und der sie nie besuchen gekommen war.

*

Im Talgrund um Bezau war die Luft nach dem Gewitter frisch und wohltuend. Die Sonne war nun ganz hinter den Höhen im Westen verschwunden, und die Abenddämmerung wuchs der Nacht entgegen. Jakob Mathis war mit dem Sarg des Vitus auf den letzten Metern zur Kirche unterwegs, wo er hoffte, schnell jemanden zu finden, der ihm half, den Sarg vom Wagen zu heben. Er war von einem liegen gebliebenen Fuhrwerk aufgehalten worden und wollte endlich schauen, den Toten loszuwerden. Sein Inneres war freudig aufgewühlt von dem kurzen Stück, das die Franzl neben ihm auf dem Kutschbock gesessen hatte – eine ganz andere Freude als die etwa, wenn er eine Kuh am Markt in Dornbirn zu höherem Preis losbrachte, als er zu erzielen geglaubt hatte.

Er bog in die Zufahrt zur Kirche ein und erkannte sogleich die hinkende Gestalt, die ihm entgegenkam – der Gnetzer. Der Dreispitz auf dem Schädel und das alte Kamisol, welches zu einem Mantel umgearbeitet worden war, und dazu der lange Gehstock, waren unverkennbar. Der ausladende, nach alter Form abgesetzte Bund des weiten Rockes, der weit über den alten Lederstiefeln schlenkerte, und auch seine aus der Mode gekommene Kopfbedeckung machten ihn insgesamt zu einer Figur aus weiter Vergangenheit. Er trug die Culotte[1] aus glattem Leinen nach alter Art mit dem breiten Latz und dem Wadenband. Der Mantel war ihm von jeher zu lang. Die Umschläge der Ärmel waren steif und reichten weit nach hinten bis fast zum Ellbogen. Kaum einer wusste, dass unter dem rechten Umschlag ein Messer verborgen war, mit kurzem Griff und schmaler Klinge, die beidseitig geschliffen war. Ein Stillet.

Jakob mochte den Kerl nicht und unterdrückte ein abschätziges Lächeln. Er grüßte ihn lediglich mit einer lässigen Handbewegung.

»Gnetzer ... Gott zum Gruße.«

Soweit er wusste, stammte der Kerl aus der Gegend um Schwarzenberg und hatte wohl in jungen Jahren als Hausierer ganz Tirol, das Rheintal und alle Ufer des Bodensees bereist. Seine Neugier, sein Geiz und seine Boshaftigkeit waren weithin bekannt. Es ging über ihn herum, er habe auch bei vornehmen Herrschaften gedient, wo man sich vier Mal verbeugte und sechsundzwanzigmal die Hände küsste und den halben Tag lang einen Katzenbuckel schieben musste. Je nach Laune trieb er ein Spiel mit dieser aufgesetzten Höflichkeit, wählte Anreden, machte Verbeugungen und Bewegungen, die ihn als Kenner der Zeremonien an Höfen und bei den feinen Ständen auswiesen, und zeigte damit seine Kenntnis über jene fast vergessenen Kurialien[2].

Vor Jahren hatte er eine verlassene Mühle gekauft. Niemand konnte in Erfahrung bringen, wie er die achthundert Gulden dafür aufgebracht hatte, und wovon er eigentlich lebte. Überhaupt wurde mehr über den Gnetzer geredet, als dass jemand wirklich über ihn Bescheid wusste, und selbst sein richtiger Name war das Geheimnis unbekannter Kirchenbücher. Da er aber für jeden erkennbar

---

1 Knielange Hose, die mit Kniestrümpfen getragen wurde
   (Sansculotte – knöchellange Hose).

2 Titel, Anredeformen und formelle Schlusssätze; Schreibstil der Höfe
   (stylus curiae); Umgangsformen.

hinkte, war er als Gnetzer für alle weit und breit ausreichend be-
namt. Die Mühle, in der er hauste, lag weitab auf einer einsamen
Lichtung an der Bregenzer Ach. Es gehörte ein Batzen Land dazu,
überwiegend Wald und ein paar Weiden, das er jedoch verpachtet
hatte. So schmerzhaft das Gehen für ihn auch war, konnte er das
Umherwandern nicht sein lassen und war viel unterwegs, und alle,
die klug und erfahren waren, suchten nicht mit ihm in Streit oder
Händel zu geraten. Er selbst hatte keinen Zweifel darüber, von den
Menschen gemieden zu werden, nicht zu jenen zu gehören, deren
Gesellschaft man suchte. Dies machte ihn aber weder verdrossen
noch unsicher, denn seinerseits mochte er die Menschen nicht
und war froh, selbst bestimmen zu können, wann und mit wem er
Gesellschaft haben wollte. Er war in diesen Tagen besonders viel
unterwegs, tauchte unvermittelt auf Wegen auf, hockte in Bezau
beim Gamswirt, bei der Taubenwirtin in Alberschwende oder beim
Rößlewirt in Schoppernau, trank seinen Wein und gerne Schnaps
dazu, wenn sich irgendwo die Gelegenheit bot, eingeladen zu werden. Und er lauschte mit Vorliebe den Gesprächen als unaufdring-
licher Zuhörer. Doch auch wenn er sich selten in die Erzählungen,
Diskussionen oder Händel einmischte, hemmte er durch seine
bloße Anwesenheit das offene Wort. Das Wissen um seine Gegen-
wärtigkeit schuf bei vielen ein Gefühl der Unsicherheit – eine Empfindung, die sich erst nach dem zweiten Glas oder dem zweiten
Becher löste.

Bei jedem Leichengang war er zugegen, bei jedem Tanz hockte er
am Rand, und auf den Jahrmärkten streifte er von Stand zu Stand.
Jakob hatte von seinem Vater erfahren, dass der Kerl schon manches
Mal in den Nächten dabei gesehen worden war, wie er um Gehöfte
schlich und durch die Fenster in die Stuben lugte, wie er hinter
Mauern und Wänden hockte und lauschte – immer auf der Suche
danach, seine krankhafte Neugier zu befriedigen.

Der Gnetzer lächelte sein hinterhältiges Lächeln. Er dachte an die Begegnung mit Franzisca Mauchin draußen im Rimsgrund. Wie sich die Dinge doch fügten und auf unsichtbare Weise zusammenhingen. In letzter Zeit drückte ihn arg sein Gemüt, denn die Mühle lag weit entfernt von allen Dörfern, weshalb er lange Wege gehen musste, um etwas erfahren zu können. Er spürte inzwischen die Jahre in seinen Knochen, doch dann war ihm auf einer seiner Touren wunderbarerweise ein Häuschen untergekommen – ein Häuschen wie ein Paradies für ihn. Er kannte es zwar schon von früher, doch erst jetzt, wo das Alter bei ihm anklopfte, erhielt es einen besonderen Wert. Er musste es haben, denn dort konnte er auf seine Weise unter den Leuten sein, ohne bei ihnen zu sein. Der einfältige Kerl, der da immer auf der schlichten Bank an der Stirnseite hockte und seine Pfeife schmauchte – den Kasper – den würde er schon irgendwie loswerden. Schnell hatte er in Erfahrung gebracht, dass das Häuschen den Mauchins gehörte. Dieses im Grunde bescheidene Gehöft ergriff geradezu Besitz von ihm. Er träumte davon, bald selbst auf der Bank zu hocken, seinen Fresstabak zu kauen und hinunterzublicken auf die Kirche, den Pfarrhof, die Wälderhäuser, auf den Grebenbach und das Haus des Gamswirts und an klaren Tagen bis weit nach Westen zum Bödele. Ohne einen einzigen Schritt gehen zu müssen, hätte er beobachten können, wer von wo kam und wohin jemand ging. Es war ein Traum. Nur mit dem Mauchin hatte er sich nicht einigen können, und jetzt war der Kerl tot, und seine stolze Tochter hatte ihn, ohne überhaupt auf seine Worte zu hören, weggeschickt wie einen italienischen Hausierer, der seine Mausfallen loswerden wollte. So etwas mochte er nicht. Von seinem Plan allerdings wollte er nicht lassen, wie er noch nie von einem Plan gelassen hatte, den er einmal gefasst hatte, und gerade tat er einen Gang, der ihn in dieser Angelegenheit weiterbringen sollte. Er verfolgte einen Plan, den er in langen, einsamen Winternächten in der Mühle ausgeheckt hatte.

Und vor ihm auf dem Kutschbock hockte nun dieser schmucke Mathisbauer, dessen Leben so jung schon vorgezeichnet war, wo er doch aus einer stolzen Familie kam, die einen großen Hof besaß und dem die Jungfrauen nur so zuflogen. Wie er ihn eben so abschätzig angesehen hatte, von oben herab, gerade, als er sich theatralisch verneigte und dabei andeutete, seinen Hut zu ziehen, wie er es stets tat. Natürlich wusste er von den verrückten Erzählungen über ihn, er hätte einmal an einem fürstlichen Hof gedient. Nie hatte er dem widersprochen, weil er es als hilfreich empfand und sich einen Spaß daraus machte.

»Sieh an, der junge Herr Mathis. Noch so spät unterwegs«, sprach er anbiedernd und hangelte sich am Pferdegeschirr entlang zum Kutschbock. Seine Neugier ließ ihn drei Schritte weiter gehen und sich nah an den Wagen heran drücken. Seinen Arm legte er als Stütze auf das blanke Holz. Seine kleinen Äuglein blitzten schnell zur Ladefläche und registrierten den Sarg. »Ei, wen hat der Herr denn zu sich geholt in seiner großen Güte?«

»Den Vitus«, blieb Jakob wortkarg.

»Ahhhh … soso, den Vitus also. Ich wusste gar nicht, dass der alte Kerl überhaupt noch lebt … hat er nicht die kleine Hütte am Rand von Bizau gehabt?«

»Und wo kommst du so spät noch her, Gnetzer?«, fragte Jakob keck und ging nicht weiter auf ihn ein. Der Gnetzer kam zum Kutschbock herum und lächelte ihn leutselig an.

»Wo unsereiner eben so herkommt.« Unvermittelt sang er mit kratziger Stimme eine Strophe: »Mein Lieb ist eine Bündnerin, gebürtig aus Tirol, sie trägt, wenn ich nicht irrig bin, ein grünes Kamisol.« Der Ansatz eines Lachens danach endete in einem trockenen Husten. Als er wieder sprechen konnte, fragte er bestimmt: »Was fährt so ein stolzer junger Kerl mit einer armen Seel wie der des Vitus durch die Gegend? Eine junge, hübsche Bäuerin sollte neben dir auf dem Kutschbock sitzen. Die Welt ist voll davon, und am besten suchst dir eine in der Kirchbank und nicht am Tanzboden oder auf dem Jahrmarkt. Hahaha!« Er lachte laut und abstoßend zu den letzten Worten.

Jakob erschrak. Was redete er über eine Bäuerin auf dem Kutschbock? Hatte er ihn etwa mit der Franzl gesehen? Das war unmöglich. Ihm selbst wäre es ja gleich gewesen, doch der Franzl wollte er kein dummes Gerede machen, und wenn es jemanden gab, der ein böses Geschwätz unter die Leute tragen konnte, so gab es im ganzen Bregenzerwald keinen schlimmeren als den Gnetzer dafür.

»Ach Gnetzer, kümmere dich um deinen eigenen Kram ... Gott befohlen!«, entgegnete Jakob abfällig und ließ die Zunge schnalzen, sodass die Fanny mit einem kräftigem Tritt anzog. Der Gnetzer nahm schnell den Arm vom Wagen und deutete eine Verbeugung an. Er war es gewohnt, herablassend behandelt zu werden, doch er mochte es am wenigsten bei Leuten, die das Schicksal gesegnet hatte, so wie den jungen Mathis.

»Der junge Bursch ist schon ganz ein Herr wie der Alte ... herrischer sind's als der alte Adel. Wenn der Gütige ihm nicht weist, wie sehr Mensch er ist, dann will ich es wahrlich tun, wenn es sich nur gibt. Wenn es sich nur gibt.«

Der Gnetzer setzte seinen Weg fort, folgte dem Dorfbach ein Stück nach Westen und hatte bald ein bestimmtes Gehöft im Blick. Er beschleunigte seinen Schritt. Vor der Türe angekommen begann er laut zu husten, um sich zu erkennen zu ergeben und niemanden zu erschrecken oder zu überraschen, denn es wäre seinem Vorhaben nicht zuträglich gewesen. Langsam tat er die Tür auf und trat in die Rauchküche ein. Die Augen brauchten eine Weile, um sich an das Dunkel zu gewöhnen. Zwischen Herd und Küchenkasten hantierte eine Magd mit Kochgeschirr, und auf dem Feuerring stand eine gusseiserne Pfanne, die schon heiß, aber noch leer war. Er lachte so freundlich, wie es ihm möglich war, verneigte sich tief und legte dabei mehrmals die Hand an den Dreispitz. Er gab acht auf dem unebenen Boden. Bis zum Herd lagen grobe Kalksteine aus, um die

Feuerstelle herum dunkelrot glänzende Ziegel und dahinter grobe Holzdielen, die von den vielen Schritten völlig blank waren und glänzten. Seitlich des Küchenkastens hingen Töpfe, Pfannen und anderes Küchengerät – eine reich und gut ausgestattete Küche. Die Magd widmete ihm nur einen kurzen Blick und wischte dabei die Pfanne mit einem Stück Speck aus.

»Die Bäuerin ist drinnen.« Ihr Kopf wies dabei zur Stubentür.

Er schlug seine Fingerkuppen hart an den Türrahmen der Stubentür, der einen dumpfen, hohlen Klang von sich gab. Er verkniff sich ein Lächeln. Was wohl darin versteckt sein konnte? Ein Gewehr?

Die Begrüßung der Hausherrin fiel wenig freundlich aus, was ihn jedoch nicht sonderlich grämte, denn er hatte es erwartet.

»Jesses, der Gnetzer. Was will der Kerl so spät noch? Wir sind kein Wirtshaus, haben keine Zeit und schon gar keinen Platz am Tisch für ihn.« Er blieb gelassen, fasste seinen Stock mit der Rechten fester und lächelte. Weit Schlimmeres hatte er schon hören müssen. Er lachte hell und schloss die Türe vorsichtig. Dann trat er an den Tisch heran, nicht ohne bei jedem Schritt eine devote Verbeugung anzudeuten.

»Ein feiner Stoff, Euer Leinen, Drieberin«, sagte er. »Hat man es sich in St. Gallen geholt, als Ihr im letzten Herbst dort ward?« Die Bäuerin legte die Stoffe zusammen und sah ihn böse an. Er musste schnell zur Sache kommen.

»Ich war gerade auf dem Weg und dachte, ich entbiete Euch meinen Gruß.«

»Soso.« Zwar konnte sie den Kerl nicht ausstehen, etwas aber hatte sie mit ihm gemein: Auch sie mochte die Menschen nicht und davon diejenigen am wenigsten, die die Kunst beherrschten, mit schönen Worten allenthalben ihre Klage über dieses oder jenes zu führen. Was bekam man von den Leuten nicht alles zu hören, wenn man unter ihnen war. Sie erwartete von den Menschen um sich herum schlicht, dass ein jeder sein Leben lebte, mit allen Schmerzen, die es dem Leib und der Seele brachte, ohne anderen gegenüber auch nur ein Wort darüber zu verlieren.

Sie schwieg, wie sie immer schwieg, und faltete sorgsam weiter. Was wollte der Kerl hier? Wenn er den Bauern hätte sprechen wollen, so hätte er ihn im Stadel gefunden. Er wollte also zu ihr. Das weckte ihre Neugierde, war er doch einer, der weit herumkam, der in jeder Angelegenheit seine Ohren stecken hatte und somit immer etwas berichten konnte.

»Den Gruß hat er bereits entboten«, verpackte sie ihre harsche Aufforderung an ihn, für Kurzweil zu sorgen. Sie war für die Gegend ausnehmend groß gewachsen, hatte ihre Haare nach Art der Zeit zu einem Knoten gebunden, und an ihren Schläfen ringelten sich widerspenstige braune Locken.

Er druckste herum und bewegte sich immer näher auf den Tisch zu. Er begann taktisch falsch, denn seine sonst so helle, krähende Stimme wechselte ins Klagende.

»Einer wie ich, den der Herr von frühester Zeit an Prüfung um Prüfung gab …« Oh! Sie winkte energisch ab, doch da er um die Neugier der Leute wusste, tastete er sich noch einmal auf andere Art langsam an sein eigentliches Begehr heran.

»Mein Geschäft hat mich ins Rheintal geführt, und es ist doch einiges Verderben in der Welt. Den Schuster zu Dornbirn haben sie mit zwei Pack Schuhe am Oberfahr zu Lustenau aufgegriffen, wo er die Bagage in die Schweiz schaffen wollte, obwohl es ja verboten ist, verarbeitetes und unverarbeitetes Leder dorthin zu bringen, wie doch jeder weiß. Jetzt muss er Strafe zahlen und die Konfiskation der Ware erdulden. Es ist kein einfaches Leben für einfache Menschen.« Sie nickte, ohne ihn anzusehen. »Den Baltus Möhrle aus Egg kennt Ihr sicher auch. Sie haben ihn in Ravensburg des Diebstahls überführt, und jetzt sitzt er dort im Kerker ein … herrje, es ist so eine Schlechtigkeit in der Welt … man mag es nicht glauben. Seine Frau haben sie samt der Brut in ihre Heimatgemeinde nach Widnau abgeschoben, weil sie die Schwiegerleute nicht bei sich ha-

ben wollten. Man kann es verstehen … also ich kann es verstehen.«
Er sprach verschwörerisch mit leiser Stimme und wechselte ins
Schadenfrohe. »Ja und … die Tochter vom Mesner zu Hohenems,
die Jungfer Algin, ist vom Johann Baptist Bösch zu Lustenau ge-
schwängert worden … was das Gericht offiziell festgestellt hat, wo
doch ihr Vater heiliger als unser Herr Christus durch die Welt wan-
delt.« Er sah, wie ein kurzes Lächeln über ihr Gesicht huschte und
machte weiter. »Der Joseph Vetter hat im Wirtshaus zum Kreuz,
drunten am Monstein, herumkrakelt: ›Das Schulhaus müsse nach
Rheindorf oder er verbrenne es.‹ Dabei war er gar nicht mal besoffen. Man hat ihn wegen Störung des Gemeindefriedens arg bestraft … hätt er mal lieber gesoffen gehabt. Ja und die Hohenemser
haben Beschwerde dagegen eingelegt, dass man den Schutzjuden
Abraham Maier Moos vor das Lustenauer Amt gezogen hat, und die
gräfliche Herrschaft hat ein Grundstück am Thiergarten an sechs
hohenemsische Juden getan. So ändern sich die Zeiten … so ändern
sich die Zeiten. Man muss es alles erleben, denn ausdenken kann
man derlei nicht, selbst wenn einem die größte Fantasie gegeben
wäre.« Er deutete eine Verbeugung an, bei der nicht deutlich wurde,
ob sie der Drieberin oder den in der Folge Angeredeten galt. »Die
Herrschaften von Hohenems … die Herrschaften von Hohenems,
die zeigen sich überhaupt sehr spendabel und haben das ganze
Geld … das ganze Geld … und es sind über tausend Florentiner aus
dem Holzverkauf der Alpe Spätenbach für den Bau des neuen Pfarr-
hofs in Dornbirn gegeben worden, wo der Paffe allen über Jahre in
den Ohren gelegen ist, wie schlecht und der Bedeutung der Gemeinde nach unangemessen er sich untergebracht fühlt. Gestern
habe ich in Andelsbuch erfahren, die Handwerker hätten da eine
eigene Handwerkszunft gegründet, grad an Heilig-Drei-König,
und sie treffen sich jetzt alleweil in der Taube, die sie zum Zunft-
lokal gemacht haben. Jetzt haben sie es gleich wie die in Egg.«
Von der Küche her drang nunmehr mit dem Rauch der Duft von
angebratenem Speck, frischen Eiern, Petersil und Schnittlauch he-

rein. Schon bei seiner Ankunft hatte er die gehackten Kräuter gerochen, und jetzt lief ihm das Wasser im Munde zusammen.

Die Drieberin hatte ihm aufmerksam zugehört, und einige derjenigen, die er genannt hatte, kannte sie in der Tat. Dennoch warf sie ihm einen bösen Blick zu.

»Was schert mich das Handwerksvolk in Andelsbuch?!«

Er lenkte anbiedernd ein, redete ein wenig Belangloses weiter und setzte an, zur Sache zu kommen. Nicht, dass sie ihn noch wegschickte.

»Ja, ja ... Ihr habt ja recht. Was kümmern Euch die anderen Leute, wo Eure Familie doch selbst dem Schicksal ausgesetzt ist ... Euer Schwager, der Jodok Mauchin, wie lang ist es nun schon wieder her, dass er tot in der Bregenzer Ach gelegen ist?« Sie verschob unwillig ihren Unterkiefer. Was wollte der Kerl mit dem Tod ihres Schwagers? Er sprach unbeirrt weiter.

»Ach ja ... es war gar nicht die Ach ... im Grebentobel droben solls gewesen sein, nicht wahr? Völlig gleich, wo er dem Herrn zugekommen ist, es wird den drei Frauen dort oben nicht leicht fallen, den Hof zu führen. Schon als die Kühe aus der Winterzeit vom Bodensee und aus dem Appenzell zurückgekommen sind, hab ich mich gefragt, wie sie es überhaupt fertigbringen wollen, zu Sankt Georg[1] das Vieh auf die Alpe zu bekommen. Wenngleich Eure Nichte, Franzisca heißt sie wohl, ein hübsch gewachsenes, stolzes, fleißiges und allseits beliebtes Wesen ist ...«, er flüsterte nun, als wäre es ein Geheimnis, »was ich gehört habe, soll sie gut gelernt haben in der Schule, und es wird an Freiern nicht fehlen.« Mit dem überschäumenden Lob Franziscas stichelte er gegen die Drieberin und ihre beiden Kinder, die weithin als dumpf und dreist verschrien waren. Doch die Drieberin merkte es nicht und hörte ihm weiter zu, ohne etwas zu entgegnen. Ihr war nicht entgangen, wie er seine Worte in eine bestimmte Richtung lenkte.

---

1   25. April

Er hatte eine Pause gelassen, in der sie nichts gesagt hatte, mithin war in ihr die Wissbegierde geweckt, und er fragte scheinheilig: »Wie wird es mit dem Hof dort oben weitergehen, habt Ihr da schon einen Plan?« Die letzten Worte sprach er bohrend, und die Bäuerin sah auf.

»Wovon spricht der Kerl da, und was geht es ihn überhaupt an?! Wozu sollte ich einen Plan für den Mauchinhof machen? Wir sind hier auf dem Drieberhof.« Er ließ nur einen schmalen, hohen Laut hören und hüstelte, als sei ihm die Luft zu trocken. Sie wusste es zu deuten und fuhr ihn an: »Setz er sich endlich her da!« Mit einer heftigen Bewegung schob sie den Stoß mit Leinentüchern zur Seite, stand auf und ging hinüber zum Stubenkasten, von wo sie mit einer Steingutflasche und einem Zinnbecher zurückkam. Sie schenkte grob ein und hob auffordernd den Kopf. Streng folgte sie jeder seiner Bewegungen, während er trank, und überlegte, was es wohl sein konnte, das ihn hergeführt hatte, denn Zufall war bei einem solchen Kerl niemals im Spiel.

Die Magd kam herein und stellte den Kupfertopf mit Wasser in die Nische des Stubenofens. Sie tat etwas umständlich herum, und als der Gnetzer den Becher absetzte, wendete er seinen Blick zur Magd. Die Bäuerin verstand sofort.

»Schau, dass du endlich rauskommst! Hilf dem Knecht mit dem Mehl und nimm zwei Mühlbeuteltücher[1] mit. Was brauchst überhaupt so lang?!«, fuhr sie auf.

Als die beiden wieder alleine waren, fragte sie: »Was willst du also?«

»Ah, was will ich, was will ich, immer geht es nur darum, was der ein oder andere will. Gar nichts *will* ich ... nur Euch einen Rat geben und die Frage aufwerfen, was Ihr vielleicht wollen könntet, eh?«

Während er derart geheimniskrämerisch und schleimig krähte, strich seine Hand über die Tischplatte, und die Erinnerung übermannte ihn mit einem Mal. Für einen Moment wurde ihm schwin-

---

1   Tuchsäcke für Mehl und andere Mahlprodukte.

delig, und seine Augen suchten weit aufgerissen und starr einen Halt – nichts anderes bot sich ihm als das Kruzifix. Es war ein anderer Taumel als der eines Rausches – tiefer, heftiger, denn seine ganze Seele drehte sich mit. Schon einmal hatte er hier am Tisch gesessen, vor über einem Vierteljahrhundert, genau an dieser Seite des Tisches, auf einem der alten Holzstühle, so viele Jahre jünger und voll von einem ihm fremden Gefühl. Ihm gegenüber hatte eine junge Frau gesessen: schön, stolz und selbstbewusst. Ausgelacht hatte sie ihn, und ihr Bruder, der später dazugekommen war, hatte ihn hinausgeschmissen in den Schnee, in die Kälte, in den Winter, und später darüber im Wirtshaus groß gesprochen und ihn zum Gespött gemacht.

Die schrille Stimme der Drieberin schreckte ihn aus seiner Abwesenheit und unterbrach die Flut an Bildern und Gedanken, die ihn still gemacht hatte.

»Und wie lautet der ... wie lautet demnach Euer Rat?!« Er brauchte eine Weile, um wieder in das Jetzt zurückzukehren.

»Ihr könntet Eurer Schwägerin Mauchin doch zur Hilfe sein.« Ohje. Das wollte sie gar nicht hören, ausgerechnet ihrer Schwägerin eine Hilfe sein. Tief holte sie Luft. Bevor sie ihn jedoch anherrschen konnte, beugte er sich zu ihr und flüsterte schnell: »Eures Mannes Mutter ... nehmt sie doch zu Euch ... nehmt sie zu Euch!« Böses klang mit, in dem, wie er es sagte, abgrundtief Böses, und es zügelte ihren Ausbruch. So etwas sagte er nicht ohne Hintersinn.

»Ah! Und weshalb sollte ich das tun, warum sollte ich das tun, he!? Die Mutter meines Mannes, sie hat damals zu den Mauchins wollen, und jetzt ist sie dort, und da drüben auf dem Hof liegt ihre Versorgung – so ist es ausgemacht und bestimmt. Wem sollte ich zur Hilfe sein und aus welchem Grund? Nimm er seinen dummen Rat und geh!« Der Gnetzer hob seinen Kopf und lachte leise. Nicht annähernd machte er Anstalten, sich zu erheben. Nun war sie verunsichert. Führte er sie gar vor? Machte er sich einen Spaß mit ihr? Sie richtete sich energisch auf.

»Was willst du!? Stiehl mir nicht meine Zeit!« Er ächzte müde, kramte umständlich ein Stück Papier aus der Tasche und faltete es auf. Sie erkannte ein in sauberer Schrift aufgesetztes Dokument. Er fasste es vorsichtig an den Seiten und drehte es ihr zu, sodass sie es lesen konnte. Während ihre Augen durch die Zeilen gingen, sprach er gelassen: »Zu dem Hof der Mauchin gehört der Stieglerhof. Nicht sonderlich groß, ein kleines Stück Wald ist dabei, und der Garten ist ausreichend für ein paar Kartoffeln. Im kleinen Stall haben wohl ein paar Stück Vieh gut ihr Auskommen, und für einen Knecht und eine Magd wäre auch Platz. Wenn wir uns also einigen könnten …?« Er lächelte sie auffordernd an. Sie schüttelte den Kopf.

»Ist er wirr im Kopf geworden!? Wie sollten wir uns einigen können? Ich kann ihm doch den Stieglerhof nicht verpachten oder gar verkaufen – er gehört mir nicht! Außerdem lebt dort der Kaspar, ein einfältiger Kerl, aber beliebt bei den Leuten, weil er ihnen die Krankheiten von den Viechern nimmt. Wir haben ihn selbst schon geholt, für die Hauskuh.«

»Wenn Ihr mir das Dokument unterschreibt, Drieberin, dann könnte ich Euch sagen, wie billig und einfach es wäre, in den Besitz der Mauchin zu kommen. In diesem Fall hätte ich einen Vorteil von diesem Stück Papier – und Ihr ebenso, denn Ihr bekämt den Hof Mauchin samt Weide, Recht an der Vorsäß und dem Wald. Und ich bekäme den Stieglerhof. Versteht doch – wir würden beide ein gutes Geschäft machen, und Ihr könntet bei der Messe am Sonntag in den vorderen Bänken sitzen, wo einem an kalten Wintertagen die neidigen Blicke von hinten gut wärmen. Und der Kaspar, ich weiß, das ist ein guter Kerl. Er wird anderswo ein Unterkommen finden, wo er doch so gut mit den Viechern kann.« Er lachte niederträchtig. Sie schob das Dokument weg.

»Nein, nein. Das ist Unsinn. Die alte Drieberin hat sich damals für ihre Tochter und den Mauchin entschieden und ist mit ihnen gegangen. Hier am Hof hat sie nicht bleiben wollen. Da droben liegt jetzt ihre Versorgung. Wozu sollte ich das ändern? Ich wüsste nicht, was ich davon hätte. Nur einen Haufen zusätzlicher Arbeit und ein böses altes Weib im Haus. Nein. Und der Bauer selbst würde es niemals wollen.«

Der Gnetzer hatte keinen Grund, aufzugeben, solange er jemandem gegenübersaß, der laut dachte.

»Mhm … der Mauchinhof ist ein ganz passables Höfchen, das sich gut verpachten ließe, will ich meinen, der noch dazu deiner Tochter oder dem Sohn eine feine Mitgift wäre, die sie zwar nicht bräuchten, aber dennoch … und die Franzisca ist jung und kräftig und schön und stolz. Sie wird keine Not leiden, denn der feine Mathis freit sie, und sie treffen sich recht lustig draußen an den Stadeln und fahren munter auf der Kutsche durch die Gegend. Lang wird es nicht mehr dauern, und der Mathisbauer darf eine tüchtige Schwiegertochter begrüßen und vielleicht bald schon auch einen Hoferben.« Das hatte er somit auch gut unter die Leute gebracht.

Die Drieberin verstand nicht recht, sie verstand gar nichts. Doch das Gemeine in ihr hatte Witterung aufgenommen und suchte nach einer Erklärung. Sie griff die Flasche und schenkte ihm abermals ein. Ihr Sohn war ein Trottel und ihre Tochter ungeschickt. Es wäre also durchaus kein Schade, den Hof der Mauchin zu bekommen, denn er könnte das Hochzeiten erleichtern. Aber wie? Was steckte hinter dem Auftritt des Gnetzers, der genießerisch am Obstbrand schlürfte.

»Ja, ahh, das tut gut nach so einem langen Gang. … Sie ist eine sparsame Frau, die Mutter Eures Mannes, und der Hof da droben, der geht doch zugrunde, wenn die Umstände so belassen werden, wie sie sind.« Langsam dämmerte ihr, worauf er hinauswollte.

»Was will er – red er, oder geh er!?«

»Wie gesagt – wollen tu ich gar nichts.« Er lehnte sich zurück und fixierte sie aus engen Augenschlitzen. Sie war hin- und hergerissen, und ihr Misstrauen ihm gegenüber war noch bestimmend. Sie zog das Dokument heran und las noch einmal. Es stand nichts darin, was ihr Sorgen bereiten würde. In leutseliger Weise begann er nun, sich zu erklären.

»Wisst Ihr, es ist so: Einsam fühl ich mich … einsam, da draußen in meiner Mühle. Es muss das Alter sein. Daher verspüre ich
den Wunsch, näher am Dorf und den Menschen zu sein. Oft – der
Herr ist mein Zeuge – wirklich oft habe ich den Mauchin nach
dem Stieglerhof gefragt, und jedes Mal hat er abgelehnt, weil der
einfältige Kaspar dort sein Dasein hat. Seine Mutter, Gott weiß,
ich habe sie gekannt, besser als jeder andere Mensch, sie ist ja
schon gestorben, und der Kerl ist wirklich einfältig. Kann er die
Pacht überhaupt zahlen? Ich war erst letztens bei den Weibern
droben, aber auch die wollten nichts davon hören. Die Junge ist zu
stolz, ihre Mutter verliert ihre Seele in der Trauer und betet alleweil den Rosenkranz, dass einem ganz schwindlig wird. Und die
alte Drieberin, deines Mannes Mutter, Ihr kennt sie besser als ich –
sie hat mich nicht einmal angesehen. Krank sieht sie aus. Und jetzt
bin ich eben hier. Wenn ich mir etwas wünsche, dann wünsche
ich es mir eben – so hat der Herr mich nun mal gemacht.« Er unterbrach kurz seine Rede, beugte sich nach vorne, um ihr etwas näher
zu kommen, und sprach dann mit leiserer Stimme, fast flüsternd
weiter: »Der Mauchin ist tot, ein Baumstamm hat ihn in die Tiefe
gerissen und seine Seele dem Herrn zurückgegeben … und der
Hof ist auf seine Frau übergegangen … Eure Schwägerin …« Er
schob ihr das Dokument zu. »Unterschreibt, und ich erkläre es
Euch.«

Ihre Neugier, ihre Lust an Selbstbestimmung und eine verrückte
Laune brachten sie schließlich dazu, aufzustehen, Tintenfass und
Feder aus dem Stubenkasten zu holen und ihre Unterschrift unter
das Dokument zu setzen. Der Gnetzer sah es zufrieden an, nahm es
wieder an sich und ließ die Tinte trocknen.

»Als die alte Drieberin sich entschieden hatte, ihrer Tochter auf
den Mauchinhof zu folgen, hat sie das Recht für die Vorsäß Marktobel und die Weiden und den Wald am Rimsbach mit eingebracht,
wofür ein Dokument bei einem Herrn Advokaten in Bregenz gefer-

tigt worden ist, welches zum Ammann zur Depositierung[1] in gerichtlicher Weise gebracht wurde. Darin ist festgelegt, dass der Hof an denjenigen übergeht, der für die alte Drieberin das Alter sichert. Denkt doch einmal nach, Bäuerin. Der ganze Besitz der Mauchin – er liegt Euch vor den Füßen, Ihr müsst nur wollen! Wollen! – Wollen müsst Ihr es schon – mehr aber auch nicht. Sie hat schon einen Schlagfuß[2] hinter sich, Eure Schwiegermutter ... Ihr werdet ihrer Art nicht zu lange ausgesetzt sein. Alles, was Ihr braucht, ist eine gerichtliche Bestätigung, dass Ihr diejenige seid, die ihr Alter sichert. Und dieses Dokument lasst Ihr Euch vom Landammann geben. Er wird es gerne tun, glaubt mir.«

Sie nickte ihm zu, ohne noch recht verstanden zu haben. Die Dinge brachten sie durcheinander. Sie überspielte ihre Verwirrung, indem sie wieder begann, die Leintücher zu ordnen. Ihr Herz schlug hart. Zwei Mal stand sie auf, weil die Gedanken sie umtrieben, und nur allzu gern hätte sie die Frage stellen wollen, aus welcher Quelle er das alles wisse. Ihr Stolz aber schonte sie vor der Demütigung eines schweigenden Lächelns. Sie holte eine Flasche mit bestem Obstbrand und schenkte ihm einen weiteren Zinnbecher ein. Vielleicht erzählte er ihr ja dann ganz ohne Zutun die komplette Geschichte.

Er seinerseits hatte auf eine solche Frage gewartet, und war nun froh, dass sie nicht kam. Denn niemals hätte er ihr von jenem Tag in Dornbirn erzählt, als er die alte Drieberin auf der Kutsche hocken sah, zusammen mit ihrer Tochter und dem Mauchin. Zum Advokaten waren sie gefahren. Er hatte solange gewartet, und als am Abend dessen Schreiber aus dem Haus gekommen war, hatte er ihn scheinheilig auf ein Glas Wein eingeladen. Zwei Flaschen hatte es ihn gekostet, zu erfahren, was in der verschwiegenen Amtsstube in Dokumente geschrieben worden war. Selbst ihn hatte es über-

---

1   Hinterlegung
2   Schlaganfall

rascht. Die alte Drieberin – sie war eine Hexe und würde auf ewig eine bleiben.

Das gegenseitige Belauern verlieh ihrem Gespräch eine weniger distanzierte Anmutung. Sie wandte mild ein: »Es gibt aber noch eine Schwester des Mauchin. Sie lebt in Lindau, ist Hausdame bei einer reichen, vornehmen Frau, die Gattin eines hohen Herrn, der einen großen Haushalt führt mit Kammerlakaien, Tafeldecker, Koch, Buben und Mägden. Sie hat sich lange Jahre nicht sehen lassen hier heroben, weil sie mit ihrer Schwägerin nicht zurechtgekommen ist … erst als ihr Bruder zu Grabe getragen worden ist, hat sie die Reise auf sich genommen – vierzehn Stunden sind es immerhin von Lindau bis hierher.« Sie blickte abfällig drein. Der Gnetzer winkte ab.

»Sie kann keine Erbin sein. Sie hat ihren Teil schon lange bekommen. Und wenn sie Rechte geltend macht, so sorgt Euch nicht darum. Es gibt da nämlich noch etwas …« Er unterbrach sich und nahm einen kräftigen Schluck. Sollte er ihr davon erzählen?

Sie insistierte jedoch nicht, und die beiden unterhielten sich noch eine Weile, währenddessen ihre Worte immer leiser wurden, bis sie sich am Ende gar einander verschworen zuflüsterten, so wie es Lumpen in der Nacht taten. Bald darauf verließ der Gnetzer das Haus mit einem neuen Ziel.

Der Mann der Drieberin betrat die Stube. Vom Becher, den er in der Hand hielt, triefte die Milch, die er gerade zuvor aus der Milchgebse[1] geschöpft hatte, um den meisten Rahm zu abzubekommen. Es machte sie rasend, weil sie wusste, dass er das feuchte Tuch nicht wieder übergelegt hatte. Doch noch bevor sie etwas sagen konnte, polterte er gereizt: »Was hat er wollen, der alte Ramser[2] … reicht es ihm nicht, dass ich ihn schon einmal hinausgeschmissen habe?

---

1   Zuber zur Aufbewahrung der Milch.
2   Faulenzer, Spieler.

Überall kriecht er herum, und seine Bösartigkeit hat ihn schon gezeichnet – nicht nur im Gesicht. Er kommt wie ein alter Mann daher, dabei hat er nur ein paar wenige Jahre mehr als ich.«

»Ganz sicher hat er kein Neujahr[3] vorbeigebracht«, entgegnete sie bissig und schaffte ihm gleich eine Arbeit an. »Die Kammer droben, neben der Saumagd, der faulen, die richtest du morgen her. Die Veronika und der Veit sollen dir dabei helfen.«

»Die Kammer? Wozu? Wer sollt die brauchen?«

»Wennst nicht aufpasst, steck ich dich drein!«, giftete sie.

Er setzte sich an den Tisch und tauchte ein Stück Brot in die Milch. Sie war aufgestanden und nach draußen gegangen, um das Gewand für die Beerdigung zu holen, das sie in den Schopf gehängt hatte. Er murrte zornig etwas Unverständliches in Richtung Ofenecke und plärrte dann: »Was ist, kann ich allein abendleten[4] heut?« Sie kam zurück und schrie nach der Magd, die sie zuvor hinausgejagt hatte, und überzog sie mit allerlei Verwünschungen. Die zwei Knechte kamen auch angeschlurft, dahinter Sohn und Tochter. Die war ihr wie aus dem Gesicht geschnitten, und so jung und glatt ihre Haut auch war, lag doch schon das Bittere und Scharfe der Mutter um ihre Lippen. Der Veit war gedrungen und kräftig wie der Vater und hatte auch die hellbraunen glatten Haare, doch stand ihm der Mund offen, und seine Augen glotzten in die Ferne.

Der Drieber räsonierte: »Was der Mathis an dem Vitus nur hat? Jetzt muss ich grad morgen zu der Leich gehen, zu dem alten Säufer und Hirt. Und der Pfarrer hält eine rechte Predigt, so haben sie's im Rößlewirt zu Schoppernau erzählt. Es ist doch eine recht eitle Geschichte, meine ich.«

»Kümmert's dich!«, fuhr sie ihn an. »Wenn du für den Rößlewirt Zeit gehabt hast, wirst morgen auch zur Leich gehen können. Ich muss mit dem Herrn Pfarrer reden, morgen, daher passt sich das

---

3 Geschenk zu Jahresbeginn.
4 Abendbrot

61

gut.« Sie wehte hinaus in die Küche und schlug im Vorübergehen ihrem Sohn auf das Kinn.

»Schau nicht um wie ein Blödel!« Erst erschrak er, dann aber lachte er hell und mit aufgerissenen Augen in die Runde.

Der Gnetzer war natürlich nicht gleich gegangen, sondern noch ein wenig um den Hof geschlichen, in der Hoffnung, die Magd vielleicht noch einmal zu sehen. Doch dauerte es ihm am Ende zu lange, und er wollte auch nicht übertreiben, wo er doch so erfolgreich gewesen war und in der Drieberin die Gier geweckt hatte. Er war ohne jede Skrupel ein schlechter Mensch und wusste von seiner Fähigkeit, bei bestimmten Menschen die jeweiligen Saiten des Bösen nicht nur anzuschlagen, sondern auch zum Klingen zu bringen. Er erkannte diejenigen, die von einem Laster befallen waren, auf hundert Meter Entfernung – die Wollüstigen, Gierigen, Geizigen, die Schandmäuler und die Faulen, und so hässlich er selbst war, maßte er sich hochmütige Urteile über andere an. Was er jedoch nicht ahnte, war die Tatsache, dass seine Bösartigkeit etwas weit Mächtigeres in der Drieberin angestoßen hatte als nur die Aussicht, einen Hof zu gewinnen. Mit seinem Besuch hatte er in ihr die Ahnung einer neuen Zukunft geweckt. Ihr selbst war dies gar nicht bewusst, und nur schemenhaft erschien ihr das, was sich seit ihrem Gespräch mit dem Gnetzer nun abzeichnete – ohne Konturen. Doch allein dieser Umstand, nach vorne blicken zu können und das Gefühl zu haben, es gäbe dort etwas, was das Leben lebenswert machte, erfüllte sie mit Kraft. Es war ihr, als wäre ihrem erstickten Leben ein Hauch frischer Luft zugefächelt worden. Das immer Gleiche und Eintönige ihres Alltags, dieses unendliche Grau – nun war es unerwartet mit Farben belebt worden.

Vor wenigen Tagen erst, bei der letzten Beerdigung, hatte sie am Grab der Verstorbenen gestanden und war von dem Wunsch erfasst worden, ihr unerfülltes Dasein möge bald ein Ende haben. Bitter geweint hatte sie an diesem Tag, ohne einen Gedanken an die Tote und ihre Angehörigen. Doch keiner am Tisch hatte eine Ahnung davon. Sie hockten alle still da, und die Magd stellte den Tiegel mit dem Sterz in die Mitte des Tisches. Der Drieber murmelte ein kurzes Tischgebet, alle bekreuzigten sich und warteten nun, dass er den ersten Löffel nahm. In der Mitte der Pfanne schwamm goldglänzend ein kleiner Teich aus zerlassener Butter. Das ölige, warme Gelb und der feine Geruch ließen einem das Wasser im Mund zusammenlaufen. Es duftete herrlich.

Der Drieber hielt seinen Löffel einen Augenblick länger als erforderlich in der Luft, stieß ihn dann in die Mitte der Butter und zog mit einem knarzenden Geräusch einen Kanal durch den Brei zu sich hin, woraufhin die zerlassene Butter auf seine Seite floss. Genüsslich schob er sich den Löffel in den Mund, schmatzte und lachte seine Frau an. Die anderen begannen nun ebenfalls, aus dem Tiegel zu löffeln. Der Veit warf ihm einen bösen Blick zu. Die Drieberin lächelte hintersinnig. Sollte er nur seine Freude an derlei Kram haben. Sie hatte eine Vorstellung von der Zukunft – und er?

*

Jakob Mathis fuhr derweil vor bis vor die Kirche und wendete das Gespann. Vom Kutschbock aus sah er sich nach einem kräftigen Helfer um, der den Sarg mit ihm von der Ladefläche hieven konnte. Im Schatten des Kirchenbaus gewahrte er eine reglose Gestalt, die sich aus dem Dunkel löste, und als ein wenig Licht auf den Kerl fiel, erkannte er den Schaffer.

»Seit wann druckst gerade du dich so an die heilige Kirche?«, foppte er ihn. »Kannst mir grad helfen?«

»Deswegen bin ich hier«, antwortete der Schaffer, trat an das Fuhrwerk heran und blickte auf den Sarg. Halblaut sprach er, mehr zu sich selbst als zu Jakob: »Ein alter Säufer war er, der Kerl, eine unnütze Seel, könnte man meinen, und trotzdem haben wir uns viel zu selten gesehen und hätten noch das ein oder andere Wort wechseln sollen. So ist es eben, wie es ist.«

»Wird das gehen?«, fragte Jakob. »Er hat schon mehr Gewicht als eines deiner Schäflein.«

»Und jedes von ihnen hat mehr Interesse an der weiten Welt«, lautete die mürrische Antwort.

Jakob sprang noch schnell das Stück bis zur Kirchentür und öffnete sie. Dann trugen die beiden ungleichen Gestalten den Sarg bis vor den Lettner.[1] Der feuchte, muffige Geruch im dunklen Kirchenraum war von Weihrauch überlagert –

zugleich abstoßend wie betäubend. Der Schaffer holte zwei Kerzen und entzündete sie. Mit den flackernden Lichtern ging er langsam zum Sarg.

»Mach auf!«, sagte er fordernd. Jakob Mathis sah ihn verwundert an.

»Wozu? Willst du ihn wirklich noch mal sehen?«

»Ja, was sonst. Mach auf!«, gebot der Schaffer unnachgiebig. Jakob Mathis holte sein Messer aus der Tasche und hebelte den Deckel los. Da lag er, der alte Vitus. Der Schaffer trat ganz nahe heran. Die Kerzen flackerten, und Licht und Schatten fuhren unruhig über das eingefallene Gesicht des Toten. Eine ganze Weile blieb der Schaffer reglos und mit leerer Miene vor dem Sarg stehen. Jakob wartete still und fragte sich, was die beiden wohl miteinander zu tun gehabt haben konnten. Dann löste sich der Schaffer abrupt aus seiner Starre und trat einen Schritt zurück.

»Kannst ihn wieder zumachen.« Jakob Mathis tat, wie ihm geheißen. Als er fertig damit war und um sich blickte, war sein Helfer schon verschwunden. Er hatte noch das helle Geräusch gehört, das erklang, wenn man einen Kreuzer in die leere Kollektendose warf. Auch draußen am Gespann war vom Schaffer nichts mehr zu sehen. So hockte sich Jakob Mathis wieder auf den Kutschbock und fuhr nach Hause. Ein selten eindrücklicher Tag war es gewesen. Morgen würde die Beerdigung sein, und der Pfarrer würde eine

---

1   Abtrennung von Kirchenraum zu Altarraum.

richtige Leichenpredigt halten für den alten Vitus, weil der Vater dafür gezahlt hatte. Ob der Vitus sich das hätte träumen lassen? So einsam schien er ja doch nicht gewesen zu sein, wenn der Schaffer eigens gekommen war, um ihn noch einmal zu sehen.

*

Franzisca erschrak, als es so spät noch an der Tür klopfte. Auf dem Tisch stand inzwischen ein alter Blechnapf, in dem eine Unschlittkerze[2] brannte. Es roch streng nach verbranntem Talg. In der Tür erschien der Kopf des Gnetzers. Was wollte der noch zu so später Stunde bei ihnen? Seine Augen waren wässrig, und auf den Wangen leuchteten hellrote Flecken. Er schob sich durch die Tür und grüßte aufwendig. Seine Verbeugung erschien ihr lächerlich. Sie legte das Nähzeug beiseite und sah ihn fragend an.

»Was willst so spät noch, Gnetzer? Es ist ja schon Nacht.«

»Ah, ich war gerade in der Nähe, und heut bleibe ich drunten in der Gams und mache den Weg nicht mehr zur Mühle, und da wollte ich, weil ich das Licht sah, doch noch vorbeischauen und fragen, wie es denn so geht … wo es doch sicher keine leichte Zeit ist, seit der Vater so unglücklich zu Tode gestürzt ist und ihr drei Frauen allein mit dem Hof und dem Haushalt und allem seid.« Er sah sich um. Niemand sonst war im Raum. »Und alles lastet nun auf deinen Schultern, nicht wahr, Franzl, alles. Wirst das nicht schaffen, denke ich, und weil mich das umgetrieben hat, dachte ich, schau mal am Hof der Mauchin vorbei.« Sie versteckte ihre Verwunderung über den späten Besuch hinter einer Spur Impertinenz.

»So, dachtest du. Es ist ja nur so, dass an unserem Hof weithin niemand vorbeikommt.«

»Ach, die paar Meter hier herauf. Man hat einen schönen Blick

---

2   Talg aus tierischen Eingeweiden und Schlachtabfällen, gewonnen für die
     Kerzenproduktion.

hinunter aufs Dorf. Ein schönes Plätzchen.« Er hüstelte und kam an den Tisch, zog einen der grobschlächtigen Holzstühle heran und setzte sich. Sie roch den Schnaps. Er sprach langsam und lallte bei mancher Silbe.

»Ja, ja, so dachte ich. Es wird dir bald zu viel werden, und du wirst dich entlasten müssen. Die Mutter ist nicht mehr von dieser Welt, und die Großmutter ist eine Bürde – es wissen doch alle Leut. Wie willst du das schaffen – die Kühe, die Alpe, die Haus- und Hofführung? Willst du etwa auf die Märkte nach Dornbirn, nach Bregenz oder Feldkirch? Willst du die Winterställe für das Vieh mit den Appenzellern verhandeln?«

Sie sah ihn ohne äußerliche Regung an. Was für ein Tag – erst der Jakob, dann der Schaffer und nun auch noch der Gnetzer. Im Grunde sprach er ja die Wahrheit. Die Mutter war tatsächlich nicht mehr von dieser Welt, und die Großmutter eine wirkliche Geißel. Doch warum interessierte ihn das – und was ging es ihn überhaupt an? Vor wenigen Monaten noch wäre es ihr unvorstellbar gewesen, mit einem solchen Kerl am Abend am Tisch zu hocken und sich Ratschläge über den Fortgang ihres Lebens anzuhören. Alles an ihm – seine säuselnde Stimme, sein devotes Verbeugen und wie er suchte, seinem Gesicht einen geselligen Anschein zu geben – alles an ihm war falsch. Eine falsche, trunkene Vogelscheuche hatte sie da in der Küche hocken. Sie blieb kühl.

»Was willst du also?« Er richtete sich ein wenig auf und hüstelte dabei. Seine Augen wanderten durch die Stube. Sie verstand den Blick und holte den Schnaps. Mit einem schnellen Ruck schüttete er den Brand hinunter, räusperte sich und hustete.

»Ahhh ... bist eine Gute, Franzl. Schau mich an, ich bin alt, ich habe mein Auskommen und mein Unterkommen, und ich habe im Leben viel gesehen, mehr, als ich jetzt erzählen könnte, und mehr, als du dir mit deinen wenigen Jahren vorstellen könntest. Es reut mich, zu sehen, wie dein junges Leben zergeht und am Ende nicht zur Blüte kommen könnte ...« Er unterbrach sich und hob den Finger. »Ja, ich weiß, du frägst dich, was ich hier will und was ich mir Gedanken über fremder Leute Angelegenheit mache, und doch denke ich, es steht mir zu, dir einen Ratschlag zu geben. Es ist doch so, dass du gar nicht so allein bist, wie es dir vielleicht vorkommen mag, denn dein Onkel, der Drieber samt seiner Frau, die täten dir helfen, ich weiß es gewiss, glaube mir – auch wenn er mit deinem Vater selig in Streit war wegen der Vorsäß und anderen Dingen … familiären … wie es eben so ist. Es ist aber Blut, das euch verbindet – also, Franzl, nimm doch Hilfe an, wenn sie dir zuteil wird, und weise sie nicht im Stolz ab.« Ihr Gesicht verzog sich zu einem Grinsen.

»Ah … der Drieber. Blut verbindet uns, sagt er? Und wo war er dann, als sein Schwager in die Erde gesenkt wurde? Hat er auf einmal sein großes Herz entdeckt?! Ist es die Vorsäß, die er vom Vater nie bekommen hätt und von der er meint, sie stünde ihm von der Mutter her zu? Und selbst zu kommen, hat er nicht den Mut, sondern schickt … « Sie sprach nicht weiter, sondern stand energisch auf. Der Gnetzer winkte ab, griff zur Flasche und schenkte sich ein. Bevor er trank, sagte er: »Nein, nein, was denkst du denn … und schlimmer noch, was denkst du von mir?! Ich lasse mich von niemandem schicken, weil ich niemandes Dienstbote bin, das musst du dir merken. Ich handle und spreche nur für mich selbst. Und was hat das alles mit der Vorsäß zu tun? Nichts, nichts, nichts! Behalte sie, mache mit ihr, was du willst, auch wenn sie eh zu groß und das Vieh zu viel ist, als dass du es schaffen könntest – das wird dir selbst schon in den Sinn gekommen sein, weil du klug bist. Ich meine etwas völlig Anderes … du folgst zu sehr deinen eigenen Gedanken.« Er senkte seine Stimme. »Die Großmutter, gib die Großmutter zu ihm.« Seine Worte erschreckten sie, denn sie trafen auf einen Gedanken, der ihr selbst schon gekommen war, den sie aber wieder verdrängt hatte. Es war schmerzlich, ausgerechnet von einem wie dem Gnetzer so offen darauf gestoßen zu werden. Doch sie ließ sich nichts anmerken.

»So ein Unsinn … es kann nur am Schnaps liegen. Wieso sollte ich das tun?« Er knurrte etwas und stürzte den zweiten Becher hinunter, wonach seine Augen ganz wässrig glänzten. Mit einem lauten Schlag setzte er den leeren Becher auf dem Tisch ab, sodass sie erschrocken zusammenfuhr.

»Weil es dir hilft! Weil es dir hilft, Franzl! Du wirst sehen, wie es euch, dir und der Mutter, so schnell besser gehen wird. Du wirst deine Arbeit leichter tun können und wieder Freiheit spüren. Glaube mir. Überlege es dir, und gehe morgen gleich hinüber zur Verwandtschaft. Dein Vater ist tot, und mit ihm ist der Streit begraben worden. Du hast doch keinen Händel mit ihnen gehabt, und es sind doch die einzigen, die dir hier geblieben sind. Glaube mir – es ist das Richtige.« Er senkte den Kopf und sprach mit einem Unterton: »Und wenn man glauben kann, was die Leut so reden, hast du ja Aussichten, am Mathishof einmal die Bäurin zu sein, oder stimmt's vielleicht nicht?« Jetzt hatte sie Mühe, ihr Erschrecken zu verbergen, und ihr Herz schlug augenblicklich schnell und hart. Sie stand auf und drehte sich von ihm weg, ging hinüber zum Stubenkasten, kramte darin herum, und als sie sich wieder etwas beruhigt hatte, kam sie zurück an den Tisch. Sie fühlte jählings die Bösartigkeit, die den Raum füllte. Um Fassung bemüht setzte sie sich wieder und sah ihn still an. Er brabbelte noch ein paar Phrasen, und es war zu hören, wie schwer ihm die Zunge vom Schnaps geworden war. Sie wartete stumm, bis er endlich aufstand, ihr noch einmal zunickte und zur Tür ging. Sie blieb sitzen, und die Worte, die er gesprochen hatte, vor allem seine letzten, wirbelten ihr im Kopf und im Herzen umher. Weswegen nur kam der Kerl jetzt daher, meinte ihr gute Ratschläge geben zu müssen und biederte die Verwandtschaft an?

»Wirst schon allein hinausfinden, Gnetzer, bist auch ohne Begleitung hereingekommen!«, zischte sie ihm zum Abschied in den Rücken.

Bis tief in die Nacht blieb sie in der Küche sitzen und starrte in das mattgelbe Licht der tänzelnden Flamme. Das Haus gab Geräusche von sich – es knarrte, knackte und knarzte. Die Mutter und die

Großmutter lagen bereits im Schlaf, den sie in dieser Nacht vergeblich suchte. Die Erlebnisse des Tages hatten sie zutiefst aufgewühlt. Ohne für sich zu einem Ergebnis gekommen zu sein, was von alledem zu halten war, trat sie noch mal hinaus in den Schopf und sah hinauf in den Himmel. Sie legte ein Tuch um ihre Schultern, denn es war empfindlich kühl geworden, und am frühen Morgen würde sicher ein leiser Hauch von Reif auf den grünen Grasspitzen kleben. Die Sterne funkelten hell, und alle Wolken waren hinweggefegt. Hoch droben stand das Sternbild des Schwans und zog nach Süden. Ob Jakob jetzt auch hinauf zu den Sternen sah? Sie wollte es glauben. Ob er schlafen konnte? Ob er an sie dachte?

Früher, ja früher als Kind, war das Schlafengehen ein ersehntes Abenteuer, denn da erzählte ihr der Vater Geschichten von wilden Tieren, von noch wilderen Räubern und langen, anstrengenden Jagden auf Bären und Wölfe – und von Fahrten übers Meer, in Länder, in denen die Menschen braun und schwarz waren, wo es nie Winter wurde und bunte Vögel flogen, die alle Farben der Welt in ihren Gefiedern trugen. Die Geschichten von den Räubern machten ihr damals Angst, denn so wenig es derart bunte Vögel im Bregenzerwald gab, trieben doch Räuber in der Tat ihr Unwesen hier. Bis heute fühlte sie sich unsicher auf den Wegen zu den Märkten und gab lieber die paar Kreuzer für die Gaststube aus, als auf dem Rückweg in die Dämmerung zu geraten, oder gar in die Nacht. In den Wirtshäusern gingen jeden Abend Geschichten von der Salznase herum, oder von den Schurkenstücken der Bregenzer Bande, dem Schultoni oder Vogelmännle. Erst vor einigen Wochen hatten Räuber in Bregenz auf einen Polizeidiener geschossen. Am allerliebsten mochte sie die Geschichten von den warmen Ländern im Süden, wo es Früchte gab, noch süßer als Birnen, und die Erzählungen von den Schiffen, die mit gewaltigen Segeln übers Meer fuhren, und von den bunten Vögeln. Einmal hatte sie auf dem Jahrmarkt in Dornbirn einen Papagei gesehen. Direkt am Roten Haus hat er gehockt, und er war noch viel bunter und leuchtender und scheckiger, als sie sich es hätte vorstellen können. Sogar vor der mit Ochsenblut und Ochsengalle leuchtend rot gefärbten Fassade hatte das Vieh sich noch abgehoben.

Sie begann zu frieren und stieg endlich hinauf in die Kammer, in der ein im Ofen angewärmter großer Kieselstein, der in ein altes Windeltuch gewickelt war, das Bettzeug angewärmt hatte. Sie schob ihn mit den Füßen vorsichtig nach unten und legte ihre Fußsohlen um die runden Formen. Es tat ihr gut, und sie wurde davon schnell warm und müde. Doch nur langsam bekam sie den Gnetzer aus dem Sinn, der durch ihren Halbschlaf huschte und seine hässliche hohe Stimme hören ließ.

Sehr früh am Morgen – Dunkelheit lag noch über dem Tal – erwachte sie. Doch so gequält sie sich von den Erscheinungen der Nacht auch fühlte und so müde sie noch war, freute sie sich darauf, den Tag zu beginnen. Zuerst schürte sie das Feuer an. Unter der Asche lag noch genügend Glut, und die dünnen Fichtenspalten loderten schnell. Danach kam der Stall an die Reihe, dann das Kleinvieh, und nach dem Melken durften die zwei Hauskühe auf die kleine Weidefläche gleich hinter dem Haus. Lange würde das nicht mehr möglich sein, und sie würde den weiten Weg in Richtung Rimsbach gehen müssen.

Die Mutter trat ohne Gruß in die Stube und murmelte Gebete, die jedoch keinen Frieden in das Haus brachten. Wenigstens half sie ihr heute dabei, die Großmutter zu versorgen, deren Augen in der halbdunklen Kammer starr an die Decke geheftet blieben. Das Morgenessen bestand aus einem Kanten Brot, Milch, einer Schale Zieger[1] und einem Stück Hartkäse. Wenigstens während sie aßen, hatte sie Ruhe vor dem gebetsmühlenhaften Murmeln. Wann hatten sie eigentlich das letzte Wort miteinander gewechselt, vernünf-

---

1   Quark

tig miteinander geredet? Sie erinnerte sich nicht und setzte sich hinaus in den Schopf, wo es angenehm warm war. Die alten Bretter knackten unter der Wärme des morgendlichen Sonnenlichts. Ein freundlicher Frühlingstag begann, und von der Anhöhe, der das Gehöft wie ein Sporn vorgelagert war, sah man hinunter auf das Dorf. Einige Kutschen und Fuhrwerke waren schon unterwegs, Kinder trieben eine Katze über den Weg und schrien, Hundegebell lag dazwischen, und von irgendwo kamen dumpfe Schläge – Holz auf Holz. Weit drüben, hinter den Gehöften von Ellenbogen, sah sie einen Trupp Soldaten in Richtung Westen reiten.

Vom Gewitter des Vorabends war nichts geblieben als die Nässe in den Wiesen und das helle Rauschen des Wassers in den Bächen. Unter dem tiefen Blau des Himmels, im matten Schein der letzten Morgensterne, trieb eine leichte Brise weiße Wolkenbänder dahin. Die Vögel sangen, und eine Lerche stach mit ihrem hellen Stakkato und Trillern hervor. Eine Weile später mischte sich die Härte der Totenglocke in die Geräusche des Alltags und dämpfte das Aufkeimen eines befreiten Glücks. Zeit, sich für die Beerdigung herzurichten.

Drunten im Talgrund war zu beobachten, wie das schlichte Geläut eine bewegte Lebendigkeit erzeugte. Menschen liefen wie von einem geheimen Magneten angezogen der Kirche zu. Einige Pferde und Ochsengespanne waren auch darunter. Die Beerdigung des alten Vitus war eine willkommene Unterbrechung des Alltags. Zudem war sie das Gesprächsthema schlechthin in den Dörfern der Umgebung gewesen, wobei besonders die Beziehung des Mathisbauern zu dem alten Kerl Verwunderung auslöste. So trieb neben der Christenpflicht, die es verlangte, einen der ihren würdig zu Grabe zu tragen, auch Neugier und die Aussicht auf eine zünftige Zusammenkunft viele der Kirche von Bezau zu.

Der Leichengang

Am Mittwoch, den zwölften Mai, dem Tag der Heiligen Nereus,
Achilleus und Pankratius, wurde der alte Vitus, den der junge
Mathisbauer mit dem Pferdewagen aus dem Hirtenhaus bei Bizau
geholt hatte, bestattet. Und es war in der Tat die Neugier, die mehr
Menschen aus dem ganzen Tal anzog als zu manch einer anderen
Leichenfeier. Sie geriet gar zu einer der größten, von der man sich
noch lange Zeit verwundert erzählte. Unter den einfachen Kutsch-
gefährten zwischen Gams, Kirche und Hirschen standen sogar
einige Landauer, Coupés und Kaleschen, und beinahe entstand der
Eindruck, man suchte einen Jahrmarkt auf.

Schweigend und mit langsamen Schritten ging Franzisca neben
ihrer Mutter her. Vor der Gams gewahrte sie eine Menschen-
ansammlung um einen bunten, scheckigen Wagen herum, der von
zwei Maultieren gezogen wurde und ein überdimensionales Pla-
nenverdeck hatte. Gezische, unterdrücktes Lachen und aufgereg-
tes Flüstern kam von dort. Schon aus der Ferne erkannte sie den
Ameisler, der auf allen Märkten und Jahrmärkten bis weit ins Tirol
anzutreffen war. Auch er hatte also den Weg genommen, um dem
alten Vitus die letzte Ehre zu erweisen. Er stand auf dem Kutschbock und hielt eine Ansprache. Ein Stück entfernt, an der Haus-
wand neben dem Aufgang zum Gamswirt, lehnte der Schaffer. Er
trug einen langen schwarzen Mantel und einen schwarzen Filz-
hut. So viele Menschen, dachte Franzisca, und konnte einen
Schlag Bitterkeit dabei nicht unterdrücken, denn bei der Beerdigung des Vaters war gerade einmal die Hälfte gekommen, und
jetzt hatte die Neugier um den Tod eines alten Hirten, der Zeitungen las und schreiben konnte, der am liebsten alleine war und

einen Papagei als Gesellschaft vorzog, so viele Menschen hierher gebracht.

Der Ameisler trug einen weitkrempigen, fremdländisch aussehenden Rundhut, und ein langer schwarzer Mantel mit einer goldglänzenden Knopfreihe ließ ihn wie den Priester eines fremden Landes erscheinen. Er hätte als solcher gewiss keine schlechte Figur abgegeben, denn aus seiner Haltung sprach Gewissheit und Selbstbewusstsein. Seine Stimme dröhnte ernst, und es war kein Wunder, dass auf den Jahrmärkten, auf denen er seine Gesundheitswässerchen, Cremes, Ameisensäuren und Pferdefluids mit lauten, warmen und manchmal drohenden Worten anpries, immer ein großes Gedränge um seine kleine Bühne herrschte. Heute genügte ihm der Kutschbock. Die Menschenmenge wurde dichter, und auch Franzisca zog es näher zu dem Wagen hin; ihre Mutter hatte sich bei ihr am Arm eingehängt.

Kaum einer kannte den wahren Namen des Ameislers, der diesen und sein Wissen von seinem Vater übernommen hatte, so wie der von seinem Vater. Er kannte alle Stellen in den Bergen bis weit nach Tirol hinein, an denen die schwarzen Ameisen ihre gewaltigen Haufen aus Nadelholz und Pflanzen errichteten. Ihre Höhe überragte nicht selten einen ausgewachsenen Mann. Einmal im Jahr zog er los und holte so vorsichtig als möglich einen Teil der Puppen des Ameisenvolkes. Behutsam trug er dabei die obere Hälfte des Hügels ab, tat sie auf ein Tuch und siebte die Puppen aus. Er verzichtete darauf, seine Hände und Arme zur Abwehr der Insekten mit Holundersaft einzureiben, und ließ sich regelmäßig beißen. Er hatte nämlich festgestellt, wie wunderbar ihm diese Beißkuren das Ziehen und Zerren in den Beinen und Füßen vertrieben. Die Ameisenpuppen verkaufte er als Vogelfutter an die modernen Haushalte in den Städten, in denen seit geraumer Zeit Singvögel in Käfigen gehalten wurden. Vor allem die Mätressen der Adligen hatten einen Narren an den bunten Dingern gefressen. In guten Jahren brachte ihm die Ernte an die zweihundert Gulden.

Der Ameisler liebte große Auftritte und hatte auch die Erscheinung dazu.

»Ihr Leute!«, rief er in die Menge, und seine Hand beschrieb dabei einen weiten Halbkreis. »Was denkt ihr, was für ein Mensch heute zu Grabe getragen wird!? Ein armer, dummer Hirte, der sein Lebtag nichts anderes gesehen hat als die Schneefelder im Winter und die grünen Weiden und Alpen im Sommer? Der nichts anderes gehört hat als das Donnern der Lawinen und das Zwitschern der Vögel und nur den brennenden Rauch von feuchten Feuern in den Augen hatte und den Schmerz von klammen Betten und kalten Kammern in den Gelenken?! Einer, der in der Welt nicht weiter gekommen ist als von Bregenz bis Bludenz? Ha! Ich sage euch: Er hat von der Welt weit mehr gesehen als ihr hier alle zusammen! Ich will euch davon erzählen, ja ich will euch berichten, was Vitus Geimberger wirklich erlebt und gesehen hat. Über zwanzig Jahre ist es her, dass er zurückgekehrt ist von einer Reise, die ihn fast um die ganze Welt getragen hat. Ja, da schaut ihr mit großen Augen und habt die Mäuler offen bis zu den Ohren – zu Recht! Bevor ich euch aber davon berichte, bringen wir ihn wie anständige Christenmenschen unter die Erde und hören des Pfarrers Worte.«

Enttäuschtes Gemurmel war zu hören, denn der Ameisler hatte ihre Neugier mit seinem theatralischen Auftritt noch mehr angefacht. Und genau deswegen waren sie gekommen – etwas zu erleben, zu hören und zu erfahren, was anders war, was neu war, was sich weitererzählen ließ in den Wirtschaften und auf den Tanzböden. Immerhin war deutlich geworden, dass sich der lange Weg und die Unterbrechung der Arbeit gelohnt hatten. Allein die Anwesenheit des Ameislers mit seinem verrückten Jahrmarktswagen und dem exotischen Weib war ein Ereignis für sich. Die Glocke schlug hart vom Kirchturm herüber in die aufgewühlten Gemüter,

die behäbig ansetzten, vom Ameisler zu lassen und der Kirche zu-
zugehn.

Der dichte Dunst aus Weihrauch beruhigte die Gekommenen, und
der Pfarrer hielt eine brave und unaufgeregte Messe. Das Volk vor
ihm in den Bänken wartete darauf, dass die wohlbekannte Prozedur
zu Ende kam; ihre Ungeduld und Gier nach Erlebnis verlangten danach, die Geschichten vom Ameisler zu hören, über das Leben des
Vitus, welches ihn um die halbe Welt getragen haben soll – den
Vitus!? Den einfachen Hirten, der den Menschen aus dem Weg
ging, kaum je einen Ton sagte und am glücklichsten schien, wenn
Kühe, Ziegen, Schafe und Schweine um ihn waren. Ja, gesoffen
hatte er gern, doch das war nichts Besonderes.

Der Pfarrer wirkte müde auf der Kanzel. Seine Stimme leierte
ohne Aufgeregtheit daher. Doch da er für die Predigt bezahlt worden war, mühte er sich wenigstens, feierlich zu sprechen. Kaum
einer in der Kirche hatte je den richtigen Namen des Toten gekannt.
Die Predigt verriet es.

»Vitus Manheld Jodok Geimberger ist siebzehnhundertachtund-
dreißig in Schoppernau geboren worden. Sein Herr Vater ist ge-
wesen Herr Johann Jodok Albrecht Geimberger, einer löblichen
Herrschaft daselbst Hirt und Knecht, und seine Frau Mutter war die
Catharina Herburgerin von Isny. In seiner Jugend hat er sich etliche
Jahr lang fleißig und getreu verhalten. Darauf hat er sich weiters in
vornehme Handelsdienste nach St. Gallen, Bludenz, Feldkirch und
Lindau begeben und ist auf weiten Reisen gewesen.«

Der Schaffer stutzte. Von vornehmen Handelsdiensten war ihm
nichts bekannt.

Da es dem Pfarrer an Details aus dem Leben des Vitus fehlte, er
sich aber dem Auftragslohn des Mathis verpflichtet fühlte, streckte
er seine Worte, indem er blumig aufzählte, was der Vitus alles nicht
erlebt hatte: Eine Frau hatte er nicht gefunden, Kinder waren ihm
nicht geschenkt worden, und die Verantwortung und Last eines

großen Besitzes hatten ihn nicht geplagt. Von seinen Reisen wusste
er nichts, und in der Kirche war er eh nie aufgetaucht, ja es schien
gerade so, als wäre er jeder Begegnung mit einem Geistlichen aus
dem Weg gegangen. Auch der Amtsbruder in Bizau konnte nichts
Günstigeres berichten.

Die Ungeduld seiner Gemeinde steigerte sich, und alle warteten
auf das erlösende Amen. Nachdem der Pfarrer die Kanzel wieder
verlassen hatte, nicht agiler als zuvor, folgte der bekannte Ritus,
und endlich war der Augenblick gekommen, in dem sich die Kir-
chentüren wieder öffneten. Der Organist jammerte noch ein Cho-
ralnachspiel, wobei die Blasebalge lauter pfiffen als manche der
Orgelpfeifen, und die Gemeinde trabte hinaus auf den Friedhof. In
einer Ecke im Südwesten war ein Grab ausgehoben, dessen Erd-
haufen mit Birkenreisern geschmückt waren. Niemand wusste, wer
sich diese Mühe gemacht hatte. Der schlichte Holzsarg verschwand
ohne Klemmen und Knarzen in der Grube, und frische Erde wurde
auf die Bretter geschaufelt. Es polterte laut.

Angezogen wie von einem Magneten sammelte sich die Menge erneut um den Planwagen des Ameislers. Nicht weit entfernt davon
lugte der Gamswirt zufrieden aus dem Fenster und beobachtete
den Auflauf. Ein schönes, unerwartetes Geschäft durfte er erhof-
fen, und selbst im Hirschen und Löwen würde es voll werden.
Wer hätte das gedacht. Er stellte die Stafette mit dem Papagei
nächst des Ausschanks, um immer einen Blick auf das Tier zu
haben und es nicht dem besoffenen Treiben auszuliefern, das sich
ganz sicher zu späterer Stunde ergeben würde. Dann schnitt er
einen Schnitz Apfel klein und hielt es dem bunten Kerlchen hin.
Vor einigen Tagen, als der Mathis mit dem Vieh ankam und fragte,
ob er es nehmen würde, tat er es nur aus dem Antrieb heraus, Neugierige damit anzulocken. Doch in den wenigen Tagen, seit der
Vogel im Haus war, hatte er einen rechten Narren an ihm gefressen, und wenn er sich allein wusste, redete er mit ihm wie mit

einem Menschen und genoss es, wenn das Kerlchen an den hinge-
haltenen Fingern nagte.

Draußen stieg der Ameisler auf seinen Wagen.

»Wie die Vögel geschnäbelt sind, so singen sie eben!«, rief er in
die Menge und lachte dabei, und nur die Dummen und Einfältigen
verstanden die Replik auf die Rede des gelangweilten Pfarrers nicht.
Die meisten aber stimmten in sein Gelächter ein. Franzisca ließ nur
ein feines Lächeln über ihr Gesicht gleiten. Nicht weit von ihr stand
der junge Drieber in der Menge und blickte mit offenem Mund um
sich, weil er nicht verstand, aus welchem Grund die Leute lachten.
Als ihr Gelächter verstummte, feixte er geifernd in die Stille hinein – unpassend wild und derb.

Im gleichen Moment huschte über das Gesicht des Ameislers ein
kurzer Schatten, denn er hatte hinten an der Ecke der Friedhofsmauer eine Gestalt entdeckt, die er hier nicht erwartet hätte – den
Gnetzer. Er lehnte an den alten Steinen und sah missmutig drein.

In einer theatralischen Geste hob der Ameisler nun den Arm gen
Westen und begann zu erzählen.

»Weit von hier, in der großartigen englischen Stadt Plymouth,
deren Einwohnerschaft die Hälfte treue, fleißige Christenmenschen
sind und die andere Hälfte aus Huren, Dieben, Schurken, Taschen-
dieben, Halsabschneidern und Lumpen besteht, da war es, wo unser Vitus an Bord eines englischen Segelschiffs ging. Er war jung
und kräftig, hatte pechschwarze Haare, noch alle Zähne im Maul,
mehr Durst als Hunger und die unbändige Sehnsucht, fortzukom-
men aus der Not und der Kriegsdienstpresserei – und: Er wollte
etwas sehen von dieser weiten, schönen Welt, die voller Wärme
sein kann und ohne Hunger, und er wollte eben nicht den Weg
nach Bezau aufs Gericht zur Rekrutenaushebung gehen, wo in allen
Töpfen nur unglückliche Lose zu finden waren.« Aus der Menge
erhob sich zustimmendes Gemurmel, und der Ameisler wartete
einen Augenblick, bevor er weitersprach. »Doch bevor er die süd-

lichen Gefilde kennenlernte, fuhr das Schiff, das den Namen *Adventure* trug, nach Norden, und er bibberte und zitterte, weil er noch keinen Frost erlebt hatte, der derart in den Körper schnitt, als stammte er von eisglühenden Klingen. Berge aus Eis schwammen im Meer, und Tag für Tag und Nacht für Nacht nahm das Eisland kein Ende. Allmählich wurde es besser, und als das Schiff den Weg zur Mitte der Erde einschlug, kamen endlich warme Winde, wie ihr sie euch nicht vorstellen könnt. Riesige Vögel waren am Himmel, die Albatrosse genannt werden und größer sind als unsere stolzen Adler. Geräuschlos liegen sie in der Luft, kaum jemand hat je einen Flügelschlag von ihnen gesehen, und die Matrosen sagen von ihnen, sie schlafen in der Luft beim Fluge, und es ist ihnen bei der Hölle verboten, Land unter ihre Füße zu bekommen, denn es sind keine Vögel – es sind die Seelen grausamer Kapitäne, die mit ihrer auf Ewigkeit fortdauernden Futtersuche Buße tun müssen für ihre einstigen Schandtaten. Aus einer ganzen Welt aus Wasser, aus der man millionenfach eure schaffen könnte, tauchten Inseln auf, und auf einer trafen sie auf Wilde – Unbändige, derer es kein roheres und unwirscheres Volk unter dem heißen Himmel gibt. Und unter dem Wasser wachsen Gebirge aus knöchernen Tieren, die Korallen genannt werden, und ihre Zacken und Grate sind messerscharf und schlitzen ein Schiff auf, als führe ein heißes Messer durch einen Topf Butter – kein Entkommen, kein Entrinnen, für keine Seele.«

Einer aus der Menge schrie: »Und du willst das alles wissen, Ameisler!? Hast du zu viel von deinen eigenen Tinkturen gesoffen!?« Dünnes Gelächter breitete sich um den Schreihals aus. Der Ameisler blieb gelassen, und als das Aufflackern erstickt war, sagte er besonnen: »Ich war dabei und noch einer, der hier unter uns ist. Ich war auf dem zweiten Schiff dieser Reise – es hieß Resolution.« Gemurmel erhob sich, und die Leute sahen sich an. Es hätte erfunden und gelogen sein können, doch der Kerl erzählte wirklich so, als hätte er alles selbst mit angesehen, und schließlich musste er seine schöne dunkle Frau ja auch von irgendwo her haben. Der Ameisler erzählte weiter:

»Vorsichtig tasteten wir uns durch den Irrgarten, immer auf der Hut davor, auf Messers Grund zu laufen, und eines Morgens dann tauchte im Sonnenlicht eine Halbinsel vor uns auf, O-Aitepieha genannt. Vitus hat sie zuerst gesehen mit seinen scharfen Augen, wie ich sie bei noch keinem anderen Menschen je erlebt habe. Eine weite Ebene schien vor uns auf, wie ein Flecken aus dem Paradies. Hüttendörfer lagen dort verstreut, und als der erste Fremde die hellen Segel unseres großen Schiffes im türkisen Wasser gewahrte, erwachte die ganze Ebene zum Leben. Sofort rannten die Wilden zum Strand, stiegen in ihre Kanus und ruderten auf uns zu. Gar nicht lange dauerte es, und sie kamen durch die Öffnung des Riffs ganz dicht an uns heran. Kräftige, muskulöse Gestalten, braun wie Schokolade, auf dem Kopf eine Art Turban und um die Hüfte nur eine Schärpe, hockten sie da vor uns in ganz einfachen Booten und winkten uns mit grünen Palmblättern zu und riefen »Tayo! Tayo!«, was dort eine freundliche Begrüßung ist. In kaum einer Stunde waren wir von Hunderten dieser Kanus umgeben. Sie brachten uns Kokosnüsse und Pisangs[1] im Überfluss, und Brotfrüchte und allerlei andere fremde Knollen und Gewürze. Wir tauschten Nägel, Eisenwerkzeug und Glaskorallen dagegen – Zeug, nach dem sie ganz verrückt waren. Und in manchen der größeren Boote saßen ihre Frauen – groß gewachsen und braun gebrannt, mit langen schwarzen Haaren, in die sie eine weiße Gardenienblüte, roten Hibiskus, Bougainvilleen, Orchideen oder Frangipani steckten. Sie trugen eine Art Tunika, die unter der Brust um den Leib geschlungen und deren anderer Teil einfach über die Schulter geworfen war. Es sind graziöse Wesen, und ihre Sprache ist so weich und schön wie das der Welschen – alle harten, glucksenden und kratzenden Laute sind daraus verbannt.«

Nun war der Ameisler von einer Menge umstanden, in der nicht nur der Veit den Mund offen stehen hatte. Zu faszinierend war das, wovon er berichtete. Und wie in einer Inszenierung hob sich nun

---

1 Malaiische Bezeichnung für Banane.

der Vorhang des Planwagens, und die braunhäutige Schönheit kam hervor. Man hatte schon viel von ihr erzählt, doch nur wenige hatten sie bisher selbst gesehen. Sie setzte sich ohne Aufhebens hinter ihren Mann auf den Kutschbock und blickte feierlich in die Menge, von der sie nicht sonderlich beeindruckt schien.

»Viele dieser Schönen hatten ein ständiges Bemühen, uns zu Gefallen, und ihre einfältige Natürlichkeit, mit der sie ihre Brüste, Arme und Beine unbedeckt ließen und manchmal ganz nackend um das Schiff schwammen, war hinreichend, um auch den letzten Matrosen zu verblenden. Auf die leichtsinnigste Weise gaben sie ihre letzten Hemden, Kleider und was sie sonst noch besaßen – nur, um sich den neuen Mätressen gefällig zu zeigen. Das Schiff war voll mit Indianern und Frauen – wie im Paradies, wie im Paradies! Und in den Nächten, in denen alle Indianer und vor allem die Indianerinnen das Schiff verlassen haben mussten – bei Strafe für jeden mit vierzig Peitschenhieben belohnt – in diesen warmen Nächten, da wehte ein süßer, wunderbarer Duft herüber zum Schiff, von den unzähligen blühenden Sträuchern und Büschen auf dem Festland.« Er zeigte hinüber zur Kirche. »Nach dem Verständnis unseres vorbildlichen, treuen Herrn Pfarrers, liebe Leute, war Vitus ohne Weib geblieben. Aber doch nur, weil diese eine Frau nicht zu bewegen gewesen war, ihre Insel zu verlassen, und unser Vitus den Stolz der schneebedeckten Berge und das stille, einfältige Wesen der Kühe und Schafe und Ziegen nicht missen mochte.«

»Und warum bist du nicht dort geblieben, ha?!«, lachte einer aus der Menge.

»Ja, warum? Warum wohl, du Hirschkopf – schau an meine Seite! Und – Meuterei! Meuterei wäre es gewesen, wenn ich einfach dort geblieben wäre, und ich habe mich immer an die Gesetze gehalten – und …«, er senkte Blick und Stimme bedeutungsvoll, »es ist nicht das Paradies … es ist nicht das Paradies.«

»Wegen der Menschenfresserei? Sag schon …!?«, rief ein andrer mit kehliger Stimme.

»Nein, auf Tahiti gibt es keine Menschenfresserei. Aber wenn einer aus einer Häuptlingsfamilie sich mit einer Frau aus einer niederen Kaste einlässt, und es kommt ein Kind zur Welt, so wird es erwürgt oder ertränkt – ohne Gnade. Und von Zeit zu Zeit opfern sie Menschen – zu Ehren oder zur Beschwichtigung ihrer Götter. Unser großer Kapitän Cook war selbst dabei und hat es gesehen, weil er von König Tu dazu eingeladen worden war.«

»Aber es gibt doch Menschenfresser dort!«, schrie ein anderer junger Bursche, der es endlich bestätigt haben wollte. Der Ameisler winkte ab.

»Jajaja, du kriegst deine Menschenfresser schon ... einmal, auf einer unvorstellbar großen Insel mit Namen Neuseeland, da waren einige Leutnants in einer Bucht unterwegs und fanden dort einen Haufen Eingeweide am Strand herumliegen. Bald hernach liefen Indianer aus dem Palmenhain herbei und begrüßten sie und gaben ihnen zu verstehen, dass sie die Reste dessen waren, was sie verspeist hätten.« Nun war es ganz still geworden in der Menge. Auch Franzisca hielt den Atem an. Geflüster und Getuschel drangen aus der Menge.

»Ja, wenn ich es euch doch sage!«, bekräftigte der Ameisler. »Schließlich schleppten die Maori, so heißen die Indianer dort, den Kopf eines Jünglings herbei, dem der Schädel während eines Gefechts mit dem Nachbarstamm eingeschlagen worden war. Unser stolzer Leutnant kaufte ihnen den Kopf ab und stellte ihn auf der Reling der Resolution zur Schau. Sofort liefen einige Maori herbei, die wir an Bord hatten, und erbaten sich den Kopf als Geschenk, worauf der Leutnant jedoch nicht einging. Er erlaubte ihnen aber, eine Wange aus dem Kopf zu schneiden, was sie auch umgehend taten, und sie dann über einem offenen Feuer brieten und wie einen Leckerbissen gierig verschlangen.

Einige erschrockene und aufgebrachte Schreie kamen aus der Menge, manche hielten sich die Ohren zu, doch die meisten standen einfach nur da und gierten nach mehr. Vielleicht hatte der ein oder andere schon einmal davon gehört, doch so hautnah war es noch keinem berichtet worden.

»Einige unserer Matrosen schienen dem Ekel zum Trotz, der uns durch die Erziehung gegen Menschenfleisch beigebracht worden war, fast Lust zu haben, mit anzubeißen, und glaubten, etwas sehr Witziges zu sagen, wenn sie die Neuseeländischen Kriege als Menschenjagden bezeichneten. Andere hingegen waren über die Menschenfresser unvernünftigerweise so erzürnt, dass sie die Maori alle totschießen wollten, gerade als ob sie das Recht hätten, über das Leben eines Volkes zu gebieten, dessen Handlungen gar nicht einmal vor ihren Richterstuhl gehörten. Einigen war der Anblick so gut als Brechpulver. Die Übrigen begnügten sich damit, diese Barbarei eine Entehrung der menschlichen Natur zu nennen und es zu beklagen, dass das edelste der Geschöpfe dem Tier so ähnlich werden könne.«

Seine letzten Worte hatten Ekel, Unverständnis und Irritation unter die Leute gebracht, doch er wäre keiner der besten Schausteller gewesen, hätte er die Gefühle der um ihn Versammelten nicht lenken können, indem er ihre Gedanken auf eine andere Spur führte.

»Jaja, wir sind ja keine Kannibalen mehr. Gleichwohl finden wir es weder grausam noch unnatürlich, zu Felde zu ziehen und uns zu Tausenden die Hälse zu brechen, bloß um den Ehrgeiz eines Fürsten oder die Grillen seiner Mätresse zu befriedigen. Aber hört her – warum bin ich nicht dort geblieben, auf Tahiti, in dieser wundersamen wie wundervollen Welt ohne Raubtiere, ohne Reptile und ohne schreckliche Gifte, wie man es anderswo unter dem südlichen Sternenhimmel findet? Ich will euch den wahren Grund nennen. Einmal bin ich auf der Insel unterwegs gewesen und kam an einer großen, schönen Hütte vorbei. Darin lag ein unglaublich fetter Kerl auf einer Liege aus Palmblättern und hatte seinen Schädel in der nachlässigsten Stellung auf einem hölzernen Kopfkissen abgelegt. Um ihn herum waren einige seiner Bediensteten, zwei Frauen bereiteten ihm ein Gericht aus Bananen und Brotfrucht, während ihm eine dritte Frau Brocken von gebackenem Fisch und Brotfrüchten ins Maul steckte, die er mit gefräßigstem Appetit verschlang. Der Dicke sorgte für nichts anderes als für seinen Bauch. Er würdigte uns kaum eines Blickes, und die unwirschen einsilbigen Laute, die er hören ließ, bedeuteten seinen Untergebenen nicht mehr, als dass sie unter den Blicken, die sie uns Fremden zuwarfen, nicht vergessen sollten, ihn zu füttern. Da dachte ich mir, das kann nicht das Paradies sein, wo ein solcher Kerl sich füttern lässt – es ist das gleiche Paradies wie das unsere hier – und … ich dachte mir, es muss ein Pfaffe sein, der sich den Deckmantel der Religion übergezogen hat, um darunter die Üppigkeit eines sicheren Wohllebens zu genießen, oder ein Wirt, der sich das Recht erboren hat, Ammann zu werden.« Er lachte spitzbübisch, und die Menge johlte.

Der Ameisler kam zum Ende und breitete seine Arme aus, als wolle er den um ihn herum Versammelten den Segen erteilen.

»Haltet den Vitus in gutem Gedenken, liebe Leute, und wenn ihr an seinem Grab vorbeigeht, denkt hier in den kalten Bergen an die warmen Inseln … und daran, dass ihr kein besseres Paradies finden werdet auf Erden als jenes, in welchem ihr lebt.«

Dann bückte er sich und machte Anstalten, vom Kutschbock herunterzusteigen. Die Menschenmenge geriet langsam wieder in Bewegung, wenn zunächst auch noch etwas unentschlossen. Der Ameisler hielt seiner Frau den Arm als Hilfe und geleitete sie dann in die Gaststube des Gamswirts, der bald hin- und herrannte und seine Schankgehilfen von der einen in die andere Ecke jagte, um die Menge an Gästen in der vollen Stube zu versorgen. Der Schaffer setzte sich für einen Augenblick zum Ameisler an den Tisch, bevor andere hinzukamen.

»Jesusmaria – reden hast du schon immer können, und wenn ich nicht die Wahrheit wüsste, hätte ich glatt ein paar Tränen aus meinen alten, trockenen Augen gedrückt. Er wird es dir danken, der Vitus, dass er nicht mit dem Pfaffensegen allein in die Erde gefahren ist – und ich danke dir auch dafür. Ob er dir allerdings die Lüge ver-

zeihen wird, wonach er aus Sehnsucht nach den Bergen und Viechern nicht dort unten in der Wärme geblieben wäre, das weiß ich
nicht so recht. Wenn ich mich recht entsinne, so waren es die fünfzig Peitschenhiebe, die ihn zurück aufs Schiff trieben, nachdem du
ihn an die Offiziere verraten hattest.« Er lachte leise. »Wo ich gerade
von Verrat rede – hast du die alte Ratte gesehen, den Gnetzer?« Der
Ameisler bedeutete dem Wirt, einen Krug Wein zu bringen.

»Wenn ich die elende Vogelscheuche nicht gesehen hätte, wäre
es sein Gestank gewesen, der mich aufmerksam gemacht hätte.
Christenpflicht war es jedenfalls nicht, die ihn hergebracht hat.«

»Er ist seit einiger Zeit viel unterwegs in den Dörfern und war
gestern auf dem Hof vom Mauchin.«

»Bei der Witwe?«

»Nein, bei ihrer Tochter, der Franzisca. Sie versucht sich mit dem
Hof, aber es wird schwierig werden. Ich frage mich, was er dort
wollte. Weiß er vielleicht etwas?«

»Wissen kann er nichts können. Ihn treibt höchstens seine
Schlechtigkeit und eine Ahnung, wie sie Lumpen, wie er einer ist,
immer haben. Sie riechen Gelegenheiten so natürlich wie unsereins
atmet.« Der Schaffer erhob sich. »Es sind viele Leute hier … bald
werden sie saufen und schreien, und einige werden ihre Ohren
spitzen, nur um am nächsten Jahrmarkt etwas zum Erzählen zu
haben.« Der Ameisler verstand. Es war nicht der Ort, an dem sie
sich ungestört unterhalten konnten.

»Ich komm heut Abend bei dir in der Schäferei vorbei … den
Winter über habe ich dich nirgends gesehen – nicht in Bludenz,
nicht in Dornbirn, und in Gais und Altstätten auch nicht.«

»Ich war mit der Herde zwischen Lindau und Buchhorn[1]. Es ist
viel milder dort unten am See, und die Bauern sind, was die
Triebrechte angeht, zugänglicher als im Rheintal, wo ich letztes
Jahr die kalten Monate über gewesen bin.«

---

1   Heute Friedrichshafen.

»Für mich ist die Gegend dort nichts. Zu viele Protestanten. Sie glauben, ihre Gesundheit und ihr Wohlbefinden durch Strenge der Lebensführung zu gewinnen, und schenken meinen Ameisenpuppen und Tinkturen deshalb keinen rechten Glauben und mir somit auch nicht ihre Gulden und Florentiner. Ich weiß nicht, was Gott umgetrieben hat, diese Luthrischen in die Welt zu setzen, die immer recht haben wollen, mehr als jeder Papst zuvor, und die keine rechte Freude an den Genüssen dieser Welt zulassen.« Der Schaffer lachte böse.

»Es mag sein, dass Gott ebenso zäh ist wie die protestantischen Pastoren – und beide meinen es nur gut mit ihren Schafen«, entgegnete er gelassen, stand auf, grüßte den ein oder anderen und ging alsdann ohne Aufhebens hinaus.

Franzisca hatte derweil draußen gestanden und zugesehen, wie sich die Menge zerstreute, wobei ihre Augen nach Jakob suchten. Ganz auf der anderen Seite entdeckte sie ihn schließlich neben seinem Vater. Franziscas Freundin Katharina war ihr suchender Blick nicht entgangen. Sie kicherte und flüsterte ihr etwas ins Ohr, lachte und wendete sich dann zu Johanna, Franziscas anderer Freundin, flüsterte auch ihr etwas zu und ließ sich von den strengen Blicken Franziscas und ihrem Zischen nicht abhalten.

»Hat deine *Medizin* gewirkt, ihn nicht einmal anzusehen und nicht ein einziges Mal mit ihm zu tanzen?«, fragte Johanna sie neckisch und lachte. »Die Leut haben schon ein Gerede angefangen, dass du den ganzen Abend ausgerechnet nur mit dem größten Halunken getanzt hast.« Sie lachte verstohlen. »Sogar meine Mutter hat mich ganz sorgenvoll deswegen gefragt, und beinahe hätte ich dir und ihr einen Bären aufgebunden und behauptet, du wolltest dich mit dem Johann einlassen. Gejuckt hätt es mich schon.« Sie lachte wieder.

Franzisca reckte sich ein wenig, vermied es aber, ihre Augen in Richtung Jakob zu richten. Der suchte seinerseits nach ihr, konnte sie in dem Gewirr aber nicht entdecken. Zudem wurde er ständig angeredet und ging schließlich mit seinem Vater hinüber in den Hirschen, denn in der Gams war kein Platz mehr zu bekommen, da so viele den Papagei sehen wollten.

Drinnen beim Gamswirt hockten überwiegend Männer. Ihre verstohlenen Blicke ruhten auf der Frau mit der dunklen Haut und den glänzenden schwarzen Haaren, die schweigend neben dem Ameisler saß und ins Leere schaute. Der Lehner war ganz aufgezogen heute und rief ihm zu: »So möchte ich auch leben können, Ameisler ... von Jahrmarkt zu Jahrmarkt ziehen, immer Leben um einen herum und Wein und Frauen! Es ist fürwahr ein Paradies für dich.«

»Geh hin zur Ameise, du Fauler, sieh an ihr Tun, und lerne von ihr! Wenn sie auch keinen Fürsten noch Hauptmann noch Herrn hat, so bereitet sie doch ihr Brot im Sommer und sammelt ihre Speise in der Ernte.[1]« Die anderen lachten, und bald lösten Bier und Wein die Zungen auch der anderen Gäste, und der Gamswirt wurde darüber zum Ziel einiger boshafter Aussprüche. Es ging um die Steuern und die Kriege, die so viel Geld kosteten. Der Lehner, Schindelmacher im Ort und ein kleiner, feister Kerl mit verschwitzten dunklen Haaren, die unter seinem verkommenen Hut hervorstanden – niemand konnte sich erinnern, ihn jemals ohne das speckige Ding auf dem Kopf gesehen zu haben – ereiferte sich lauthals über die Ammänner und die Zustände allenthalben.

»Die Ursach dieser ärgerlichen Unordnung kommt daher, dass die Ammänner in den Gerichten das Ungeld[2] einziehen und zu gleicher Zeit selbst die Weinschätzer sind und dabei noch selbst Wein ausschenken ... was Wunder, wenn das Ungeld unrichtig eingezogen wird und dabei viele verbotene Vorteilhaftigkeiten zu

---

1   Sprüche, 6: 6–8.

2   Weinsteuer

Schaden der Publici gebraucht werden!« Er hob sich halb von seinem Sitz und wiederholte das letzte Wort, welches er groß fand. »Jawohl, zum Schaden der Publici!« Zustimmendes Gemurmel mischte sich mit Lachen und halblautem Durcheinander, in dem jeder seinem Gegenüber die eigene Meinung dazu kundtat. Der Gamswirt kannte derlei Geschwätz.

»Schon der Großvater meines Großvaters hat in der Tradition gelebt und als Vorsteher des Gerichts alles ordentlich geführt. Es ist ein guter und bewährter Brauch, dass die Ammänner, Gerichts- und Gemeindevorsteher zugleich Schank- und Wirtsleute sind. Es hat große Vorteile für alle«, verteidigte er sich ruhig, während er weiter seine Arbeit tat.

»Jaja, es geht uns so gut, weil die bäuerlichen Patriziergeschlechter die Posten seit jeher unter sich verteilten und sogar die Ehrbarkeit vererben. Was brauchen wir da einen Adel?!«, rief ihm der Breiser zu. »Schon mein Großvater hat dagegen gewettert, dass die Ammänner auch die Wirtsleut seien, und es hätte damals schon verboten gehört.« Der Breiser war im Grunde ein friedlicher Kerl mit einem rabenhaften Gesicht, aus dem eine lange gebogene Nase hervorragte. Er hatte eine kleine Werkstatt im Oberdorf, in der er Postamente fertigte, die er vor allem in das Schweizerische, an den Bodensee und bis nach Augsburg verkaufte. Der Gamswirt winkte gelangweilt ab und brachte mehrere bis an den Rand gefüllte Krüge.

Während in der Wirtsstube der Wein die Gespräche zu Gerede und vom Gerede zu Geschwätz werden ließ und in der Folge zu einem völligen Wirrwarr aus geplärrten Meinungen, Rufen, Beleidigungen, Lachen und Geschrei machte, war die Drieberin auf der Suche nach einer Gelegenheit, den Pfarrer irgendwo im Stillen abzufangen. Im Wirtshaus würde das nicht sein. Dort wusste sie ihren Mann gut aufgehoben, für den in ihren Plänen keine Rolle vorgesehen war. Sie wartete also am Friedhof und passte den Moment ab, als der Pfarrer aus der Sakristei kam und den Weg hinüber zum

Pfarrhaus ging. Wie zufällig schlug sie den Weg in die gleiche Richtung ein.

»Der Herr Pfarrer haben dem Vitus eine schöne Mess gelesen, wie ich es lange nicht gehört habe«, schmeichelte sie ihm. »Was für eine Schand und ein Jammer, wie gleich darauf im Wirtshaus gesoffen und geplärrt wird.« Er wendete sich ihr freundlich zu und nickte dankend. Wieso auch immer – irgendetwas bewegte ihn, dieser Frau gegenüber ein gutes Bild von sich abzugeben, und er sprach verständnisvoll und betont zivilisiert: »So sind sie halt, unsere Bauersleut. Es herrschen diejenigen Fehler vorzüglich unter ihrem Stand wie eben Grobheit, Anhänglichkeit an alte Vorurteile und Eigensinn, und da sie hier in der Wälderrepublik von ihrer Herrschaft mehr abgesondert leben, können sie auch weniger durch sie gebessert werden, zumal gerade hier ihr Interesse weniger an den Vorteil ihrer Herrschaft gebunden ist und ihre Dienste nicht durch den Anteil, den sie an den Ernten haben, vergütet werden. Unter Kuratel tun sie Dienste unwilliger; sie sind schwerer im Gehorsam zu erhalten, und wenn sie einmal aufsätzig[1] geworden sind, schwerer zur Ruhe zu bringen. Dahingegen haben sie oft alle übrigen Tugenden des Menschen und des Hausvaters, in dem Maße und nach den Verschiedenheiten, als man solche bei jedem andern Stande findet. Wenigstens sind gewiss die vernünftigsten, die edelsten des Bauernstandes unter denjenigen zu finden, die ihren väterlichen Hof selbst bestellen. Von daher ist es dem Gleichlauf unseres Daseins dienlich, wenn die Herren Feuerstein und Muxel eine Freude haben werden am Leichentrunk.«

Sie ging scheu neben ihm her, was ihr nicht leicht zukam, denn an Größe überragte sie ihn ein wenig. Ihr Haar hatte sie akkurat und züchtig mit Zöpfen um den Kopf gebunden. Die schwarze Appretur ihrer Juppe[2] spiegelte auf Kanten und Flächen die Strahlen der

---

1   Aufrührerisch
2   Schwarzer, faltiger Trachtenrock.

Sonne, und wäre nicht der verschlagene Zug um ihre Augen gewesen und die heimliche Qual hinter jedem Lächeln, so hätte sie als eine wirklich schöne Frau gelten können.

Auf so persönliche Weise hatte sie das wohlfeile Gerede des Herrn Pfarrers noch nicht erleben können. Nach dem, was sie wusste, stammte er aus Innsbruck und war nicht froh darüber, so weit von seiner Heimat entfernt zu den Leuten hierher in den Wald geschickt worden zu sein, wo ihm die Leute ihrer Art nach fremd waren. Was sie nicht wusste: Schon sein Vater und sein Onkel hatten immer gesagt, hinter dem Arlberg, da hause eine andere Rasse.

Sie setzte das Gespräch fort: »Und so viele Leut waren da, wie man es nie hätte erwarten sollen. Eigentlich wäre ich ja auch noch mit zum Gamswirt, aber ich hab noch Vorbereitungen zu treffen, wenn wir jetzt die alte Drieberin in den Hof holen zur Pflege.« Der Pfarrer blieb stehen.

»Die alte Drieberin? Sie kommt zu euch auf den Hof zurück? Ist denn etwas mit der Franzisca und ihrer Mutter geschehen? Ist was mit dem Mauchinhof?« Die Drieberin war von seiner Reaktion überrascht und brauchte einen Moment, sich zu sammeln. Eigentlich hätte sie ein vorbereitetes Geschichtlein anbringen wollen, war jedoch auf ein so heftiges Interesse am Wohlbefinden ihrer Verwandtschaft nicht gefasst. Sie blieb daher, anders als sie es sich zurechtgelegt hatte, unbestimmt und zurückhaltend.

»Nein, nein ... nein, es ist alles recht da droben, nur die Arbeit ist jetzt, wo der Sommer kommt, einfach nicht mehr zu schaffen. Es ist schwer für die alte Drieberin, auf einem Hof zu sein, wo kein Mann in die Zukunft leitet. Ganz still ist sie geworden und karg und bleich – ich glaub beinah, es hätte sie schon ein kleiner Schlagfuß ereilt. Es wird ihr guttun, wieder von Leuten umgeben zu sein. Die Franzisca ist den ganzen Tag unterwegs, den Hof zu richten, und die Schwägerin ist nicht mehr dieselbe.« Sie setzte einen bedrückten Blick auf und wartete. Der Pfarrer ging weiter.

»Naja ... das ist schon verständlich. Wenn ich Zeit habe, besuche ich sie bald einmal.« Sie wollte nicht, dass er zum Mauchinhof ging und hakte schnell ein: »Ach, kommen der Herr Pfarrer doch zu uns auf den Hof. Sie wird ja bald bei uns sein, und eine Aufwartung wäre gerade dann wohltuend für ihre Seel.« Er verlangsamte noch mal seine eh bedächtigen Schritte und nickte nachdenklich.

»Ja … ja, so wird es wohl am besten sein. Gebt mir Bescheid.«

Die Drieberin folgte ihm, bis sie die Treppen des Pfarrhofes erreicht hatten, und setzte sich dann plötzlich mit einem schnellen Schritt vor ihn, womit sie ihm den Zugang zur Tür versperrte. Er blieb verunsichert stehen. So nahe waren sie sich auf einmal – beinah zu fühlen war diese Frau. Unvermittelt drückte sie ihm einen kleinen, aber schweren Lederbeutel in die Hand. Er war aus ganz weichem Leder und fühlte sich wohlig in der Hand an. Und die Summe darin konnte dem Gewicht nach nicht unerheblich sein.

»Für den neuen Abendmahlskelch, Hochwürden … für den neuen Abendmahlskelch«, flüsterte sie mit belegter Stimme. Er hielt es für einen Effekt ihrer Verlegenheit, dabei rührte es von ihrer Anstrengung her, in ausreichendem Maße demütig und unterwürfig zu sein, ohne den eigenen Stolz dabei zu verlieren. »Es reicht für einen schönen Kelch, und ich will nicht, dass andere daran Teil haben, die nicht begreifen, welche Bedeutung er hat, verstehen Sie?« Er öffnete verwundert den Mund und entgegnete ein unschlüssiges »Jaja … schon …« Sie nickte zufrieden, umschloss mit ihren langen, kräftigen Fingern seine Hände und drückte sie derart um den Lederbeutel, dass die Kanten der Gulden spürbar wurden. »Ihr versteht es und werdet eine Lösung finden. Ich meine, viele andere Spenden werden noch nicht angekommen sein.«

Sie wünschte dem Verdutzten einen schönen Tag und ging dann mit langsamen Schritten davon. Ihre Aufregung legte sich endlich. Sie war zufrieden mit ihrem Werk und stolz darauf, wie geschickt sie es angefangen hatte. Dieser Pfarrer. Noch nie war sie einem geistlichen Herrn so nahe gewesen. Seine Gleichgültigkeit hatte etwas geradezu Aufreizendes. Den Ammann musste sie als nächstes aufsuchen, was schnell geschehen musste. Auf der Beerdigung hatte sie ihn nicht gesehen.

Aus den Funken, die der Gnetzer in ihrem von Bitterkeit ausgetrockneten Gemüt entfacht hatte, war ein loderndes Feuer geworden. Seine kleine, bösartige Idee hatte ihrem von der Trägheit des Alltags ersticktem Leben einen neuen Sinn gegeben, und mehr noch – sie war zum Werkzeug für ihre Rache geworden. Ja, Rache! – Sie wollte Rache für das Unglück, das sie empfand. Sie hatte viel eingebracht: ihre beträchtliche Mitgift, ihre gesunde Statur, ihren Willen, etwas zu sein und zu werden, fünf Kinder, von denen zwei noch lebten. Viel wäre zu erreichen gewesen, doch wie war es ihr ergangen? Zuerst verließ die alte Drieberin mit ihrer Tochter den Hof und ging zu den Mauchins. – Wie eine Aussätzige war sie sich vorgekommen. Gerede hatte es ihr eingebracht, und bedrückendes Herzklopfen und schlimme Zeiten der Verunsicherung; Blicke, die sie nicht zu deuten wusste, wenn sie in die Messe ging oder ein Fest besuchte. Wie oft hatte sie es bereut, jemals auf diesen Hof gekommen zu sein, und selbst die zwei Kinder konnten das Gefühl der Schmach nicht forttreiben; der Sohn war blöd, die Tochter launisch. Und am allerwenigsten konnte der Drieber etwas dazu beitragen, es vergessen zu machen. Er schien zufrieden, und vielleicht konnte man das auch sein. Eine glückliche Hand hatte er mit den Viechern, den Weiden, den Alprechten, dem Handeln – aber wo war seine glückliche Hand, was sie betraf? Ihr war es nie um Reichtum gegangen. Ehre, Anerkennung, Macht – das war es, was sie wollte, doch er ließ jeglichen Ehrgeiz vermissen, der über seinen Hof hinausging. Er hatte gar keine Ahnung davon, wie viel es ihr bedeutet hätte, ein paar Bankreihen weiter vorne in der Kirche sitzen zu können, und wie sehr sie gehofft hatte, er hätte den Ansporn und das Streben besessen, einer derjenigen zu werden, die hier in der Talschaft bestimmten. Alles in allem: Sie hatte mehr erwartet – mehr von ihm, der er mit seinen Kühen glücklich war, und mehr von ihrem Leben. Alle hatten sie enttäuscht – auch sie sich selbst. Jetzt war die Zeit der Vergeltung gekommen.

Unter Segeln

Der Ameisler hatte seinen farbenfrohen Wagen in der Remise am Gasthof Gams untergestellt und das größte Zimmer genommen, so wie die Kaufleute es hatten, wenn sie ihre Inventuren während der Reisen noch erledigen mussten. Die Maultiere und den Esel ließ er im Stall gut versorgen, wo der Gamswirt einen Knecht allein für die Pferde und Esel beschäftigte – den buckligen Sephi. Seit er als Bub einen Unfall beim Heuen erlitten hatte, war er krumm und bucklig von Gestalt. Auf unbekannte Weise war er während einer schnellen Fahrt mit einer Fuhre Heu unter die Deichsel geraten. Ein Wagenrad war über ihn hinweg gerollt. Niemand, selbst die Eltern, gab einen Kreuzer für sein Leben, doch er wehrte sich gegen den Tod. Er wurde wieder, auch wenn sein Wachstum stoppte und sein Körper sich stattdessen krümmte und verbog. Die genauen Umstände des Unglücks waren nie so recht öffentlich geworden, und er selbst konnte sich nicht erinnern. Von diesem Erlebnis an begann er jedoch, die Menschen zu meiden. Seine ganze Zuneigung und Sorge galt fortan den Viechern. Weil er aufgrund seiner verwachsenen Gestalt nicht sonderlich beweglich war, bot ihm die Stellung beim Gamswirt ein gutes Unterkommen, und auch für den war es ein lohnendes Geschäft, denn der Sephi kam ihm billig: am Tag ein Liter Wein, einfaches Essen und gute hundert Gulden Jahrlohn – allen war damit gedient. Dabei hatte er damals den jungen Kerl nur aufgenommen, weil ihn der Landammann Metzler an seine Pflichten mahnte und an seinen Großvater, der das Amt auch innegehabt hatte. Dem Metzler nicht entgegenzukommen, wäre ein Fehler gewesen. So hatte er den Krüppel eben aufgenommen, jedoch schnell festgestellt, wie sehr er von dem kleinen buckligen Kerl profitierte, der in einer Kammer zwischen dem Heulager und den Pferdeboxen hauste, wo es auch die kältesten Winter hindurch gut erträglich war. Denn so krumm er auch ging – die Vierbeiner hatten ein Grundvertrauen zu ihm. Diejenigen Gäste, die ihre Tiere geschunden hatten, grüßte er mit einer verzerrten, hässlichen Fratze, die anderen erfuhren von ihm nicht mehr als Gleichgültigkeit.

An den Abenden hockte er in der Wirtsstube und trank seinen Wein. Nicht selten kam einer der Bauern oder Kutscher und holte sich Rat bei ihm über ein bestimmtes Ross, welches er beabsichtigte, zu kaufen. Der Sephi gab dann nüchtern und sachlich seinen Kommentar dazu, und jeder konnte sich auf seine Ehrlichkeit verlassen. Der halbe Liter ging sodann auf die Rechnung des Ratsuchenden, und manche Kreuzer wechselten zusätzlich in seine Taschen.

Der Ameisler kam in den Stall, um nach seinen Maultieren und dem Esel zu sehen. Er blieb eine Weile, sprach leise mit seinen Tieren und verschwand bald wieder in der Gaststube. Einige Reisende vom Bodensee waren gekommen. Mehr als dass sie auf dem Weg zum Schröcken waren, wusste man nicht, denn sie gaben sich recht geheimnisvoll und tuschelten nur. Der Lehner und der Breiser, die ihnen zunächst gegenübersaßen, zwinkerten sich zu und stellten die Ohren auf, konnten aber trotz aller Mühen nichts verstehen.

Munterer ging es am Tisch nebenan zu, an dem drei Hausierer aus Feldkirch fröhlich schwatzten, weil sie ein gutes Geschäft gemacht hatten. Seit Jahren waren sie mit ihren Vorhangringen, Rosenkränzen, Kehrwischen, Bürsten, Kämmen, Schwämmen, Schreibgeräten, Federkielen und Bleistiften unterwegs – was für ein Zeug. Doch seit einigen Monaten handelten sie mit Brillen. Schon wieder war das letzte Stück verkauft, und sie konnten nachordern.

Der Ameisler war froh, heute weitestgehend unbeachtet zu bleiben, und nachdem er Napimee in die Kammer geleitet hatte, warf er seinen dunklen Umhang über und setzte sich im Schatten der Häuser ab. Die Sterne und ein fahler Mond leuchteten ihm den Weg quer durch die Talnische über den Grebenbach bis hinter Ellenbogen. Das Rauschen der Bregenzer Ach war hier deutlich zu vernehmen.

Von außen war kein Lichtschein im Haus des Schaffers zu sehen, denn die Fensterläden waren zugeschlagen. Drinnen brannten zwei echte Wachskerzen und eine Tranfunzel. Der Schaffer hatte eine Flasche Wein auf dem Tisch stehen. Ruhig saß er in einem alten Schaukelstuhl mit abgegriffenen, speckigen Lehnen. Zwei Felle polsterten die Sitzfläche, und im Kamin knackten einige grobe Scheiter.

»Soso – hat er den Weg doch noch gefunden«, begrüßte er den Ameisler. »Wir haben einander lange nicht gesehen, und wenn ich ihn so ansehe, meine ich, seine Geschäfte gehen gut. Ich weiß inzwischen von dem Haus in Arbon, welches er erworben hat. Was soll das mit der Kutsche und dem Umherziehen denn dann nun noch? Kann er vielleicht nicht an einem Ort bleiben, muss er vielleicht immer unterwegs sein, immer im Fortgang, in Bewegung? Ist es so, he!?« Er lachte spöttisch. »Und was für ein Aufzug an Klamotten! Hat er das denn noch nötig? Seine stolze Frau bewundert ihn doch zur Genüge, Gott allein weiß, aus welchem Grund. Es erinnert mich an die englischen Stutzer, die aus Paris zurück nach London kamen. Herrje. Nichts ist komischer als ein nerviger Brite, wenn ihn sein Schneider französisch aufgezäumt hat und er sich bäumt und sträubt im ungewohnten Zeug wie ein ungebrochenes Pferd im Schlittengeschirr. Aber er hier fühlt sich in der Karnevalsmontur recht wohl, wie ich meine.«

Der Ameisler lächelte, zuckte nur kurz mit den Schultern und sah sich um. Die Räume waren größer als man es erwartete, denn von außen betrachtet lagen die Proportionen der Schafferei weit hingestreckt, weshalb man niedrige, kleine Stuben vermutete. Gleich hinter dem Schopf trat man in die schmale Rauchküche, die ganz vom Ofen beherrscht war. Er bot die Möglichkeit einer offenen Feuerstelle, die so großzügig gemauert war, dass man darin auch eine ausgewachsene Gans an einem Eisenspieß braten konnte. Die Stube dahinter war an sich schlicht eingerichtet. In der einen Ecke passte sich eine Holzbank ein. Davor standen ein langer, grober Tisch und einfache Stühle. Bank und Stühle waren allesamt mit Schafsfellen gepolstert, auf denen man weich und warm saß. Es war angenehm beheizt, und der Ameisler nahm seinen Umhang ab.

»Jaja, seine Hochgeboren weiß ja, wie das ist. Von dem Haufen hübscher Louisdor hätte er sich durchaus ein feines Höfchen besorgen können, wo er umgeben von Gesinde sein Pfeifchen rauchend in die Abendsonne und auf die Welt hätte schauen können – zufrieden mit dem Dasein und damit, irgendwann vor den Herrn zu treten und im Gericht sagen zu können, sein Lebtag lang niemanden erschlagen zu haben. Stattdessen kauft er eine solche Karawanserei und treibt eine Herde Schafe durch die Lande, plagt sich mit den sturen Böcken herum und den feinen Landherren, die keine Böcke auch nur in der Nähe ihrer Weiden dulden, und streitet mit groben Bauern, die ihm kein Wegerecht gewähren – und warum das alles? – Ich sag es ihm: weil er es nicht aushält, an einem Ort zu bleiben, weil ihn sonst die Sehnsucht nach dem Meer frisst.« Er stöhnte. »In deinem Herzen geht es genauso zu wie in meinem.« Er deutete auf die Fensterbank, auf der er ein Buch liegen sah. »Und er liest und liest und liest gegen diese Sehnsucht. Wo hat er all den Kram her, und was liest er da?« Der Schaffer lachte leise und für sich. Der Ameisler lag schon richtig. Es ängstigte ihn der bloße Gedanke, immerwährend an einem Ort verharren zu müssen.

»Jaja, du hast schon recht. Da geht es mir ganz anders als dem Vitus, den wir unter die Erde gebracht haben. Der hockte am liebsten vor seiner Hütte oder in der Stube und hatte so gar keine Sehnsucht nach der Ferne. Niemals wäre er von hier fort, hätte ihn damals die Angst vor dem Galgen nicht getrieben, so wie uns beide auch. Und welch eine Welt haben wir dann gefunden. Weißt du, manchmal träumt mir, und ich hoffte, der Traum endete nie und wäre Wirklichkeit. Ich bin darin weit draußen auf dem Ozean. Der

Morgen dämmert herauf, und ich stehe vorne am Bug meine Wache als Look-out[1], ganz allein, und es ist da diese unendliche Weite – wohin man auch sieht, nichts als eine wogende Wasserfläche, darüber Dunst und ein Nichts, in welchem sich der Blick verliert. Stille umfängt mich, und meine blanken Füße spüren die glatten Holzplanken des Vordecks. Ich stehe da – ganz fest und sicher, indessen das Schiff sanft zur Seite rollt, sich leicht aufrichtet, nur um gleich darauf in das nächste unendliche Wellental zu fallen.« Er stellte seine Füße breit auf den Boden. »Ich bin wie verwachsen mit dem Deck, und meine beiden nackten Füße spüren diese gewaltige Macht darunter, und es ist mir dann so, als ob ich es bin, der mit der Kraft seines Körpers das Schiff dreht, schiebt und rollen lässt und erst dadurch das Meer in Wallung versetzt und letztlich die ganze Welt durch das Universum schiebt. Ich höre die Taue knarzen, das Holz ächzt, und die Segel schlagen manchmal dumpf. Es ist ein schöner Traum, es ist ein so wunderbarer Traum.«

Der Ameisler schüttelte den Kopf, griff zur Flasche und stellte nüchtern fest: »Ohje, du brauchst ein Weib.« Er hielt die Flasche etwas höher ins Licht und las auf dem schlichten Etikett Médoc. »Wo hast du diesen Roten her? Es ist der gleiche, wie ihn der Alte in seiner Kajüte aufbewahrte. Ich weiß noch, dass er ein paar Fässer von dem Zeug mitgenommen hat, und Shally musste immer die Karaffe abfüllen, drunten im Verdeck. Ich habe ihm gern dabei geholfen.« Er lachte genießerisch, schenkte den Wein in den Becher und trank.

»Wenn ich auf meiner Winterreise an den Bodensee komme, hole ich immer einige Flaschen in Lindau und lade sie meinem Esel auf. Ich trinke ihn selten, denn um ihn ganz genießen zu können, brauche ich angenehme Gesellschaft. Da unten auf der Insel erwerbe ich mir auch ab und an ein paar Bücher, die mich interessieren. Ich zahle sie sofort. Das mögen die Händler. Hast du schon von den Lesegesellschaften gehört? Es gibt sie bereits in Lindau und in Ravens-

---

1   Wachgänger am Bug eines Segelschiffes, der Ausschau hält.

burg. Sie wollen durch das Lesen den Menschen die Veränderungen und Merkwürdigkeiten aller Reiche und Staaten und das Fortrücken der menschlichen Kenntnisse in allen Gattungen der Wissenschaften vor Augen legen. Aufklären, Licht verbreiten, das ist ihre Absicht. Man stopft da die Menschen mit Lektüre, wie man Gänse mit Nudeln stopft.« Er stand auf und holte das Buch von der Fensterbank, das er vergessen hatte, nach oben in seine geheime Kammer zu bringen. »Es wird dich amüsieren«, sagte er und begann, vorzulesen: »*Verbirg deinen Kummer, rühme nicht dein Glück, enthülle nicht die Schwächen deiner Nebenmenschen, gib anderen Gelegenheit, zu glänzen, interessiere dich für andere, wenn du willst, dass andere sich für dich interessieren, lass jeden seine Handlungen selbst verantworten, wenn du nicht sein Vormund bist, suche nie jemand lächerlich zu machen, denke daran, dass alle Menschen amüsiert sein wollen.*« Der Schaffer sah auf und grinste. »Es fehlt dem Schreiber auch nicht an der Feinheit, davor zu warnen, jemandem zu versichern, dass man ihn für gutmütig oder gesund hält, denn beides werde von vielen als Beleidigung empfunden. Letzteres sollte dich freuen, denn von Gesunden kannst du schließlich nicht leben, genau wie jeder, der etwas zu Fressen verkauft, auf den Hunger hofft. Bedeutsam auch der Hinweis, keine nichtssagenden Redensarten zu gebrauchen wie: *Die Gesundheit sei doch ein schätzbares Gut,* oder *Schlittenfahren ist ein kaltes Vergnügen* und *Jeder ist sich selbst der N*ächste wie auch *Die Zeit geht schnell dahin* oder *Ausnahmen bestätigen die Regel.*«

Der Ameisler schloss die Augen, während er zuhorchte und den öligen Wein seine Kehle hinabrinnen ließ. »Herrgott, was ist das für ein Kerl, der so etwas schreibt, und wer will dergleichen lesen? Auf welche Weise sollte man sonst mit den Leuten ins Gespräch kommen als mit Phrasen über das Wetter, die Zeit, die gestörte Gesundheit und die Eitelkeit der Menschen? Hast du schon jemals im Wirtshaus jemanden erlebt, der zum Besten gab, wie gut es seinem Magen geht, wie wenig ihn Kopf und Glieder schmerzen oder wie herrlich er den ganzen Tag mit schwerer Last auf den Schultern gehen konnte, wie sehr ihn Frau und Kinder und Knechte lieben und wie leicht ihm heute wieder die Arbeit von der Hand ging, he!? Kein Mensch will so etwas hören. Sie wollen vielmehr hören, wo es einen schmerzt – und wie heftig, wobei kein Detail der Schilderung detailliert genug sein kann, wenn das Leiden einen anderen betrifft. Die Menschen wollen hören, wie sehr die Frau einen quält und die faulen Knechte einem Ärger bereiten und wie sehr einen die eigenen Kinder missachten und überhaupt missraten sind. Schließlich noch, wie arg einem die Arbeit das Kreuz niederbeugt. Nur mit derlei kann man mitleiden, seinen eigenen Kummer und Gram teilen oder aber mit ernstem Gesicht seine Schadenfreude verbergen. Wer also schreibt derlei ungenießbares Zeug, he? Das kann nur ein Tölpel sein, einer, der die Menschen nicht kennt.«

Der Schaffer sagte trocken: »Es ist ein preußischer Adliger. Er nennt sich Knigge.«

»Preußisch und adlig dazu. Herrje, herrje. Was nutzt es jemandem, zu lesen, dass in der südlichen See Menschen existieren, die den Unterschenkel eines anderen Menschenkindes als Gottes Gabe und Köstlichkeit ansehen und diesen Körperteil mit großem Genuss verschmausen? Vielleicht durchfährt die Damen und Herren unserer europäischen Höfe ein lindes Zittern dabei, und manche haben sicher auch eine unruhige Nacht, sofern ihnen etwas Fantasie gegeben ist, vielleicht fühlen sie ab und an mit der Hand nach ihrem Bein, ob es noch mit dem Körper verbunden ist. Durch nichts kann das Lesen jedoch die Erfahrung ersetzen, einen Strand entlang zu rennen, die leibhaftigen Teufel hinter sich herjagend, und Gott mit dem letzten Atem um die Gnade anzuflehen, rechtzeitig in das Beiboot zu gelangen und dort trockenes Schießpulver vorzufinden.« Er winkte ab. »Nein, das tut dir nicht gut, mein Freund, diese Lehren aus den Büchern. Glaube mir, du entbehrst angeregte Gesellschaft – und ein Weib gehört nun einmal zu einer ökonomischen Einrichtung. Ich bin überzeugt, es wird sich schon was finden lassen.« Der Schaffer lächelte gelassen.

»Erstens weiß ich, dass auch du Bücher liest, und was die Weiber angeht, so sorge dich nicht.« Der Ameisler trank genüsslich, bevor er sprach: »Soso – also immer noch dasselbe Leiden. Du hast zu hohe Ansprüche an die Dinge des Lebens. In diesen Lesegesellschaften wird es im Übrigen nichts werden, da sie die Frauenzimmer darin nicht erlauben, wie ich gehört habe. Gleichwohl ... zurück auf unser Schiff ... er hat mir gefallen – dein Traum. Ich erinnere mich noch an den ersten Tag auf See, jedenfalls den ersten Tag mit klarem Kopf, nachdem sie uns gepresst hatten, uns naive, dumme Kerle. Ich sehe uns hinaufklettern, um das Vormarssegel zu lösen – ich bin zur einen Rahnock[1] gekrabbelt und du zur anderen, und wie ich die Anschlagbindsel[2] gelöst hatte und du die Zeisinge[3], mit denen das Segel an der Rah befestigt war ...«, er lachte dunkel, »wie war das noch? Du wolltest sie hinunter auf Deck tragen, weil sie dort gut aufgehoben wären?!« Sein Lachen wurde lauter und herzlicher. »Ein Glück, dass die anderen zu sehr mit Hieven und Brassen und anderen stumpfsinnigen Arbeiten beschäftigt waren, sodass sich kaum einer lustig machte. Ein paar Tage später waren wir schlauer, und der Vitus hat sich endlich vom Speigatt[4] verabschieden können.« Er beugte sich nach vorne, und seine Stimme dröhnte beinahe bedrohlich. »Ja, es sind schöne Erinnerungen ... in der Erinnerung. Doch was ist mit den Stürmen, in denen die Wellen an der Großrüstung einbrachen und das Deck schwemmten und dabei alles mitrissen, was nicht festgebunden war? Und die Fieber ... die Fieber, einhergehend mit dem unerträglichen Gestank unter Deck, die fauligen Zähne, die Schläge der Segel, das schwere Tauwerk, dazu die Ungerechtigkeiten der Offiziere, die Demüti-

---

1 Äußerste Stelle der horizontalen Segelhalterung, der Rah/vertikal: Gaffel.
2 Dünne Leine, mit der zwei Taue verbunden werden.
3 Kurze Leine zum Festmachen der Segel an Rah oder Gaffel.
4 Öffnung in der Umrüstung eines Schiffes auf Deckhöhe, aus der Wasser abfließen kann.

gungen – und die Peitschenhiebe, die wir nicht selten bekamen? Das hast du natürlich alles vergessen und träumst stattdessen von einem Schiff, das du mit den Füßen vorantreibst.«

Der Schaffer widersprach: »Vergessen? Nein, nein – ich habe das alles nicht vergessen, aber sag mir: Wozu sollte ich mich gerade daran erinnern? Es macht mir mein Leben nicht wertvoller oder länger, und ich träume eben nicht von der Peitsche und den Schwären[1], den Skofeln und der Krätze, nein, ich träume einfach nicht davon, und das ist auch gut so. Oh Herr, wer hätte jemals denken können, dass wir drei nach diesen öden Monaten auf dem Kohlefrachter auf einer solchen Fahrt um die Welt landen ...« Er unterbrach sich. »Weißt du eigentlich, was aus diesem jungen, aufgeweckten Burschen geworden ist, diesem Forster? Du erinnerst dich? Der uns Lehrstunden in den Wissenschaften gegeben hat oben an Deck, an den Tagen, die wie Blei waren, an denen sich nichts bewegte und nur diese außerirdische Hitze um einen war. Was ist aus dem jungen Kerl geworden? Weißt du was?«

»Ja, wir beide haben viel von ihm und seinem bockigen, unzugänglichen Vater gelernt: das rechte Lesen und Denken, aber vor allem, nichts auf abergläubisches Geschwätz zu geben und die Dinge mit aller Freiheit, die ein Mensch nur haben kann, zu betrachten. Ich habe gehört, er ist inzwischen ein angesehener Professor in Mainz. Als vor zwei Jahren unser Kaiser dahingeschieden ist – viele haben nicht getrauert um den guten Joseph –, da hat unser Forster in einem Journal geschrieben: *Aus der Fackel seines Geistes ist ein Funke gefallen, der nie mehr erlöschen wird.* Und das hat mir sehr gefallen. Ich sah den frischen Burschen wieder vor mir und war ein wenig stolz darauf, so lange mit ihm unterwegs gewesen zu sein, wo er doch nun so ein großer Geist geworden ist und aus dem Schatten seines rechthaberischen Erzeugers herausgetreten ist.«

---

1   eitrige Geschwüre.

»Ach sieh an … ein Professor«, wiederholte der Schaffer anerkennend.

»Er hat übrigens ein Buch über unsere Reise geschrieben – *A Voyage Round the World*, heißt es. Ich habe es bei einem Arzt in St. Gallen gesehen, den ich vor einiger Zeit behandelt habe.« Der Schaffer zuckte überrascht zusammen.

»Was? Du … du hast einen Arzt behandelt … in St. Gallen … du?« Der Ameisler lachte, und der Spaß über diese Sache war ihm noch anzumerken.

»Ja, in der Tat, es war ein rechtes Ding, das aber nicht ganz einfach war, denn er ist ein berühmter und angesehener Medicus, und noch dazu einer, der sich ganz den Künsten verschrieben hat und sehr vornehm spricht, wie überhaupt alles in seinem Haus recht zivilisiert und nobel ist. Selbst der Hund furzt dort vornehm. Er hat es recht durchtrieben eingefädelt, um seinen Ruf zu schützen. An einem verabredeten Tag hat er seine Kutsche nach Einbruch der Dunkelheit ausfahren lassen, sodass die Nachbarschaft, welche immer ein neugieriges Auge auf sein Anwesen hat, dachte, er wäre zu einem der vielen wohlhabenden Siechen unterwegs. Nach den fetten Essen werden die Herrschaften ja immer von Koliken heimgesucht, und er steht im Ruf, sie ertragbarer machen zu können. Ich wartete also in einem nahen Wäldchen bei der Kreuzbleiche und bin spät in der Nacht in sein stolzes Haus gekommen. Auf die gleiche Weise habe ich in der darauffolgenden Nacht das Gehöft auch wieder verlassen. Die Zeit zwischen meinen Behandlungen habe ich in der Bibliothek zugebracht, weil mich dort niemand sonst zu Gesicht bekam. Er ist ein sehr stolzer Medicus, der ganz für seine Profession lebt. Er sagte immer zu mir: *Solange hier noch welsche Kastraten, Sänger und Komödianten mehr Gehalt erlangen als ein wirklicher Medicus, ist es die falsche Welt.*«

»Was hatte er denn, der Doktor?«

»Er hat nichts mehr«, entgegnete der Ameisler giftig.

»Ah, wie schade … hat ihn der Herr in seiner großen Güte zu sich gerufen?«, feixte der Schaffer. Der Ameisler setzte sich aufrecht hin, hob das Kinn beim Sprechen und vollführte mit den Händen gewandte Bewegungen. In dieser Haltung begegnete er seinen vornehmen Patienten, wenn sie nach langen erfolglosen Kuren Zuflucht bei ihm suchten. Seine Sprache nahm komplizierte Formen an, und ihr Ausdruck sollte Vertrauen in seine Kunst schaffen.

»Er war einer, wie ich meine, beständigen Magenblödigkeit unterworfen und ist zu allem Unglück bei der Heimkunft von einem Kranken – man tuschelte, er wäre bei einer Kranken gewesen, die so krank nicht sei, aber egal – er stürzte jedenfalls bei der nächtlichen Heimkunft aus der Kutsche und zerschlug sich dabei den Fuß. Er ist in der Folge viel gelegen, hat allem Unbill zum Trotz noch den ein oder anderen Krankenbesuch gemacht und bekam dabei plötzlich eine schreckliche Furcht in der Brust. Die hat ihn schließlich dazu bewogen, heimlich nach mir rufen zu lassen. Als ich zu ihm kam, fühlte er schon einen ganzen Monat einen Ekel vor aller natürlicher Speise – und Trank! Von den feinsten Weinen wollte er nicht mehr kosten! Stell dir vor! Und die ganzen kostbaren applizierten Arzneien brachten ihm keine Besserung – was auch nicht verwundern kann, wo er doch den verrückten Gelehrten seiner eigenen Zunft ausgeliefert war, die ihn mit ihren Aderlassen am Ende schier das Leben aus dem Leib genommen hätten. Vor mir hat er einen elektrischen Heiler kommen lassen, der nicht weit entfernt wohnt – Messmer von Namen. Ich kenne ihn und er macht die Leute ganz närrisch mit seinem heilenden Magnetismus. Ich habe sie alle davonjagen lassen, ihm Ruhe verordnet und sein treues Weib eine meiner Suppen machen lassen. Nach einer Woche ging es ihm besser, und nach zweien war er wieder auf den Beinen. Den kaputten Fuß aber, den hat er behalten dürfen. Das ist nicht mein Metier. Ich sagte ihm, er solle damit zum Hufschmied gehen.« Der Schaffer richtete sich auf.

»Und – kennt er das Geheimnis deiner Heilkunst? Weiß er, wie selten du nächtelang in Heimlichkeit und Angst vor der Entdeckung deiner genialischen Gedanken mit Töpfen hantierst und Gläschen über offenem Feuer erhitzt, um sie dann in geheimnisvollem Rhythmus vorsichtig zu schwenken? Weiß er, dass du nicht annähernd mit zaubrigen Pfannen und Töpfen umgehst, weder Quecksilber erhitzt noch dunkeln Sud rührst? Weiß er, wie wenig dies alles erforderlich ist, wenn es doch genügt, mit einem Nachttopf die Eselpisse deines grauen Lieblings aufzufangen und in Tinkturen, Salben, französischen Cremes und Wundertränken aufzulösen?« Der Ameisler schüttelte den Kopf.

»Jetzt aber! Willst du wirklich wissen, was mein Heilmittel ist?«

»Sag! Vielleicht taugt es grad für meine Schafe.«

»Abgeschaumten Honig brauchst du, sechs Pfund, und erwärmst ihn vorsichtig, langsam, am besten über die Nacht hinweg. Am Morgen, wenn er ganz sämig ist, gebe in einer Flasche Seewein aufgelöstes Opium hinzu, nicht mehr als eine Unze[1]. Sechs Unzen gepulverte Angelikawurzel, vier Unzen Baldrianwurzel und je zwei Unzen Meerzwiebel und Zitterwurzel, dazu je eine Handvoll Kardamomen, Myrrhe, Gewürznelken und kristallisiertes schwefelsaures Eisen. Ich habe noch ein paar Geheimnisse, die solche bleiben sollen – dann lange abkühlen lassen und nach einer Woche abfüllen. Und noch etwas … «, der Ameisler sah ihn despektierlich an, »was die Eselpisse angeht – verplapper dich nur nicht, mein Freund.«

»Niemals, niemals würde ich dein größtes Geheimnis verraten. Aber verrate mir eins: Weshalb … weshalb bist du mit diesem Zeug so unverschämt erfolgreich, weshalb stehen die Leute – Vornehme, Deppen, einfache Bauern, Beamte, echte und falsche Adelige … und heimlich kaufen ja auch die Pfaffen bei dir, wie ich weiß … aus welchem Grund also stehen die Leute bei dir Schlange? Die studierten Dottores und Professoren hassen dich, treiben einen Prozess nach dem anderen an – ohne Erfolg, ja gerade hörte ich sogar, sie

---

1   30 Gramm

holen dich heimlich zur Behandlung!« Der Ameisler schmunzelte, sog genüsslich an seiner Pfeife und nahm einen Schluck vom Roten.

»Es ist keine Kunst, und doch kann man es nicht erlernen – man muss es *haben*. Im Grunde ist es ganz einfach: Ich sage ihnen, was sie hören wollen – mehr nicht.«

»Was sie hören wollen? Was wollen Kranke denn hören?«, fragte der Schaffer.

»Ah … Kranke, Gesunde, eingebildete Kranke und eingebildete Gesunde – sie wollen alle das Gleiche hören.«

»Was? Was denn?« Der Ameisler hob die Hände empor.

»Ja dass sie gesunden werden, natürlich! Und deshalb schmeichle ich ihnen, betone, wie gut sie aussehen und wie deutlich zu erkennen ist, wie sehr meine Medizin ihren Zustand gebessert hat. Das wirkt hervorragend bei den eingebildeten Kranken und noch besser bei den gänzlich Gesunden. Ich lächele sie dabei an, ich bin fröhlich und guter Dinge und erzähle nicht annähernd etwas von den Wunderkräften meiner Medizin. Nichts, gar nichts! Den wirklich Kranken und Leidenden verschaffe ich durch meinen Zuspruch ein wenig Freude und wichtiger noch: Hoffnung. Hoffnung, aus der ihnen etwas mehr Kraft erwächst, die sie dringender brauchen als Medizin. Und lache nicht – bei manchem Kranken wirkt meine Medizin wirklich. Außerdem beschäftige ich mich in der Tat sehr ernsthaft mit meinem Fach und lese viel im *Almanach für Ärzte und Nichtärzte*. Ich meine, die Herren Doktoren und Professoren gehen die Sache völlig falsch an, denn sie schneiden besorgte Mienen, stehen krumm vor den Kranken mit einem Blick aus engen Augen, sie gehen auf und ab, sinnieren, vermitteln den Eindruck, die Sache sei kompliziert, schwer, besorgniserregend, und nur mit viel Glück und Gottes Hilfe sei eine Gesundung oder Linderung möglich. Und das Schlimmste – sie betonen die Blässe des Gesichts, die kraftlose Haltung, den schleppenden Gang, die trüben Augen, den weichen oder harten Leib. Herrje! Sie machen die Kranken noch kränker, Gesunde krank, und Leidende befördern sie mit derlei Gehabe direkt ins Grab. Ansonsten beachte ich nur noch die wichtige Regel, mich von den drei unfehlbaren ›A‹ weit entfernt zu halten: Aderlass, Abführmittel und Allmächtiger.« Der Schaffer lachte leise über die Worte seines Freundes und nahm einen kräftigen Schluck Wein.

»Jaja, lache du nur«, meinte der, »aber der beste Mensch taugt nichts, wenn er nicht einen Gran Boshaftigkeit und Widerwart in sich trägt, und ich muss darauf bestehen: Ich bin ein ehrlicher Quacksalber!« Er sog Luft durch die Zähne, was ein leise pfeifendes Geräusch verursachte, und meinte leise: »Beide haben wir unsere Zähne noch, weil wir das Kraut gefressen haben, wie es der Alte wollte.«

»Was der nicht alles wollte ...«, sinnierte der Schaffer. »Erinnerst du dich an die Walrösser, die er hat kochen lassen? Was für ein fürchterlicher Fraß! Nur in der Spelunke in Buchhorn drüben habe ich danach noch schlechteres gerochen und aufgetischt bekommen. Dieser Cook – der hatte einfach nichts im Maul, was für Geschmack zuständig war – ein echter Engländer eben. Auf einer der Inseln hat er dieses Kraut entdeckt, das die Wilden Vogelscheiße nannten, weißt du noch?« Der Ameisler schüttelte sich und schnitt eine dünne Scheibe vom Schinken ab, der neben der Weinflasche auf einem Holzbrett lag. Er rollte das Fleisch zusammen und steckte es in den Mund.

»Mhm ... jaja, das schreckliche Kraut, das viele nicht runterbrachten. Ich fand, es war doch eine willkommene Abwechslung vom kümmerlichen Bordfraß ... ahhhh, dieser Dörrfisch, das Pökelfleisch mit nie ausgehenden Erbsen, Bohnen, Linsen ... und am Ende hin frisches Fleisch nur von den Ratten ...« Der Schaffer lachte auf.

»Das schwedische Köchlein hatte dafür sein spezielles Rezept – abziehen wie einen Hasen und würzen wie Rind.« Der Schaffer verzog den Mund und holte einen Krug mit Schnaps herbei. »Und der Matrosenkuchen fehlt mit hier auch nicht ... Zwieback. Ich habe ihn immer so lange auf das Holz geklopft, bis alle Maden heraus waren. Andere haben die Stücke einfach ins Kochfett getaucht und runtergeschluckt, wie sie waren.« Er richtete sich auf und hob den Finger. »Diese Deppen ... aber beim Sauerkraut Allüren wie ein Herr Graf haben. Ah.« Er machte eine wegwerfende Handbewegung, trank aus der Schnapsflasche und reichte sie dem Ameisler, der auch einen kräftigen Schluck nahm und mit dem Médoc nachspülte. »Eine schöne Rede hast dem Vitus gehalten, und ein Geschwätz wird darob ansetzen bei den Leuten und fett werden von dem, was sie noch alles dazudichten. Der Pfarrer wird ganz verrückt davon werden und froh sein, wenn alles vorbeigeht und auch du wieder verschwunden bist mit deiner Südseeprinzessin. Du hast ihnen aber auch Vieles verschwiegen, mein Lieber: Wie fürchterlich seekrank er war, wie sehr er das Meer und die Schiffe gehasst, wie sehr er die Inseln liebte. Wie oft, he, wie oft hat er es laut bereut, vor dem Galgen geflohen zu sein, weg von den Kühen, dem Gras, den Felsen und den Musikanten aus Au? Und wie oft er die Peitsche bekommen hat, weil er Rum aus dem Mittelschiff geklaut hat, und letztlich mit der *Raleigh* nach England zurückgeschickt wurde – in Schanden davongejagt. Deshalb, deshalb war er so eins mit seiner Vorsäß, den Viechern, den Weiden und den Bergen. Deshalb. Es ist schon ein Elend, wenn man das Meer hasst, aber Inseln liebt. Jaja ... unser Vitus. Wusstest du – als er zurück war, hat er nach dem Kutscher gesucht, dem aus der Nacht. Er war aber schon gestorben. Ein Jodok Feustel war es. Eine Tochter soll er gehabt haben, und die ein kleines Mädchen, das er aber nicht hat finden können, der Vitus.« Der Ameisler zuckte mit den Schultern.

»So ist es eben. Wir können nichts mehr ungeschehen machen.« Nach einer kurzen Pause fragte er: »Hat er etwas vor, der Gnetzer? Der räudige Lump scheint nicht älter zu werden ... kommt daher, wie eh und je.«

»Weil er vor zwanzig Jahren schon ausgesehen hat wie eine alte Vogelscheuche ... so ist's doch. Ich weiß nicht, was er vorhaben könnte, aber er schleicht auffällig viel herum in letzter Zeit. Was er nur auf dem Mauchinhof wollte ... und die Magd vom Drieberhof hat mir erzählt, er wär letztens am Abend dort auf dem Hof bei der Drieberin gewesen und hätt recht verdruckst herumgetan, weil sie in der Stube gewesen ist, bis sie von der Bäuerin hinausgejagt worden sei. Ein wenig hat sie noch vor der Tür gelauscht. Das Gespräch der beiden drehte sich wohl darum, die alte Drieberin wieder auf den Hof zu nehmen. Ich kann mir derzeit noch keinen Reim auf die Sache machen.«

Der Ameisler dachte an ihre erste Begegnung mit dem Gnetzer. Dabei fiel ihm etwas ein, wovon er kürzlich erst gelesen hatte.

»In Paris, da haben sie ein neues Instrument. Es hört auf den Namen seines Erfinders – Guillotine. Sie haben es schon ein paar Ganoven schmecken lassen – es wäre die rechte Methode für den Kerl ... Frankreich ... unruhige Zeiten werden kommen. Alles ist in Aufregung und Aufruhr, ohne dass es nach außen tritt. Wohl deshalb ist das Vergnügen auf den Jahrmärkten und Gerichtstagen auch so wild. Die Menschen ahnen, wie gründlich die ruhigen Zeiten versickern. Vielleicht ist es ganz gut, hier oben in der Abgeschiedenheit zu sein, weit weg von dem, was kommen wird.«

»Es wird kein *weit weg* geben in unruhigen Zeiten«, meinte der Schaffer müde. Der Ameisler nickte zustimmend.

»Ja, schon. Aber denke doch an unsere Fahrten – wenn der Sturm schon zu riechen war, die Wolken sich weit entfernt zusammenschoben, aufrichteten in unerreichbare Höhen, wenn man das Grollen und Toben schon ahnte, wenn sich der Ärger ankündigte, da haben wir stets nach einer Insel Ausschau gehalten, um uns in ihren Schutz zu stellen, oder sind eine stille Bucht angelaufen. Das meine ich. Es war damals klug, und es wird immer klug bleiben, sich den Unwettern, gleich welcher Art sie sind, nicht schutzlos auszuliefern.«

»Jaja, da hast du natürlich recht«, stimmte ihm der Schaffer zu.

»Dieser Gnetzer ... «, fing der Ameisler noch einmal an, »... im Grunde haben wir ihm doch einiges zu verdanken. Wäre er nicht gewesen, so wären wir niemals von hier weggekommen, hätten nichts erfahren vom Meer, von der Welt, von der Wärme der Südsee … ich hätte Napimee niemals kennengelernt, und du wärst als Knecht irgendwo auf einer Vorsäß verkommen. Und wer weiß schon, ob es die Heirat mit der Mauchin wirklich gegeben hätte – du hattest doch nichts. Von daher … und er hat keine Erinnerung an uns, er kennt uns nicht. Wir aber wissen von ihm.« Der Schaffer blickte ihn lange und ernst an, bevor er grantig antwortete: »Verdanken!? Wir … dem Gnetzer etwas verdanken?! Um nichts in der Welt haben wir ihm etwas zu *verdanken*. Fliehen mussten wir – so war es doch! Vor dem Galgen sind wir geflohen, voller Angst – weit, weit weg – soweit es eben ging … haben unsere Familien zurückgelassen, ohne eine Botschaft. Ich kann das nicht vergessen, und schon gar nicht, auf welch schäbige Weise dieser Lump auch uns zu Lumpen gemacht hat.« Der Ameisler klang versöhnlich.

»Jaja, du hast schon recht, wir hätten ihm vielleicht besser nie begegnen sollen, vor allem nicht in dieser einen schrecklichen Nacht. Aber die ganze Zeit damals war schwierig – das unfruchtbare Wetter über Jahre hinweg – kalt und nass … nichts zu Fressen für Mensch und Vieh, alles zuvor mühsam Zusammengekratzte ist dahingegangen, wie Wasser zwischen den Fingern zerflossen … Hunger und Not allenthalben … und ja, er hat uns zu Lumpen gemacht, allerdings zu wohlhabenden Lumpen, was selbst der Herrgott nicht leugnen würde, dessen Wille es letztlich war, was geschehen ist. Und der Vitus hat uns das Vermögen gut verwaltet über die vielen Jahre und sogar noch mehr daraus gemacht.«

»Nicht der Vitus … der Salomon Rosenfeld aus Äms[1], der hat es verwaltet«, stellte der Schaffer richtig. »Der Vitus hat es aus der Felsnische in Bildstein geholt und dem Salomon gegeben, der es nur deswegen angenommen hat, weil der Vitus ihn einmal in Schutz genommen hat … irgendwo auf einem Jahrmarkt war das

---

1   Hohenems

wohl ... und weil er dachte, die Goldmünzen stammen von einem Piratenschatz.« Er lachte zynisch. »Stimmt ja auch irgendwie ... der Vitus, er hätte wirklich ein kommoderes Dasein haben können. Von seinem Teil hat er kaum je was genommen.« Der Ameisler schüttelte den Kopf über das Leben des toten Kerls.

»Schwer zu verstehen, in der Tat ... so einsam bei Bizau in der kargen Hütte. Bei einem Besuch, nach einer Flasche Wein, hat er mir mal erzählt, das Gewissen tät ihn plagen. Kannst du dir das vorstellen? Dabei hat er ... haben wir ... doch gar nichts getan, nichts!« Der Schaffer stand auf und legte einen Scheit nach, während der Ameisler weitersprach. »Ich hatte ihm angeboten, einen Teil des Geldes für ihn einzulegen ...«

»Einlegen? In was?«, fragte der Schaffer, als er zurückkam. Das Holz hatte Feuer gefangen, und es krachte und knackte laut, Funken flogen. Der Ameisler sah ins Feuer.

»Nun ... ich habe mich bei meinen Einlagen immer an die Instruktion gehalten: *Was die Fackel zehrt, ist Fahrnis.* Ein wenig Fahrnis habe ich aber doch gewagt und Anteile an einigen Lädinen[2] und einem Segner[3] erworben. Solange sie nicht an Neptun verfüttert werden mit all den köstlichen Dingen und Mann und Maus, ist es ein gutes Geschäft. Drei Anteile habe ich an drei Lädinen, und es geht gut. Der Handel zwischen Bregenz, Lindau und Konstanz nimmt von Jahr zu Jahr zu, und schon jetzt ist der Krieg zu spüren ...« Der Schaffer knurrte abfällig.

»Niemals würde ich auch nur einen Gulden auf ein Schiff setzen, dann lieber gleich versaufen und verhuren. Wieso hast du nicht einfach ein eigenes Schiff, sondern stattdessen drei Anteile an drei Schiffen?«

»Bist du närrisch? Wenn es im Sturm auf den Grund geworfen wird, ist alles dahin. So aber habe ich das Risiko auf drei verteilt, bei

---

2 Große besegelte Lastschiffe auf dem Bodensee von bis zu 4 mal 35 Meter.
3 Kleine besegelte Lastschiffe.

gleichem Gewinn. Es ist so, als hättest du nicht eine Schafherde, sondern Anteile an dreien. Wenn die Seuche in eine Herde fährt, bleiben dir noch die anderen zwei.« Der Schaffer trank einen Schluck Wein und meinte abfällig: »Anteile! Ich habe drei Herden.« Der Ameisler vollführte eine theatralische Handbewegung und sprach müde: »Drei Herden, jaja. Dein Vermögen mäht somit herum und scheißt das Land voll, meine Schiffe aber machen den Leuten das Maul wässrig, denn sie liefern das Salz für die Schweizer – sowohl den eidgenössischen katholischen wie den eidgenössischen luthrischen Mäulern. Die katholischen kriegen Hall-Inntalisches über Bregenz und die reformierten Kantone das Reichenhaller Salz über Lindau. So sind alle ihres Glaubens glücklich und haben doch das gleiche im Maul und ich meine Gulden im Säckel.« Er lachte. »*Ihr seid das Salz der Erde*[1], das ist mein liebster Spruch. So verrückt sind sie, die Leute, oder? Fressen das Salz nach ihrer Konfession.« Der Schaffer trank und ächzte.

»Ja, so sind sie, die Leut. Die Erinnerung drückt mich auch noch manchmal … die Erinnerung, aber nicht das Gewissen, denn getan haben wir ja nichts, wie du schon sagtest. An die zwanzig Jahre her ist es nun schon, und was tun wir, wir hocken hier und reden davon. Und wieder taucht der Gnetzer auf und wieder gehen die Dinge einen krummen Weg. Den Mauchin hat man im letzten Herbst tot gefunden. Beim Holzen soll er gewesen sein, ein Stamm hat ihn getroffen, droben im Grebentobel, und ihn ins Wasser gestoßen. Und jetzt sind die drei Frauen da allein auf dem Hof. Die alte Drieberin, die Mauchinwitwe und das junge Ding. Es kann nicht gut gehen.« Der Ameisler zuckte mit den Schultern.

»Und was willst du dagegen tun? So ist nun mal der Gang der Dinge.«

»Ein Auge will ich drauf haben, mehr nicht … fürs Erste.« Der Ameisler lächelte.

---

1   Matthäus 5, 13.

»Sie lässt dich nicht los, hab ich recht? Die Mauchin ... trauerst ihr immer noch nach, der stolzen Frau mit den schwarzen Locken. Sie ist immer noch in Lindau bei den feinen Leuten, nicht wahr?« Der Schaffer sah ihn missvergnügt an.

»Und wenn, was wäre falsch daran? Ich habe die Nacht nicht vergessen, in der wir zurückgekommen sind nach den vielen Jahren ... elend, hungrig, kaputt ...« Er deutete auf seinen Kumpan. »Und du, du warst krank und fiebrig. Zum Vitus haben wir wollen, und welcher junge Bursch hat uns damals auf die Fuhre geladen und mitgenommen, mitgenommen auf seinen Hof? – Der Mauchin. Ich werde sie nie vergessen, diese Nacht, das Gewitter, den Sturm, die Wolken, schwarz wie Pech und teuflisch rot im Licht der Blitze – das erste Toben in den Bergen nach so vielen Jahren, die wir weg gewesen waren. In dieser Nacht ist sie geboren, die Franzisca, und ich habe sie gleich nach dem Vater in den Armen gehalten. Er war gastfreundlich zu uns, hat uns aus seiner Pfanne mitessen lassen, hat uns versorgt und dich ein paar Tage in der Kammer liegen lassen. Seither habe ich ein sorgendes Auge auf das Mädchen ... und seit der Vater tot ist, umso mehr. Und du weißt ja, was ich in der letzten Nacht dort in der Küche gemacht habe ... als ich vom Vitus zurückkam und dich geholt habe.«

»Ja, ich weiß«, nickte der Ameisler. »Du hast es mir erzählt.« Seine Stimme wurde ernst. »Weißt du, weshalb wir einander so selten sehen? – Weil ich es vermeide. Und aus welchem Grund? Weil du keine fünf Sätze redest, ohne dass ich schon auf dieses furchtbare Wort warte, welches dein Leben wie ein Schatten zu begleiten scheint: Galgen. Vermeide es einfach, wenn ich dabei bin, ja? Wir haben nichts getan, was den Galgen verdiente, nichts, nichts, nichts!«

Der Schaffer stöhnte und murmelte ein paar unverständliche Flüche. Der Ameisler schenkte sich selbst noch einmal kräftig nach, und ihr Gespräch verebbte zusehends. Jeder hing seinen Erinnerungen nach. Ab und an wechselten sie noch ein paar Sätze, jedoch ohne einen Gesprächsfaden aufrechtzuerhalten – und der Wein trug das seinige zur Sedierung bei.

Als der Ameisler spät in der Nacht gegangen war, kletterte der Schaffer die Stiege hinauf in den oberen Stock und leuchtete sich dabei mit einer offenen Wachskerze den Weg. Droben befand sich ein weiter Raum, in dem ein breiter Sessel voller Kissen und Schafsfelle und in einer Ecke ein ausladender Schreibtisch standen. An den Wänden waren Regale mit Büchern und Journalen aufgestellt. Auf dem Schreibtisch stand ein großer Globus, und daneben lag ein langes Messingfernrohr, dessen Metallgehäuse im Kerzenschein golden funkelte. Der Schaffer ließ die Hand gedankenverloren über einige Bücher gleiten. Außer dem Ameisler und Elisabeth Mauchin war hier oben noch nie ein anderer Mensch gewesen, noch nicht einmal die Magd vom Drieberhof, wenn sie nachts bei ihm geblieben war.

Er hockte sich in den Sessel und sah in das Kerzenlicht. Sein Inneres war aufgewühlt und unruhig. Wenn seine Schafe von einer Krankheit erfasst würden, wäre es bitter, aber dann war es eben so. Wenn der Esel den Kopf senkte und mit den Vorderhufen schlug und die Hunde wie tollwütig umherliefen, weil ein Bär in der Nähe war, dann holte er den alten Vorderlader hervor und die lange Klinge, so wie man das eben tat. Nichts von alledem versetzte ihn in Unruhe. Doch jetzt? Der Gnetzer trat zu oft in Erscheinung. Was war es, das ihn aus seiner Einöde heraustrieb, unter die Menschen? Und konnte es etwas mit dem Tod des Mauchin zu tun haben?

Er rief nach seinem alten Hund, der noch drunten vor dem Ofen lag. Der warme Körper an seinen Füßen erzeugte ein Gefühl von Geborgenheit. Der Wein ließ seine Gedanken in die Vergangenheit wandern, in eine düstere Vergangenheit, durch die der Gnetzer hinkte.

Diese warme, mondhelle Nacht im August vor vielen Jahren, sie war ihm derart präsent, als erlebte er sie wieder. Vitus, der Ameisler und er waren zum Jahrmarkt in Bregenz gewesen. Sie hatten den weiten Weg auf sich genommen, weil der Markt in Bregenz besonders viele Attraktionen bot, da doch gerade der neue Kaiser Joseph gekrönt worden war. In einem großen Gatter hatte man wilde Tiere aufeinandergehetzt – Bären, Bullenbeißer, Ziegen und Wildschweine rannten unter fürchterlichem Gejohle um einen schnellen Tod. Durch die Menge staksten Stelzengänger und Krüppel. Mummen sprangen herum und trieben ihre hinterhältigen Scherze. An allen Ecken wurde Tanz gehalten, Huren und Diebe zogen herum, und überall roch es nach gegrilltem Fleisch, Käse und Bäckereien.

Erst am Tag nach der Feier waren sie wieder losgekommen, spät noch dazu, weil der Ameisler noch einer vornehmen Frau nachgestiegen war. Ihr Gang den Tobel hinauf brachte sie weit in den Abend, und wie aus dem Nichts fanden sie sich plötzlich in Gesellschaft eines eigenartigen Kerls, der, obwohl er hinkte, gut vorankam und sich ihnen als Gnetzer vorstellte. Müde vom vielen Trinken und den Anstrengungen der zahllosen Vergnügungen gingen sie weiter aufwärts. Der fremde Kerl stützte sich auf einen schönen Wanderstab; sogar daran erinnerte sich der Schaffer genau. Er war glatt und schwarz glänzend, silberne Beschläge leuchteten hervor. Die ganze Zeit über bequatschte die krumme Gestalt sie schmeichlerisch und störte sich nicht an ihrer Gleichgültigkeit ihm gegenüber. Jäh kam eine stolze Kutsche spät noch von oben herab. Trotz der Wärme war das Verdeck geschlossen. Der Ameisler, der Vitus und er traten zur Seite, damit die Kutsche vorbeifahren konnte, doch der fremde Kerl ging unverdrossen mitten auf dem Weg weiter und machte keinerlei Anstalten, Platz zu machen. Fluchend und wild gestikulierend brachte der Kutscher sein Gefährt zum Halten. Sie standen am Rand der Felswände, folgten der verrückten Szene und wussten doch nicht annähernd, wie ihnen geschah, als der Kutscher auf einmal laut, wütend und zugleich angsterfüllt schrie: »Räuber!«. Da erst sahen sie wie in einem schlechten Traum, dass der Gnetzer eine Pistole in der Hand hielt. Doch bevor sie auch nur einen klaren Gedanken fassen konnten und begriffen, was hier genau vor sich ging, vollzogen sich die Dinge blitzschnell. Der Gnetzer bugsierte den Kutscher und die drei Männer, die vorsichtig aus der Kabine gekrochen kamen, mit vorgehaltener Pistole an den Rand des Tobels, hüpfte zur Kutsche hin, und auf einmal kamen Beutel auf sie zugeflogen, die sie einer natürlichen Reaktion folgend auffingen und ordentlich stapelten. Damit waren sie, ohne es zu wollen, wirklich zu Kumpanen eines Räubers geworden – immer noch staunend, entsetzt und unfähig, auch nur ein Wort verlauten zu lassen oder einzuschreiten.

Sie verstauten also das Diebesgut, und was hätten sie auch anderes tun sollen? Niemand hätte ihnen jemals geglaubt.

Einer der Überfallenen schrie sie an und hieß sie alles, was auf Erden ein Schimpf war. Er trug einen vornehmen Umhang trotz der Wärme, um sein Habit zu verdecken. Ein Mönch ... vermutlich ein Abt.

Dass sie drei so neben sich standen, musste dem Kutscher Mut gemacht haben, denn mit einem Mal ging er auf den Gnetzer los, der seine Pistole abgelegt hatte, um sich eine lederne Umhängetasche mit Geldbeuteln vollzustopfen. Doch kaum war der Kutscher ein paar Schritte weit gekommen, zog der Gnetzer ein Stilett aus dem Ärmel, machte einen synkopen Schritt nach vorn und stach ihm geradewegs in den Hals. Wie angewurzelt standen sie da, die Augen weit aufgerissen. Entsetzt stammelte der Vitus vor sich hin: »Des isch der Galgen ... des isch der Galgen ... Jesusmaria ... des isch der Galgen.« Taumel ergriff sie.

Von allen Höllen und Fegefeuern unbeeindruckt forderte der Gnetzer die feinen Herren auf, den röchelnden Kerl in die Kutsche zu legen und loszufahren. Auf der Stelle stürzten sie los. Als sie hinter der letzten Biegung in Richtung Schwarzach verschwunden waren, lachte er ihnen böse nach.

»Ein guter Schnitt ... ein guter Schnitt.«

So viel er schleppen konnte, lud er sich auf und ließ ihnen den Rest. Schon ein Stück entfernt des Weges drehte er sich noch mal um, lachte hässlich, machte ein paar Verbeugungen, ohne dabei die Pistole aus der Hand zu legen, und rief: »Meinen Dank den Kameraden für untertänigste Dienste.« Danach verschwand er im Dunkel des Waldes. So schnell und sicher wie er zwischen den Felsen abtauchte, musste er jeden Stein und Baum kennen. Sie jedoch – schlagartig nüchtern und von Angst getrieben – hetzten umher wie von Teufeln gejagt. Sie folgten dem Ameisler, der einige Pfade kannte, und endlich vergruben sie den größten Teil des Raubgutes in einer Felshöhle oberhalb der Wallfahrtskirche Steußberg[1]. Einen geringeren Teil nahmen sie mit, um ihre Flucht zu finanzieren. Keiner von ihnen hatte aber eine genaue Vorstellung, wohin sie führen sollte. Der Ameisler wollte nach Süden, der Vitus wollte im Grunde nirgendwohin, und der Schaffer hielt es für geschickt, den Rhein aufwärts nach Brabant zu ziehen, weil sie auf dieser Route schneller davonkämen, viel schneller als über die Alpenpässe, wo alle Kutschen überfüllt waren. Außerdem war man dort ständig von Landstreifen bedroht. Schließlich nahmen sie den Weg über Hofsteig nach Bregenz, bestiegen eine Lädine nach Lindau, segelten von dort weiter nach Konstanz und gelangten auf einem Nachen bis Schaffhausen. Von dort brachte sie der Rhein bis Brabant, und irgendwie waren sie dann alle drei bis nach England gekommen, wo sie nach einer durchzechten Nacht auf ein Kohleschiff gepresst worden waren. Ihr Geld war perdu, und da sie sich wider fremden und eigenen Erwarten als gute Seeleute erwiesen, wurden ausgerechnet sie, die Fremdländischen aus den Bergen, Teil einer Crew, die ihr Kapitän mitnahm auf sein neues Schiff, das den Namen *Resolution* trug und zusammen mit der *Adventure* die Welt umsegeln sollte. Nur wenige Sekunden reichten also aus, um die Ausrichtung eines gesamten Lebens zu verändern … fundamental zu verändern.

Er blätterte durch eines der Bücher und strich über das wellige Papier. Zum Lesen war es zu dunkel im Schein der einsamen Kerze. Irgendwann schlief er schließlich ein.

---

1 Heute Wallfahrtsort Bildstein.

Unter Räubern

Während der Löwenwirt schlafend im Sessel hing, rührte sich etwas im Haus. Drunten in der Wirtsstube schrien noch die letzten trunkenen Hirten und Taglöhner, doch droben in der großen Kammer machten sich einige Gestalten fertig, die auf die Dunkelheit gewartet hatten. Vorsichtig stiegen sie die Treppe hinab, und als sich alle am Stadeltor gesammelt und der schmächtigste unter ihnen leise gepfiffen hatte, gingen sie hinaus in die Nacht. Ein paar Sterne leuchteten am Firmament, und es dauerte, bis die Augen die unterschiedlichen Schatten von Bäumen, Häusern und Wegen erkennen konnten. Die Berge standen im schwärzesten Schwarz. Leise passierten sie St. Jakobus in Reuthe. Der Kirchturm zeigte stumm und mahnend zum Himmel. Eine Stunde dauerte es, bis die ersten schemenhaften Schatten der Häuser von Bizau auftauchten.

Zwei kräftige Kerle marschierten vornweg, nach ihnen kam ein stämmiger Kerl, und die Nachhut besorgte ein Schlacks, der den Griff seiner Pistole fest mit der Hand drückte. Er erschrak, als der helle Schein einer Eule lautlos über seinen Kopf hinwegschwebte, und hatte Mühe, sein Zittern zu beherrschen, das ihn danach anfiel. Beim geringsten Geräusch, das ihnen verdächtig erschien, blieben sie stehen und lauschten in die Nacht, denn ein jeder von ihnen hatte schon im Zuchthaus gesessen: der feiste Schultoni ebenso wie die zwei Stockermichelsbuben und der dünne Meierschorsch. Und keiner von ihnen wollte jemals wieder dorthin zurück, wo man den Launen des Prügelknechts ausgeliefert war und dem stupiden Wechsel von Arbeit und Gebet. Und diese verfluchten Sonntage mit den heiligen Messen, den endlosen Morgen-, Tisch- und Abendgebeten, samt dem ermüdenden Palaver der Andachten, bei welchen einem ständig ins Gewissen geredet wurde, was ja nichts brachte, weil sie gar keines hatten. Und dazu der Zwang, zur Beichte zu gehen, einmal im Monat. Ein Elend war das.

Die Unoldin und die Mäu waren zusammen mit dem Vogelmännle in der Kammer unter dem Dach im Löwen geblieben und warteten wie immer. Seit dem letzten Sommer nahmen sie ihre Raubzüge gemeinsam vor. So war es auch leichter, eine Unterkunft zu finden, denn mit so vielen wollte sich keiner der Wirte und Bauern anlegen.

Der Trupp schlich weiter durch die Nacht. Kurz vor den ersten Gehöften von Bizau blieben sie stehen. Eine Tür hatte geschlagen und gleich darauf noch einmal, woraufhin ein Hund anschlug, dessen dumpfes Gebell auf ein großes Maul schließen ließ. Geduckt glitten sie vom Weg hinüber ins feuchte Gras. Man wollte niemandem begegnen, denn es waren strenge Zeiten. Die Obrigkeit setzte den Vaganten und Bettlern mit Streifen heftig zu, und es war Mode geworden, die Aufgegriffenen ohne Gerichtsverfahren zur Zwangsarbeit nach Ungarn, in das Banat oder nach Siebenbürgen – allesamt Gebiete, die seit den Türkenkriegen entvölkert waren und nichts dringender als Arbeiter brauchten – zu überstellen, wo man nur am Fieber verrecken konnte. Zwei Mal im Jahr fand der Temesvarer Wasserschub[1] statt, und im letzten Jahr hatte es ihre Kumpane, den Hiesel Schefbach und den Schweizer Victor erwischt. Trotz der Prügel bei den Verhören hatten sie aber nichts und niemanden preisgegeben.

Der Gnetzer war vorweg im Löwen gewesen und hatte ihnen bestellt, dass ausgerechnet in diesen Tagen die General- und Partikularstreifen[2] verstärkt unterwegs waren. Der eklige Kerl hatte jedoch nicht herausbekommen, wo genau. Als Dieb und Räuber war man nicht sicher in diesen Zeiten.

---

1 Zwangsumsiedlung donauabwärts von Landstreichern, Schmugglern, Prostituierten, Wilderern oder aufsässigen Bauern.

2 Regional begrenzte Streifen – auf Kreise oder Orte; Generalstreife – regional übergreifende Streifen.

Völlig unerwartet packte den Meierschorsch, der sich bislang an der Pistole festgehalten hatte, ein erneuter Zitteranfall, während er im halbhohen Gras lag. Die paar Zähne, die er noch im Maul hatte, musste er hart aufeinanderpressen, denn kaum ließ er seinem Unterkiefer etwas mehr Spiel, war das Klappern so laut, dass er meinte, es wäre bis nach Schoppernau zu hören. Seine Hände griffen in die fetten, frischen Grashalme, als könnten sie ihm in seiner Not Halt geben. Ihr Geruch verströmte Frische und Lebendigsein, was es nicht besser machte. Frische und Lebendigsein, wo er schreckliche Todesangst litt, weil ihm die Hinrichtung der Annamaria Koch in Appenzell wieder vor Augen gekommen war. Den Kopf hatte man ihr abgeschlagen, und zufällig war er dabei gewesen. Von einigen üblen Kumpanen hatte er sich dazu überreden lassen, dem Spektakel beizuwohnen, und war mit hinaus zum Galgenring an der Ziegelhütte gegangen. Ein noch unglücklicherer Zufall hatte ihn in der Menge ganz nach vorne kommen lassen und damit mitten hinein in die Gruppe der Fallsüchtigen[1], die fuhrenweise von weit her angekarrt worden waren und die sich wie eine hungrige Brut um die Gerichtsstätte drängten und ihre Becher hochhielten. Ein Teil der Menge verfolgte das Schauspiel teils angewidert, teils von Neugierde oder Schocklust getrieben. Die Blöden und Dummen in der Menge, der Mob, den es allenthalben gab, johlte und pfiff.

Gleich nachdem der Henker dem jungen Ding seinen hübschen Kopf abgeschlagen hatte, füllte er einen großen Zinnbecher mit dem Blut der Geköpften und schüttete es daraus in die Becher der gierigen Menge der Kranken, die dem Glauben anhafteten, das Blut der frisch Hingerichteten würde gegen ihre Fallsucht helfen. Der Meierschorsch hatte keine Erklärung dafür, weshalb ihn gerade in dieser Nacht jene grausige Erinnerung heimsuchte, und sein Zittern wurde immer heftiger, denn es grauste ihn, dass einmal ein Mensch sein Blut saufen könnte. Erst als ihn einer der anderen kräf-

---

1 Epileptiker

tig in den Rücken schlug, löste er sich aus der zittrigen Starre, und insgeheim beschloss er, es sollte das letzte Mal sein, dass er an einem solchen Diebeszug teilnahm.

Die Knie schlotterten ihm noch immer, als er den anderen folgte. Was sollten sie schon in Bizau kriegen? So erfolgreich wie sie gerade erst in Bregenz gewesen waren, würde es sicher nicht werden. Beim Feuerwerker und Büchsenmacher Rheinhardt erbeuteten sie einige herrliche Musketen, die mit Gold und Silber eingelegt waren, dazu eine Kiste Pistolen, Schlachtschwerter und kunstvoll verzierte Stilette. Für jeden reichte es gut für zwei, drei Winter ohne Kälte und Hunger. Während er so dahinging, wurde ihm schlecht, denn nun kam ihm der Polizeiaufseher Hagen in den Sinn. Er ließ einen jammernden Laut darüber hören. Weshalb war der Kerl auch so unvorsichtig gewesen und schreiend auf sie zugekommen? Alles war so schnell gegangen, und ausgerechnet jetzt tat es ihm leid, dass es so gekommen war. Im Feuerschein des Schusses hatte er noch das Gesicht des Kerls gesehen. Ob sein Gesicht auch so deutlich aus der Dunkelheit aufgeleuchtet hatte, mit allen Einzelheiten? Manchmal träumte er, man befrage ihn zu der Sache und behaupte, der Polizeihelfer habe ihn gesehen. Er schrie dann immer: »Aber es war doch mitten in der Nacht. Es war doch dunkel, stockdunkel!«

Er blieb stehen und atmete schnell. Ja, er war es gewesen, der geschossen hatte, er. Und wenn sie erwischt würden – könnte er sich da auf die anderen verlassen? Würden sie dichthalten wie der Hiesel Schefbach und der Schweizer Victor, die nach Ungarn gekarrt worden waren? Oder würden die Stockermichelsbuben ihn und seinen Schuss gegen den Polizeiaufseher in die Waage legen, um für sich selbst einen Vorteil herauszuholen? Wieder fing er an, zu zittern. Hatten sie denn nicht genug? Im Löwen lag zudem noch ein großer Teil dessen, was sie aus dem Laden des Hirschwirten in Kaltbronn geholt hatten. Über tausend Gulden brachten die Waren, und dazu das ganze Silber und die kostbaren Kleider aus dem Schloss des Grafen von Salis in Zizers. Es musste doch endlich reichen. Mehr als gebratene Hühner fressen und Wein dazu saufen, konnte man doch nicht in diesem Leben.

*

Das Kältegewitter der Vortage war das letzte Aufbäumen eines nassen und kalten Frühjahrs. Mit der Stunde, da der Sarg des Vitus ins Grab gesenkt worden war, spannte sich ein blauer Himmel über dem Bregenzerwald auf, der lange nicht weichen sollte. Die treibenden Gräser reckten sich in die Höhe, saugten das Wasser aus dem Boden und wurden prall, und aus den dunklen Flächen der Nadelwälder leuchteten die grünen Kronen der Eichen, Buchen und Erlen. Die Holunder begannen ihre leuchtend weiße Blüte, und bald sanken auch die Zweige der Jasminbüsche unter der Blütenlast zu Boden. An den Abenden trugen sanfte Brisen Wogen süßer, belebender Düfte durch das Tal. Allenthalben mischten sich bunte Tupfer wilder Rosen in den Wall aus Grün, und bald kam es zum ersten Schnitt der Wiesen. Unter der gleißenden Sonne trockneten Halme, Blüten und Blätter rasch, und das Gemisch der Aromen brachte einem die Sinne zum Überlaufen.

Trauermantel, Osterluzei und Apollofalter flatterten durch die Wärme, und in der ganzen Talschaft wurden Häuser und Stadel aufgerichtet. Die Schläge der Zimmerer, die neue Häuser aufstrickten, klangen aus der Ferne durch das Tal; darüber lag Vogelgesang und das Schnattern von Gänsen und Enten. Die Luft summte vor Wohlbehagen. Im weiten Ried um Ruggell blühten die letzten Iris, und ein großer Sommer streckte sich aus. Das Kindergeschrei war weniger geworden, denn schon Wochen zuvor waren viele auf die Sommerhöfe ins Oberschwäbische gezogen, und immer öfter kamen in dieser Zeit Soldaten durch das Tal, kleine und große Trupps. Niemand wusste, wohin sie zogen. Richtung Frankreich wohl.

In dieser Zeit, gleich zu Beginn des Sommers, feierte Franziscas Freundin Johanna Hochzeit und zog mit ihrem Mann nach Raggal, eine gute Tagesreise entfernt. Die Hochzeit und die damit einhergehenden Feiern und Besuche ließen noch einmal ein freudiges Licht am Mauchinhof aufscheinen. Johanna und ihr Mann blieben lange, und selbst die Mutter redete einige freundliche Sätze mit ihnen und war guter Dinge, um danach jedoch gleich wieder in ihrer Melancholie zu versinken. Wenigstens unterließ sie es, an jenem Tag zu weinen, wie es inzwischen alltäglich geworden war. Die beiden Brautleute besuchten Freunde und Bekannte in ihrem Festgewand im ganzen Tal und nahmen von jenen, die nicht am Hochzeitsfest teilnehmen konnten, ihre Geschenke gleich in Empfang. Der engeren Familie und den besten Freunden jedoch war es nicht möglich, sich auf diese Weise vom Hochzeitsfest freizukaufen. So befreite sich Franzisca von ihren Sorgen und tanzte am Hochzeitsabend gern und ausgelassen und öfter, als sie es hätte zulassen sollen, mit dem Jakob.

Am Tag darauf war Johanna glücklich auf die Kutsche gestiegen und davongefahren. Noch lange hatte Franzisca am Weg gestanden, wie betäubt von dem Gefühl, abermals ein Stück mehr alleine zu sein. Langsam ging sie den Weg zurück zum Hof, wo zwei verbitterte alte Frauen auf sie warteten.

Der Alltag und die Arbeit nahmen sie völlig ein, und so merkte sie kaum, wie sie sich vom Leben im Dorf isolierte. Sie wurde schweigsam und nahm dieses Schicksal hin, ohne sich dagegen aufzubäumen. Vielleicht würde sie eine göttliche Fügung befreien, wie der Kapuzinerabt aus dem Kloster drunten im Dorf einmal gepredigt hatte, vom Warten auf ein inneres Licht, einem Licht, das das Dunkeln erhellte und in der Kälte wärmte.

Ihre Tage begannen mit dem ersten Sonnenstrahl und endeten mit dem Ausgang des Tageslichts. Gleich am Morgen versorgte sie die

Hauskuh und das Federvieh und richtete danach das Essen. Am liebsten kochte sie Türkensterz[1], weil er ihr wenig Arbeit machte und für zwei Tage zu Mittag gereicht werden konnte. Sie mochte den würzigen Geruch, wenn sie den Maisgries langsam ins kochende Wasser gleiten ließ und den Brei, bevor er fest wurde, mit Speckwürfeln abschmalzte und noch ein wenig rösten ließ. An Schmalz sparte sie nicht, denn damit kam nicht nur Geschmack an das Essen; wenn man es richtig mischte, wurde der Sterz geschmeidig, und die Riebel behielten Biss. Ansonsten gab es Kartoffeln und selten einmal Fleisch – geselcht oder eingelegt mit Rüben oder Salat. Hunger litten die drei Frauen auf dem Mauchinhof fürwahr nicht. Der Kaspar vom Stieglerhof kam manches Mal nach dem Abendessen herüber und brachte stets eine freudige Hinwendung zum Leben mit ins Haus, was der Franzisca, ohne dass jemals ein Wort darüber in die Welt kam, guttat. Und auch die zwei Mönche des Kapuzinerklosters, die öfter den Weg vom Dorf hier heraufkamen und mit der Mutter in der Stube beteten, erhellten alleine durch ihre Anwesenheit Franziscas Gemüt und nahmen die Bitterkeit aus den Rosenkränzen und Gebeten der Mutter. Franzisca ging besonders gern zur Messe, wenn der Abt des Klosters sie hielt, und drunten im Dorf wurde erzählt, es bestehe nicht das beste Verhältnis zwischen ihm und dem Pfarrer.

Einmal kam auch die Wenderin auf den Hof. Franzisca hatte sie schon lange nicht mehr gesehen und war verwundert, wie wenig sie sich verändert hatte. Stark gebeugt, die Hand am groben Stock, so stand sie da, einen Sack über den Rücken gezogen, in dem allerlei Zeug war, das sie für ihre Anwendungen brauchte: besondere Steine, Knochen, Zähne von Menschen und Tieren, Fäden, Stricke und Kerzen. Sie kam in die Stube, sah die Mutter und ließ einen bedauernswerten Laut hören. Sie drehte sich Franzisca zu und fragte: »Was kann ich dir tun? Hast eine Warze? Verpflocken muss man

---

1   Aus Maisgrieß gekocht und der Polenta verwandt.

sie, verpflocken². Ich bind dir einen Faden drum und den tust unter den Holunder legen, he!?« Sie lachte. Franzisca ebenso.

»Nein, nein. Ich brauch deine Kunst nicht, Wenderin. Ich hab keine Warze.«

»Ah, keine Warze, soso«, sagte sie skeptisch, und ihr Blick ging zur Mutter. »Da kann ich nicht helfen, denn wem geholfen sein will, der muss selbst mittun.« Und wieder zu Franzisca gewandt flüsterte sie: »Hast eine unerfüllte Lieb? Da kann ich einen Spruch …« Franzisca drehte sich weg und schüttelte den Kopf.

»Nein, Wenderin, es gibt nichts, wobei du mir helfen könntest.«

Als Kind hatte sie im Haus von Johanna einmal miterlebt, wie die Wenderin die kranke Mutter aufgesucht hatte. Heimlich hatten sie durch den Türspalt in die Kammer gesehen. Zwei Kerzenstümpfe brannten, und die Wenderin murmelte unverständliche Dinge, berührte die Kranke dabei und las immer wieder aus einem aufgeschlagenen Büchl. Als sie später in die Stube zurückgekommen war, um nach der Kranken zu sehen, hatte sie den Kindern gesagt: »Beim Abbeten darfst nie Amen sagen, nie Amen sagen.« Ganz ernst geschaut hatte sie und dabei den Finger gehoben.

Als die Hitze in die Berge kam, zog es Franzisca immer öfter durch die grünen Weiden. Es tat ihrer Seele gut, die hohen Grashalme im Wind wippen zu sehen, den Vögeln zuzuhören und im Schatten des Waldes zu ruhen – und sich den sanften Schwindel zuzuziehen, der entstand, wenn man dalag und dem Wogen der Baumkronen folgte.

Inzwischen war es so heiß geworden, dass es rundherum aus den Borken knisterte. Das Harz der Fichten und Kiefern war geradezu glühend geworden. Die Natur strömte einen wohligen, würzigen Duft aus, und man fühlte sich frisch und erneuert in dieser Welt voller Aromen. Die Kühe fraßen ungestüm, und ihre breiten Mäu-

---

2 Übertragung einer Krankheit auf einen Gegenstand.

ler bewegten sich mit unendlicher Ruhe und Kraft, um die Halme und Blüten zwischen ihren Zähnen zu zermahlen. Es war beruhigend, ihrem Dasein zuzusehen – wie sicher sie ihre massigen Leiber über die Hänge bewegten, mit welcher Gelassenheit sie dalagen und die Sonne auf ihr braunes Fell brennen ließen, wiederkäuten und nur ab und zu ihren Kopf schüttelten, wenn das Wackeln der Ohren nicht mehr ausreichte, die Fliegen für einen Moment loszuwerden.

*

Von diesen belebenden Dingen, die in der Natur vor sich gingen, erschloss sich der Drieberin nichts. Sie hatte sich gleich einige Tage nach dem unerwarteten Besuch des Gnetzers von ihrem Sohn zum Landammann nach Schwarzenberg fahren lassen. So oft sie den Weg schon genommen hatte, war ihr noch nie aufgefallen, wie weit das Land dabei wurde und wie frei der Blick ging, wenn man erst an der Bezegg und am Adler vorbei war. Die Fahrten, die sie unternahm, waren immer nur Fahrten. Auf dem Rückweg von den Märkten im Rheintal blieb ihr selbst die unverstellte Schönheit des Bergtals fremd, wie es sich hinter Alberschwende auftat, wenn die Kutsche langsam um den Hügel bei Müselbach kam.

Der Landammann Metzler bat sie in die Amtsstube, in der sie ihm mit klaren und kalten Worten beschrieb, dass die Situation ihrer Schwiegermutter unwürdig sei. Der ganze Schmerz der Mauchinwitwe trete ihr als Unfreundlichkeit entgegen, begleitet von der Unfähigkeit und Unwilligkeit der jungen Franzisca, die nicht einsehen wolle, dass eine unverheiratete Frau einen so großen Hof nicht alleine bestellen könne. Mehrfach sagte sie, es widerspreche ihrer Christenpflicht, bestehenden Abmachungen und sie könne daher nicht untätig bleiben.

Er hörte ihren Worten aufmerksam zu und wunderte sich, noch

nichts dergleichen aus anderer Quelle gehört zu haben. Auch wusste er nicht recht, was er mit dem Auftritt der Drieberin anfangen sollte, und begann, abzuschweifen, denn es plagten ihn gerade andere Sorgen: Der Gefangenenwärter Alber aus Bezau war wegen der Entweichung von zwei Gefangenen einer Anklage zu unterziehen. Die zwei Bettler waren festgesetzt worden, weil ihr wildes Aussehen – sie hatten kohlrabenschwarze Haare und eine dunkle, beinahe schwarze Haut – sie als Auswärtige auswies. Ihre Sprache klang fremdländisch, wie das Wasserpolnische, eine Mischung aus Slowakisch, Böhmisch und Polnisch. Wie auch immer sie in die entlegene Gegend gekommen waren, ein Huhn hatten sie nachweislich gestohlen, und sie standen im Verdacht, mit den Einbrüchen und Diebstählen in Bizau zu tun zu haben. Doch trotz einiger Prügel und schlechter Behandlung war darüber nichts aus ihnen herauszubekommen. Der Alber hatte sie aufgegriffen und festgesetzt, und am Abend war er, der Landammann, gekommen, hatte sich die beiden angesehen, und danach waren sie in der Stube verhockt und hatten etwas getrunken – gar nicht viel an sich, doch am nächsten Morgen waren die beiden Streuner verschwunden, und der Alber hatte ihm gegenüber behauptet, er, der Landammann, hätte doch den Schlüssel gehabt, weil er die beiden gegen Mitternacht noch einmal in Augenschein nehmen wollte. Ausgerechnet ihm musste das passieren, wo er doch den Alber durchgesetzt hatte, weil er weitläufig mit ihm verwandt war. Ungemach stand daher zu befürchten, und noch hatte er keine elegante Lösung für das Problem gefunden.

Er unterbrach die Drieberin nicht, die ihm nun noch einmal mit entschiedenen Worten erklärte, ihre Schwiegermutter wieder auf den Drieberhof nehmen zu wollen. Er wiegte sanft den Kopf, um sich den Anschein eines inneren Abwägens zu geben, und nickte schließlich wohlwollend. Ja wenn die Drieberin die Schwiegermutter auf den Hof nehmen will, was war dagegen einzuwenden? Ein Schriftstück wollte sie dazu haben? – Sollte sie es also bekommen. Mit der gebotenen Ruhe und Gründlichkeit diktierte er dem herbeigeholten Landschreiber den Text, holte sich für jede seiner geschwungenen Formulierungen das Einverständnis der Drieberin, indem er sie fragend anblickte, und fertigte eine amtliche Notiz über ihr Erscheinen und ihre Willensäußerung. Anschließend holte er vorsichtig den Wachspropfen aus der Schublade, senkte ihn behutsam in die Flamme der Amtskerze, drückte das Siegel in den roten, breiigen Klumpen auf dem Papier und unterschrieb mit ausladenden Linien – ein Vorgang, für dessen Abfolge er würdig Zeit verwendete, denn es erfüllte ihn mit einem Gefühl von Bedeutung, Dokumente und Schriftstücke in die Welt zu setzen. Ja, er fühlte sich wohl in dieser schlichten Amtsstube, zwischen all den Ehebewilligungen, Heimatscheinen, Hausierbescheinigungen, Einbürgerungen, Rekrutenstellungen und Auswanderungsgesuchen. Das Auswanderungsgesuch vom Steinhauer Frutter aus Egg, der nach Frankreich ziehen wollte, kam ihm gerade in den Blick. Sogar das Zeugnis eines französischen Mediziners der Mairie de Belfort, worin ihm die Untauglichkeit für den militärischen Dienst bescheinigt wurde, lag bei. Was wollten die Leute nur alle in Frankreich, wo doch bekannt war, wie verrückt es dort zuging? Ein Land, in welchem der König vor seinem Volk floh und sich von den eigenen Soldaten in einem Kaff namens Varennes wieder gefangen nehmen ließ. Welch ein verschrobenes Schauspiel.

Erst letzte Woche hatte er eine ganze Schatulle mit Ansuchen von Handwerkern bearbeiten müssen, die den Bregenzerwald verließen und in Richtung Bodensee, Elsass und der Schweiz davonzogen. Begonnen hatte alles vor einigen Wochen, mit dem Ignazius Feurstein aus Bezau. Es schien viele andere zu ermutigen, denn ein paar Tage darauf lag schon das Gesuch der Meusburger und Felder aus Bizau auf seinem Tisch. Mit dem Thumb aus Bezau hatte es vor Jahrzehnten angefangen, und es hatte sich nicht viel geändert seither – wer nicht in Armut verkommen wollte, musste weg. Die anderen sahen zu, wenigstens einen Teil der Kinder als Schwabengänger [1] aus dem Haus zu bringen. Seit er Landammann war, fühlte er sich für das Wohlergehen seiner Leute verantwortlich, und es schmerzte ihn, wie wenig die hiesigen Baumeister in ihrer eigenen Heimat tätig waren. Gerade einmal die Pfarrkirche in Bludesch stammte von ihnen. Und das reiche Kloster Mehrerau hatte es vermocht, die Barockkirche und die Stiftsgebäude in Auftrag zu geben. Letzte Woche war einer der Handwerker aus Straßburg wegen einer Erbangelegenheit zurückgekehrt. Er hatte von Straßburg erzählt, wo alle Welt Kokarden an den Hüten trug, wie es die revolutionäre Mode befahl.

Sein Blick fiel auf das harte Gesicht der Drieberin. Diese Frau da vor ihm hatte keinen Sinn für die Fragen und Sorgen, die ihn umtrieben. Sie hatte einen großen Hof und einen fleißigen Mann, und die Zeit hatte bereits angesetzt, Furchen in ihr ansehnliches Gesicht zu schneiden. Ob sie von ihrer ehemaligen Magd wusste, die in Schwarzenberg lebte und einen Buben großzog, der dem Drieber wie aus dem Gesicht geschnitten war? Ein kluger und anständiger Bursch, was man so hörte.

Er fasste in den Stapel mit Schreiben, Dokumenten und Schachteln, die zwischen ihm und dem Schreiber lagen, der schon mit dem Kopieren des Schriftstücks für die Drieberin befasst war. Oben auf lag die Liste der Wirtshäuser, bei denen die Überprüfung der Maße anstand, darunter lugte eine Diebstahlsanzeige hervor, in welcher es um vier Bienenvölker ging. In Schwarzenberg waren dem Gerber Tierhäute gestohlen worden, und dann war da noch der Steckbrief über einen Michael Hilger, genannt Cevallier Bayer, der einer Bande vorstand, die im ganzen Bregenzerwald wilderte. Was war das nur für ein Diebsgesindel, dem man nicht annähernd Herr wurde. Trotz alledem war er froh, dass die Gerichtstage inzwischen abgeschafft waren, seit die neumodischen Landgerichte

---

1 Kinder werden während der Sommermonate als Arbeitskräfte auf die großen Bauernhöfe Oberschwabens gegeben.

eingerichtet worden waren, und er nicht länger von dieser unendlichen Last bedrückt war, über Leben und Tod richten zu müssen.

Manchmal träumte er noch davon, wie er als Landammann den Zug zum Galgenholz anführte, gefolgt von den Räten in scharlachroten Mänteln und Hellebarden am linken Arm. Und plötzlich war er selbst der Delinquent – gefesselt, angstvoll um sich blickend. Er hörte die Kirchenglocken von Egg, die die bevorstehende Hinrichtung einläuteten, roch den Wein, der ihm während des Weges angeboten wurde, an seiner Seite der Geistliche – ernst, so ernst. Er sah die Räte einen Kreis um ihn bilden, wie sie auf der »Stelzen Wiese« ankamen. Er las sich selbst das Urteil vor und warf sich einen zerbrochenen Stab vor die Füße. – Verrückt. Er schüttelte sich, denn es lief ihm jetzt eiskalt über den Rücken.

Sein Blick ging zum Landschreiber. Wann war er endlich fertig, dass ihm die Drieberin aus dem Haus kam. Die saß da – stolz, fordernd, und in ihren Augen glänzte nichts, was ihn ansprach. Ob sie eine Vorstellung von der Ewigkeit der Schriftstücke hatte, die hier lagen? Sie würden noch existieren und vielleicht gelesen werden, wenn alles andere schon zu Staub und Asche vergangen war. Diese Dokumente, das Ammannhaus an der Bezegg und die Dokumententruhen, die gefüllt bei ihm im trockenen Keller standen, würden ewig bestehen, darüber bestand kein Zweifel.

Ausgerechnet er, der Wirt, war im Amt in die Macht der Dokumente geraten und zu einem Bürokraten geworden. Er hatte den festen Glauben gewonnen, durch die Verschriftlichung sei alles schon erledigt und in die Welt gebracht. Wenn nur alles so unproblematisch wäre wie der Auftrag der Drieberin. Er bürdete der Allgemeinheit damit keine Pflichten oder Kosten auf, niemand musste sonst beteiligt werden. Eine gute Sache.

Der Blick des Ammanns fiel in den hinteren Bereich der Amtsstube, in dem der Veit mit offenem Mund an der Tür stand, den Hut verlegen in beiden Händen und ohne jegliches Verständnis dafür, worum es überhaupt ging. Alle Leute sagten, er sei blöd und ungelehrig, würde mit den Viechern roh umgehen und dreist mit den jungen Dirnen, die ihm aus dem Weg gingen, und nur die Verkommensten hingen sich an ihn. Der Ammann hätte laut klagen mögen beim Gedanken an den Drieberhof, wo doch noch vor zwei, drei Jahrzehnten der fesche Drieber und seine hinreißende Schwester wie Magnete auf alle gewirkt hatten. Was aus dieser Familie mit ihrem Hof alles hätte werden können. So schnell waren also ehemals leuchtende Sterne versunken. Auch kannte er das Gerede in den Wirtshäusern, auf den Märkten in Dornbirn und Bregenz über den Tod des Mauchin, der vielen eigenartig vorkam. Er hatte damals den Doktor kommen lassen und den Landgendarm, und alles hatte seine Ordnung gehabt. Es war Zeit, dass endlich Ruhe einkehrte, und vielleicht trug gerade die Drieberin dazu bei. Dass es mit der alten Drieberin auf dem Mauchinhof allerdings derart elend war, dass eine wie sie einen mitleidigen Flecken in ihrem Herzen ausfindig machte, war ihm nicht klar gewesen.

Als sie gegangen war, behielt er den Landschreiber im Zimmer und holte den Packen mit der gesamten Militärpflichtigen-Statistik für die Gebirgsjäger hervor. Fünf Jahrgänge waren zu bearbeiten, dazu die Geburts- und Sterbestatistik sowie Viehstandstabelle und Seelenbeschrieb. Über die vielen Namen, mit denen er Gesichter, Familien und Anekdoten verband, vergaß er bald das harte Gesicht der Drieberin und ihren Sohn, den blöden Veit.

Die Schafskälte hatte wie jedes Jahr ein spätes Frösteln durch das Tal ziehen lassen, sodass der Schaffer mit der Schur der Mutterschafe noch wartete und sie auf die Tage nach Fronleichnam legte, das in diesem Jahr auf den spätestmöglichen Zeitpunkt fiel. Von Fronleichnam an wurde es wärmer, wie es seit jeher gewesen war, und zu Peter und Paul[1] waren Weiden, Wälder und Felsen voller tiefer Wärme. Die Tage reichten lang, und die Sterne funkelten hel-

---

1   29. Juni

ler und schienen noch mehr geworden zu sein. Der Bergsommer brachte den Menschen Freiheit.

*

Der Pfarrer von Bezau hatte in diesem Sommer ein überwiegend glückliches Herz, denn die ihm wohlmeinend erscheinende Spende der Drieberin machte ihm die lang ersehnte Fahrt nach Innsbruck alsbald möglich. Dort, beim Simon Schneider im Ursulinengraben, wollte er einen angemessenen Abendmahlskelch in Auftrag geben, oder, falls etwas Passendes dabei war, gleich ein schönes Stück mitnehmen. Was ihm hier in der Gemeinde zugemutet wurde, dieses schlichte Gefäß mit den vielen Beulen, ein Stück Blech von mattem billigem Goldglanz überzogen, es beleidigte seinen Anspruch an die Würde und Heiligkeit des Ritus. So sehnte er zutiefst den Augenblick herbei, in welchem das erhabene Gewicht echten, schweren Goldes in seiner Hand zu spüren war und seine Augen von einem Glanz erfasst wurden, wie ihn nur Gold allein in die Welt bringen konnte. Manchmal, wenn er sich diesen Moment vorstellte und den Kelch zwischen seinen Fingern spürte, traten ihm sogar Tränen in die Augen. Und nein, er tat es doch nicht für sich! Auch diese spröde Gemeinde würde im Abglanz des Goldes ein wohlmeinenderes Erscheinen haben. Dieses Glänzen des Kelchs, es erinnerte ihn an das Goldene Dachl in Innsbruck, vor dem er staunend als Bub gestanden hatte, ganz von der Pracht der weichen, runden Formen der Ziegel eingenommen – ein guter Ort, wie er meinte, um diesen Jakob Hutter[1] zu verbrennen, der mit seiner Täuferei Schande über Tirol gebracht hatte. Wie überhaupt konnte so ein stolzes Volk einen solchen Kerl hervorbringen?! Er schüttelte sich vor Abscheu, und sein Gemüt geriet ins Stocken, denn er wit-

---

1 Täufer in Tirol im 16. Jahrhundert; am 25.2.1536 in Innsbruck vor dem Goldenen Dachl verbrannt.

terte Gefahren für die Kirche und sein Amt, wie sie vor zwei Jahrhunderten schon einmal aufgeflackert waren.

Der Gedanke an das Gold beruhigte ihn jedoch wieder. Er lächelte. Ja, auf seiner Oberfläche schillerte und schimmerte der Glanz Gottes selbst. Das warme Leuchten war ihm alles Gute, alles Ersehnte – und alles Weibliche.

Als sich seine innere Aufwallung rund um den Kelch etwas gelegt hatte, befiel ihn ein anderes Ansinnen: Vielleicht war er zu bescheiden und musste diese eigensinnigen, in sich gekehrten Geister hier im Tal größeren Anforderungen aussetzen. Die Erfahrung mit dem Kelch erwies sich wie ein Fingerzeig. Lange Monate hatte er um einen neuen Abendmahlskelch gebettelt und gepredigt, was jedoch keinen Erfolg brachte, und er musste schon fürchten, das unwürdige Ding auf ewig nicht loszuwerden, und einem Wunder gleich kam nun diese gute, bekehrte, gläubige Bäuerin daher. Fordern musste man, ja er musste nur fordern. Fordern – nicht betteln! Darüber wurde er sich von Tag zu Tag sicherer. Wieso kein neues Gotteshaus bauen? Wieso nicht, und dadurch auch der Talschaft, dem Ort Anerkennung und Glanz verleihen!? Ein hoher Bau sollte es sein, mit hellen Wänden, einem goldenen Altar, lichten hohen Fenstern, Fresken an den Decken in umfassenden Medaillons, und an den Seitenwänden Gemälde, die den Leidensweg Christi erzählten. Das würde Eindruck machen. Und einen breiten Gang musste es geben, der zwischen den weitläufigen Bankreihen eine Schneise schlug und durch den er festlich einziehen konnte. Ja, es war so. Auch das Kirchlein, das ihm hier zugemutet wurde, entsprach nicht der Weite seiner Gläubigkeit. Alles hier war im Grunde klein, in sich gekehrt und vom Rest der Welt abgewandt: die Kelche, die Pfarrpfründe, das Gotteshaus. Er wollte – nein, er musste das ändern.

Seine Messen in dieser Zeit waren von einer gewissen Zerstreutheit, denn seine Gedanken waren bei der anstehenden Reise und bei den Begegnungen mit seiner Familie, in deren Augen er den

Stolz über ihn glitzern sah. Er fragte sich, ob es eitel wäre, wenn er seine Initialen in den Fuß des Kelchs gravieren ließe … vielleicht mit einer kurzen Widmung? In diesem Fall hätte er jedoch ebenso die Drieberin erwähnen müssen. Er legte die Gedanken an eine Widmung zur Seite. Er musste sich vorbereiten, denn die Reise über den Arlberg war lange und anstrengend.

Im Grunde war er ein braver Mann, der nicht mehr allzu oft damit haderte, hierher in die Abgeschiedenheit geschickt worden zu sein. Letztlich ging es ihm gut, und sein fester Glaube, der nicht unerschütterlich war, wie er schon einige Male hatte erfahren müssen, war das Fundament, auf welchem sich ehrlich um die ihm anvertrauten Seelen bemühte. Er hatte ausreichend Pfarrpfründe für sein Auskommen, wenngleich es nicht reichte, einen angemessenen Pfarrhaushalt zu führen, so wie er ihn sich immer vorgestellt hatte. Die Anflüge von Neid konnte er nicht ganz unterdrücken, wenn er an die reichen Pfarren in Dornbirn, Lustenau oder Schwarzenberg dachte und an deren Köchinnen, Hausmädchen und Ochsenknechte. Nicht leicht zu ertragen war auch der Gedanke an Bruder Johannes, der strafversetzt wurde, nachdem herausgekommen war, dass er selbst es gewesen war, der die Messgewänder, die mit einem Mal verschwunden waren, entwendet hatte. Und wofür? Um seiner Geliebten daraus Unterwäsche nähen zu lassen, weil er dadurch sowohl religiös als auch seine Leidenschaft betreffend die vollkommene Ekstase erreichen konnte. So oder so ähnlich jedenfalls soll es die Schneiderin dem Bischof zutragen haben lassen, weil der Kerl ihr einen großen Teil des angeblich versprochenen Lohns schuldig geblieben war. Die Welt war, wie sie war. Er musste sich mit einem alten Pfarrhaus begnügen und einer Köchin, der eine Hausmagd zur Hand ging. Im Pfarrgarten hinter dem Haus hielt er einige Hühner, Gänse und Enten … und in der Kirche besonders gerne lange, moralische Predigten. Im dunklen Stall meckerten zwei Ziegen, und von Hunger war er bisher verschont geblieben –

kurzum: Es gab Grund genug, Gott für sein Dasein zu danken und zu loben.

Manchmal überfiel ihn jedoch durchaus das Gefühl, sein Leben wäre anders verlaufen, wenn er eine Frau genommen hätte und eine Familie versorgen müsste. Diesen Mangel empfand er als Schwäche gegenüber den Bauern, selbst gegenüber den Häuslern und Ärmsten, und jedes Mal wenn er diese Schwachheit in sich aufkommen spürte, suchte er sie mit einem besonders strengen Text aus dem Alten Testament zu besiegen und feuerte sonntags auf die so wehrlose wie verwunderte Gemeinde Glaubensphrasen herab. Schließlich saugte er aus Begegnungen mit Frauen, wie die Drieberin eine war, aber doch ein wenig Nektar, sodass sein eheloses Dasein nicht ganz ohne Süße war. Wie sie ihm nachgekommen war und sich ihm aufgedrängt hatte …

*

Die Drieberin verfolgte ihrerseits unnachgiebig ihren Plan, und aus dem so zarten wie hässlichen Pflänzlein, das ihr der Gnetzer ins Herz gesetzt hatte, wurde ein gefräßiges Gewächs. Wie eine Mechanik setzte sich ihr Werk fort. Über Jahre war die Verwandtschaft der Mauchin für sie nicht einmal existent gewesen, und sogar in der Messe wählte sie einen möglichst weit von ihnen entfernt gelegenen Platz. Doch dann tauchte sie unerwartet eines Abends auf dem Hof der Mauchin auf. Im Korb hatte sie Butter, Käse und ein Stück Rauchfleisch. Ganz selbstverständlich setzte sie sich an den Tisch und redete, als sei es nie anders gewesen. Franzisca war erstaunt über die unerwartete Freundlichkeit, und die Drieberin behielt es von da an bei, immer einen Korb mit ein paar Köstlichkeiten zu ihren Besuchen mitzubringen. Als Weg wählte sie stets den, der sie an den meisten Gehöften und am Pfarrhaus vorbeiführte, und zwar zu jenen Zeiten, zu denen sie von den meisten Dorfbewohnern auch gesehen wurde. Sie hatte es nicht eilig dabei, ging mit langsamen Schritten, erschien in sich gekehrt, weltabgewandt und zelebrierte es wie einen Opfergang. So dauerte es nicht lange, und das Gerede fing an, wie es wohl sein könne, dass ausgerechnet die Drieberin den Weibern auf dem Mauchinhof so regelmäßige Unterstützung zuteil werden lasse, und bald kam auch das Gerücht auf, sie hätte dem Pfarrer eine noble Spende gemacht, was ihm erlaubte, endlich seinen Goldkelch zu kaufen. Sonach erwarteten sie, sein aufdringliches Betteln möge nun ein Ende haben.

Der Plan der Drieberin ging auf, und über die Zeit wandelte sich der Blick der anderen auf sie. Ablehnung wich einem distanzierten Wohlwollen. Niemand jedoch registrierte die zwei jungen Mägde von höchstens dreizehn Jahren, die seit Lichtmess auf dem Drieberhof waren und in einem Loch hinter dem Stall hausen mussten. Tag für Tag schöpften die beiden zarten Körper Wasser am Brunnen und füllten damit die Fässer im Haus und die Tränken der Viecher. Wenn sie diese Arbeit am Morgen erledigt hatten, fuhren sie mit dem Holzkarren Getreide zur Mühle, kamen zurück und begannen wieder, Wasser zu schleppen, bis in den späten Abend.

Ihre Bäuerin genoss derweil ihre neue Rolle und registrierte sehr wohl, wie erfolgreich ihr Wirken sich entfaltete. Verwundert schaute sie auf die neue Welt, die ihr erstand – eine, in der kein Platz mehr sein sollte für ihre beiden unseligen Kinder und den Drieber, der ihr ein Gräuel war mit seiner Mätresse und dem Bastard in Schwarzenberg. Ihre Verachtung für ihre eigene Sippe trat immer deutlicher zutage. Ab und an schauderte sie, wenn sie jäh eine vorsichtige Ahnung überfiel, die ihr zuflüsterte, wie fragil die Macht einer Intrige sein konnte. Eruptive, nie gekannte Gefühlswallungen sedierten ihre natürliche Vorsicht; abgebrüht und kalt verfolgte sie ihr Ziel. Zeitweise war es gar eine Art Spiel für sie. So platt ihre Bosheiten und Scheußlichkeiten auch angelegt waren, wurden sie doch von Müßiggängern, Schwätzern und Lauschern dankbar aufgenommen und weitergetragen. Verleumdung ist wie eine Wespe, nach der man niemals schlagen darf, wenn man nicht sicher ist, sie zu töten – sonst greift sie einen umso heftiger an. Ein kleines Gerücht hier, eine böse Geschichte da – eingepackt in Worte des Mitleids – es murmelte sich über schmutzige Münder weiter und steigerte sein Gift.

*

Der Gnetzer zog derweil wie ein Getriebener durch den Bregenzerwald. Am ehesten sah man ihn zwischen Schwarzenberg, Andelsbuch, Bezau und Mellau. Schon in der Morgendämmerung tauchte er im düsteren Dunst auf und war an seiner Staffage rasch zu erkennen. Kaum einer hielt sich länger mit ihm auf, aber so wenig man auch mit ihm zu schaffen haben wollte, entkam man seiner Beharrlichkeit doch nicht, und so gab es hier und da ein Wort, eine Bemerkung, die er gierig aufnahm und wie immer mit anderem vermengte. Mittags und abends hockte er in den Wirtshäusern und lauschte, fügte das über den Tag hinweg Erhorchte zusammen, kombinierte es mit Wissen und Halbwissen und machte seine eigenen Wahrheiten und Botschaften daraus. So trug er ein Gemisch aus Neuigkeiten und Lügen weiter, und wo es ihm passend erschien, erwähnte er, wie gerne der junge Mathisbauer mit der Franzisca Mauchin Kutschfahrten unternähme und wie hilfreich es doch war, dass die Drieberin den Mauchinhof unterstützte, wo ein unerfahrenes junges Ding meinte, Herrin spielen zu können. Niemand entgegnete je etwas darauf, doch das Gerede darüber durchdrang die Talschaft wie ein weicher andauernder Regen, der das Erdreich nässte. Es mischte sich mit dem Gift, welches die Drieberin versprühte und wurde insgesamt zu einem unappetitlichen Sumpf.

*

Es hätte ein gänzlich unbeschwerter Sommer sein können, wären nicht Ereignisse eingetreten, die Unruhe schafften. Am Ende eines trockenen Junis, es war an einem Sonntagabend, kam es im Hirschen zu einer Begebenheit. Im Zentrum des Geschehens stand der alte Wachmer. Er hatte bei vielen Bauern im Tal als Ochsenknecht gearbeitet und genoss einen guten Ruf in den Dörfern. Wenn eines der Viecher krankte oder einem Bauern eigenartig vorkam, wurde entweder der Kaspar oder der Wachmer geholt – letzterer, wenn man ihn denn finden konnte, denn er hauste in einer armseligen, schimmligen Hütte hinter der Kapelle von Reuthe, der er floh, wann es nur ging. So lange es möglich war, verbrachte er seine Zeit unter freiem Himmel; meist lag er auf einer Wiese auf seinem Mantel, einen Umhang über sich geschlagen. Dabei hatte er immer einen Krug Wein. Seit man denken konnte, soff er, und es war ein Wunder, wie viele Winter und Sommer er dennoch schon hinter sich gelassen hatte. Sobald er ein paar Kreuzer für seine Hilfe bei der Gesundung eines Ochsen, eines Stiers oder einer Kuh erhielt, setzte er den Lohn umgehend in Wein oder Schnaps um. Keiner Menschenseele hatte er je etwas zuleide getan und war deshalb trotz seiner Trunksucht überall gut gelitten. Die Pfarrköchin schaute ab und an in seiner Hütte vorbei und beseitigte die unhaltbarsten Zustände.

An jenem Sonntagabend war es hoch hergegangen im Hirschen. Der junge Mathisbauer, sein Vater, der Schaffer und der Landammann waren in der Gesellschaft auch zugegen gewesen. Der Landammann wurde von den Neugierigen genötigt, vom Gerichtsprozess gegen Johann Georg Werkmann zu berichten. Der aus dem Bayrischen stammende Lump stand wegen eines dreisten und brutalen Geldraubs vor den Richtern. Aus dem mailändischen Botenwagen hatte er über fünfhundert Gulden geraubt. Geschnappt hatte ihn die Landstreife beim Kranzwirt zu Lustenau, wo er dem Metzger von Äms gänzlich ohne Grund übelste Verletzungen beibrachte, als der mit einer Weinfuhre aus der Schweiz dort Station machte.

Die ganz Betrunkenen im Hirschen schrien sofort nach Galgen und Henkerschwert, während die noch halbwegs nüchternen Seelen nach einer schrecklichen Bestrafung jenseits des Stricks.

Der Veit hockte auch dabei und lauschte den Gesprächen. Als eine Pause entstand, wollte er auch einmal etwas Gescheites dazu geben und schrie: »Ja, auf die Karantine mit dem Lump, auf die Karantine mit ihm!« Einige blickten ihn abfällig an. Der Lehrer Madligger schüttelte den Kopf und legte seinen Zeigefinger auf die Lippen. Schweigen sollte er, der Kerl.

»Guillotine, du Depp, du!«, rief einer, der es sich traute, weil der Drieber selbst nicht dabei war.

Nachdem der Landammann die Neugierigen befriedigt hatte und ein jeder seine Meinung darüber losgeworden war, sah er sich überraschenderweise plötzlich selbst in die Zwinge genommen, da ihn einige unverhohlen in seiner Position angriffen und behaupteten, die Obrigkeit täte nicht genug gegen das Diebesgesindel, gegen die Räuber und Aufrührer. Zulange zusehen täten sie, wie man es aus dem Prozess gegen die Franziska Hämmerlin her wüsste, die Gesindel und Dieben Unterschlupf gewährt hatte und wobei sich gezeigt hätte, wie viel Gesindel sich im Rheintal aufhalte, das ganz natürlich herauf in den Bregenzerwald dränge. Erst vor einigen Wochen hätte es wieder Diebeszüge gegeben – in Au, in Mellau, Bezau und ganz arg in einer Nacht in Bizau. Und immer gefährlicher würde es. Hatte das Räubergesindel nicht sogar auf einen Hilfsgendarmen in Bregenz geschossen, als der sie in flagranti erwischte!? Der Landammann sah sich unerwartet lautem Geschrei ausgesetzt. Am lautesten war der Schindelmacher Lehner.

»In den Flussmühlen am Rhein, da hocken sie, braten ihre Hühner, teilen Geld, Gold, Silber, Schmuck und ihre andere Beute, und ihr werdet ihrer nicht Herr, weil ihr es gar nicht wollt!« Er holte tief Luft. »Bald kann man nicht mal mehr die Mailänder Kutsche nehmen, wenn man ein Säckel Geld oder Gut mitführt, weil ihr die Landpolizei und Exekutoren auf die braven Leute loslasst, und jedem Steuerkreuzer nachrennt wie der Teufel der verlorenen Seel! Stempelkommissäre und Numeranten zuhauf, und keine Landpolizei ist da!«

»Jawohl, genau so ist es!«, schrie der Fink, dessen Frau schwindsüchtig zu Hause lag. »Meinem Schwager haben sie neulich erst zwischen Feldkirch und Tisis die Geldkatz genommen und ihm das Messer an den Hals gelegt! Ja ...!«

Hinten in der Ecke hockte der bucklige Sephi, der alle paar Wochen dem Hirschwirt ein paar Kreuzer gönnte. Neben ihm schwieg der Gefangenenwärter Alber betreten, denn in diese Diskussion wollte er sich um alles in der Welt nicht einmischen, wo doch die Sache mit den zwei Entflohenen noch nicht ausgestanden war. Wäre er heute nur in die Gams gegangen und hätte dem Papagei zugehört.

Glücklich für den Landammann kam der Disput schließlich auf die Zustände bei den Franzosen und zu der Frage, ob es nicht bald einen Krieg geben werde. Die Meinungen und das Geschrei dazu gingen hin und her. Mittendrin war der Wachmer aufgestanden, hatte den irdenen Weinkrug in die Höhe gereckt und geschrien: »liberté! égalité! fraternité!« Der Wein vom letzten kräftigen Schluck war ihm dabei noch vom Kinn getropft. Mit starren wilden Augen blickte er um sich. Derart voller Energie, voller Leidenschaft und Willen hatte ihn noch keiner der Leute bisher gesehen. Sofort verstummte alles Geschrei in der Wirtsstube, und sämtliche Augen richteten sich auf den Wachmer, der den Krug immer noch entschlossen in die Höhe reckte. Dem jungen Mathisbauern erschien es wie eine Ewigkeit. Dann sackte der Alte in sich zusammen, fiel auf den Holzschemel zurück, rülpste laut und ließ den Kopf hart auf den Tisch fallen. Nach einer weiteren Schrecksekunde begann der Hirschwirt laut zu lachen.

»Wo er es nur her hat, wo er es nur her hat, der alte Sünder!?« Gelächter über den Kerl machte sich breit, und der Disput nahm wieder Fahrt auf, allerdings ohne die Verve, die er vor dem Auftritt des

Wachmers hatte. Wenn schon Leute wie der Wachmer revolutionäres Geplärr von sich gaben – wem konnte man dann noch trauen? Befand sich die Welt am Ende schon im freien Fall?

Der Abend schritt fort, und die Nacht kam. Zu den weit geöffneten Fenstern drang der Lärm hinaus, über den Friedhof hinweg bis zum Pfarrhof. Herein kam eine kühle Brise, und niemand störte sich an dem auf dem Tisch liegenden Kerl.

Der Lehrer Madligger erzählte von der Verlassenschaft des Pfarrers Bereiter aus Lingenau. Das Bregenzer Gericht hatte in dieser Angelegenheit angewiesen, weder an die natürlichen Erben noch an den Pfarrer zu Lustenau etwas aus den hinterlegten Kapitalien des Pfarrers herauszugeben, da das vorhandene Kapital mit Arrest belegt sei und zunächst für die Tilgung der Schulden des Verstorbenen Verwendung finden müsse. Für jede Zahlung hätte der Lingenauer Amtsmann Schedler eine Quittung nach Bregenz zu senden. Einige lachten derb und ließen hämische Kommentare hören über die Pfaffenheiligkeit und was sie wert sei. Der Lehrer war zufrieden damit, wie begierig die Leute stets auf seine Berichte warteten. Er suchte aus seinem Journal wohl aus, worüber er erzählte, und hatte auf diese Weise einen nicht geringen Einfluss. Ab und an bekam er einen Becher Wein umsonst, denn wenn er in die Gams ging, zog er jedes Mal viele mit sich, die gebannt zuhörten, wenn er erzählte und aus seinem Journal vorlas. Tags darauf machten seine Geschichten dann die Runde durch das Tal, und am liebsten hörten die Leute die von den Erbstreitigkeiten, Zores unter den geistlichen Herren und Geschichten von Gaunern und Verbrechern und strittigen Schwangerschaften. Die anfängliche Skepsis gegenüber dem Lehrer war inzwischen gewichen, war er doch einer der ersten, die jene Lehrerausbildung durchliefen, die Kaiser Joseph eingeführt hatte und derentwegen es in Bludenz zu Aufständen gekommen war, denn – wer sollte das alles zahlen? Die alten Soldatenkrüppel leiteten die Kinder doch auch nicht schlecht an. Lange hatte es damals keine Ruhe darum gegeben, bis der Bludenzer Hirschwirt und

Bürgermeister mit einigen anderen Unruhestiftern fünf Monate in Freiburg in Arrest kamen.

Lehrer Madligger gegenüber hockte an diesem Abend der knurrige Johann Michael Beer, der sich den ganzen Abend über an einem Becher Wein festhielt und immer wieder mit der rechten Hand über seinen Bart fuhr. Tiefe Furchen hatte er im Gesicht stehen, und nur selten sah man ihn einmal lachen. Das Geschrei des Lehners hatte ihn ein wenig aufgebraucht, denn er war der Stempelkommissär für den Stempelbezirk Bezau, sodass er sich daraufhin weg vom Lehner rüber zum Madligger an den Tisch gesetzt hatte. Als es ihm günstig erschien, beugte er sich über den Tisch, um ihm etwas ins Ohr flüstern zu können, und schnitt eine geheimnisvolle, wichtige Miene dabei.

»Mein Numerant, der Lorenz Huber«, er drehte sich zu den Seiten, als wolle er sich in der vollen Wirtsstube versichern, ganz allein zu sein, »… der Huber hat in Dornbirn um die Stelle des Stempelkommissars ersucht, ganz ohne skrupulöses Getue, denn er hat erfahren, dass der gute Josef Thurnher schon geraume Zeit auf den Tod liegt. Der kommt nimmer auf, was jeder weiß, und die werden den Huber nehmen, weil ihm von der Arbeit her niemand was sagen kann … niemand.« Es klang etwas Bedauern in seinen Worten mit, die vermuten ließ, dass er sich wünschte, dem Huber etwas nachsagen zu können. In entschuldigendem Ton meinte er mehr zu sich selbst: »Man kann es ja verstehen, die kleine Hütte und nun das elfte Kind … er muss schauen, Stempelkommissär zu werden … muss er …« Madligger sah ihn fragend an.

»Ja und?«

»Na, Numerant! Das ist doch ein sicheres Auskommen, wo doch in jedem Haus ein Webstuhl steht … und die Stelle vom Numeranten wär doch dann frei … für Herrn Lehrer, eh! Ich würd mich einsetzen für den Lehrer! Es ist ein viel besseres Auskommen, und er könnt ganz sicher bald auch Stempelkommissär werden, ganz sicher, und er muss sich nicht länger mit den Dummen und Frechen rumplagen – und Lein und Flachs wird es immer geben und Webstühle eh immer.« Er senkte wieder die Stimme. »An die siebzehnhundert sind es beinah schon, die meisten in Wolfurt … bald werden es über zweitausend sein«, und er wiederholte mit einer Mischung aus Stolz und Ungläubigkeit, »… zweitausend Webstühle!« Der Madligger verstand nun, was der Beer meinte, und lehnte sich zurück.

»Ah so, sicher ja … aber Dumme und Freche wird's auch immer geben.« Er war eigentümlich berührt darüber, ausgerechnet im missmutigen und strengen Beer einen Gönner zu haben. Der Stempelkommissär lachte.

»Ja, ja – das ist auch gewiss … des schon … die sterben nie aus.«

»Was ist denn zu tun, als Numerant?«, fragte der Lehrer, der die Zuwendung des Stempelkommissärs wenigstens mit Interesse lohnen wollte. Beer rückte ein wenig weiter nach vorne und winkte den Madligger näher zu sich, denn es sollte schließlich nicht jeder mithören, wo er doch wichtige Amtshandlungen beschrieb.

»Alle mit dem Meisterzeichen zu versehenden Webstücke sind auf dem Webstuhl mit einer fortlaufenden Zahl zu versehen, gehörig protokolliert und nach der Vollendung durch einen Stempelkommissär mit dem Bleistempel zu belegen. Jedes Stück Vorarlberger Fabrikats muss an beiden Enden mit den Stempeln versehen sein. Und die Numeranten sind den Kommissären zugewiesen und überwachen die Weber. Wir haben die Stempelbezirke Bregenz, Feldkirch, Dornbirn, Bludenz, Bezau und Wasserschanze, und nächstes Jahr wird Bregenz frei und im Jahr danach Feldkirch … ich würd mich wirklich für den Lehrer einsetzen. Es ist auch nicht so arg schwierig. Jedem Stück werden vom Numeranten zwei fortlaufende Zahlen aufgedrückt – die eine am Anfang, die andere am Ende, so, dass auf einem Stück eine gerade und eine ungerade Zahl ersichtlich ist. Diesen Nummern wird der Anfangsbuchstabe des Numeranten und des Wohnorts beigefügt. Die erste Aufdrückung geschieht am Webstuhl. Die Endnummerierung wird nach Abnahme des Stücks entweder im Webkeller oder beim Numeranten erwirkt. Dabei muss er den Streif, auf dem sich die Anfangsnummer befindet, abreißen und dafür die nämliche Nummer auf das Stück gegenüber der Endnummer aufdrücken. Den abgerissenen Streif hat er aufzubewahren, weil er zur Kontrollierung des zu stempelnden Webstücks benutzt wird. Die Numeranten haben über ihre Geschäftsführung eine ausführliche Vormerkung zu führen und jede Nummerierung sogleich einzutragen und die Protokolle immer wieder dem Stempelamte vorzulegen. Auf Grundlage dieser Extrakte stützen die Stempelämter ihre weiteren Amtshandlungen. Das alles kann der Lehrer leicht, und zuverlässig ist er auch.« Madligger lehnte sich zurück.

»Hab Dank, hab wirklich Dank – aber ich bleib bei meinen Dummen und Frechen.« Der Stempelkommissär lehnte sich zurück, lächelte wohlwollend und hob den Zeigefinger.

»Wird's noch bereuen ... er wird's noch bereuen ... es ist ein guter Beruf, und man kann heiraten damit ... ja! Was hat man als Lehrer schon? Keine hundert Gulden Jahrlohn, vier Klafter Brennholz, ein paar Metzen [1]Früchte und ein Morgen[2] schlechte Gartenerd.« Er winkte ab. »So ist es doch.«

Erst als der Wirt die letzten Gäste verabschiedete und den alten Wachmer hart an der Schulter packte, um ihn wachzurütteln, merkte er, wie kalt und steif der Leib bereits war. Am nächsten Tag ging die Nachricht vom bemerkenswert unbemerkten Tod des Wachmers mit jedem Fuhrwerk und Gespann durch die Talschaft.

Der Pfarrer tat sich schwer, eine von Herzen kommende Predigt zu halten, nachdem er gehört hatte, welche abscheulichen Worte der alte Kerl, den er zudem kaum je in seiner Kirche gesehen hatte, zu-

---

1   Hohlmaß; entsprich ca. 35 Liter.
2   Ca. 3400 Quadratmeter.

letzt auf den Lippen hatte. Er bekam sie nicht mehr aus dem Sinn: liberté, égalité, fraternité. Sogar so versoffene alte Schlote wie der Wachmer schrien sie bereits wütend, selbst wenn es das letzte war, was sie von sich gaben. Und die Jungen erst, die es frech nachplapperten, und in deren Grinsen er den galligen Geist aus dem Welschen ebenso wahrnahm wie in den wässrigen Augen alter Säufer – es war ein einziger Affront. Was wollten sie denn mit Freiheit, was mit Brüderlichkeit und erst recht mit Gleichheit!? Welch eine Anmaßung. Am Ende sahen sich die übelsten Gesellen und Huren noch als gleich an mit Herrschaftlichen und Geistlichen. Dem musste er entgegenwirken. Gott verlangte von ihm, zu handeln. Untätig zu sein, bedeutete Sünde. Er setzte sich umgehend an die Predigt, die kurz ausfiel – und den Teufel an die Wand malte. Mit dem Wachmer und seinem braven, wenngleich versoffenen Leben hatten seine Worte nichts zu tun.

Alsbald, wo er schon einmal beim Schreiben war, setzte er einen Brief an den Bischof in Konstanz auf, ganz in der Stimmung der soeben verfassten Predigt. Darin berichtete er, wie der welsche Geist im Tal um sich greife, wie er die schwächsten Seelen am ehesten erfasse und er nicht wisse, wohin das alles führen solle, wobei er alles täte, das falsche und gegen Gottes Ordnung gerichtete Reden zu unterbinden, weil doch jeder wisse, wie schnell nach dem Reden das Tun folge. Er schrieb, es trete in dieser Zeit die Wahrheit ans Licht, die zeige, wie sehr den Menschen Niedertracht, Gemeinheit und Bösartigkeit angeboren seien, und dass diese Ausprägungen nur durch eine adäquate Zucht zu bewältigen seien.

Zufrieden und erschöpft zugleich siegelte er den Brief amtlich, um ihm zusätzliches Gewicht zu verleihen. Spät in der Nacht erst fand er in einen unruhigen Schlaf. Ja, er war sich sicher: Seine Aufgabe bestand darin, dem Gemeinen, das aus dem Dunkel ins Licht trat, entgegenzuwirken.

Im Paradies

Kaum war der Wachmer unter der Erde, gab es wieder einen Toten im Dorf. Doch diesmal war die Arbeit des Pfarrers nicht gefordert, sogar untersagt, denn Selbstmörder wurden von ihm nicht beerdigt. Eine gleißende Sonne hatte das Tal ausgetrocknet, und beständiger Wind trieb gelbgraue Schwaden mit den Samen der Gräser durch das Tal. Der Schmied aus Bezau litt in diesem Jahr noch unerträglicher unter dem Blütenstaub als jemals zuvor. Nach einigen schrecklichen Nächten, in denen er meinte, zu ersticken, war er hinunter in den Stadel gegangen, hatte einen der dünnen Kälberstricke genommen und sich am ersten Balken erhängt.

Es war eine Nacht, in der seine Frau tief und fest vor Erschöpfung schlief, weil sie die anderen Nächte hindurch an seiner Seite gewacht und mit ihm gelitten hatte. Und einige Tage zuvor erst war sie ermattet von einer Reise aus Scheidegg zurückgekehrt, wo sie ihre Schwester gepflegt hatte, die noch einmal im Kindbett lag. Wie bewusstlos hatte sie in dieser Nacht in der Kammer gelegen, wo sie in den Nächten zuvor ohne Unterlass feuchte Wickel mit Brechwurz und krausem Ampfer bereitet hatte, um sein Leiden zu lindern. Ihre Erschöpfung war ihr nun zur Schuld geworden. Was nutzten all die Jahre der Sorge und Pflege, wenn man in dieser einen Nacht versagte?

Der Pfarrer kam nicht ins Haus. Keine Glocke läutete. Es gab keinen Trost. Wie tot hockte sie in der Stube. Die Kraft, ihren Mann abzuschneiden, hatte sie nicht mehr.

Der Mathisbauer war zufällig mit dem Jakob vorbeigekommen. Nachbarn hatten sie aufgehalten, und die beiden hatten den Gamswirt Feuerstein geholt und der ein paar andere dazu. Der bucklige Sephi stand unruhig dabei, als sie den schweren Körper des Schmieds vom Seil abschnitten und aufs Totenbett legten. Von den alten Weibern, die sonst kein Totengebet ausließen, war keine zu sehen. Die verrückte Maule war ein paar Mal am helllichten Tage am Haus vorbeigegangen, ohne Geschrei zu veranstalten.

Der Mathisbauer wirkte danach kraftlos, denn der Schmied war mit ihm zusammen in der Schule gewesen und hatte auf vielen Märkten mit ihm gestanden. Auf dem Mathishof herrschte Trauer, als wäre ein Angehöriger gestorben.

Zwei der Hirten des Mathishofes waren auf der Wiese mit dem Heu beschäftigt. Der ältere von beiden hörte auf den Namen Lucas, war groß gewachsen und trug einen breitkrempigen schwarzen Hirtenhut, den er weit ins Genick geschoben hatte. Er war schon bald zwanzig Jahre alt und verdingte sich über den Sommer beim Mathisbauern, der ihn im letzten Winter aufgenommen hatte. In Feldkirch war er bei einem Weinhändler in der Lehre gewesen, und als dieser wegen allzu fahrlässiger Spekulationen in Konkurs gefallen war, hatte er über Nacht die Flucht vor allen Gläubigern ergriffen und war, so erzählte man es jedenfalls, nach Italien verschwunden. Lucas war der Konkurs völlig unverständlich gewesen, denn die Weinberge am Blasenberg und auf dem Ardetzenberg hatten immer eine gute Ernte eingebracht, und das Geschäft war gut gegangen, denn an der Schießhütte in der Au wurde recht stabil gesoffen. Er vermutete daher eher andere Gründe hinter der Flucht. Die Frau des Weinhändlers fing daraufhin alsbald an, ihn mit ihrer ältesten Tochter zu verkuppeln, die ihm aber zu dumm war; auch hatte er eh vorgehabt, nach Abschluss seiner Lehrzeit schnell das Weite zu suchen; so hatte er sich also kurz nach seinem Lehrherren mit ein paar Gulden und wenigen Kreuzern in der Tasche aus dem Staub gemacht. Ohne rechtes Ziel, aber von unbewussten Gefühlen in Richtung Frankreich gesteuert, war er mit einem Salzhändler bis zur Taubenwirtin nach Alberschwende gekommen. Dort hatte ihn das Schicksal am Abend mit dem Mathisbauern zusammengebracht, der schnell Gefallen an dem flinken Kerl gefunden hatte und ihn für den Sommer gut gebrauchen konnte.

Sein Kumpan beim Heuen war ein gedrungenes, kräftiges Kerlchen von vierzehn Jahren, dem noch ganz das Kindliche im Gesicht stand. Der Mathisbauer hatte ihn von einem Viehmarkt in Dornbirn mitgebracht, wo ein Mönch von der Mehrerau vor der Markterkirche gestanden und um ein Unterkommen für die Zwillinge ausgerufen hatte, weil sie nach einem Unglück, bei dem beide Eltern umgekommen waren, nun ohne Familie in der Welt waren. Von einem ungewohnten Anfall von Mitgefühl hingerissen, hatte der Mathisbauer spontan laut gerufen: »Einen nimm ich!« Schnell hatte er sich den rechten der beiden gegriffen, doch es zog ihm das Herz zusammen, als der andere der Zwillinge ihn mit weit aufgerissenen Augen anblickte, voller Entsetzen darüber, den Bruder nun auch noch zu verlieren. Beinahe hätte er deshalb in einem Anflug von reinstem Erbarmen das zweite Kerlchen auch noch genommen und war schon dabei, die Hand zu heben, als er hinter sich eine brummige, tiefe Stimme hörte.

»Wo wahrhaftig der Herrgott uns Barmherzigkeit abverlangt, kann ich meine Augen vor dem Unglück nicht verschließen … der andere, der ist der meinige.« Die Umstehenden – sonst von keinem noch so traurigen Anblick zu rühren – waren stehen geblieben und verfolgten das seltene Schauspiel, denn das Kloster Mehrerau war durchaus reich genug, ein paar fleißige Burschen durchzufüttern.

Jeder kannte den Mathisbauern und auch den zweiten Wohltäter mit der tiefen Stimme – den Poschter aus Lindau. Doch niemand wusste, wie der Poschter wirklich hieß, der seinen Namen von der Poststelle her hatte, die er in Lindau bekleidete. Er war ein karger Kerl, dessen linker Fuß fehlte. Ein Holzklotz ersetzte ihm den Fuß, den er als Soldat in der Walachei verloren hatte, als es gegen die Türken ging. Ohne Besitz und Fuß war er in seine Heimat am Bodensee zurückgekehrt, wo er sich hartnäckig bemühte, in die Anstellung der Taxischen Post zu kommen, was ihm auch tatsächlich gelang. Inzwischen war er Betreiber der Relaisstation. Diese bescheidene Existenz hatte die dritte Tochter eines Pferdehändlers von der Lindauer Insel, mit dem er einige Geschäfte gemacht hatte, dazu gebracht, ihn zum Mann zu nehmen – ausgerechnet den Poschter, einen Krüppel mit krummer Nase, engen, böse blitzenden Augen, einem gespaltenen Kinn und dem Klumpfuß, der neben seiner Garstigkeit auch noch seinen streitsüchtigen Charakter mit in die Ehe brachte. Bald kam eine Tochter zur Welt, die jedoch schon früh am Fieber starb. Eine Reihe glücklicher Todesfälle in der Familie seiner Frau und die damit verbundenen Erbangelegenheiten verschafften ihm die Pferdeställe »Auf der Mauer«, wo er zunächst die Pferde der Poststrecke von Lindau über Ulm nach Nürnberg, die einmal in der Woche beritten wurde, versorgte. Mit den Tieren verfuhr er vorbildlich, sparte an nichts, und bald wurde seine Station auch von den St. Galler Boten angeritten. Den meisten Gewinn erwirtschaftete er allerdings mit dem Postieren[1], wofür er auf den umliegenden Märkten regelmäßig nach geeigneten Reitpferden Ausschau hielt. Das Schicksal brachte ihm den frühen Tod seiner Frau, die im Kindbett zusammen mit dem gerade geborenen Knaben starb. Von da an war er viel unterwegs, beschäftigte einen Pferdeknecht, den er knapp und hart hielt, und war in allen Schenken rund um den See für sein Jammern über den verlorenen Fuß bekannt. Von der Frau und den Kindern sprach er nie ein Wort, indessen er in reichen Worten über die Schmerzen seines nicht mehr existenten Fußes lamentieren konnte, der schon vor Ewigkeiten in einem Feld in Ungarn verfault war. Gerne rief er den heiligen Sebastian deswegen an: »Jesusmaria, dieses Ziehen, dieses Beißen! Es kann gar nicht mehr schlimmer werden … die Pfeile in deinem Leib … sie können nicht fürchterlichere Schmerzen erzeugt haben. Oh … oh … heiliger Sebastian … einer deiner Knechte ruft dich um Hilfe an …!« Er humpelte dann übertrieben und ließ sich ermattet auf eine nahe Bank oder einen Stuhl fallen. Eigentlich war es aber

---

1   Reisen mit gemieteten Reitpferden von Relaisstation zu Relaisstatoin der Taxi'schen Post.

so, dass er weder einen Schmerz fühlte, noch hinderte ihn der fehlende Fuß an irgendetwas. Allerorts erzählte er die Geschichte über den Verlust seiner Extremität und fand immer neugierige Zuhörer, die den Heldengesang entweder noch nie zu Ohren bekommen hatten oder ihn immer wieder gerne hörten: wie die Türken angegriffen und alles und jeden gemeuchelt hätten, sogar die Viecher; wie er sich mit der Lanze einem sarazenischen Reiter entgegengeworfen hätte, ihn durchbohrt und zu Fall gebracht hatte, woraufhin dieser in einem letzten Zucken seines Todeskampfs den Krummsäbel noch über seinen Knöchel geschlagen habe. Diese Geschichte variierte er nicht, nicht mal in der kleinsten Kleinigkeit, auch nicht nach einigen Krügen Wein, wodurch sie sich als glaubhaft verbreitete. Niemand wusste, dass er besoffen in ein Rindergatter geraten war und ihn der Tritt eines Ochsen den Fuß zermalmt hatte, den der Bader noch vor dem Eintritt des Wundbrandes und der Rückkehr der Nüchternheit abgesägt hatte. Schweine hatten den blutigen Stumpf gefressen.

Im Grunde hätte er passable Wohnräume im Posthaus[1] gehabt, doch viel lieber hielt er sich in einer Kammer in der Hofstatt[2] auf, die er sich wohnlich eingerichtet hatte. Dort umgab ihn der Geruch von Pferden, der ihn sich heimisch fühlen ließ. Die aufgeräumte Schreibstube in der Postgasse, die ordentlich gestapelten Briefe und Sendungen waren ihm unheimlich.

Seit er Witwer war und über eine auskömmliche Existenz verfügte, maß er seinem äußeren Erscheinungsbild eine gewisse Bedeutung zu, weshalb er sich der Mode nach kleidete. Er war eine dunkle Erscheinung mit dem schwarzen Rundhut, dessen Krempe mit einem silberglänzenden Band umschlungen war. Dazu kam der lange dunkle Mantel und der auf sein Maß gefertigte Krückstock aus geschnitzter Eibe.

---

1   Heute: alte Post, Fischergasse Lindau (früher Postgasse).
2   Heute: Gambrinus, In der Grub (Rückgebäude: Auf der Mauer).

Die Viehmärkte waren ihm eine herrliche Unterhaltung, und in Dornbirn war er auf der Suche nach einem geeigneten Kutschpferd. Ausdauernd und unkompliziert sollte es sein. Doch gerade hier kreuzte ein weitaus besseres Wesen seinen Weg: ein ausgewachsenes Büblein, das er sich halten konnte. Da er bei allen bekannt war, gab es keinen Widerspruch, und viele beneideten die zwei kleinen Burschen, die so ein Glück hatten – der Mathisbauer aus Bezau und der Poschter aus Lindau. Es bedeutete ein Dach über dem Kopf, Kleidung, etwas zu Essen und eine christliche Erziehung.

Seit er den Jungen hatte, der die Pferde, Schweine und das Kleinvieh versorgte, hing er nur noch in seiner Hängematte und kaute seinen Fresstabak. Regelmäßig wie eine Uhr schlug er auf den Holzstift des Spuknapfs, und mit hohlem Knall öffnete sich die Klappe. Mit einem zischenden Geräusch spukte er die schwarze Mischung aus Teer, Speichel und Tabaksöl in Richtung Sägemehl, was ihm je nach der Menge Wein, die er getrunken hatte, halbwegs gelang. Dann schrie er nach dem Jungen.

»Kerl, he, Kerl!«

Der Kleine hauste in einem Koben zwischen den Pferden und den drei Schweinen. Zitternd flitzte er in die Stube, um den Spucknapf zu reinigen. Über die Zeit hatte er eine gewisse Geschicklichkeit darin entwickelt, den Schlägen mit dem Ochsenziemer zu entkommen, die ihn jedes Mal drinnen erwarteten, sobald er sich der Hängematte näherte. Sein Rücken war schon voller Narben und Schrunden, doch niemand scherte sich darum, denn der Poschter schickte ihn regelmäßig in die Messe, und er lief nicht zerlumpt herum. Er hatte ein Unterkommen, Kleidung am Leib und Essen – was konnte man mehr verlangen.

Seinen Zwillingsbruder hatte es beim Mathisbauern hingegen weit besser erwischt. Vor allem genoss er es, mit dem Sohn des Bauern, dem Jakob, oder mit dem Lucas unterwegs zu sein, so wie an diesem Sommertag auf der Heuwiese. Manchmal, wenn er unvermittelt anfing, zu weinen und selbst nicht wusste, warum, war es die Sehnsucht nach seinem zweiten Ich, von dem er nicht wusste, wo es war und wie es ihm ging. Doch heute trieb ihn der Tod des Schmied um, und er fing ein Gespräch darüber mit dem älteren Burschen an.

»Du, Lucas?«

»Ja, was willst?«

»Wie wird des mit dem Schmied werden, jetzt?«

»Was soll werden mit ihm? Tot ist er halt.«

»Ja, ich meine … so halt.«

»So halt … hätt er sich eben nicht aufhängen sollen, der arme Kerl, dann wär er noch am Leben … so halt.«

»Der Pfarrer ist gar nicht gekommen, hat der Feuerstein gsagt, hat der Bauer gsagt.«

»Des weißt du doch, dass da der Pfarrer nit kommt, wenn sich einer aufgehängt hat, oder? Es ist wider die göttliche Ordnung und ein Frevel gegen den Schöpfer daselbst – so hat es der Pfarrer gesagt.«

»Ja aber wie soll des werden auf dem Friedhof?«

»Was soll schon werden? Der Schmied liegt im Sarg vom Zimmerer wie ein jeder anderer auch, der tot ist. Um den Hals hat er ein dunkelblaues Band laufen, das ihm der Strick bereitet hat, und die Zunge hängt ihm schwarz aus dem Maul … stinken tut er sicher auch schon, so heiß wie es gerade ist. Und vielleicht wird er noch mit dem alten Josephssarg ins Loch runtergelassen … das wird einen rechten Plumps geben, so wie er beieinander war. Und wir schaufeln anschließend Erde drauf und fertig.«

»Wir? Der Pfarrer hat's doch aber verboten, ihn in der geweihten Erde …«

»Ein Schmarrn … des ist doch schon beschlossene Sache. Mit unsrem Bauern, dem Gamswirt, dem Drieber, Muxler und Meusburger und den andern ist alles schon beredet.«

»Ja, aber ohne Pfarrer wird er keinen ewigen Frieden finden können, wo er doch den Strick genommen hat wie der Verräter Judas – so hat es der Pfarrer gesagt.«

»So – hat er das so gesagt, der feine Herr Pfarrer aus dem feinen Innsbruck? Ja, und du glaubst des wohl?« Der Kleine bekreuzigte sich.

»Ja was sonst?«, kam es erschrocken.

»Unser Bauer hat gesagt, er muss den Schmied beerdigen, weil er selbst sonst keinen Frieden nicht finden wird, und andere haben das auch so gesagt. Der Drieber hat im Gamswirt gemeint, er will sogar die Totenglocke läuten lassen und zahlt den Burschen gut dafür. Ewiger Frieden hin oder her. Willst hören, was ich glaube?«

»Ja, sag!«

»Der Schmied, der hat seinen ewigen Frieden schon jetzt gefunden – jetzt, wo er tot ist, des glaube ich fest. Denn jetzt muss er keine Angst mehr haben vorm Verrecken, vorm Ersticken und nicht mehr nach Luft japsen, dass einem schlecht wird, es mit anzusehen. Weißt du noch … im Hirschen, wo sein Gesicht auf einmal ganz blau und schwarz geworden ist und der Muxel schon nach dem Pfarrer hat rufen lassen?«

»Ja, aber der Herr … wo er seine Seele doch nicht erlösen tut?«

Der Lucas steckte den Rechen weg und ging zu einer der Kühe, die in der Nähe mit einem langen Seil an einem Pflock festgemacht war und friedlich graste. Er kratzte ihr unter dem Maul, und sie reckte den Kopf in die Höhe und leckte anschließend mit ihrer kratzigen Zunge über seinen nackten Arm.

»Was glaubst du – hat die Kuh hier eine Seele?« Der Kleine bekreuzigte sich drei Mal und rief: »Ja bist du verrückt, versündig dich doch nicht!« Erschrocken sah er sich um.

»Hat sie oder hat sie nicht?!«, ließ ihm Lucas keine Ruhe.

»Ja es ist doch ein Vieh! Es kann keine Seele haben.«

»Soso – eine Menschenseele hat sie nicht, aber vielleicht eine Viehseele … eine Kuhseele!?« Dem Kleinen stand die Angst ins Gesicht geschrieben.

»Vielleicht, ja … aber du bist gotteslästerlich! Sei still, und hör auf damit!« Lucas lachte.

»Ha! Gotteslästerlich! Der Schaffer, der hat mir erzählt, dass es ganz weit im Osten, noch weit hinter den Türken, ein Land gibt, das Indien heißt, und dort sind die Kühe heilig, so heilig wie bei uns die Pfaffen. Niemand tut ihnen was. Sie stehen da einfach rum und fressen und wiederkäuen – wie bei uns die Pfaffen. Niemand nutzt ihre Milch, es gibt keinen Käse nicht, und kein Mensch tät sie fressen. Ich hab es nicht glauben wollen, aber er hat es mir gezeigt in einem Blatt von seinem Magazin, das wo *Deutsche Monatsschrift* heißt. Ich hab es selbst gelesen. So kann es auch sein, hörst du. Aber was den Schmied angeht, da will ich dir nur sagen, der hat ganz gewiss eine Seele, und sie hat ihre ewige Ruhe gefunden. Glaub nicht alles, was der Pfarrer sagt.« Der Kleine wurde widerborstig und giftete ihn an: »Du weißt ja immer mehr, weil du lesen kannst. Aber ich weiß, dass es Heiden sind, dort bei den heiligen Kühen, und samt den Kühen wird keiner von ihnen erlöst werden.«

Lucas ging wieder seiner Arbeit nach und ließ das Gespräch verebben. Nach einer längeren Pause sagte der Kleine: »Ich will auch lesen können, denn damit könnt ich die Wahrheit erfahren.«

»Die Wahrheit? Wenn du lesen kannst?«

»Ja sicher. Wenn man lesen kann, erfährt man die Wahrheit.«

»Und wenn da Lügen und Abenteuer- und Märchengeschichten geschrieben stehen statt der Wahrheit?«

»Ich würde ja eh nur in der Bibel lesen«, kam es überzeugt.

»Ich hab keine Zeit, dir das Lesen beizubringen. Und wieso willst du die Bibel lesen … glaubst dem Pfarrer vielleicht doch nicht? Meinst du vielleicht, er liest falsch vor?«

»Nein, das nicht, aber es wäre anders, wenn ich es selbst lesen könnte, weil ich es eben selbst gelesen hab. Es ist so wie mit dem Knupper. Der hat im Frühjahr rumerzählt von dem Riedbauern seiner neuen Magd, die wo seit Lichtmess da ist, und wie schön sie sei. Und wie ich sie an Johanni am Markt gesehen hab, war es eine recht grausliche – verstehst du, was ich meine? So wie ich es selbst sehen kann, will ich es auch selbst lesen können.« Lucas lachte böse.

»Jesses, grauslicher als der Knupper kann keine Jungfrau sein.«

Ihr Gespräch verebbte in der Wärme, im berauschend duftenden Heu und dem grellen Licht des Sommertages. Die Sache mit der Kuh aber ließ dem Kleinen keine Ruhe.

»Ja meinst du vielleicht, die Kuh da käme wirklich ins Paradies?«

»Wieso nicht.«

»Ja bist du närrisch?!« Er bekreuzigte sich erneut. »Heilige Maria, Mutter Gottes ... Heilige Maria Mutter Gottes ...« Lucas wurde zornig.

»Ja, Falott[1], Elender, wieso fragst mich denn überhaupt, wenn du eh alles besser wissen willst?! Wie heißt es denn, he!? Wie!? – Wo Milch und Honig fließen! Wo Milch und Honig fließen, eh! Wo soll die Milch denn herkommen im Paradies, du Depp ... und kannst du dir ein Paradies vorstellen ohne Kühe, he, ohne Kühe!? Wenn du an ein Paradies glaubst, in dem es keine Kühe gibt, so wollte ich niemals dort sein, niemals! Verstehst du? – Es kann kein Paradies ohne Kühe geben!« Er stieß ihn vorsichtig mit dem Rechen an. »Weiter jetzt ... und red mit niemandem drüber, und merke dir: Wer nur bei der Mistgabel bleibt, wird immer sein Paradies haben, denn nur da kann man recht frei und unabhängig sein – nach oben wie nach unten, muss nicht gegen die Pfaffen und Herren katzbuckeln und nicht gegen den Herrn Assessor und seinesgleichen. Merk dir das!«

Sie gingen weiter ein jeder still ihrer Arbeit nach, und beide dachten an den Schmied, der im Sarg lag, mit einer schwarzen Zunge im offenen Maul. Der Kleine war hin- und hergerissen, denn er hatte den Schmied gemocht, weil er ihm mit seinen riesigen, schwieligen Händen immer über den Kopf gestrichen hatte, und von seiner Frau gab es oft einen Kanten Brot oder Käse. Gepfiffen hatte es, richtig

---

1 Nichtsnutz

gepfiffen, wenn er Luft in seinen mächtigen Brustkorb eingesogen hatte, und im Sommer, wenn das Heuen anfing, war es ganz schlimm geworden, und er hatte oft mit dunkelrotem Kopf in der Schmiede gesessen und war ganz schwach gewesen.

Die Rede des Älteren hatte dem Kleinen sehr zugesetzt, und er wusste nicht, was er von all dem halten sollte, das im Widerspruch zu dem stand, was er über Gott und die Welt wusste. Er würde zur Beichte gehen, denn in diesem muffigen dunklen Verließ war das, was der Lucas ihm erzählt hatte, am besten aufgehoben. Trotzdem versuchte er noch einen Vorstoß, weil ihm die Sache mit den Kühen nicht aus dem Sinn ging.

»Das mit den Kühen, das ist schon so … es sind besondere Tiere, gell? Umsonst wär auch kein Ochs an der Krippe gestanden in der Heiligen Nacht, gell …?« Er wartete auf eine Entgegnung, doch der Lucas murmelte nur etwas und ging weiter seiner Arbeit nach. »Weißt du, in der Heiligen Nacht … von Mitternacht an bis um eins … da unterhalten sich die Kühe in den Ställen über das, was kommen und gehen wird im bevorstehenden Jahr, und ganz besonders geht es dabei um das Schicksal ihrer Bauern.« Lucas sah auf und schüttelte den Kopf.

»Kerl … was redest nur für einen abergläubischen Schmarrn.«

»Doch, doch … der Wachmer hat mir das einmal erzählt, der Wachmer … horch!« Er hörte auf, zu rechen und trat näher heran, weil er die Stimme senkte. »Ein Bauer, der zu der Zeit in den Stall geschlichen war und sie dabei belauscht hat, um etwas über seine Zukunft zu erfahren, der hat nur Klagen über sich selbst gehört, über seinen Jähzorn, sein ungeduldiges Wesen gegen sich und Frau und Kind und Viehzeug. Eine der Kühe tröstete die anderen damit, dass das Leiden an dem elenden Kerl ja nun bald ein Ende haben werde, wo er doch noch vor Ablauf einer Woche unter dem Kreuz am Friedhof liegen werde.« Die letzten Worte hatte der Kleine besonders leise gesprochen, während Lucas auf den Stil seines Rechens gestützt dastand und ihn gelangweilt ansah.

»Ja und?«

»Voller Zorn ist er am Heuboden aufgesprungen und zur Leiter gestürmt, um die Kuh zu strafen, aber er hat gleich den zweiten Tritt verfehlt, ist hinuntergestürzt und hat sich das Genick gebrochen. So! Ja, so!«

»Und du glaubst den Schmarrn vom Wachmer?«

»Ja, so war das!« Lucas winkte ab und nahm seine Arbeit wieder auf. Er mochte den kleinen Kerl.. Sanft ließ er die Gabel durch das trockene Heu fahren und sah über den Grund. Auf dem noch ungemähten Teil der Wiese wiegten sich die Grashalme träge im matten Windzug, der ab und an über die Felder strich. Es duftete köstlich nach frischem Schnitt, blühenden Kräutern und dem Moder des Heus. Unvorstellbar diese Zartheit in der Natur und in ihren Düften; unbegreiflich, wie vollkommen sie die Blüten der Gräser ausbildete und welch sensible Aromen diese ausströmten. Noch wunderbarer erschien es einem im Wissen darum, wie karg, kalt und hart die Winter hier oben waren, mit den hohen Schneemassen, unter denen alles Lebendige erstickte.

*

An einem Dienstagvormittag im Juli fand sich die Gemeinde zusammen, um den Schmied zu beerdigen, der gespürt hatte, dass er zu alt gewesen war für das Leid und zu schwach für den Lebenskampf und wie wenig Gott ein Einsehen mit seinem Dasein hatte und ihn immer wieder gerade noch mal so am Leben ließ. Einige Männer hatten ein Grab ganz in der nordöstlichen Ecke der Friedhofsmauer ausgehoben, dort, wo sie einen Knick machte. Man konnte die Meinung vertreten, das Grab befinde sich innerhalb des Friedhofs, aber auch dafür, es sei im Grunde außerhalb des Gottesackers, hätte es Argumente gegeben. Die Männer waren in ihrem Tun derart entschlossen zu Werke gegangen, dass der Pfarrer, der das Geschehen mit wütendem Herzen hinter dem Fenster seiner

Stube stehend verfolgte, keinen Mut aufbrachte, ihnen entgegenzutreten. Immer wieder ging er im Zimmer auf und ab und stampfte aufgebracht auf den Holzboden, dass die Köchin drunten in der Küche zusammenschreckte.

»Gesindel, ungläubiges …«, bellte er halblaut und zornig in sein Amtszimmer. Auf seinen Brief an das bischöfliche Ordinariat hatte er auch noch keine Antwort bekommen. Das hatte man also davon, wenn Säufer den Keim der Revolution hierher in die Dörfer trugen. Sogar die Selbstmörder wurden auf geweihtem Boden bestattet, und der Pöbel ließ am Ende noch die Glocken dazu läuten, und niemand schritt ein. Das war schon Revolution! Das war sie schon, die Revolution!

Den Gamswirt hatte er aufgefordert, den Landammann über die Vorgänge zu unterrichten, doch der Feuerstein hatte nur müde mit der Schulter gezuckt, etwas Abweisendes gemurmelt und war einfach gegangen. Ohne Respekt hatte er ihn stehenlassen wie einen lästigen Hausierer. Das hätte es zu Zeiten der Kaiserin nicht gegeben. Aber es war ihre eigene Brut, die das Legere ins Reich gebracht hatte. Der Kerl mit seinen verrückten Ideen, den Auflösungen der Klöster, der Abschaffung vieler bedeutsamer, unverzichtbarer Feiertage – zweiundzwanzig an der Zahl. Zweiundzwanzig Tage weniger im Jahr, die dem Herrn zustanden. Beim Gedanken daran stampfte er wieder zornig auf. Aber was nutzte ihm der Tod verkommener Kaiser, während er hier im Irdischen mit den Anfechtungen des Teufels zu kämpfen hatte, ungehört von einer tauben Diözese, die im goldglänzenden Konstanz ihre Feste feierte, galante Diners gab, sich von den Mächtigen in Licht und Wärme setzen ließ und scheinbar nicht mitbekam, was in der Welt vor sich ging. Ja, sie wollten es gar nicht wissen, war er sich sicher, sie wollten es gar nicht wissen. Sommers verbrachten sie die Tage in ihrem Palast hoch über dem See in Meersburg. Was sollte er, ja, was hatte er von dort zu erwarten? Nichts! Vielleicht war es ja gar nicht so verkehrt … ein wenig Revolution, ein wenig Guillotine. Ein wenig …

er schauderte vor seinen eigenen Gedanken: ein wenig … liberté, fraternité und egalité.

Ausgerechnet der Gamswirt hatte am Grab mitgeschaufelt, wo er ihn doch drei Mal die Woche aufsuchte für einen Becher Wein und dort unbehelligt blieb von den Verwünschungen und Flüchen des Gesindels, wie es beim Löwenwirt unterwegs war, was nicht verwundern durfte angesichts der Gotteslästerei, die der Wirt und die Wirtin betrieben. Der Teufel sollte sie holen, die den Mob noch anstachelten gegen alle Umtriebigkeit der Seelsorger in der Talschaft.

Eine große Menschenmenge hatte sich inzwischen rund um das Grab versammelt. Aus allen Dörfern waren Leute gekommen, die dem Schmied und seinem Schicksal gedenken wollten. Der Gamswirt selbst hatte sein feinstes Kamisol angelegt und hielt eine Rede auf den braven Mann. Da er wusste, dass der Pfarrer über genügend Zuträger verfügte, die in der Menge versteckt waren und alles genau registrierten, was gesagt und getan wurde, verstand es sich, dass er wenigstens einmal einfließen ließ, wie falsch es war, den Tod zu wählen, wie ihn Judas für sich genommen hatte. Er sprach es jedoch leise, ohne Verve, und bat den Toten im Stillen um Vergebung für die paar feigen Worte.

Tage darauf begegnete der Pfarrer dem Lucas, der auf dem Weg zum Heuen war. Als er den jungen Kerl erkannte, packte ihn die blanke Wut – die Wut auf sein Dasein, auf die Umstände, die Bedrohung aus Frankreich, einfach auf alles. Er beschleunigte seine Schritte, sodass seine Soutane ins Schlackern kam, und gab dem überraschten Kerl aus dem Lauf heraus eine brutale Ohrfeige, dass der schwarze Hirtenhut in den Staub der Straße flog und der kräftige Kerl ins Taumeln geriet. Er war sprichwörtlich wie vom Schlag getroffen und starrte den Pfarrer zuerst erschrocken und dann voller Wut an. Dessen Gesicht war vor Zorn so rot, als hätte er selbst eine Ohrfeige erhalten. Er plärrte: »Für deine indische Kuh, du Sauhammel, und für dein gotteslästerliches Gerede einem unschuldigen Christenkind gegenüber! Trau dich nur noch einmal ....« Er hob die Faust und drohte.

So langsam kamen dem überraschten Burschen die Sinne wieder, und das Erschrecken wich gänzlich einem pulsierenden Zorn. Nun wurde dem Pfarrer plötzlich klar, dass er einem kräftigen jungen Kerl gegenüberstand, der kurz davor war, zurückzuschlagen – und zwar nicht nur einmal. Jetzt packte ihn die Angst davor, am helllichten Tag mitten im Dorf verprügelt zu werden. Einem Amtsbruder in Schoppernau war es so gegangen, allerdings, weil er zu der Frau eines Tagelöhners angeblich zu süße Dinge gesprochen hatte. Es waren keine sicheren Zeiten, beileibe, es waren keine sicheren Zeiten.

Der Lucas sprang zwar ein Stück vor, aber statt zuzuschlagen, packte er ihn an der Soutane, zog ihn mit seiner ganzen Kraft heran und schrie ihm mitten ins Gesicht, dass der Speichel nur so flog: »libertäh! egalitäh! fraternitäh!«, und nachdem er festgestellt hatte, wie erschrocken der Pfaffe war, legte er voller Hass nach, »Guillotine! Die Guillotine für alle schwarzen Teufel!« Dann stieß er ihn wieder fort und nahm entschlossen seinen Hut auf, klopfte den Staub am Schenkel ab und ging langsam am Pfaffen vorbei. Dabei raunte er noch einmal finster: »Guillotine!« Der Pfarrer blieb stehen und zitterte am ganzen Körper, was unter der Soutane allerdings nicht zu sehen war.

So weit war es also schon gekommen, dass die Hirtenbuben völlig ohne Respekt durch die Welt marschierten. Tagelang beschäftigte er sich nach diesem schrecklichen Ereignis mit dem, was seine Welt so durcheinanderbrachte. Dabei lief er die ganze Zeit im Arbeitszimmer auf und ab, sodass die Köchin drunten in der Küche ganz verrückt wurde von dem andauernden dumpfen Getrappel. An allem trugen nur diese Journale Schuld, und der Lehrer Madligger, der in den Wirtshäusern daraus vorlas. Woher sonst sollte ein dummer, junger Kerl von einem Instrument wie der Guillotine wissen, die erst zu Jahresanfang in Paris an einem Räuber erprobt worden war? – Weil es in diesen Journalen stand, die die Menschen ganz verrückt machten. Darin waren überhaupt lauter Dinge zu lesen, die sie gar nicht interessieren mussten. Er fand keine Ruhe, bis er am Nachmittag aus dem Fenster blickte und den Postgänger mit seiner Ledertasche von der Bezegg her kommen sah. Flugs ging er hinunter und passte ihn am Pfarrhof ab, weil er wusste, dass er auf dem Weg zur Gams hier vorbeikommen musste. Freundlich fing er ein Gespräch mit ihm an über die Mühen der langen Wege, die er zu gehen hatte. Der alte Soldat blickte skeptisch drein und machte keine Anstalten, den Fortgang des Gesprächs zu befördern, was den Pfarrer zwang, schneller zur Sache zu kommen. So fragte er den Kerl, welche Zeitungen er denn so in die Talschaft bringe, und log, dass er sich auch überlege, ein Abonnement zu bestellen. Der Postgänger blieb unbestimmt.

»Alles, was auf den Weg gegeben wird, bringe ich.«

»Sind es denn viele Zeitungen und Journale, die in die Talschaft kommen?«, wurde der Pfarrer konkreter und wechselte seine freundliche Miene zu einer ernsten, fast besorgten.

»So viel es eben sind.«

»Mhm. Und wem lieferst du die Zeitungen?« Der Postgänger schwieg. Die Befragung auf offener Straße war ihm unliebsam, zumal drüben in der Gams ein Schnaps und ein Teller Sterz mit Sudfleisch auf ihn warteten. Der Pfarrer log.

»Man könnte sich ein solches Abonnement doch untereinander teilen, nicht wahr?« Das leuchtete dem guten Kerl ein, denn wenn etwas gelesen war, war es gelesen, und wieso sollten nicht mehrere davon profitieren. Und er selbst hätte weniger zu tragen. Nach einigem Überlegen sagte er: »Der Schaffer drüben und der Herr Feuerstein eben, der Gamswirt, und ...«, er überlegte, »... der Lehrer.«

»Ah, der Lehrer ...!?«, entfuhr es dem Pfarrer, und mit Mühe unterdrückte er seinen Zorn, »na sicher, der Lehrer.«

»Ich kann ihn ja fragen …«

»Nein, nein. Mein Anliegen möchte ich doch selbst vorbringen. Danke.« Der Postgänger sagte unsicher und schon im Weggehen begriffen – so als weigerte sich etwas in ihm, überhaupt zu sprechen: »Der Schaffer hat seit diesem Jahr die *Neue Litteratur und Völkerkunde* aus Dessau und Leipzig, und der Lehrer bekommt die *Deutsche Monatsschrift*.« Der Pfarrer deutete ein Nicken an und verabschiedete sich. Sein Weg führte zurück ins Haus, wo er wieder im Amtszimmer umherwanderte. Soso – der Schaffer, der feine Herr Feuerstein und der Lehrer. Von ersterem und letzterem war er in der Tat überrascht. Der Schaffer. Interessant. Auch so einer, den man kaum in der Messe sah. Er las also und interessierte sich für die Geschehnisse außerhalb der Talschaft. War vielleicht doch etwas an dem Gerede dran, dass er um die Welt gesegelt sei und die Sprache der Engelländer sprechen konnte und einmal einen Schatz gefunden habe? Egal. Schlimmer lag die Angelegenheit hinsichtlich des Lehrers. Wie sollten freie Menschenkinder für das Kaiserreich erzogen werden, wenn ein Lehrer sich an den Hurereien, schändlichen Taten und umstürzlerischen Vorgängen ergötzte, wie sie in diesen modernen Journalen beschrieben und nicht selten in Stichen auch noch gezeigt wurden. Am Ende impfte er den Kindern noch den Keim des Aufstands ein! Es war ein Fehler gewesen, wie so Vieles, was dieser Joseph angerichtet hatte, die Lehrer in eine staatliche Ausbildung zu zwingen und das Amts- und Verwaltungswesen über sie verfügen zu lassen. Jetzt hatte man so einen Kerl im Ort hocken und brachte ihn schwerlich wieder weg. Er würde mit dem Landammann darüber reden müssen.

*

Während der Pfarrer die Welt vor der Revolution retten wollte, ging der Schaffer einem Taleinschnitt zu, der im Schutz hoher Föhren stand. Dort stand ein unscheinbares Haus, hinter dem sich ein

Felsbruch öffnete. Ein Stück vom Haus entfernt erhob sich ein großer gemauerter Ofen zwischen den Felswänden, die wie ein Kamin
wirkten. Rundherum roch man Harz und Öl.

Adang hieß der verschlossene Kerl, der an diesem entlegenen Ort
mit seiner Familie lebte und seine Pecherei mit großer Hinwendung
betrieb. Er war ein kleinwüchsiger, gedrungener Kerl, an dem alles
der quadratischen Form zuzustreben schien – der Schädel mit dem
verwachsenen Bart im Gesicht, die Hände, der Leib. Seine Frau
hatte eine Herde Kinder zur Welt gebracht. Die mittleren fünf waren den Sommer über bei reichen Getreidebauern in Ravensburg
untergekommen.

Der Adang sammelte Holz und Wurzeln, wenn er nicht mit dem
Pechbrennen beschäftigt war. Er sprach nicht gerne, und kaum jemand suchte ihn in seiner einsamen Behausung auf, außer jene
Händler, die sein Pech abholten, und ehedem der Schmied, der auf
die Pechkohle ganz versessen war, weil er sie für die Esse brauchte.
Auch drunten im Wirtshaus sagte der Adang nie ein Wort, lauschte
aber aufmerksam allem.

So wenig der Adang selbst sprach, wusste er doch über viele
Dinge gut Bescheid. Auch deshalb nahm der Schaffer ab und an den
Weg zu ihm, und weil er das Fichtenpech für die Behandlung seiner
Schafe verwendete, wenn sie Risse, Prellungen oder Brüche hatten.
Auch der Ameisler kaufte das Birkenpech nur vom Adang, weil es
die beste Wagenschmiere überhaupt war, und aus dem Lärchen-
pech machte er Umschläge für wunde Gelenke.

Der Schaffer hockte sich auf die Bank vor dem Haus. An einer
Leine darüber hingen zwei Dutzend gerupfter Drosseln, Amseln
und Dohlen, die einer der Adang-Buben nach der alten Art auf mit
Pech bestrichenen Ästen gefangen hatte: Pechvögel eben. Obwohl
der Adang den Schaffer hatte kommen sehen, unterbrach er seine
Arbeit nicht, wie er es nie tat, wenn er gerade den Ofen für den
Brand vorbereitete. Diesmal sollte es eine Fuhre Lärchen sein. Einer
geheimen Ordnung nach schichtete er die schweren Scheiter bis auf

doppelte Mannshöhe im Ofen auf, dessen innere und äußere Kuppel einen Spalt freiließ, durch welchen der heiße Rauch entströmen konnte. Er war zuvor Köhler gewesen und nutzte zur Pechgewinnung diese vergleichbare Technik. Über Tage würde der Ofen brennen, und manchmal wehten die aromatischen Schwaden bis ins Dorf hinunter. Nach dem ersten Brand würde es ein weit unangenehmerer Geruch werden, wenn der kleine Schmierofen in Betrieb kam, wo dem gewonnenen Pech Rindertalg zugefügt wurde.

Noch roch es nach Sommer, und der Schaffer hockte da und ließ sich die Sonne ins Gesicht scheinen. Als der Adang fertig war, kam er zum Haus und ging wortlos am Schaffer vorbei in den Schopf, wo er in den Butternapf griff und sich die Hände einschmierte, um das Harz leichter abzubekommen, das er anschließend mit einem alten Lappen weg rieb. Danach hockte er sich neben den Besucher, den er gerne litt. Der holte vier Schafsfelle aus dem Sack.

»Für euch.« Der Adang nahm die Felle wortlos auf seine Knie. »Zwei Eimer Lärche und drei von der Birke«, sagte der Schaffer, womit seine Bestellung aufgegeben war. Nach einer Weile fragte er: »Der Gnetzer zieht seit geraumer Zeit durch die Dörfer und sucht Leute auf. Hat man was gehört darüber?« Der Adang verschob die Lippen und legte die Stirn in Falten. Dann schüttelte er den Kopf. Nein, er hatte nichts gehört, würde aber die Ohren offen halten.

*

Der Mathisbauer war verwundert darüber, wie wenig sich auf einmal seine beiden Hirtenbuben vertrugen. Es war wohl ein so großes Gift zwischen die beiden gekommen, dass er es für klüger hielt, sie an unterschiedlichen Orten mit Arbeit zu betrauen. Dem älteren schien es recht zu sein, während der Kleine eine große Betrübnis zeigte. Sein Gemüt musste die nachteilige Paarung einer gewissen Einfältigkeit mit einem guten Herzen bewältigen. Erst in den späten Sommertagen, als der Kleine mit einem Mal von einem bedrohlichen Fieber niedergerissen wurde, kam Lucas öfter in die dunkle Kammer, um nachzusehen, wie es ihm ginge, und sein Zorn über die Beichte des Kleinen verschwand. Bald nach der Genesung gingen sie wieder gemeinsam an ihr Tagwerk, wobei es aber niemals ohne Streit abging. Einmal greinte der Kleine: »Wieso darfst du mit auf den Markt zu den Schweizern gehen und ich nicht?«

»Weil ich lesen und rechnen kann und du ein Blödian bist, den man mit den Kühen und Ziegen zusammenlassen kann, aber mehr auch nicht.«

Schon liefen ihm wieder die Tränen über die Wangen, und obwohl es den Lucas im gleichen Moment reute, plärrte er ihn trotzdem an: »Wie oft soll ich es dir denn noch vorbeten … es ist doch ganz einfach: Eine Mark mit zweihundertundvierunddreißig Gramm Feinsilber sind zwanzig Gulden, ein Taler sind ein Goldgulden und dreißig Kreuzer, ein Gulden sind zwanzig Groschen oder sechzig Kreuzer, ein Kreuzer sind vier Pfennig und ein Pfennig sind vier Heller – Mensch!«

»I kanns mer halt nit merken!«, schrie der andere wieder und stand erneut kurz vorm Heulen.

Beide gingen sie stumm wieder ihrer Arbeit nach. Es dauerte eine halbe Stunde, da fragte der Kleine: »Ein Groschen sind dann drei Kreuzer, oder?« Der Lucas tat überrascht und lachte ihn an.

»Du bist ja gar kein Blödian … du bist ja nur ein Blödel!« Sie balgten mit dem Heu, das sie gerade mühsam auf Haufen zusammengerecht hatten.

Gerichtstage

Zu der Zeit, als das erste Heu versorgt war und der Duft frischen, nachtreibenden Grases über den Talboden streifte, war einer der Gerichtstage im Nachbardorf Bizau angesetzt, wo es drei Mal im Jahr Gerichtstag gab, und aus allen Richtungen strebten die Menschen dem Ort zu. Eine schöne Abwechslung war das, von der man lange zehren konnte. Niemandes Nerven wurden dabei strapaziert, denn schwere Vergehen gab es bei diesen Niedergerichten nicht zu bestrafen. Die wurden einmal im Jahr in Egg abgeurteilt, wo sich auch die Richtstätte befand.

Der Landammann hatte sich eingehend beraten, und die Schuldigen wurden vor den Tisch geladen. Die Fenster waren weit geöffnet, weil nicht alle Schaulustigen Platz fanden. Im hinteren Teil des Raumes stand ein Bursche mit kräftiger Stimme, der den Verlauf der Verhandlung hinausplärrte, wo die Neuigkeiten dann die Runde machten. Am Spieß drehte sich ein Ochse, und einige Schausteller hatten sich ebenfalls eingefunden.

Einer der ersten Sünder war Balthasar Blahusch, ein Lederer aus dem Oberdorf in Bezau, der beim Löwenwirt bis in die späte Nacht gezecht, sich ziemlich berauscht hatte und das halbe Dorf durch sein Geplärr geweckt hatte. Seine Strafe lautete auf einen halben Gulden. Danach kam die Magd Maria Zimmermannin aus Bizau an die Reihe, die ohne geringste Ursache aus dem Dienst bei ihrem Hausherrn getreten war. Sie erhielt die Strafe, eine Stunde in der Geige[1] zu stehen, und die Auflage, ihren Dienst danach sofort wieder anzutreten. Nach einem Kirchgang war die Bäuerin Maria

---

1   Schandgeige, Fesselung um den Hals und beider Hände mittels eines Holzblocks.

Schmidtin mit der Frau des Kaufmanns Vötterl aus Andelsbuch aneinandergeraten und hatte sie lauthals eine Hure genannt. Der Landammann entschied, obwohl ihr dieses aus der Hitze des Zorns entfahren war und das Wort ihr treulich leidtat, dass sie es, damit sie ihr Maul hinfort besser im Zaum hält, um vierunddreißig Kreuzer büßt. Der nächste Vorfall erregte lautes Gelächter, denn einige hatten den in Rede stehenden Auftritt miterlebt, als der Pferdeknecht Kagenhuber jüngsthin in der Frühe des heiligen Sonntags vom Wirtshaus nach Hause gegangen war und sich im Gebäude irrte, das er berauschterweise betrat und, da es die Kirche war, die Frühmesse durch Fluchen und Schimpfen gestört hatte. Er erhielt eine Stunde im Stock dafür und einen halben Gulden Strafe. Ganz zum Schluss waren die Häusler Pötzl und Holzer an der Reihe, weil sie ihre Ochsen entgegen dem Gemeindebeschluss nicht gesondert, sondern mit dem Gemeinvieh zusammen haben weiden lassen. Sie mussten je einen Gulden Strafe zahlen.

Auch Franzisca hatte sich mit ihrer Freundin Katharina auf den Weg gemacht und war dem Spektakel gefolgt. Bald waren ihre Augen auf die von Jakob getroffen, der auch unterwegs war, und am Nachmittag begleitete er sie zurück nach Bezau.

Tage wie die des Niedergerichts oder ihre Fahrten auf die Märkte rundherum waren Franzisca eine ersehnte Abwechslung und gaben ihren Blick frei auf die Schönheit der Welt. Manchmal kam auch Katharina an den Abenden vorbei und brachte noch eine Freundin mit. Sie saßen dann häufig draußen im Schatten des Holunders, und Katharina sang Lieder vor. Am liebsten hörte Franzisca das Taubenlied, wie sie es für sich nannte.

Vor em Hüttle send mer g'sesso
Do sind d'Tübli zuans ku;
Denket no, sie hend üs s'Fresse
Us o Händo usser gno.

Ansonsten ersehnte sie die Tage, an denen der alte Tiroler Jäger mit den weit ausladenden Schritten mit seiner Posttasche drunten ins Dorf kam, und sie hoffen ließ, er würde den Abzweig zum Hof nehmen. Ein Brief täte gut – von der Tante aus Lindau, ihrem Freund Joseph Anton oder gar von Jakob – ein Postillon d'Amour. Doch immer wenn sie den alten Kerl drunten entdeckte, verschwand er im Schatten der Kirche und tauchte nicht mehr auf. Wie mochte es wohl ihrem lieben Joseph Anton Koch gehen, der so lange nichts von sich hören lassen hatte. Vom Tod des Vaters hatte sie ihm noch nach Stuttgart geschrieben. Gesehen hatten sie sich schon seit Jahren nicht mehr. Das Familienfest in Elbigenalp, welches man zum Anlass genommen hatte, einander wieder einmal zu sehen, war ihr noch in guter Erinnerung. Einen ganzen Tag hatte die Reise dorthin in Anspruch genommen, und zum ersten Mal in ihrem Leben war sie mit dem Vater und der Mutter über den Schröcken ins Tirol gezogen zu der Verwandtschaft.

Die Kochs waren Händlersleute mit nur wenig Besitz. Der Vater betrieb einen Handel mit Südfrüchten und Kräutern, den er vor Jahren angefangen hatte, und brachte die Familie damit halbwegs durch. Dort hatte sie zum ersten Mal eine Orange gesehen. Die Farbe war viel strahlender und fruchtiger, als sie sich das jemals hätte vorstellen können. Von den elf Kindern der Kochs in Elbigenalp waren nur drei am Leben geblieben: zwei Mädchen, beide etwas älter als Franzisca, und der Joseph, der in ihrem Alter war. Vom ersten Augenblick an hatten sie sich verstanden, fühlten sich einander verbunden und zugehörig. In einer Schatulle bewahrte sie die Briefe von ihm auf und ein paar dünne Blätter mit Zeichnungen. In der überwiegenden Zahl waren es Naturansichten, und hierbei vor allem Flusslandschaften und Berge. Ein Blatt barg sie ganz unten bei den Briefen, auf welchem eine nackte Frau und ein nackter Mann zu sehen waren, die er beide in so großer Anmut auf das Papier gebunden hatte, dass sie ihr nahe wurden. Die Frau war im Profil gezeichnet und stand auf einem Felsbrocken vor einem großen Wasser, gleich neben ihr stand der Mann und blickte in die Ferne, wo sich schemenhaft Bergspitzen erhoben. Häufiger aber nahm sie ein anderes Blatt von ihm zur Hand: drei Kühe auf einer Weide und im Hintergrund Ziegen und Schafe, weit hinten am Horizont ein Felsgrat. Obwohl es nur schwarze und graue Striche waren, war Leben in den Tieren, und das Gras wehte leicht im Wind. Sie sah die Farben, spürte die Sonne, die Frische droben am Fels, und sie konnte das Gras riechen und das trockene Fell der Kühe. Joseph war ein Künstler. Der Pfarrer von Elbigenalp hatte sein Talent sofort erkannt, und als der Augsburger Weihbischof[1] in der Gemeinde weilte, legte er ihm eine Federzeichnung des Hirtenbuben vor – eine Landschaft, die den Blick über das Lechtal nahm. Lichter und Schatten modellierten die Natur, und sofort fiel der Entschluss des Kirchenmanns, dieses Talent zu fördern. Von da an sahen sich Franzisca und er noch seltener, denn zunächst kam er aus der Freiheit seiner Bergweiden in die Enge des Dillinger Priesterseminars. Briefe voller Unglück und Leid hatten sie von dort erreicht, und sie litt mit ihm. Inzwischen war er in Stuttgart, und sie fürchtete, ihn nun niemals mehr wiederzusehen und niemals mehr etwas von ihm zu hören.

Am Sonntag nach dem Gerichtstag war die Kirche wohl gefüllt. Jakob Mathis hatte seinen Platz so gewählt, dass er ohne Aufsehen zu machen, immer ein Auge auf Franzisca haben konnte – auf ihre dunklen Haare, die getönte Haut und den schlanken Hals. Einzig die Worte des Pfarrers lenkten ihn diesmal für einen Moment von diesem Anblick ab. Auch Franzisca horchte auf, als jenseits des lateinischen Ritus ein Text auf Deutsch gelesen wurde. Heute trug der Herr Pfarrer besonders feierlich vor. Es ging um die Weisheit. Sie lauschte.

---

1 Augsburger Weihbischof und Generalvikar (reg. 1789–1804) für Tirol, Johann Nepomuk August Freiherr Ungelter von Deisenhausen.

Dein Herz halte meine Worte fest; bewahre meine Gebote, so wirst du leben! Erwirb Weisheit, erwirb Verstand; vergiss die Reden meines Mundes nicht und weiche nicht davon ab. Verlass du sie nicht, so wird sie dich bewahren; liebe du sie, so wird sie dich behüten! Der Weisheit Anfang ist: Erwirb Weisheit und um allen deinen Erwerb erwirb Verstand! Halte sie hoch, so wird sie dich erhöhen; sie wird dich ehren, wenn du sie liebst. Sie wird deinem Haupt einen lieblichen Kranz verleihen, eine prächtige Krone wird sie dir reichen. Höre, mein Sohn, nimm meine Lehren an, sie werden dir das Leben verlängern! Ich will dich den Weg der Weisheit lehren, dich leiten auf gerader Bahn. Gehst du, so wird dein Schritt nicht gehemmt, und wenn du läufst, so wirst du nicht straucheln. Halte unablässig fest an der Zucht, bewahre sie; denn sie ist dein Leben. Begib dich nicht auf den Pfad der Gottlosen und tue keinen Schritt auf dem Wege der Bösen! Meide ihn, überschreite ihn nicht einmal, weiche davon und gehe vorüber! Denn sie schlafen nicht, sie haben denn Böses getan; der Schlummer flieht sie, wenn sie niemand zu Fall gebracht haben. Denn sie essen erfreveltes Brot und trinken erpressten Wein. Aber des Gerechten Pfad ist wie des Lichtes Glanz, das immer heller leuchtet bis zum vollen Tag. Der Gottlosen Weg ist dichte Finsternis; sie wissen nicht, worüber sie straucheln. Mein Sohn, merke auf meine Worte, neige dein Ohr zu meinen Reden! Lass sie nie von deinen Augen weichen, bewahre sie im innersten Herzen! Denn sie sind das Leben denen, die sie finden, und heilsam ihrem ganzen Leib. Mehr als alles andere behüte dein Herz; denn von ihm geht das Leben aus. Enthalte dich falscher Worte, und verdrehte Reden seien fern von dir. Lass deine Augen geradeaus schauen und deine Augenlider stracks vor dich blicken. Erwäge wohl deine Schritte, und alle deine Wege seien bestimmt; weiche weder zur Rechten noch zur Linken, halte deinen Fuß vom Bösen fern.[1]

---

1   Sprüche, Kapitel 4.

Jakob bahnte sich im Gedränge nach der Messe einen Weg zu Franzisca und fing ein Gespräch mit ihr an, wollte wissen, wie es ihr gehe und ob sie mit auf den Jahrmarkt nach Schoppernau kommen wolle, denn er hätte noch Platz auf seinem Wagen. Sie schwieg zunächst. Um sie herum lag das Land im letzten fruchtbaren Aufbäumen, und der Kirchturm wies in einen schwarzblauen Himmel. Die Natur war weit entfernt von jeder Bescheidenheit mit all den Felsen und Graten, die hart, kantig und harsch dem Himmel zudrängten, ihren aufreizenden weißen Hauben, dem tiefen Blau darüber und dem fetten Grün darunter. Nein, sie hatte keine Zeit für den Jahrmarkt, und als sie es aussprach, klang es ihr selbst so traurig, dass sie davon erschrak und ganz verlegen wurde, als der Jakob laut lachte und ihr kurz über den Unterarm fuhr, um sie damit zu trösten.

Am nächsten Tag sah sie unverhofft den Postgänger den Weg vom Dorf heraufkommen. Regen war in der Nacht gefallen und hatte den Staub weggewaschen. Die Farben der Natur leuchteten. Die speckige Ledertasche des Postläufers klebte an seiner Hüfte, und er stützte sich auf seinen langen Stock. Ihr Herz pochte. Gleich was er bringen würde, sie stellte einen Krug Milch auf die Holzplatte vor dem Schopf und einen Becher Schnaps. Umständlich kramte der alte Krieger einen Brief aus seiner Tasche, trank hastig die Milch, dass die Barthaare rund um die alten, rissigen Lippen einen weißen Saum erhielten, und kippte gleich danach den Obstler nach und lachte. Jetzt, mit der Schärfe des Alkohols auf der Zunge, leckte er die restliche Milch aus dem Bart.

Gleich als er weg war, brach sie den Brief und las. Der Schopf stand zwar im Schatten, doch gab es ausreichend Licht zum Lesen. Joseph Anton hatte geschrieben, als ob er geahnt hätte, wie sehr sie sich nach einem Brief von ihm gesehnt hatte. Er bedauerte den Tod ihres Vater und erzählte von den vielen schönen Erinnerungen an ihn und wollte wissen, ob sie inzwischen schon verheiratet sei und Kinder habe. Sie schloss die Augen. Er berichtete von einer Reise, die er von Stuttgart aus mit einem Freund getan und die sie bis an den Rheinfall bei Schaffhausen geführt hatte. Die lange Zeit in den Schulen und auf dem Kunstinstitut hatte auch seine Sprache künstlerisch werden lassen. Er schrieb so schön wie er malte.

*Oh der Rheinfall bei dem Städtchen Schaffhausen ist doch das wildeste und beeindruckendste in der Gegend. Gleich vor der Stadt hat der Strom einen kleinen Fall, der von verborgenen und zum Teil sichtbaren Klippen gebildet wird, wobei der Schau und das stürzende Wasser, wiewohl es gar keine beträchtliche Höhe ist, schon sehr viele schöne Farben wirft im Sonnenschein. Um der Mühlen- und Fabriken-*räder willen, die er dort treibt, hat man noch eigene kleine Mauern in den Strom hineingebaut. Der Rhein fließt mit vielen Krümmungen hin, *und es sind fruchtbare und unfruchtbare Berge drum herum. Man hört schon von Weitem das Getöse wie von unvorstellbar vielen stark laufenden Mühlen. In der Nacht kann man ihn, je wie der Wind steht, zuweilen eine Stunde Wegs weit hören. Die obere Fläche, von welcher der Strom herabfällt, ist gewiss zweihundert Schritte breit, und die untere, da wo der ruhigere Fluss wieder anfängt, ungefähr fünfhundert. Zu beiden Seiten stehen Berge, zwischen diesen arbeitet sich der Strom durch. Auf diesen Bergen, die nicht hoch sind, steht linker Hand noch ein Drahtzug, den der Rhein im Fall treiben muss. Auf der rechten Seite befindet sich ein Schloss, das in das Züricher Gebiet gehört und bewohnt wird. Man sollte denken, von diesem Schloss oben herabgesehen müsste der Fall noch schöner sein, aber man irrt. Man kann ihn oben nicht ganz sehen, die unten hervorstehenden Berge verdecken einen Teil des Anblicks. Jenseits des Stromes aber kann man in den Weinbergen den Sturz von allen Seiten betrachten und sich endlich in die Mitte der ganzen Majestät der Natur gerade gegenüberstellen. Man sieht nichts als ein Meer von allerreinster Milch und glaubt, in einen unaufhörlich siedenden Kessel von Milch zu schauen. Dabei ist das zart aufstäubende Wasser, das wie der allerfeinste, dünnste Rauch in die Höhe geworfen wird und gen Himmel* *fliegt, ein unbeschreiblich schöner Anblick. Je länger man hinsieht, desto mächtiger und tobender, so glaubt man, werde das Sprudeln und Brausen des hier gleichsam noch jungen Stroms, und das ist doch nur Betrug der Augen. Scheint die Sonne in den kochenden Berg, in das Meer von Schaum, so ist nicht einer, so ist ein tausendfältiger Regenbogen um den ganzen Fall, jeder Trossen stellt einen Spiegel vor, die Bogen durchkreuzen sich, sie laufen und schneiden ineinander, fließen zusammen und glänzen stärker, teilen sich und werden schöner – da entsteht eine Farbenpracht, die keine menschliche Sprache beschreiben kann.*

Ganz benommen von seiner Schilderung legte sie den Brief in ihren Schoß und träumte von den wilden Wassern. Vielleicht würde sie den Bodensee ja eines Tages einmal aus nächster Nähe sehen, und ebenso dieses tosende Wasser, das fürchterlicher und gewalttätiger sein musste als die Bregenzer Ach im Frühjahr. Man konnte es sich kaum vorstellen. Sie erinnerte sich an die Wanderung, zu der sie der Vater einmal mitgenommen hatte. Es war ein frischer Frühsommertag gewesen, und sie waren noch in der Morgendämmerung aufgebrochen mit einigen Männern aus Au. Von der weiblichen Seite der Canisfluh her waren sie angestiegen und standen zur Mittagszeit hoch droben. Der Blick rundherum ward ihr unvergessen. Ganz im Westen glitzerte und leuchtete im Sonnenglanz eine weite Fläche – das war der Bodensee.

Eine Weile blieb sie noch sitzen, bevor sie den Brief zur Seite legte, und tat dann, was noch zu erledigen war.

Der Brief und die Erinnerung an die Wanderung zur Canisfluh hatten den Drang nach Bewegung in ihr geweckt. So packte sie den Wanderstab des Vaters und machte sich auf in den Grebentobel, wo der Vater im letzten Jahr zu Tode gekommen war. Der Regen der Nacht trieb die Wasser von den Bergen in den Tobel, und der Bach rauschte und gurgelte ungestüm, riss Holzstämme und Geäst mit sich. Ab und zu dröhnten heftige Schläge durch den dunklen Grund, wenn einer der Stämme oder dickeren Äste gegen die Felsen schlugen. Ein wenig Rheinfall gab es somit auch hier. Sie ging stetig bergan und kam bald an die Stelle, an der sich der Tobel weitete und mehr Licht in den Felseneinschnitt dringen ließ. Im Schotterbett reckten sich Fichten und Kiefern empor. Sie lauschte in die Stille. Ein Schwarzspecht durchbrach den Moment und schrie hell und klar im Flug und machte sich am Stamm einer zerzausten Kiefer fest. Das leuchtende Rot auf seinem Schädel strahlte. Bald darauf kam aus den dunstumflorten Baumwipfeln mit majestätischen Flügelschlägen ein Steinadler geflogen, wendete in sanftem Bogen und ließ sich auf der obersten abgestorbenen Spitze einer mächtigen Fichte nieder und richtete seinen scharfen, königlichen Blick in den Tobel. So nahe hatte Franzisca diesen Vogel noch nie zu sehen bekommen. Wuchtig reichten die Federhosen bis zu den gewaltigen Krallen. Er trippelte zwei, drei Mal hin und her, bis er ruhig hockte. Sein Kopf wendete sich, und als er in ihre Richtung blickte, senkte er den Hals weit nach unten, als wollte er ihr damit näherkommen. Sie wich zurück und hielt den Atem an. Er besah sie für einen Augenblick, richtete sich wieder auf und schrie mehrmals laut in den Tobel. Sie blieb stehen, atmete leise und rührte sich nicht vom Fleck, bis er endlich aufflog und mit würdigen, kraftvollen Schlägen zwischen den Baumstämmen und dem Dunst verschwand. Einmal noch hörte sie ihn aus der Ferne schreien.

Aufgewühlt von dem Erlebnis ging sie weiter. Die Worte eines Wahrsagers kamen ihr wieder in den Sinn, an dessen Feuer sie sich mit dem Vater vor Jahren am Jahrmarkt in Altstätten gewärmt hatte. Sie hatte ihm gegenüber auf einem Stapel Säcke gehockt, und sein furchiges Gesicht mit dem fleckenhaften Bart war noch wilder erschienen, da Flammen und Rauch es verzerrt erscheinen ließen. Er hatte erzählt, dass uns Menschen zu besonderen Augenblicken Tiere begegnen würden, und so wenig sie auch sprechen könnten, seien sie doch Boten, die von wichtigen Ereignissen künden. Was an Wichtigem hätte ihr der Steinadler künden wollen? Und weshalb ein Steinadler?

*

An einem der darauffolgenden Tage war Franzisca mit den Ziegengattern nahe des Hofes beschäftigt. Die Drieberin war wie an so manchen anderen Tagen auch mit dem Einspänner gekommen und hockte derweil drinnen bei der Großmutter. Der Knecht vom Drieberhof, der sie gefahren hatte, hatte Freude an diesen Besuchen und lehnte zufrieden in der Sonne an der Giebelseite des Hauses.

Früher als erwartet war Franzisca mit der Arbeit fertig geworden und ging dem Hause zu. Die Mutter hockte vorn am Gartenzaun und starrte ohne eine Regung hinunter ins Dorf. Fuhrwerke waren drunten auf den Wegen zu sehen, dazwischen einige Reiter, und vor den Gehöften, in denen Rebstecken geschlagen wurden, zerrte man hochbeladene Karren herum. Franzisca wendete sich von der Schweigenden ab. Was konnte sie dafür, dass ihre zwei Brüder gleich nach der Geburt gestorben waren. Sie ging am Knecht vorbei, der unbedarft auf einem Grashalm kaute und an das Wirtshaus, ein Mädchen, den nächsten Jahrmarkt oder alles zusammen dachte.

Als sie durch den Schopf trat und die Tür auftat, stockte sie sogleich in einer Gemütsregung zwischen Erschrecken und Verwunderung, denn in der Küche, zwischen Ofen, Küchenkasten und dem Stapel Milchgebsen kroch die Drieberin herum, die sie eigentlich in der Kammer der Großmutter vermutet hatte. Dort war sie zuletzt mit ihrem Büchlein voller Psalmen und Gebete gewesen, aus dem sie lesen wollte. Doch stattdessen kniete sie hier auf dem Boden, einen der großen Schöpflöffel in der Hand, allerdings das Griffende wie ein Werkzeug dem Steinboden hin zugewandt.

»Was machst du da?«, fragte Franzisca überrascht. Die Drieberin rappelte sich hoch und ging zwei Schritte auf sie zu.

173

»Nichts. Was sollte auch sein in einer Küche, die nichts hervorbringt außer Sterz und Kraut.« Sie stampfte an ihr vorbei und schmiss den Schöpflöffel grob in Richtung Herd, dass es laut schepperte. Franzisca hielt sich die Ohren zu. Augenblicklich sah sie den Steinadler wieder vor sich, wie er sich geduckt und ihr in die Augen geblickt hatte, als wollte er sagen: »Gib acht! Gib acht!«

Sie lugte zum Fenster hinaus und sah die Kutsche der Drieberin wegfahren. Aufgeregt lief sie am Herd auf und ab, den Blick auf den Boden gerichtet, eine Hand am Halsansatz. Die verrückten Worte des Schaffers kamen ihr wieder in den Sinn. Hatte er am Ende wirklich die Wahrheit gesprochen? Aus welchem Grund sollte die Drieberin sonst am Steinboden herumkriechen? Was hatte sie gesucht?

Sie sah aus dem Fenster nach draußen. Die Mutter hockte noch immer am Zaun. Schnell räumte sie die letzten Holzscheiter aus dem Schacht unter der Feuerung, bis sie an die Wand stieß. Ganz hinten klopfte sie den Boden ab, und tatsächlich, es erzeugte einen dumpfen Widerhall. Ein Hohlraum. Sie lachte bitter. Wie konnte es sein, dass der Schaffer von einem Versteck in ihrem Haus wusste? Woher sollte er das wissen? Ihr Vater hätte ihr doch davon erzählt.

Ihre Aufregung entlud sich in physischer Aktivität, und sie stieb hinaus, mistete die Hauskuh, schöpfte Wasser aus dem Brunnen und trug einen Korb neuer Scheiter in die Küche, holte Bohnen aus dem Garten und Kräuter. Doch in ihrem Korb lagen auch ein eiserner Speitel und ein Hammer. Beide nahm sie unverzüglich zur Hand, als sie den Korb auf dem Küchentisch abgestellt hatte, und kroch in den Ofenschacht. Es war mühsam, in dem engen Raum die Fugen zwischen den Steinplatten aufzuschlagen. Trotzdem ging es leichter, als sie gedacht hatte, und der Stein ließ sich anheben und hervorziehen. Sie traute sich jedoch nicht recht, mit der Hand in das Loch hineinzugreifen, kroch zurück und holte einen Kerzenstummel, den sie entzündete und mit zittriger Hand in Richtung der Öffnung hielt. Doch sie sah nur Schatten, die im unruhigen Licht der Flamme wackelten, und löschte die Kerze wieder. Langsam tasteten ihre Finger in das Dunkel und fühlten plötzlich kühles Metall. Ein Topf. Sie versuchte, ihn zu packen, doch versagte ihre Kraft. Das Gefäß war wie an die Erde angewachsen. Sie kroch abermals hervor und wischte sich den Schweiß von der Stirn. Der Kaspar musste helfen.

Sie stellte den Korb vor den Ofen, warf sich einen Umhang über und eilte hinüber zum Stieglerhof, wo er im Schopf saß und schnitzte. Bald darauf lag sein mächtiger Körper längs in der Küche, Kopf und Schultern verschwanden beinahe ganz im Schacht. Angestrengte Laute drangen aus dem dunklen Loch, und Franzisca war gänzlich aufgelöst. Endlich bewegte sich der massige Körper, gab Kopf und Schultern wieder dem Licht preis und brachte einen gusseisernen Topf hervor. Darüber hing ein Tuch, das von einer Schnur gehalten wurde. Kaspar stellte ihn auf den Herd.

»Jesusmaria ... was ist der schwer. Hast du Gold darin!?«, sagte er zum Scherz. Franzisca streichelte ihm die Schulter zum Dank, schnitt die Schnur entzwei und zog das Linnen ab. Eine graue Schicht Schweineschmalz wurde sichtbar. Er verzog das Gesicht.

»Oh je. Altes Schmalz. Das ist hinüber«, meinte er. Sie lehnte sich kurz an ihn, was ihr guttat, dankte für seine Hilfe und holte schnell Speck aus dem Räucherkasten, schnitt ein großes Stück für ihn ab und steckte es ihm zu.

Die Zeit wurde ihr lang, bis die Mutter in ihre Kammer ging. Es war schon tiefe Nacht geworden. Die Türe hatte sie verriegelt, als sie den Topf, der bis jetzt unscheinbar am Rand der Herdplatte gestanden hatte, auf den heißen Teil des Herdes zog. Darunter loderten frische Scheiter. Das Schmalz war schon weitgehend zergangen und brauchte nicht mehr lange, um aufzuklaren. Kurz nach Mitternacht holte sie einen der Kerzenständer herbei und leuchtete in den Topf. Tatsächlich glänzte es am Boden – Goldmünzen. Viele mussten es sein! Sie bekreuzigte sich.

Mit großer Vorsicht schöpfte sie das Fett ab und holte schließlich die Münzen heraus. Sie kamen in einen Tiegel, in den sie heißes Wasser goss. Anschließend reinigte sie die Goldstücke mit einem Leintuch. Draußen war es schwarz, und eine Eule schrie hinter dem Haus. Die Geldstücke wogen schwer. Bedächtig fuhr sie mit Daumen und Zeigefinger über die Prägung. Es waren weder Gulden noch Taler, sondern Dukaten. Sie nahm sie mit in ihre Kammer. Der Anblick des Goldes hatte ihr Gemüt zwar erregt, doch eine besondere Freude oder Glück konnte sie darüber nicht empfinden. Vielmehr beschäftigte sie der Gedanke an die Drieberin. Was wusste sie davon? Für ein paar Kreuzer wäre sie nicht vor dem Ofen herumgekrochen. Und der Schaffer? Kaum dass sie sich erinnern konnte, ihn einmal auf dem Hof gesehen zu haben. Der Vater hatte ihn immer in der Schafferei aufgesucht. Die Drieberin, der Schaffer – alle wussten sie mehr als sie selbst, die sie hier geboren war und ihr ganzes bisheriges Leben auf dem Hof verbracht hatte. Lange lag sie wach und beschloss schließlich, den Schaffer aufzusuchen.

Die Abholung

Die Drieberin ließ sich nach der Szene in der Küche seltener auf dem Mauchinhof blicken. Durch die größeren Abstände ihrer Besuche wurde ihr der Verfall der alten Drieberin noch deutlicher.

Nachdem sich der Sommer aus der Talschaft verabschiedet hatte, nahm ein goldglänzender Herbst Besitz von den Bergen, Tälern und Almen. In braunen Wellen strebten die letzten Kuhherden dem Talgrund zu. Zwischen den Rindern trippelten Ziegen einher, Hunde säumten aufgeregt die Ränder, und Maultiere und Esel schleppten die Dinge des Alltags, die auf der Alm benötigt worden waren. Glocken und Schellen bimmelten, und in den Wirtshäusern wurde lange und ausgiebig gefeiert. Der Pfarrer betete länger als sonst und hielt noch strengere Predigten angesichts der Ausgelassenheit, der Sauferei und Hurerei, die die Orte wie in jedem Jahr zu der Zeit heimsuchten als wäre Markt- oder Gerichtstag.

Der Lehrer Madligger ging in der dunklen Schulstube leise auf und ab, während er den Älteren, die schon schreiben konnten, mit lauten, klaren Worten einen der Lehrsätze diktierte.

»In deiner Jugend sollst du dich zur Arbeit halten stetiglich,
hernach gar schwer die Arbeit ist, wann du zum Alter kommen bist.
Scher dich nicht an jedem Mann, der dir vor Augen dienen kann.«

Sein Blick ging dabei immer wieder zum Fenster und hinaus auf den Weg und die Gehöfte. Die kleineren malten große Buchstaben und waren heute aufgeräumt und gut zu haben. Der Lehner kam draußen vorbei und führte einen Ochsen, der eine gewaltige Fuhre mit Rebstecken zog. Die Tochter des Lehners, Elisa, ein blonder, gutmütiger Engel, lag seit Tagen krank zu Hause.

»Nicht alles geht von Herzensgrund, was schön lieblich red der Mund.

Lass Unfall nicht verdrießen dich, wenn schon alle tun geht hinder sich,

dich bücke lass über gahn, das Wetter will sein Willen han.«

Er las mit ruhiger Stimme und war doch aufgewühlt, denn er hatte gestern wieder Nachricht aus Frankreich erhalten, wo sein Bruder weilte und mit glühendem Herzen die Sache der Revolution verfocht, und die hitzigen Zeilen hatten ihn zweifeln lassen, ob es nicht besser wäre, auch nach Frankreich zu gehen, wo sie sich eine eigene Verfassung gegeben hatten und der König nicht mehr und nicht weniger war als der erste Beamte des Staates, wie Mirabeau es so wunderbar formuliert hatte – und noch unglaublicher: Dieser König leistete in der Tat seinen Eid auf diese Verfassung und erklärte die Revolution für beendet. Ha! Was für ein König! Natürlich musste es Krieg geben, und ihr kleiner, hässlicher Kaiser Leopold, von dem man behauptete, er verbrächte die meiste Zeit in seinem pornografischen Kabinett, hatte sich bereits mit den Preußen zusammengetan; vorerst nur auf dem Papier, doch irgendwann – Krieg also.

Als er fortfuhr in seinem Diktat, sah er draußen die Franzisca Mauchin vorbeilaufen. Die Schwätzer tuschelten, sie würde die beiden alten Frauen am Hof schlecht behandeln und hätte mit dem Jakob Mathis angebandelt. Er sprach weiter und ging drei Schritte seitlich, um ihr nachsehen zu können. Er glaubte nichts von dem, was da geredet wurde – über die Sache mit dem Mathis aber war er sich nicht sicher. Das konnte durchaus sein. Schade.

»Mäßig in Tränen sei allezeit, nur ein klein Sich er hab kein Streit

durch Tränen das Herz wird verblendet, dass niemand recht darin erkennet.«

»Nicht schon dich Rat such allermeist, dass man dich lehr, was du nit weist.

Wer etwas kann, hat Lobes viel, Schand aber, der nichts lernen will.«

Ein Trupp Soldaten ritt vorbei, im Gefolge einige Karren und

Kutschen, die von abgeklärten Kaltblütern über die holprigen Straßen gezerrt wurden. Ja, der Krieg war schon da, und er stellte sich nicht länger die Frage, auf welcher Seite er stehen wollte, denn für vernünftige Menschen gab es nur zwei Seiten: Leben oder Tod. Und er wollte leben und Lehrer sein, denn damit hatte er mehr Macht und Einfluss, als wenn er mit einer Muskete auf andere Menschen schoss. Und vielleicht würden ja alsbald Zeiten kommen, in denen auch ein Lehrer wie er einer Bäuerin wie der Franzisca seine Aufwartung machen konnte. Inzwischen war sie aus seinem Blick verschwunden. Wohin wollte sie?

»*Ob jemand führt fahr dir ein Klag, sollst du alsbald desselben sag nicht glauben auch nicht richten fort, hör, höre erst des andern Wort.*

Pracht, Hoffahrt meide überall, dass du nit kömmst in Ungezahl.«

*

Ein früher erster Schnee fiel gleich nach Michaeli[1], der jedoch schnell wieder taute, und im Zuge einiger sonniger Tage wurden die Wege wieder trocken. Es folgte der zweite große Herbstmarkt in Dornbirn, an dem die Kühe, die man nicht durch den Winter füttern konnte, an die Appenzeller fürs Überwintern gegeben wurden. Manche brachten das Vieh gar bis ins Thurgau, wenn sie keinen anderen Platz bekamen.

Der Pfarrer war in dieser Zeit des Öfteren um die Kirche gelaufen, hatte prüfende Blicke nach oben zum Dach geworfen und nicht selten mit dem Kopf geschüttelt. Er schien mit etwas unzufrieden zu sein. Die Leute begannen bald, über sein sonderbares Verhalten zu reden – in den Warenstuben der Händler ebenso wie in den Wirtschaften. Auch dem Landammann wurde es zugetragen. Diese

---

1   29. September

Eigenartigkeit warf ein neues Licht auf das, was der Totengräber Fransch mit dem Pfarrer erlebte.

Die Elisa – gerade acht Jahre war sie alt geworden, und niemand hatte sich zunächst Sorgen gemacht, als sie über Bauchweh klagte und der Schmerz trotz der frischen Milch, die man ihr gegeben hatte, nicht besser wurde. Auch alle Gebete halfen nichts. Fünf Tage hatte das schmächtige Kind mit den hellen blonden Haaren im Fieber gelegen. Alle hatten die Kleine gerne gesehen, und der Stempelkommissär war ihretwegen stets mit Freude beim Lehner ins Haus gekommen. Im Wesen mancher Kinder leuchtete das Glück. Die Trauer im Haus war demnach groß, zumal die Kleine schon seit gut einem Jahr am Webstuhl sitzen konnte und gute Arbeiten ablieferte.

Der alte Fransch war gerade dabei gewesen, das Grab für das kleine Geschöpf auszuheben, als der Pfarrer ungestüm um die Ecke der Kirche gelaufen kam, geradewegs auf ihn zu. Er wedelte mit der Hand und hielt ihn an, das Graben sein zu lassen. Im ersten Augenblick hatte er sich gar nicht angesprochen gefühlt und eine weitere Schippe steiniger Erde auf das Häufchen geworfen.

»Aufhören, ja hör er auf!«, schrie da der Herr Pfarrer und machte Anstalten, ihm an den Stiel der Schippe zu greifen. Der Fransch tat einen Schritt zurück und zog den Stil an seine Brust.

»Hier kann kein Grab mehr hinkommen«, sagte der Pfarrer erregt. Der Fransch verstand nicht ein Wort.

»Es ist das Grab für die kleine Lehner, die Elisa«, sagte er verwundert und sah erschrocken drein. Der Pfarrer deutete energisch in die hintere westliche Ecke zur Friedhofsmauer hin.

»Dort hinten hin.« Der Fransch blickte hinterwärts.

»Dort!? Aber die Kinder liegen doch schon immer hier in der Reihe nah am Altar … da hinten … «, er holte Luft, »ja, da hinten liegen doch nur die alten Säufer und … und bald danach kommt schon der Schmied …«

»Da hinten hin!«, wiederholte der Pfarrer streng und ließ keinen

Zweifel aufkommen. Mit der rechten Hand schnitt er imaginäre Achsen in die Luft. »Hier entlang und hier entlang keine Gräber mehr. Wir brauchen den Platz noch.«

»Wofür sollten wir den Platz brauchen, wenn nicht für die Kindergräber und die anderen Gräber? Ich könnte ja auf die andere Seite, nach Norden hin gehen …« Der Geistliche wurde nun regelrecht zornig.

»Hört er denn nicht zu!? Nein, nein, nein! Auch auf der Nordseite nicht. Haltet um den Kirchenbau die Flucht ein, so wie ich sie angezeigt habe.« Der Fransch war verzweifelt.

»Aber wo soll ich denn mit den Toten hin? Es ist Herbst, und der Winter steht bevor. Vor Weihnachten wird es wieder viele geben, die ihr Leben lassen, und wenn der Winter vorüber ist und das Frühjahr kommt, sterben doch all diejenigen, die alle Kraft noch einmal zusammengenommen haben, um über die Kälte zu kommen. So wie in jedem Jahr! Wo soll ich denn hin mit ihnen!? Und wenn ein Fieber kommt, so wie vor einigen Jahren – wenn ein Fieber kommt!?« Der Pfarrer blieb hart.

»Hier herum keine Gräber mehr.« Der Totengräber richtete sich auf und hob die Stimme, die verzweifelt, aber nun mehr noch zornig klang.

»Und was ist mit der Theresia Fink? Sie wird nicht mehr lange leben und liegt ja schon auf dem Totenbett. Wie soll das gehen? Hundert Gulden hat sie an die alte Kaplanei gestiftet, wofür eine Roratemesse zu Maria Empfängnis für sie gelesen werden soll, und ihre Eltern liegen da vorne, und sie hat der Kirche einen hübschen Teil ihres Vermögens zugeschrieben, weil sie ein Grab gleich in ihrer Nähe haben möchte!« Voller Grimm sah der Pfarrer auf den widerspenstigen Kerl, der so gar nicht folgte. Woher wusste er von dem, was die Theresia Fink angeschafft hatte? Ja, in der Nähe ihrer Eltern wollte sie ihr Grab haben, aber was hatte der Totengräber denn schon eine Ahnung von Nähe? Nähe war ein Begriff, der der Interpretation bedurfte. War er als Geistlicher denn nicht seinem Bischof nahe, in gewissem Sinn? Und der hockte in Konstanz, vorzugsweise in Meersburg. Was wusste ein Totengräber also von den unendlichen Entfernungen, die zwischen Menschen bestehen konnten, während sie sich nahe waren? Und was wusste er schon von den achthundertfünfzig Gulden Aktivkapital der alten Finkin, von denen sie je fünfzig Gulden den gesetzlichen Erbfolgern vermachte, die Leibkleider ihrer Nichte und den Rest nach Erbfolge der Verwandtschaft. Den größten Teil hatte sie dem Pfarrer versprochen, woraus er noch die Sterbefallkosten zu bestreiten hatte, und eine Roratemesse zu Maria Empfängnis wollte er ihr dafür gern halten. So viele Gulden und so ärmlich gelebt. Gute Gedanken waren es nicht, die ihn bewegten, und eine Freude an dem Geldsegen empfand er auch nicht. Wie oft hatte er die Finkin zu Hause aufgesucht, als sie nicht mehr zur Messe kommen konnte und fahl und klapprig wurde, sich ihre Augen weit hinter die hervorstehenden Knochen zurückzogen und einen wie aus dunklen Tunneln her anblickten, als sei sie schon dort angekommen, wo alles Leben hinkommt, und sich nur ihre Augen dagegen wehrten und um alles in der Welt den Blick in und auf diese irdische Welt behalten wollten.

Es hatte ihn abgestoßen, wie sehr sie sich an ihr Leben klammerte. Nie hatte er sie klagen hören. In die Augen hatte er ihr nicht sehen können während seiner Besuche, und so betrachtete er die Holzwand, den Boden, die Decke, während er von den Qualen der Hölle redete, und von der Bedrohung und Not, der seine Kirche ausgeliefert war. Einmal, als er ihr das Fegefeuer in dunklen Worten ausmalte, da hatte sie wie aus unendlicher Tiefe gelacht, und in ihre toten Tunelaugen, in die er kurz gesehen hatte, war ein Glanz gekommen, der ihn wie ein Schlag am Herzen traf. Irgendwann endlich, als er es schon nicht mehr hatte glauben können, gab sie vor drei Zeugen ihre letzte Willenserklärung ab. Doch er hatte sich getäuscht, als er meinte, bald könne er die Totenmesse halten; wieder hielt sie hartnäckig am Leben fest und beließ ihn der Sorge, dass sie ihren Nachlass womöglich noch einmal neu regelte. Was wusste dieser Totengräber schon von all dem – nichts, nichts, nichts! Weniger als nichts!

»Wie ich es ihm gesagt habe ... gerade so, wie es ich ihm gesagt habe!«, plärrte er in die angefangene Grube und ging davon, ohne noch einen Blick an den verwirrten Fransch zu verschwenden.

Der stieg seinerseits kopfschüttelnd aus der jungfräulichen Grube und schaufelte die lose Erde wieder hinein. In der hinteren Ecke, die ihm der Pfarrer angewiesen hatte, suchte er nach einem freien Platz und fand eine Stelle nahe der Mauer, an der ein Strauch Kamille wild aus einer Spalte trieb und seine letzten Blüten frisch in das Licht eines hellen Tages stellte. Gegenüber hob er das Grab aus und war sich über die geistige Verfassung des Pfarrers nicht mehr sicher.

Am Abend suchte er den Hirschen auf, wo es hoch herging und einige wild durcheinander schrien. Er hockte sich neben den Adang. Die Ereiferten diskutierten über die neue Straße durch den Schwarzachtobel, die von den Hofsteig-Gemeinden[1] gefordert wurde. Über vierzigtausend Gulden sollte es kosten, und selbst wenn Alberschwende und die Hofsteiger am meisten zahlen mussten, sorgten sich einige auf erregte Weise darüber, am Ende doch noch zur Kasse gebeten zu werden. Der Lederer Blahusch schrie: »Unsere Kaiserin Maria Theresia selbst hat die neue Landstraße durch das Ried bauen lassen, und allen hat's Vorteile bracht, und wenn die Wolfurter deswegen abseits vom Verkehr liegen, die Postkutsche an ihnen vorbeifahrt und sie einen eigenen Boten deswegen anstellen müssen, der Briefe und Sendungen nach Bregenz bringt und von dort holt, so müssen sie halt zahlen ... müssen sie halt zahlen.«

Als sich die Aufregung darüber gelegt hatte, erzählte der Fransch leise über den Tisch, was er heute mit dem Pfarrer erlebt hatte. Gleich am nächsten Tag ging die Neuigkeit mit den Bauern, fahren-

---

1   Hard, Lauterach, Wolfurt, Schwarzach, Bildstein und Buch.

den Händlern und Handwerkern in die Talschaft, und am Abend wusste es bereits der Landammann Metzler in Schwarzenberg, der sich schnell einen Reim darauf machen konnte. Wozu sonst brauchte der Pfarrer mehr Platz um die Kirche, als um zu bauen. Und das bedeutete die Aufteilung der Kosten zwischen Kirchengemeinde und Diözese, Gerichtsbezirk und dem Hof in Wien und somit nichts anderes als Ärger, Streit und nochmals Ärger. Er hatte den Kerl noch nie gemocht.

*

Gleich nach dem Gallustag[1], an einem der letzten warmen Tage des Jahres, wies die Drieberin ihren Pferdeknecht an, den Leiterwagen anzuspannen und den Ochsenknecht zur Hilfe mitzunehmen. Sie selbst hockte in ihrer Juppe bereits auf dem Kutschbock und sah hochgemut auf die fellglänzenden Rücken der zwei Gäule. Wer ihnen entgegenkam, blieb stehen, blickte ihnen nach und fragte sich, welchen Weg dieses seltsame Gespann wohl nehmen würde. Zwischen Gamswirt und Pfarrhof befahl sie, besonders langsam zu fahren. Danach folgten sie dem Dorfbach. Hoch am Hang im Norden glänzte die braungraue Fassade des Mauchinhofes im Sonnenlicht. Bald darauf passierten sie den Stieglerhof, und die Drieberin fragte sich, was der Gnetzer nur mit diesem kleinen Häuschen wollte, wo er doch eine ganze Mühle für sich alleine hatte. Aber das war letztlich seine Sache, und sie hoffte, ihn bald loswerden zu können. Nun war erst mal sie an der Reihe. Das in die Welt gesetzte Gerede über den Mauchinhof hatte das Tal durchdrungen, die Großmutter war recht zusammengesunken – es war nun an der Zeit, sie zu holen. Selten hatte sie sich großartiger gefühlt als an diesem Tag auf dem Kutschbock – ein Festtag.

---

1   16. Oktober

Franzisca kam gerade aus dem Ziegenstall, als das Gefährt vor dem Hof in einem engen Bogen wendete. Die Drieberin grüßte sie freundlich, und so recht wusste Franzisca nicht, wie sie sich verhalten sollte, als die Drieberin ihr mit kühlem Lächeln mitteilte, die Großmutter auf den Drieberhof zu holen, was ihr Dasein einfacher machen würde. Mit großer Selbstverständlichkeit trat sie durch die Tür, als wäre es schon ihr Hof, während Franzisca wie angewurzelt vor dem Stall stehen blieb. Ohne auch nur einmal nach ihrer Schwägerin zu fragen, nahm die Drieberin die Stiege nach oben und wies die zwei Knechte an, den breiten Sessel auf den Leiterwagen zu setzen, mit Seilen fest zu verspannen, danach die Alte aus dem Bett zu heben und da hinein zu hocken. Etwas verdutzt taten die beiden, was ihnen gesagt worden war, und bald darauf thronte die alte Drieberin stumm und wie eine böse Fürstin dreinblickend im Sessel auf dem Leiterwagen. Ohne viel Aufhebens oder eine Verabschiedung fuhr das Gespann davon. Franzisca stand da, wie gelähmt, unfähig ihre Gefühle zu ordnen, die zwischen Erleichterung und Furcht vor der Zukunft schwankten.

Das Unterfangen hätte ganz nach der Vorstellung der Drieberin vonstatten gehen können, wenn nicht gerade zu dem Zeitpunkt, als die Kutsche mit der Alten auf dem Sessel thronend durchs Oberdorf fuhr, die Maule auf dem Weg gestanden hätte. Das Mumienhafte ihres Gesichts erschreckte selbst die beiden Knechte, und je näher die Kutsche kam, desto wilder und kreischender wurde ihr Gezeter. Der Knecht wollte schon anhalten und zog am Zügel, doch die Drieberin griff ihm in die Hände. Vom Kinn der Maule tropfte Speichel, den sie mit den Händen verschmierte. Keiner auf der Kutsche verstand auch nur eines ihrer Worte. Voller Zorn und Hass drohte sie mit den Fäusten, spuckte und schrie die alte Drieberin in ihrem Sessel an, die jedoch mit starrem Blick über alles Toben hinweg in eine unbekannte Ferne sah. In die Vergangenheit vielleicht? Als die Schwiegertochter der Maule endlich angerannt kam und sie zurück in die armselige Hütte zerrte, war wieder Ruhe auf der Straße.

Der Pferdeknecht wäre des Schreckens wegen gerne direkt zum Hof gefahren, musste jedoch noch vor dem Pfarrhof anhalten, wo die Drieberin einen Korb mit Rauchfleisch und Käse abgab. Um das Geschehen noch schneller im Tal zu verbreiten, ließ sie sich auch noch am Hirschen vorbeifahren, wo sie einige Dinge einkaufte und dem Muxel scheinheilig klagte, dass es einem Hof keine Erleichterung brächte, wenn die Holzscheiter und Heuzieher nach Michaeli nur noch sechs Kreuzer am Tag, und nicht mehr wie zuvor acht Kreuzer erhielten. Sie kaufte teuren türkischen Weizen[1], Pfennich[2] und frische Fisolen[3], dazu einen Bund echter Wachskerzen, und schnell kamen die erwarteten Fragen, denn alle in der nach Trockenheit riechenden Kammer konnten den Blick kaum von dem eigenwilligen Gespann nehmen, das draußen vor dem Laden stand. Mit bitterer Miene und schmalen Worten sprach sie von Christenpflicht und Familie.

Am Hof angekommen wurde die alte Drieberin mitsamt dem Sessel vom Wagen gehoben und in die hintere Kammer gebracht, wo sie die Knechte abstellten und fragende Blicke herumgehen ließen. Wie weiter nun? Der Veit tappte herum, lachte blöde und machte vor dem erstarrten Gesicht seiner Großmutter dumme Faxen. Seine Mutter schlug ihm hart mit den Fingerknöcheln an den Schädel und wies die Kerle aus der Kammer hinaus. Sie wollte allein sein. Ihr Atem ging heftig.

Langsam ging sie um den Sessel herum und sah auf das alte Weib. Von Schritt zu Schritt spürte sie aus ihrem Inneren etwas Ungeheuerliches hervordrängen, etwas, das immer größeren Raum einnahm, das begann, ihren Leib zu füllen, sie kurz würgte, ihr die Luft nahm. Etwas Materielles verstopfte ihren Schlund, und sie erschrak selbst von dem Gurgeln, das ihr aus dem Hals fuhr. Nach einem

---

1   Buchweizen
2   Hirseart
3   Gartenbohnen

schmerzhaften Würgen ging es wieder besser, doch ihre Augen waren weit hervorgetreten, und sie ahnte, was da gerade mit ihr passiert war; früher, an einsamen Winterabenden, hatte ihre Großmutter von solchen Geschehnissen erzählt: Einen Dämon hatte sie geboren, einen Dämon hatte sie in die Welt gesetzt – und es tat ihr nicht leid. Sie zitterte, und als es abgeklungen war, blieb sie vor der Alten stehen. Ihre Stimme kam ihr fremd vor, so kalt und tief klang sie.

»Willkommen! ... Willkommen! ... Willkommen, alter Teufel! Willkommen in dem Haus, das deines war und nun meines ist.« Sie lachte böse. »Ahhhh ... das hättest du nicht gedacht, dass gerade ich dich eines Tages heimholen würde.« Sie lachte wieder und hustete und fing mitten darin an, zu hopsen und zu springen und tanzte in bockigen Sprüngen um den Stuhl der Alten. »Heimgeholt, heimgeholt, heimgeholt ...«

Die Hausmagd hatte die Ankunft der Kutsche vom Schweinekoben aus verfolgt. Als sie die Knechte samt dem blöden Veit aus dem Haus treten sah, ging sie zu ihnen, wies den Kerlen eine Arbeit an und schlich dann zur Kammertür, um zu lauschen. Gerade in dem Moment, als die Drieberin das erste Wort und gleich darauf ihren wilden Gesang erhob, drückte sie die Ohren gegen die Tür. Doch sie konnte sich keinen Reim auf das Geschehen machen. Wer sprang da nur herum? Und welcher Fremde rief: »Heimgeholt, heimgeholt, heimgeholt.« Was sollte das? Wer war da in der Kammer?

So starr die Alte auch in ihrem Ohrensessel hockte und mit versteinerter Miene das irre Schauspiel ansah, so wach war doch ihr Geist. Weder den Weg zu ihrem Elternhaus hatte sie vergessen noch den Geruch der Balken, die Farbe der Wände, Böden und Decken und vieles andere auch. Wenig hatte sich verändert. Auch die Kammer, in die man sie gesteckt hatte, war ihr wohl bekannt. Früher hausten hier die drei Mägde, die sie am Hof hatten. Die Erinnerungen an diese Zeit ließen ihr Herz flattern, und sie begann ihrerseits, gurgelnde Laute von sich zu geben. Die Drieberin beendete nun das Gehopse, griff den Wasserkrug, der auf dem Kasten neben dem Bett stand, und schüttete der Alten einen Fetzen ins Gesicht. »Willkommen, willkommen!«, feixte sie.

Die Hausmagd huschte schnell von der Tür weg in den Gang und rief von dort laut nach ihrer Herrin. Schnell war sie wieder an der Tür, drückte mit pochendem Herzen auf die Klinke und trat ein. Sie ging auf die alte Drieberin zu und sagte: »Sie ist ja ganz nass im Gesicht«, weil ihr nichts Besseres einfiel als das in Worte zu fassen, was sie sah. Die Drieberin stand an der Wand und wirkte matt.

»Jaja … ganz nass im Gesicht … ganz nass … sie hat einen Anfall gehabt. Ein Spritzer Wasser hilft da. Jetzt geht es wieder.«

»Soll ich mich weiter kümmern?«, fragte die Magd.

»Ja … was sonst!«, antwortete die Drieberin herrisch, drehte sich weg und verschwand im Gang, völlig von Kraft und Energie verlassen. Die Hausmagd zitterte und wehrte sich gegen eine unbestimmte Angst, die sie erfasste. Sie wischte das Gesicht der Alten trocken und roch, dass es mit dem Gesicht alleine nicht getan sein würde. Der Gestank klärte ihre Sinne wieder, und sie rief die zwei Knechte mit energischer Stimme herbei, damit sie ihr halfen, die neue Herrin des Hofes zu waschen.

Schon am Abend war die Abholung der alten Drieberin das Gespräch im ganzen Ort. Im Hirschen und beim Gamswirt hockten die Leute zusammen und zerbrachen sich die Köpfe darüber, was das alles sollte. Niemand sah einen rechten Sinn dahinter.

Der Lehrer Madligger hatte sein neuestes Journal dabei und las daraus vor – damit war die Diskussion um die Drieberin beendet. Er hatte an diesem Abend auch einen ganz stillen Zuhörer, denn der Pfarrer hockte in der hintersten Ecke der Gaststube, trank einen Becher Wein und hörte genau hin, was da geredet und gesagt wurde.

Nach allem, was der Lehrer da so frei von sich gab, musste der September ein wahrhaft furchtbarer Monat gewesen sein, was der fröhlichen Art und Weise, wie es der Kerl berichtete, jedoch nicht zu entnehmen war. Es klang beinahe wie die frohe Botschaft, als er vorlas, der französische König habe einen Eid auf die Verfassung geleistet. Unvorstellbar, es war unvorstellbar und ein Akt wider Gott, der den König in sein Amt eingesetzt hatte. Er hielt den Atem an und wartete, doch niemand nahm Anstoß an der Schreckensbotschaft. Gleichgültigkeit um ihn herum. Einige lachten, andere spielten mit dem Würfelbecher oder Karten. Der Lehrer berichtete nüchtern weiter, dass die Revolution damit für beendet erklärt worden sei, und außerdem von einer Frauenrechtlerin mit Namen Olympe de Gouges, die eine Erklärung über die Rechte der Frau und Bürgerin verfasst und der Nationalversammlung vorgelegt habe. Und weil dies alles noch nicht schlimm genug war, hatte in den letzten Tagen des Monats die Nationalversammlung die französischen Juden den anderen Bürgern gleichgestellt.

Mehr erschrocken als verwundert stellte der Pfarrer fest, wie wenig sich die Leute an diesen Hiobsbotschaften störten. Es war mehr eine Art kindliches Staunen über die Dinge, die sich in der Welt vollzogen. Er fixierte den Lehrer, der jetzt von einem großen Arzt namens Mesmer vorlas, der großen Zulauf hatte, da er auf moderne Art und Weise Krankheiten mit einem Magneten zu heilen versuchte. Das, ja das interessierte die Leute, und selbst die gröbsten Säufer rissen die Augen auf und taten so, als würden sie zuhören. Magnetismus! Das klang wie nicht aus dieser Welt. Er machte das geschickt, dieser Lehrer. Der Kagenhuber schrie unvermittelt: »Ha. Meine Schwester, die hab ich damalig zum Gaßner nach Klösterle brocht ... ja ....« Seit seiner Bestrafung beim Niedergericht in Bizau wollte er sich besonders gläubig zeigen. »Der Gaßner, des ist ein eisriger gwesen, aus Braz bei Bludenz. Er hat ihr nur die Hand aufgelegt, nur die Hand, und betet dabei ... und hat den Teufel beschworen ... und des hat ihr Dämonen austriben ... vier Monat später hat sie

189

seelig einschlafen können, jawohl! Und der Bischof von Konstanz hat ihn trotzdem einen Scharlatan geschumpfen und verjagt ... der große Bischof Fugger von Regensburg hat ihn aber heimgeholt und weiterfort segensreich wirken lassen. Der Gaßner, der hat keine Magneten nicht braucht! Nicht einen Magneten. Nur seine Hände und seinen Glauben.« Der Madligger lächelte sanft. Der Pfarrer biss auf seine Lippen.

*

Am Drieberhof kam in den folgenden Tagen eine neue Magd an. Es war ein bemitleidenswertes Wesen, denn ihr ging der Sinn zu Hören ab, weshalb sie auch nicht sprechen konnte und nur unverständliche, tierisch anmutende Laute von sich gab, die einem Menschen allenfalls durch ihre Intensität und Tonlage Hinweise darauf geben konnten, was sie mitteilen wollte. Der Pfarrer hatte sie von einem Besuch in Schnepfau mitgebracht, wo er einen Amtsbruder aufgesucht hatte, der Erfahrungen darin besaß, wie man es anstellte, eine neue Kirche zu bauen. Der Bruder hatte ihn gastfreundlich bewirtet und gut beraten. Lange und ausführlich erläuterte er die Fährnisse um den Bau einer Kirche. Ein elender Streit um das Geld war es eben, und die Briefe, die er in der Angelegenheit geschrieben hatte, füllten eine ganze Kiste. Ein ganz ein milder Geselle war dieser Bruder, der Dinge sagte, die ihm selbst niemals so einfallen würden, weshalb es ein mühsames Gespräch für beide gewesen war. Auch zum Schluß seines Besuches gab er wieder einen dieser Aphorismen zum besten: »Mir scheint, dass unsere Vorfahren immerfort den jüngsten Tag erwartet haben, weil sie keineswegs besorgt waren, uns das Andenken ihrer oder noch älterer Zeiten zu überliefern, in der Meinung vielleicht, dass wir nicht auf die Welt kommen würden. Es ist eine große Zuversicht, die uns von da überkommt.«

Welche Zuversicht? Welche Zuversicht meint der denn, hatte er

gedacht. Und während er sinnierte, kam sein scheinheiliger Amtsbruder wie nebenbei mit der Geschichte der armen Seele daher, die
er einstweilen seiner Köchin zur Hilfe zugeteilt hatte, und holte das
taubstumme Mädchen sogleich in die Amtsstube. Angesichts der
freundlichen Aufnahme und der vielen guten Ratschläge fühlte er
sich in der Schuld des Schnepfauers und ließ sich das Mädchen auf-
bürden. Sie hockte stumm auf der Kutsche und danach ebenso
stumm im Pfarrhaus herum. Verabredet war das Ganze, war er sich
sicher. Natürlich war er einer Intrige aufgesessen, was ihn maßlos
ärgerte.

Seine Köchin kam nicht mit dem stummen Ding zurecht, die
Hausmagd wollte mit einer Taubstummen nichts zu schaffen haben, und so klagte er der Drieberin nach der nächsten Messe sein
Leid. Für die war das sprachlose Wesen wie ein Gottesgeschenk,
und nach einigem Zieren nahm sie die Kleine mit. Taub und
stumm – es konnte nicht besser geschaffen sein. Und wie es so ist,
dass ein Wein, der bereits die Kehle hinabgeronnen ist, keinen Genuss mehr bereitet, sondern Durst auf den nächsten Schluck macht,
war sie in dem Spiel, welches sie spielte, auf der Suche nach einem
Zug oder Stich, der ihr etwas einbrachte. Das taubstumme Ding
kam ihr da gerade recht, denn sie konnte sich um die Alte kümmern, ohne jemals etwas zu erfahren. Und der Pfarrer, er würde
ihre Christentugenden loben, während sie eine Alternative neben
der Hausmagd hatte, der sie zwar nichts Schlechtes nachsagen
konnte, sich aber trotzdem von ihr beobachtet fühlte. Einige Male
hatte sie auch geglaubt, sie wäre ganze Nächte gar nicht in ihrer
Kammer gewesen, und einmal war sie weit vor dem Sonnenaufgang aufgestanden, um sie bei einer Hurerei zu ertappen, doch
kaum waren die ersten Sonnenstrahlen über die schroffen Felsen
geschlagen und ins Tal gelangt, sah sie sie mit zwei Bottichen Wasser daherkommen, die sie auf dem hölzernen Karren schob. Ärgerlich darüber und keineswegs beruhigt legte sie sich wieder in die
lauen Federn.

Nun jedenfalls konnte sie beruhigt sein, denn die neue Magd würde nichts hören und erzählen können, und die Hausmagd würde mit der Alten nichts mehr zu schaffen haben. Das neue Madle, fiel ihr ein, hatte gar keinen Namen. Sie überlegte nicht lange, denn wozu sollte eine Taubstumme auch einen Namen brauchen, den sie eh nie hören konnte. So beschloss sie, sie einfach kurz und bündig Madle zu heißen.

*

In diesen Tagen erhielt der Pfarrer endlich die langerwartete Nachricht aus Konstanz – ein kurzer Brief nur, der nicht annähernd auf seine bedeutsamen Feststellungen einging. In knappen Worten war formuliert, wie sehr man auf die Festigkeit seines Glaubens vertraue, und erteilte ihm im Weiteren die Erlaubnis, die Reise nach Innsbruck anzutreten. Die seelsorgerische Vertretung seiner Pfarrei würde in dieser Zeit sein Amtsbruder aus Schnepfau übernehmen, dem ein Schreiben in dieser Sache zugegangen war. Mehr stand nicht darin.

Enttäuscht drehte und wendete er das Stück Papier und suchte nach weiteren Nachrichten. Sollte er das Papier vielleicht über die Hitze einer Kerze halten, um nach einer heimlichen Botschaft zu suchen? Waren der Keim der Aufklärung und der Funke der Revolution vielleicht schon derart gediehen, dass man heimliche Mitteilungen verschicken musste? Er ließ es sein. Mit kalter Bösartigkeit streifte ihn die Erkenntnis: Niemand würde ihm heimliche Nachrichten schreiben ... niemand. Er war Dorfpfarrer ... er war Dorfpfarrer im Bregenzerwald, und für die fürstbischöflichen Herrschaften in Meersburg war er wie aus der Welt.

Der Frustration entfloh er, indem er die Reise fokussierte. Ja, genau – der Messkelch ... Innsbruck. Eile war geboten, bevor der Winter alle Pässe unüberwindbar machen würde. Der Schröcken konnte eine Hölle aus Eis und Schnee sein, und nach Süden hin kam monatelang kaum ein Wesen von Warth über Lech nach Zürs und von dort weiter über den mächtigen Arlberg. Er verbrachte eine Nacht voller Unruhe, und gleich am nächsten Tag hockte er sich mit einiger Impertinenz auf den Kutschbock eines Gefährts, das vor dem Gehöft des Tabakhändlers Moosbrugger beladen wurde. Seine Köchin hatte ihm von den Tabakkisten erzählt, die nach Bregenz gingen, und von den Kerzen aus Unschlitt, von Salz, Pfeffer und einigen Säcken türkischem Weizen[1], die mit der Fuhre zurückkommen sollten. Er fuhr bis Schwarzenberg mit, wo er abstieg und das kurze Stück zum Amtssitz des Ammanns Metzler zu Fuß ging.

Er vergewisserte sich noch einmal seiner Positionen. Ja – jedem musste deutlich sein, was es für eine große Reise war, die er tat – für die Gemeinde, für seine Kirche, für das ganze Tal! Der neue goldene Kelch würde alles be- und überstrahlen, und deshalb konnte man ihn nicht reisen lassen wie einen Hausierer. Während er so ging, sah er sich bereits in den Gasthöfen am Abend, wie er am Tisch saß, umringt von Neugierigen, und vom neuen Messkelch für seine Gemeinde aus Innsbruck erzählte. Er sah sich leuchtenden Augen gegenüber und vor sich Becher mit fettem, fast schwarzem Wein. Das Gebratene konnte er riechen … eine würdige Reise sollte es werden. Da war es nur recht und billig, wenn ihn der Landammann unterstützte, der reiche Kerl. Über hundert Webstühle ließ er für sich rundherum arbeiten, und jeder wusste, wie freigiebig er dem Bruder Saur gegenüber war, der in einer der schönsten Kirchen weit und breit zelebrieren durfte, mit den gerühmten Fresken dieser Angelika Kauffmann. Sogar der Bischof hatte sich dort oben sehen lassen. Und? Nur ein halbes Jahrhundert zuvor hatte dort oben ein schmächtiges Kirchlein gestanden, bis zu jenem Brand, der alles niedermachte. Er hielt inne – verdrängte seine Gedanken und ging entschlossen weiter.

Wie sollte er mit seinem bescheidenen Jahrlohn von zweihun-

---

1 Buchweizen, auch Mais.

dertsechzig Gulden die Ausgaben für diese Reise abkömmlich machen? Gerade sechs Klafter[1] Brennholz wurden ihm geliefert, das Joch[2] Garten lag auf steinigem und schattigem Grund, und die zwei Tagmahd[3] Weide reichten gerade für die Ziegen. Ihn grauste bei der Vorstellung, Unterkunft bei seinen Amtsbrüdern suchen zu müssen, in kalten Kammern, an groben Tischen mit dünner Gerstsuppe und noch dünnerem Wein, wenn überhaupt. Manche stellten gar einen Krug Wasser auf den Tisch.

Er trat ein. Die Begrüßung im stolzen Haus von Metzler erschreckte ihn angesichts der Kühle und Geschäftsmäßigkeit. Nicht willkommen geheißen wurde er, sondern wie ein gewöhnlicher Bittsteller empfangen. Wieder so ein kalter Hauch von Realität. Metzler war nicht unhöflich, nicht annähernd, er war ein stolzer Mann, in der Tat, aber nicht unhöflich. Seinem manierlichen Gehabe fehlte es allerdings an Demut. Das war es, was der Pfarrer erwartet hätte – Demut. Zudem war es ihm ungewohnt, in einem Stuhl *vor* einem Schreibtisch zu sitzen, hinter dem eine Person saß, die nicht die heiligen Weihen empfangen hatte und trotzdem mit Macht ausgestattet war. Ein Bischof, Weihbischof, Generalvikar – damit war er vertraut. Aber der Landammann, ein vom Volk gewählter Kerl, ein gewöhnlicher Gastwirt und Händler?

Der Landammann Metzler war in Gedanken weit weg, in Rom, denn von dort hatte ihn ein Brief seiner Angelika[4] erreicht. *Ich hoffe, doch wieder einmal ein gutes Welschhuhn bei Euch zu essen, oder die gute Wälderbutter, oder eine Forelle aus dem Bach.* Das hatte ihn hoch erfreut, denn er mochte diese Frau mehr, als er sich zugestand,

---

1   1 Klafter entspricht 3 Ster/3 Raummetern.
2   Bayrisches Joch: 330,9 Quadratmeter, württembergisches Joch: 364,5 Quadratmeter.
3   Eine Tagmahd entspricht ca. 1800 Quadratmeter.
4   Die Malerin Angelika Kauffmann (geb. 1741 in Chur, gest. 1807 in Rom).

weil sie von seinem Reichtum nicht beeindruckt war. Und nun drängte sich dieser Pfarrer aus Bezau mit seiner unangemeldeten Ankunft auf unangenehme Weise in seine Gedanken.

»Hochwürden sind das erste Mal zugegen«, stellte Metzler selbstbewusst fest und nicht ohne einen Gran Kritik. »Gibt es einen Anlass dafür? Mir ist nichts bekannt geworden, und ich hoffe, Eure Pfarrei befindet sich im gleichen hohen Ansehen, wie ich es erinnere.« Der Pfarrer kam schnell zur Sache und wählte einen etwas zu entschlossenen Duktus. Nicht betteln – fordern!

»Ich begebe mich für einige Tage auf eine Reise nach Innsbruck, um eine wichtige Aufgabe zu erfüllen.« Der Landammann lächelte mit schmalen Augen, ohne Freude. Sein Kopf bewegte sich und deutete ein Nicken an.

»Das ist sicher ein wohltuendes Ereignis für Euer Hochwürden. Seine Familie stammt aus Innsbruck, wenn ich mich recht erinnere, nicht wahr? Es tut gut, die Seinen zu treffen.«

»Darum geht es mir nicht. Ich werde ... ich werde, da wir uns einer großzügigen Spende erfreuen dürfen, einen neuen Messkelch in unsere Gemeinde bringen.« Er hatte mit Pathos gesprochen und wartete auf eine entsprechende Reaktion seines Gegenübers. Der blieb jedoch unbeeindruckt.

»Es freut mich, dass es Hochwürden so wohl gelingt, die Freude am Spenden anzustacheln.« Er schwieg alsdann und sah seinen Gegenüber freundlich an. Das Knie des Pfarrers begann unter dem Tisch zu wippen. Weniger drängend sagte er: »Ja, es ist so ... die Reise erfordert Aufwand ... finanziellen Aufwand ... und ich bin gekommen, um ... um ...« Gerade jetzt wurde ihm deutlich, wie sehr er Bittsteller war und wie wenig ihm etwas zustand. Nichts aus seiner Tagtraumwelt passte in diesen Raum. Vor ihm saß ein Landammann und Unternehmer, einer, der rechnen konnte. Niemals würde der ein Säckel auf den Tisch legen. Wofür auch!

In die erschrockenen Gedanken des Pfarrers hinein fragte der Landammann: »Ja ... Hochwürden?« Seinen Ärger zeigte er nicht, denn wozu wollte der Pfarrer nach Innsbruck, wo es doch die Augsburger Gold- und Silberschmiede waren, die so gerühmt wurden und deren Geschäft es war, die hiesigen Kirchen und neuerdings, seit der Kaiser Joseph sein Wohlwollen auch über den Juden ausgebreitet hatte, auch die Synagogen mit sakralem Schmuck auszustatten. Wenn also, so ginge die Reise nach Augsburg, was viel einfacher und schneller zu bestellen war, und auch das war kaum notwendig, denn die Herrschaften hatten Dependancen in Chur, Lindau, Memmingen und Ravensburg – nur eine Tagesreise entfernt. Der Pfarrer fuhr mit bedachter Stimme fort.

»Die Reise erfordert einen erheblichen finanziellen Aufwand, und es wäre meiner Meinung nach angemessen, wenn seitens des Landammanns eine Unterstützung erfolgte, wie es in unserem Tirol üblich ist.«

»Unterstützung ... wofür?«, fragte der Ammann unschuldig und blickte ihn forschend an. »... Und es sind nun fünf Jahr schon, dass unser Kreisamt Vorarlberg lautet.« Der Pfarrer hätte ihm gern entgegnet, dass die Leute noch kaum davon wüssten, von diesem Vorarlberg, und dass es überdies in der Welt, aus der er kam, ganz zu Recht Hinterarlberg lauten müsste, und wenn einer überhaupt von einem Vorarlberg wüsste, so doch in Unkenntnis darüber, ob nun das Vor, oder das Arlberg das Bestimmende im neuen Namen war. Für ihn war Tirol eben Tirol, doch wäre es nicht förderlich gewesen, jetzt darüber einen Streit zu führen.

»Wie ich sagte ... für die Reise.« Der Ammann lächelte sanft.

»Ach sicher ... ganz sicher wünschen wir Hochwürden eine gute Reise, und unsere allerfrömmsten Wünsche und Gebete werden Sie begleiten.« Der Pfarrer schluckte und wollte konkret werden, wozu er jedoch nicht kam, denn Metzler beugte sich zu einer Frage nach vorne und lächelte, wobei er seine obere Zahnreihe entblößte, was sich eher bedrohlich ausnahm. »Es ist ein geradezu vorbestimmter Zufall, dass wir uns hier treffen, wo ich Hochwürden in der Angelegenheit einer Frage, die mich umtreibt, eh aufsuchen wollte. Vor zwei Wochen gerade einmal habe ich an der Leich der kleinen Elisa in Bezau teilgenommen, mit der mich eine entfernte Verwandtschaft verband. Mich hat es sehr verwundert, und nicht nur mich alleine, dass die getaufte Seele nicht in der Mitgliedschaft all unserer anderer Engel bestattet wurde, sondern in einem Winkel des Gottesackers, der ... anderen ... anderen Seelen vorbehalten ist. Was war der Grund dafür? Der Totengräber, der Fransch, er meinte auf meine Frage hin, er habe auf Anweisung des Pfarrers gehandelt.« In seinen letzten Worten klang etwas Drohendes mit. Der Pfarrer hielt es deshalb für besser, im Allgemeinen zu verweilen.

»Der Raum um die Kirche wird benötigt.«

»Benötigt?! Wofür, wenn nicht für die Gräber unserer Engel?« Fordern – nicht betteln!, sprach sich der Pfarrer leise Mut zu.

»Es wird einmal eine neue Kirche geben ... geben müssen.« Der Ammann lehnte sich im Stuhl zurück. Hatte er doch recht gelegen. Eine neue Kirche plante er also, der hochwürdige Herr aus Innsbruck. Er sah ihn nicht an, vielmehr durch ihn hindurch.

»Wir wünschen Hochwürden eine gute Reise nach Innsbruck zu seiner Familie«, sagte er schließlich betont langsam und zog dann mit wichtiger Geste einen Stapel Unterlagen vor seine Augen und senkte den Kopf darüber. Unglücklicherweise las er sogleich ein Bittgesuch. Was war das nur für ein Tag?!

Das Glück ist mir in meinem ganzen Leben gar wenig günstig gewesen. Zwölf Jahre lang habe ich bei einer sehr magern Gerichthalterstelle auf dem Lande ein ansehnliches ererbtes Vermögen zusetzen, und nachher wieder beinahe neun Jahre ohne alle Besoldung, ohne Vermögen, von geringem Erwerb aus akademischen und literarischen Arbeiten mich durchbringen müssen. Ich enthalte mich, andere unverschuldete, meinem Vermögen sowie meinem geistigen und leiblichen Wohlsein höchst nachteilige Lebensbegegnisse zu erwähnen. Hätte ich niemand *weiter als bloß meine eigene Person zu*

versorgen, so würde ich, so lange mir nur noch eine einzige Kraft zu
irgendeinem Geschäfte übrig bliebe, nicht leicht einem Sterblichen mit
meinen Bedürfnissen beschwerlich fallen. Allein ich habe auch vier
unerzogene Kinder, ohne deren Versorgung und obendrein noch
Schulden, ohne deren Bezahlung es mir bitter ist, zu leben, und noch
bitterer dereinst sein würde, aus der Welt zu scheiden. Die letzten sind
zwar nicht so beträchtlich, dass ein Mann, der nur ein- bis zweihun-
dert Taler jährlich erübrigt, sie nicht in wenigen Jahren tilgen könnte.
Weil ich aber in meiner jetzigen Lage gar nichts zu erübrigen vermag,
so müssen mir auch unerhebliche Schulden zu einer großen und drü-
ckenden Last gereichen. Tägliche sowohl als nächtliche Sorgen und
Unruhen, die mir hieraus erwachsen, zehren an meinen edelsten Kräf-
ten, die ich doch wohl weit würdiger zum Nutzen meines Amtes und
unseres Vaterlandes verwenden könnte.[1]

Er sah angewidert auf. Der Kerl, der ihm da schrieb, lebte mit zwei
Weibern zusammen und hatte in der Tat unerzogene Kinder. *Nach-*
teilige Lebensbegegnisse! Schulden und ein bitteres Leben – wer
konnte darüber nicht klagen?! Und der hochwürdige Herr aus Bezau hockte immer noch vor ihm. Herablassend freundlich wiederholte er: »Wir wünschen Hochwürden eine gute Reise nach Innsbruck zu seiner Familie.« Dem Kerl im schwarzen Rock musste man
Herr werden. Kaum, da ihm der Wunsch nach einem Goldkelch in
Erfüllung gegangen war, brauchte er schon eine neue Kirche. Metzler ließ seinen Atem lange und laut durch die Nase fahren. Sieben-
hundert Klöster hatte Joseph der Zweite aufgelöst, und sein Lebtag
war er gegen Pfaffenpomp, Andächteleien und Aberglauben vorgegangen. Eine schlichtere Form der Gottesverehrung wollte er, und
genau das hatte er am Kaiser gemocht – das Zivile, das Zurückhaltende, Überlegte. Er war in Kenntnis der Pläne aus Wien gelangt,

---

1   Bittgesuch des Dichters und Gelehrten Gottfried August Bürger
     (1747–1794).

nach denen die Diözesan- und Landesgrenzen in Einklang gebracht werden sollten, was mit dem Dahinscheiden Josephs nicht aus der Welt war. Geistliche sollten modern werden und neben der Lehre zum Glauben auch dafür sorgen, dass die Untertanen in Fleiß, Gehorsam und Moral unterwiesen wurden. Und auch den Kerzenzauber hatte er beseitigt, und die Anzahl der brennenden Kerzen am Altar war nun strikt reglementiert, ebenso wie die Zahl der Prozessionen. Herrje – warum musste dieser Joseph so früh vom Herrn heimgerufen werden? Er hätte noch viel mehr Gutes bewirken können. Er hob kühl den Kopf. »Noch ein Anliegen, Hochwürden?« Nun war es für den Pfarrer an der Zeit, seinen Trumpf zu spielen.

»Es gibt da noch eine Angelegenheit den neuen Lehrer betreffend.« Metzler senkte die Stirn.

»Lehrer? Den Madligger, den?«

»Ja, genau den.«

»Mhm. Und was ist seine Person betreffend anfällig?«

»Ich habe selbst und aus sicherer Quelle gehört, dass der Lehrer Madligger für die *Deutsche Monatsschrift* ein Abonnement hat. Der Postgänger hat es mir persönlich berichtet, und ich bin mir sicher, gerade das Amtswesen kann nicht umhin, hier tätig zu werden, denn ...«, er rang nach Luft, geriet beinahe in Rage, »... denn es sind subversive und verderbliche Schriften ... ich habe mich mit ihren Inhalten vertraut machen können ... man sollte ... nein, man muss sie verbieten! Ein Autor maßt sich gar an, in einem Gedicht von vier Absätzen zu erklären, was und wer Gott ist, man huldigt geradezu dem Protestantismus und lobt Friedrich den Zweiten dafür, welche vermeintliche Bildung er in sein Land gebracht hat ... in allem wabert der Geist der Revolution, das kranke welsche Treiben ... wir hören's doch jeden Tag, was in Frankreich vor sich geht. Dort soll es schon Diözesen geben, die das Hochamt in französischer Sprache abhalten, um die Gläubigen ... einzubinden!« Bei den letzten Worten hatte er sich leicht aus dem Stuhl gehoben. Der Ammann hatte regungslos zugehört und hielt den Kopf weiter gesenkt.

»Nun – auch ich habe ein Abonnement, und der Gamswirt, und offensichtlich noch einige mehr.« Er betonte jedes einzelne Wort: »Was will er also damit sagen?« Er hob die Stimme etwas an. »Etwa, dass ich ein Aufrührer und Revolutionär bin!?«

»Nein, nein!« Der Geistliche wand die Hände ineinander. »Aber in Frankreich geht es schrecklich zu. Es ist mir ein Anliegen, rechtzeitig sowohl Blick wie Widerstand den Aufrührern entgegenzustellen.« Die Stimme des Ammanns dröhnte.

»Ich habe keine Klagen über den Lehrer Madligger hören können, ganz im Gegenteil … ganz im Gegenteil. Wir wünschen Hochwürden eine gute Reise nach Innsbruck, und unsere allerfrömmsten Wünsche und Gebete werden ihn dahin begleiten«, wiederholte er ein drittes Mal und wendete sich dann wieder seiner Arbeit zu.

Hier war nichts zu holen, erkannte der Pfarrer und ging ohne einen Abschiedsgruß mit schwindligem Kopf nach draußen. Bis nach Hause lief er zu Fuß, verwehrte zwei Mal die Aufforderung, auf ein Fuhrwerk aufzusteigen und mitzufahren, und schrie, soweit er sich, außer von Gott selbst, unbeobachtet fühlte, seinen Zorn hemmungslos heraus. Er verfluchte und verwünschte alles, was ihm in den Sinn kam. Ach, hätte er doch nur Macht.

Ein paar Tage später hockte er auf einem Fuhrwerk, das von zwei Haflingern gezogen wurde. Es wackelte und rumpelte schrecklich. So hatte er sich die Reise ganz und gar nicht vorgestellt. Und dazu ging es erst einmal hinunter nach Lustenau, wo er eine erste Nacht im neu erbauten Pfarrhaus seines Mitbruders Lendinger verbrachte und sich alles genau ansehen musste – wie modern und gefällig alles geplant und gebaut worden war. Und bis in die Nacht hinein hatte er ihm damit in den Ohren gelegen, wie viel schwerer es gewesen war, die zweitausendvierhundert Gulden aufzutreiben, als den Bau letztlich zu errichten. Ein Drittel hatte die Obrigkeit gezahlt, ein weiteres Drittel die Diözese Chur und den verbleibenden Teil die Gemeinde selbst. Auch das Salbadern darüber, nunmehr zum Bistum Chur zu gehören und nicht mehr zum Landkapitel Bregenz, enervierte ihn, denn hinter dem wohlfeilen Gejammer steckte nichts anderes als Boshaftigkeit. Jeder wusste, dass Mäder, Ems und Ebnit nicht gerne bei der Bregenzer Gemeinde geblieben waren, weil sie unter dem Bischof von Chur weit besser versorgt gewesen wären.

Er blieb schweigsam, ließ seinen Lustenauer Bruder erzählen, trank den dünnen Wein und hoffte darauf, bald schlafen gehen zu können. Nur einmal spitzte er die Ohren, als es um den Streit zweier Amtsbrüder um ein Depositum für zwei Kühe ging.

Müde und mit saurem Magen brach er am nächsten Morgen auf. An der Poststation warteten einige Leute. Ein Kaufmann katzbuckelte um ihn herum, und sein anbiederndes Getue machte ihm auch keine bessere Laune.

»Oh, Hochwürden sind sicher auch viel unterwegs und werden mir zustimmen – es lässt sich wirklich für einen Reisenden nichts Gefahrvolleres denken als ein schwer bepackter, engspuriger, kurzer, mit einem elenden Verdeck versehener Postwagen, welcher über die schlechten Wege von den gröbsten Postknechten bei stockfinsterer Nacht fortgebracht wird, und der auf so mancher Tour teils mit, teils ohne Verschulden des Postillons umgeworfen wird. Aber nicht allein bei Nacht, auch bei Tage fällt dieses elende Fahrwerk oft um.« Das Geschwätz des Kerls von Ungemach und Unfällen blieb ihm zwei Tage lang. Die zweite Etappe hatte ihn bis nach Stuben gebracht. Von dort wechselte er drei Mal von Kutsche zu Fuhrwerk, bis er endlich in Landeck anlangte, von wo die Route dem Inn bis zur Stadt folgte, wo er am dritten Tag ankam. Die Erwartung der Stadt seiner Kindheit rührte ihn an, auch wenn ihm die Umstände der Reise erbärmlich erschienen.

Als er endlich aus der Postkutsche stieg, kam er sich fremd vor und schlimmer noch – das Fremde blieb. Seit die Mutter gestorben war, hatte seine jüngere Schwester den Vater aufgenommen. Er erkannte sie kaum wieder, so ausgezehrt, trocken und alt war ihr Gesicht geworden. Der Vater hockte in der Ecke neben dem Ofen, die Beine auf einem Bänkchen stehen, um dem kalten Steinboden zu entgehen. Er erzählte von früher, jedoch ohne einen Bezug zu ihm und seinem Leben. Er kam nicht vor, sein Leben kam nicht vor, sein Amt kam nicht vor, seine Entbehrungen für die Ehre der Familie kamen nicht vor, kein Stolz wurde hörbar, darüber, dass der Sohn ein geistlicher Herr geworden war.

Seine Schwester stellte ihm wortlos einen Teller Sterz mit Speck und Ei auf den Tisch, dazu ein Glas Most. Armselig, es war armselig, wie es schon immer armselig gewesen war. Sie erzählten und erzählten von sich, von der Vergangenheit, von ihren Gebrechen und den Schwierigkeiten des Alltags, vom Tod der Mutter, dem Sterben einiger Kinder und den Anfechtungen des Daseins. Keiner fragte nach ihm und seinem Leben. Weshalb sollte er von sich aus davon erzählen?

So wechselte er am nächsten Morgen auf die andere Seite des Inns und fand den Laden von Simon Schneider vor, wie er ehedem gewesen war. Etwas wenigstens war also geblieben, wie es war. Eine helle Glocke schlug an, als er die Tür auftat, und drinnen roch es nach Tabakrauch und Moder. Aufgeregt wartete er in dem schlichten Raum, von dem ein Gang nach hinten führte. Ein alter, gebeugter Mann kam bald von dort und begrüßte ihn mit einer tiefen Verneigung. Der Pfarrer erklärte sein Begehr, und sie gingen nach hinten. Zwei Kerzen brachten etwas Licht in den finsteren Gang. Vor einem düsteren Raum, der von zwei schweren Gittereisentüren gesichert war, blieben sie stehen. Mit einem langen schweren Schlüssel öffnete der Alte die Gittertür; es quietschte schrecklich. In abgeschabten Holzregalen längs der Wände befanden sich die Schätze. In der Mitte des Raums stand ein mehr als hüfthoher Tisch. Der Alte holte eine Kiste aus einem unteren Regalboden. Vorsichtig packte er ein Stück nach dem anderen aus und stellte sie auf den Tisch. Jedes Stück war in feine Seidentücher gewickelt, und um den

Glanz hervorzuheben, steckte er noch zwei moderne Argandbrenner[1] an. Die Blicke des Pfarrers fuhren von einem der Kunstwerke zum andern. Schnell, enttäuschend schnell, hatte er das Gefäß seiner Begierde entdeckt und führte seine Hand langsam zu dem Kelch, berührte ihn sanft und voller Vorsicht. Auf dem Fuß waren verschiedene Szenen zu erkennen: Christus am Ölberg, die Geißelung, Kreuztragung und der Kreuztod Christi. Florale Muster waren zwischen die Bilddarstellungen geflochten, und es gab keine glatte Stelle darauf außer die eines kurzen Streifens am oberen Rand. Gleich wie man ihn drehte – aus jeder Ecke reflektierte und blitzte es. Glück, pures Glück erfüllte sein Herz, und in Gedanken sprach er die Einsetzungsworte, hörte das Klingeln, sah im verwehten Dunst des Kirchenraums die Gemeinde knien, roch den Weihrauch – fast schwindlig wurde ihm. Er stellte sich vor, wie er das Stück nach oben hob, bis fast unter das Kirchendach. Ja, so würde es sein. Seine Lippen bewegten sich. *Símili modo postquam cœnátum est, accípiens et hunc prœclárum Cálicem in sanctas ac venerábiles manus suas: item tibi grátias agens, benedíxit, dedítque discípulis suis, dicens: Accípite, et bíbite ex eo omnes. Hic es enim calix sánguinis mei, novi et aeterni testaménti. Qui pro vobis et pro multis effundetur in remissiónem peccatórum. Hoc fácite in méam commemoratiónem.*[2]

Der alte Goldschmied wartete geduldig und unterdrückte ein Grinsen. Es war selten, einen Geistlichen derart fasziniert von einer Goldschmiedearbeit zu sehen. Handeln würde er mit dem Herrn

---

1   Öllampe von Aimé Argand (1783).

2   *Ebenso nahm er nach dem Mahl diesen erhabenen Kelch in seine heiligen und ehrwürdigen Hände, sagte dir Lob und Dank, reichte den Kelch seinen Jüngern und sprach: Nehmet und trinket alle daraus: Das ist der Kelch des neuen und ewigen Bundes, mein Blut das für euch und für alle vergossen wird zur Vergebung der Sünden. Tut dies zu meinem Gedächtnis.*

nicht. Zu deutlich hatte er seine Wahl getroffen. Es war ohnehin das teuerste Stück im Kasten und durchaus von hervorragender Qualität.

*

Weit entfernt von Innsbruck lag die alte Drieberin in einer düsteren Kammer. Das Madle sah oft nach ihr. Ihre Herrin hatte eine gute Art gefunden, mit dem Mädchen umzugehen, indem sie gar nicht erst versuchte, mit ihr zu reden, wie das all die anderen machten, und mit ihrem Wirrwarr aus Worten, Gesten und Gebärden erfolglos blieben. Veit tat es in einer derart äffischen Weise, dass es ihr einmal wirklich zu viel wurde und sie ihn mit dem Holzschuber so hart ins Kreuz schlug, dass er tagelang herumkroch wie eine Katze, die unter ein Fuhrwerk geraten war.

»Lass sie in Ruhe, du! Lass sie bloß in Ruhe, und wehe du rührst sie auch nur einmal an, du …!« Mit solch einer Härte war sie ihm noch nie begegnet, und nicht ein Quäntchen Mitleid empfand sie dabei mit dem Kerl, der immer gröber und dümmer zu werden schien. Die gierigen Blicke, die er der Kleinen zuwarf, waren ihr nicht entgangen.

Auch zu ihrer Tochter nahm die Distanz von Tag zu Tag zu. Die hatte daneben gestanden, als den Veit die Schläge trafen. Von da an mied sie jede Situation, die sie in Streit mit der Mutter gebracht hätte, und sah zu, ihr möglichst aus dem Weg zu gehen.

Die Drieberin spürte, wie ihre Zuneigung zu dem scheuen, stummen Ding von Tag zu Tag wuchs. Stets packte sie das Mädchen am Ärmel, zog sie dahin, wo sie sie haben wollte, machte ihr vor, wie die Dinge werden sollten, und die Kleine nahm alles schnell auf und erledigte ihre Arbeiten bald völlig selbstständig. Vor allem stellte sie keine dummen oder neugierigen Fragen, wusste nichts besser oder hing ihr gar eine schmutzige Rede an, wie sie es schon bei anderen Dienstboten erlebt hatte. Und wichtiger noch für die Drieberin: Sie hatte jemanden, zu dem sie sprechen konnte. Wenn sie beide alleine und unbelauscht waren, redete sie mit ihr in einer Art, als könne sie hören. So saßen sie manches Mal in der Stube oder draußen beieinander, und die Drieberin erzählte und erzählte alles, was sie umtrieb und jemals umgetrieben hatte – alles. Und die Kleine saß stumm dabei und blickte unbeirrt auf ihr Stickzeug oder andere Arbeiten. Einmal, nach einem ihrer Monologe, umarmte die Drieberin das Mädchen sogar herzlich und lange, und man hätte meinen können, sie wolle es gar nicht mehr loslassen. Wie ein lebloses Ding hing sie in ihren Armen und versuchte, ihr Erschrecken zu verbergen.

*

Den Lucas hatte die Begegnung mit dem Pfarrer auf der Straße derweil gänzlich verändert, und er war seither stiller geworden. Der Mathisbauer wusste inzwischen von der unschönen Begebenheit seines Knechts mit dem Schwarzrock und führte die Wesensänderung des jungen Burschen ganz richtig darauf zurück. Der nutzte jede Gelegenheit, in den Wirtshäusern und Schenken zu sein, um Dinge aus der fernen Welt zu erfahren. Das Geseier der alten Säufer, die immer nur über andere herzogen und ihr eigenes Elend bejammerten, interessierte ihn nicht. Er suchte die Nähe zum Lehrer Madligger, der zwei Mal die Woche in der Gams hockte und dort aus seinem Journal vorlas und erzählte. Öfter war er auch an der Schafferei vorbeigeschlichen, in der Hoffnung, dem Schaffer zu begegnen, was aber nie geglückt war. Schließlich raunte man sich zu, er hätte die ganze Welt schon gesehen und täte lesen. Einmal hatte er ihn im Wirtshaus danach gefragt, doch er war einsilbig geblieben und hatte nur gemeint, ein jeder müsse sich die Welt selbst ansehen, da sie für jeden eine andere sei, was seine Neugierde allerdings nur noch mehr beflügelte.

So hing er an den Lippen derjenigen, die aus der näheren Welt erzählten, und am liebsten hörte er die Geschichten aus Frankreich, von Königen, dem Volk, dem Adel, den Pfaffen und der Revolution. Einmal, als sie auf dem Rückweg von einem Viehmarkt im Rheintal in der Taube zu Alberschwende eingekehrt waren, hatte er das Glück gehabt, zusammen mit einem alten Kaufmann und seinen beiden Söhnen am Tisch zu hocken. Der Alte erzählte von der Kaiserkrönung[1] in Frankfurt, der er als junger Mann im zweiundvierziger Jahr beigewohnt hatte – ein grandioses Fest mit einem Fischstechen auf dem Main und einem Volksfest auf dem Römer, wo kein Wasser aus dem Brunnen floss, sondern roter und weißer Wein! Ungläubige Rufe wurden laut, manch einer lachte. Aber der Erzähler war nicht zu beirren.

»Doch, überall wurden Ochsen, Schafe und Schweine über den offenen Feuern an Spießen gedreht und gebraten. Nachdem für den Kaiser und die Fürsten Fleisch und Wein zum Römer gebracht worden war, erfolgte die Freigabe für das Volk – und es wurde Geld unter die Menge geworfen, die von dem allem wie betäubt und zugleich rasend war. Die Fleischer und Weinschröter waren wie losgelassene Wilde in die hochgebaute hölzerne Küche auf einen gebratenen Ochsen zugestürmt, und es entstand ein förmliches Scharmützel im Geviert um die Küche, und endlich brachten die Fleischer den ganzen Ochsen samt Kopf und Hörnern heraus. Ja, so war das damals.«

Lucas hörte dem Alten wie gebannt zu und meinte, den Ochsen gar zu riechen, das Geschrei zu hören und das saftige Fleisch zu schmecken. Wein aus Brunnen, ha! Er konnte nicht genug bekommen, und an einem anderen Tag, der Mathisbauer hatte ihn mit zum Viehmarkt nach Bludenz genommen, arbeitete er sich in der überfüllten Krone an einen umlagerten Tisch vor, an dem ein Salzhändler von Paris erzählte. Er hatte sich eine Kokarde ans Revers geheftet, wie es gerade dort Mode war, und erzählte von der Stadt und welcher innere Aufruhr die Menschen dort ergriffen hatte. Nichts war ihnen mehr heilig dort, nichts. Immer wieder tippte er an seine

---

1   Karl Albrecht von Bayern, Karl VII.

Kokarde und meinte, so sehe er aus, der neue Schmuck der Bürger. Sogar der Wirt Riedmiller hing an den Lippen des Kerls und bestaunte die Kokarde.

Lucas nahm auch diese Worte mit allen seinen Sinnen auf und begeisterte sich zunehmend für die Revolution, ohne annähernd zu wissen, was genau gemeint war mit diesem liberté, égalité und fraternité, auf das manche ganz verrückt waren, während andere darüber in Zorn gerieten. Was er mehr spürte als verstand, war aber die Tatsache, in einer Zeit zu leben, in der alles Alte umgewälzt wurde und es keine Macht gab, die dies verhindern konnte. Was gerade geschah, war tiefgreifender als nur der Tod eines Kaisers oder einer Kaiserin, mehr als nur ein Krieg, in dem die Menschen massakriert wurden. Nichts war mehr heilig, hatte der Händler gesagt. Ja, es musste so sein, denn dem Pfarrer in Bezau stand die Angst ins Gesicht geschrieben, und wenn so einer Angst hatte, musste etwas Furchterregendes in der Welt sein. Und noch etwas trieb ihn um: das Gefühl, gefangen zu sein, etwas zu verpassen, nicht Teil einer Welt zu sein, die großartig war und wild lebte. Er musste weg aus dem Bregenzerwald – weg.

Seine Arbeit verrichtete er nach wie vor zuverlässig, doch wenn er Zeit hatte, lag er in einer Ecke und träumte – von Frankreich und der Revolution, und eh er sich versah, wurde ihm dieses unbekannte Land und seine Revolution zur Sehnsucht. Fortan begann er, zu sparen und mied die Schenken, denn sein Entschluss stand fest: Er musste nach Frankreich. Zu Lichtmess würde er den Mathisbauern und seinen Hof verlassen, schweren Herzens, denn es waren gute Menschen.

Einige Tage später, als es sich beim Striegeln der Kühe im Stall ergab, tat er seinen Entschluss dem verblüfften Bauern kund. Der mochte den Kerl und redete auf ihn ein, machte sein Vorhaben lächerlich, beschwor die Gefahren, das Ungewisse und spürte doch die tiefe Entschlossenheit und Ernsthaftigkeit hinter dem Schweigen des Burschen.

Der Advocat

Es war ein düsterer, kalter Herbstmorgen. Um den Drieberhof lag heller Nebel, und nur die knarzigen Schreie einiger Krähen kamen ganz fern aus dem Dunst, der alles andere Geräusch schluckte. Die Drieberin ging in die Kammer der Schwiegermutter, um wie jeden Morgen nach ihr zu schauen, und sah im Halbschatten, wie deren linke Gesichtshälfte schlaff herabhing. Sie lächelte bitter und hob den Kopf dabei. Lange würde es nicht mehr dauern.

An einem der nächsten Tage war sie schon im Morgengrauen auf dem Weg nach Dornbirn, wo sie einige Einkäufe für den nahenden Winter zu erledigen gedachte. Sie hätte alle Sachen auch in Bezau und Schwarzenberg besorgen können, aber der eigentliche Grund für die Fahrt bestand darin, einen Advokaten aufzusuchen. Das Spiel erforderte einen neuen Zug, und sie brauchte ein Ass im Ärmel. Ihr Mann war nicht recht einverstanden mit ihrem Ausflug, denn er hätte die Kutsche und den Braunen für eine Fahrt nach Schwarzenberg benötigt, aber noch mehr wollte er einem Streit aus dem Wege gehen und so verschob er sein Vorhaben. Sie hatte darauf bestanden, dass der Veit mit ihr kam. Wenn er bei ihr war, konnte er zu Hause nichts anstellen. Sie würde ihn in das Wirtshaus hocken, dem Wirt Anweisungen und Geld geben und hatte somit ihre Ruhe.

Die Kutsche wackelte durch die Talschaft, sie ließen Andelsbuch, Egg und Alberschwende hinter sich, und dann ging es in den Tobel hinab, aus dem eine kalte Luft emporzog, und als der dunkle Wald endete, war der Blick auf die weite Ebene des Rheintals frei, wo in der von erhabenen Baumkronen zergliederten Ebene Kirchtürme und Häuser aufschienen. Ein Gefühl des Bedauerns ergriff ihr Herz, weil sie nicht öfter Zeit gefunden hatte, in die Stadt zu fahren, und die Ahnung, überhaupt viel verpasst zu haben, machte ihr die Brust eng.

Die Beklemmung löste sich, als sie in die Gassen der Stadt kamen und um sie herum lauter andere Fuhrwerke, Kutschen und Handkarren waren. So viele Menschen! Laut ging es zu. Nervöse Pferde wieherten, Kühe muhten aufgeregt, begleitet vom stoischen Blöken von Schafen und Ziegen. Die Händler schrien nach Kundschaft, und dazwischen gellten die Flüche der Kutscher. Es gefiel ihr.

Den Veit packte sie ins nächstbeste Wirtshaus, in dem es nicht weniger lauter zuging, und kurze Zeit später stand sie schon vor dem stolzen Bürgerhaus, in welchem der Advokat seiner Profession nachging. Die saubere, glatte Fassade des Gebäudes beeindruckte sie wenig; die vielen Bücher drinnen in der warmen Stube schon eher. Wer hatte Zeit, das alles zu lesen?

Franz Xaver Rechlin war ein schmaler Kerl. Sein Haupt war obenauf völlig kahl, und drumherum trug er eine Storchennestfrisur mit biederem Stolz. Sein devotes Gehabe war ihr fremd und unangenehm; unzählige Male verneigte er sich und umschmeichelte sie mit gefälligen Worten, während er sie zu dem gepolsterten Stuhl vor seinem Tisch führte. Seine Hände fuhren dabei um ihre Konturen, und fast hätte sie gemeint, er lange sie tatsächlich noch an. Umständlich nahm er selbst Platz und sah sie aus schmalen Augen an. Um seine dünnen Lippen schillerte ein gefährliches Lächeln, die spitze Nase war wie die eines Raubvogels ausgebildet und verlieh ihm einen Schuss Skrupellosigkeit.

Sie nestelte an ihrem Leinenbeutel und legte das Dokument vor, welches der Landammann Metzler so würdig gesiegelt hatte. Mit knappen Worten erläuterte sie die Sachlage aus ihrer Sicht: dass die Schwiegermutter bislang wie eingesperrt gelebt habe, ihre Schwägerin krank im Kopf geworden sei, deren Tochter Franzisca zu jung, zu unerfahren und unwillig sei und sie daher rechtzeitig um anwaltliche Unterstützung anfrage.

»Gott schenke meiner Schwiegermutter ein langes Leben«, endete sie.

Der Advokat lobte ihre Weitsicht, schon jetzt das Erforderliche einzuleiten, wo einem im Falle des Todes eines nahen Angehörigen doch jede Kraft dazu fehle. Ausführlich besprach sie nun mit ihm ihre Angelegenheit, zahlte ihm zwanzig Gulden vorab und tat danach ihre Einkäufe: Kerzen aus echtem Wachs um sieben Kreuzer, vier Bünde Unschlittkerzen zu jeweils zwei Kreuzern für die Kammer der Knechte und die Küche. Dazu kamen noch einige Meter Stoff, Wolle und Strickgarn für das Madle, das sie angemessen einkleiden wollte. Hübsch sollte sie daherkommen.

Der Advokat hockte nach ihrer Verabschiedung noch lange hinter seinem Schreibtisch und sann über den Besuch dieser eindrücklichen Bäuerin nach. So recht schlau wurde er daraus nicht, wenngleich seine langjährige Erfahrung ihm verriet, dass sich hinter ihrem unscheinbaren Ansinnen eine veritable Gaunerei verbergen musste.

Zerstreut wendete er sich einer anderen Arbeit zu – der gräflichen Konzession für die Inhaber der Mauzenmühle, die beabsichtigten, eine Wasserleitung durch das herrschaftliche Lehengut eines Nachbarn zu führen – und schrieb eine Beschwerde an das Kreisgericht in der anfälligen Sache. Wie ihn das alles langweilte.

Im Hauseingang wurde es laut, und er erkannte die Stimmen: der Bergmann und seine Schwester, die wieder viel zu früh zum Termin erschienen waren und nun draußen seine Magd bedrängten, unverzüglich vorgelassen zu werden. Missmutig schlurfte er zur Tür und rief hinaus, sie mögen wohl hereinkommen, die Herrschaften Bergmann und Konsorten.

Es ging um die Nachlassenschaft der Tante Katharina, die eine weltfremde und fromme Stickerin gewesen war. Ledig verstorben hatte sie ihr gesamtes Vermögen für die Stiftung eines Jahrtags[1] vorgesehen. Diese beiden vertraten nun die Ansicht, dass ihre Tante Katharina blödsinnig war, und stellten das Ansuchen, die

---

1 Gedenkgottesdienst gg. Gebühren.

Zeugen ihrer letztwilligen testamentlichen Anordnung zu vernehmen. Der Anwalt hatte die Gesuche bereits an den Landammann versendet und hoffte auf einen baldigen Termin, um die Leute loszuwerden.

Der Bergmann hatte ein grobschlächtiges Gesicht, in dem seine fauligen Zähne nicht sonderlich auffielen. Seine Stimme dröhnte unangenehm laut. Die Schwester dagegen war eine ganz und gar verdruckte Person, die ihre Bösartigkeit hinter schmalen grauen Augen verbarg.

»Was ist jetzt!?«, platzte der Bergmann hervor, noch bevor ihm der Advokat überhaupt einen Platz anbieten konnte. Er rückte einen zweiten Sessel heran und bedeutete den beiden, sich zu setzen. Auf dem Weg hinter seinen Schreibtisch erläuterte er mit ebenso langsamen Worten wie Schritten, er habe bereits alles in die Wege geleitet, und der Landammann würde einen Termin bestimmen, bei dem die Zeugschaft gehört werden sollte. Der Bergmann zeigte sich wie erwartet erregt.

»Ja blödsinnig war sie, blödsinnig war sie doch!« Er führte den Zeigefinger mehrfach zur Stirn. »Das ganze Vermögen für einen Jahrtag vermachen … he!? Das ist doch so blödsinnig … so blödsinnig. Dass sich die Herren Pfaffen nicht schämen tun …«

Der Anwalt hatte die Fingerspitzen seiner Hände gegeneinander gepresst und zog einen schmalen Mund. Das musste dem Bergmann als Antwort und Bestätigung reichen.

»Und was wird dabei herauskommen, bei der Sach … he!? … Herr Advokat. Was!?«

»Wie wir besprochen haben, werden wir eine Einigung anstreben. Die Hälfte des Vermögens erhalten die gesetzlichen Erben – das sind sie beide – und die andere Hälfte geht an die Kirche, die das Geld je zur Hälfte für Messen und für den Kirchbau verwenden wird – einhundertvierundfünfzig Gulden.«

»Ja – und wir müssen unsere einhundertvierundfünfzig Gulden ja auch noch teilen«, giftete die Schwester über den Tisch, als ob der

Anwalt dafür die Verantwortung tragen würde. Der sah sie mitleidig an.

»Und davon auch noch den Advokaten bezahlen«, ergänzte ihr Bruder. Rechlin sprach leise: »Nicht nur die Einnahmen, auch die Ausgaben teilen sich, was die Angelegenheit für jeden gerecht macht ...« Sein Blick heftete sich an einige Dokumente auf dem Tisch, und er tat so, als müsse er nachlesen. Leidenschaftslos fügte er hinzu: »Ja ... und natürlich die Zeugschaft beim Landammann ... das wird auch eine Kostennotiz nach sich ziehen. Zweiundsiebzig Gulden, dreißig Kreuzer erhält jeder von ihnen, und jeder von ihnen zahlt vierzehn Gulden und vierzig Kreuzer. Sie erhalten infolge meiner Konsultation ein jeder gut fünfzig Gulden.« Er sah die Frau an. »Ein hübsches Erbe für die ehrenwerte Frau Bergmann, die ihr Auskommen als Stickerin findet. Würde ich nicht für sie tätig, erhielten sie gar nichts. Ich finde – kein schlechter Handel ... für keinen hier am Tisch. Alle bekommen ihren Teil – Kirche, Erben, Landammann, Zeugen und der Advokat.«

Er spitzte den Mund, und die beiden blickten ihn scheel an. Es gab nichts weiter zu bereden, und er war froh, sie endlich los zu sein.

*

Kaum war die Drieberin zurück aus der Stadt, tauchte der Gnetzer auf. Über die Wochen hinweg, in denen der Himmel blau über den Weiden stand, die Grashalme sich hoch im Wind wiegten und den Liebenden Schutz boten, die Vögel sangen und laue Lüfte mit würzigem Duft durch die Siedlungen streiften, da hatte er in seiner Kammer gelegen. Seine Zehengelenke leuchteten in hitzigem Rot, und die Gicht fraß sich darunter in die Knochen. Kaum einen Schritt konnte er gehen und lag so in der schattigen Einsamkeit seiner Mühle, gefangen in einem Taumel aus Schmerz und Rausch, denn nichts half ihm wirkungsvoller gegen den Schmerz als der

Brand. Manchmal war ihm ganz wundersam und wohl zumute, immer dann, wenn das Delirium ihn Zauberwelten vor die Augen rief und der Schmerz in einem Stoß von bunter Fantasie zerfiel. Er aß kaum etwas in dieser Zeit und beinahe ausschließlich dünne Suppe, in der nur ein paar faserige Brocken von Geflügel und labberige Haut schwammen. Manchmal warf er den Blechnapf vor Zorn über seine Einsamkeit und die Marter, die er zu leiden hatte, an den Holzbalken.

Man sah ihm die Leidenszeit an, jetzt, wo er wieder herumzog. Sein Gesicht erschien kantiger, bleicher, giftiger. Er hatte eine Weile am Rand eines Wäldchens gewartet, den Drieberhof dabei im Blick. Als er den Drieber mit dem Einspänner in Richtung Andelsbuch davonfahren sah, lächelte er, rückte den Dreispitz zurecht und machte sich auf den Weg.

Die Drieberin war in der Stube und drückte dem Madle gerade das Strickgarn und die Wolle in die Hand, als er den Kopf durch die Tür streckte und mit einem ausschweifenden Gruß die Schönheit der zwei Frauen lobte.

»Halt er sein schlimmes Maul ... ich brauch das nicht, und das Wesen hier versteht eh kein Wort, und reden kann's auch nicht.« Er lachte laut auf, trat ein und setzte sich unaufgefordert an den Tisch.

»Soso, da hat das Ding also ein gutes Unterkommen gefunden und eine gute Lehrmeisterin dazu, wie ich sehe. Ich habe Euch lange nicht gesehen.«

Während er Allerweltskram redete, konnte er den Blick gar nicht mehr von dem Madle lassen. So ein junges feines Wesen. Die Vorstellung elektrisierte ihn, er könne oben am Stieglerhof seinen Austrag finden und dieses zarte Ding mit im Haus haben statt der alten Hexe, die ihn in der Mühle mit ihrem Stumpfsinn quälte. Die Dinge fügten sich gut, und gerne hätte er wieder laut gelacht.

»Ja, da hat er recht ... lange nicht gesehen ... was allerdings kein Schade war«, entgegnete die Drieberin harsch, ohne ihn auch nur eines einzigen Blickes zu würdigen. »Man hat ihn nicht vermisst, den Gnetzer.« Er kicherte leise und zwinkerte dem Madle zu, das ihn ohne Scheu ansah. Doch in ihr zitterte alles vor Furcht. Aus irgendeinem Grund machte er ihr Angst, wo sie doch meinte, jede Angst verloren zu haben.

»Was gibt es Neues, Gnetzer?«, fragte die Drieberin nun etwas weniger abweisend, um nicht allzu harsch mit ihm umzuspringen, denn es war fürderhin kaum zu vermeiden, sich mit ihm abzugeben. Er ächzte und fuhr sich mit der Hand über den Kehlkopf. Wortlos holte sie die Flasche Schnaps und schenkte kräftig ein. Nach dem ersten Schluck, dem er lange mit geschlossenen Augen nachschmeckte, begann er zu reden.

»Ah ja, die Zeit, sie geht dahin und mahlt alles zu Staub. In Lingenau hat der Neuwieler, einer aus dem Thurgau, die Löwenwirtschaft verkauft, an einen Bechter aus Hittisau. Man muss abwarten, wie er einschenken wird, der Neue. In Lingenau haben sie auch einen neuen Priester, der auf den Namen Ignaz Humpel hört, und obschon alle Täler von Pfaffen überquellen, greift das Verbrechen immer wilder um sich. Ehrenbeleidigungen, Einbrüche, Betrug, Raub – es ist eine Schand. Vielleicht liegt es ja am neuen Kaiser. Ein Metzger aus Nesselwang hat dem Konrad Eberle von Hittisau drei Kühe in die Alp übergeben und bis auf den Tag noch keine Bezahlung erhalten. Und die Barbara Rüscher, drunten vom Eschnerhof, die hat eine Vaterschaftsklage gegen den Peter Ratz gleich einem Advokaten aufgegeben.« Er lachte hässlich. »Jaja, so verrucht ist unsere Welt geworden, so verrucht. Ich hätt ja gerne zur Engelwirtin gehen wollen heut, aber sie ist gestorben, die gute Maria Meusburger; unter dem Namen habe ich früher oft mit ihr getanzt, bevor sie diesen grunzligen Greber zum Mann genommen hat, der nicht hat wirtschaften können. Und – wie geht es so voran in der Sache, die unser beider Geschäft betrifft?«

Ihm war nicht entgangen, wie sehr die Drieberin ihre Aufmerksamkeit dem Madle schenkte. Einige Male griff sie ihr in die Hände und zeigte ihr, wie sie das Strickgarn abrollen sollte, und er registrierte, wie behutsam sie dabei mit dem jungen Ding umging. Er lächelte für sich und schob den Dreispitz ein Stück in den Nacken, wodurch seine spitze Nase besonders hervortrat. Sie sagte: »Kannst ja hinter in die Kammer gehen und der Alten einen Besuch abstatten.« Er winkte ab.

»Jesusmaria und alle Schutzheiligen … ich weiß sie hier gut versorgt, und mich hat sie noch nie zu Besuch sehen wollen … also!?« Sie wendete ihm das Gesicht abrupt zu und fuhr ihn an: »Also?! Was meint er damit!? Es gibt kein *also*, Gnetzer! Ich habe ein Stempeldokument vom Landammann, so wie wir es besprochen haben. Die Alte liegt hinten mit taubem Gesicht, ein Advokat wird sich um alles kümmern – wenn es denn an der Zeit ist, versteht er: Wenn es an der Zeit ist! Hock mir nicht hier herum und treib er Dinge voran, die von selbst ihren Gang gehen.« Er versteckte seinen Ärger hinter einem hellen Kichern und sagte beschwichtigend: »Gar nichts will ich treiben, Drieberin, gar nichts. Ich sehe ja, es steht gut um alles, Ich will euch nicht länger im Weg sein, und wenn es soweit ist, werd ich es schon erfahren, und der Stieglerhof ist mein. Ich freu mich auf den Tag … ich freu mich auf den Tag. Nun gut …«

Er zwinkerte dem Madle noch einmal zu, stand mühsam auf und hinkte hinaus, ohne verabschiedet worden zu sein. Durch das offene Stadeltor entdeckte er den Veit, der gerade mit dem Aufrichten eines Fuhrwerks befasst war. Er sah dem groben Kerl eine Weile mit aufgesetzt freundlichem Gesicht zu und rief ihn schließlich zu sich heran.

»He, Bursch! Bursch, komm her … komm her.« Der junge Kerl stellte seine Arbeit ein und sah unschlüssig zum Gnetzer. Was wollte er von ihm? Der Gnetzer langte mit seiner Hand tief in die Manteltasche und brachte eine Handvoll blinkender Kreuzer hervor, die er einen Moment lang in der offenen Hand hielt und dem Veit dann fest in die Hand drückte. Verständnisvoll tätschelte er ihm die Schulter.

»Für dich, Veit. Bist ein prima Bursch … bist ein fleißiger, gscheiter Bursch … hol dir beim Gamswirt ein paar gute Becher Wein heut Abend. Hast es nicht leicht grad, ich weiß. Ich weiß schon, gar nicht leicht, ahh, man kann es ja eigentlich auch gar nicht verstehen, ha!? Kaum kommt so ein fremdes, dürres Ding ins Haus, ohne Herkunft, ohne Sprache, ohne Gehör, und schon kennt die eigene Mutter einen kaum mehr. Jessesjessesjesses … hab des schon gleich gesehen in der Stub drin, Veit, grad einen Narren scheint sie an ihr gefressen zu haben … naja … aber bist ja schon ein großer Kerl, wirst eh bald heiraten, naja …« Er lachte anbiedernd. »Hast schon eine, ha … he?!« Er gab dem Verdutzten einen deftigen Schlag gegen die Schulter, drehte sich um und ging.

Sein Besuch war viel besser gelaufen, als er gedacht hatte. Den Stieglerhof, den hatte er schon so gut wie in der Tasche, da konnte die Drieberin machen, was sie wollte; selbst ein Advokat konnte ihr da nicht mehr helfen. Eigentlich hatte er ihr ein wenig von ihrer ehemaligen Hausmagd erzählen wollen, die mit den schwarzen Haaren und der braunen Haut, die in Schwarzenberg ein Unterkommen im Adler gefunden hatte, mit ihrem Buben, der fleißig ausschenkte und die Viecher versorgte. Ob sie wusste, was die Leut so dachten und redeten, wenn sie den Drieber und den Burschen zusammen auf dem Markt sahen? Er lachte laut in den Himmel und schickte einen Juchzer hinterher. Er war sich sicher – im Gemüt des Veit hatte er ein schönes kleines Feuer angezündet, und für die Geschichte mit der Schwarzenberger Magd war immer noch Zeit. Man sollte nicht zu viel Pulver auf einmal verschießen.

*

Ende Oktober war Franzisca drunten im Dorf, um einige Besorgungen im Laden vom Muxler zu machen, als draußen ein Gefährt vorbeizog und der Muxler nebenbei bemerkte: »Ah, der Schaffer ist zurück.« Schnell eilte sie hinaus und rief ihm nach, zu warten.

Er hielt unversehens und kletterte umständlich vom Bock, da der lange Mantel sich öfter verfing. Er fluchte und stand etwas ratlos vor ihr.

»Soll ich dich mitnehmen?«

»Nein, nein, ich muss wieder in den Laden zurück. Aber ... ich muss mit dir reden.«

»Mit mir reden? Machst du doch schon.« Sie sah sich um.

»Nein, nicht hier. In Ruhe reden.«

»Nicht hier? Na gut ...«

»Wann bist in der Schafferei? Ich komm dich besuchen. Du musst mir etwas erzählen ... über meinen Vater.«

»Über deinen Vater?«

»Ja, Herrgott, jetzt plapper mir doch nicht alles nach! Warst du zu lange mit den Schafen zusammen?! Bist heut in der Schafferei?« Er schaute verdutzt drein.

»In der Schafferei? ... Jaja ... kannst kommen«, sagte er immer noch etwas verwirrt und stieg, als sie sich umdrehte und ohne Gruß zurück in den Laden ging, wieder hoch auf den Kutschbock, schnalzte mit der Zunge und trieb das Maultier an.

Noch vor der Dämmerung machte sie sich auf den Weg zur anderen Seite des Tals. Die Schafferei lag geduckt unter den gelben Laubkronen der Büsche und Bäume. Der Holunder trug schwere Träubel mit schwarzen Beeren, und die Schlehen und Felsenbirnen rundherum hingen ebenso voller Früchte. Im Tal stand der Rauch aus den Schloten, er roch würzig, nach Geborgenheit und Ruhe, und droben in den Felsschluchten, da lauerte schon der Winter.

Der Schaffer war im Stadel beschäftigt. Am Nachmittag hatte er ein Schaf geschlachtet und hievte den abgezogenen Leib gerade an einem Seil ins Dachgebälk, wo er unerreichbar für Katzen, Hunde und anderes Viehzeug war. In der Nacht würde der noch warme Tierkörper auskühlen.

Sein alter Hirtenhund lag auf einem zerfetzten Schaffell und hob nur müde den Kopf, als Franzisca den Hof betrat. Er war satt und zufrieden. Franzisca wartete im offenen Stadeltor bis der Schaffer mit seiner Arbeit zu Ende gekommen war. Er streifte die weiten Hemdsärmel bis weit über die Ellbogen zurück und wusch sich in einem Holzzuber. Ohne ein weiteres Wort ging er ins Haus, Franzisca folgte ihm.

»Da, setz dich«, sagte er, als sie die Stube betraten, und holte einen Becher Wasser. Er hob ihn fragend an, sie schüttelte den Kopf.

»Was willst?«, fragte er und setze sich. Den ersten Becher trank er in einem Zug aus, den zweiten ebenso und verzog anschließend sein Gesicht zu einer Miene, die auf Schmerz schließen ließ. Sie war sich nicht sicher, ob es wirklich Wasser gewesen war, das er da trank.

»Du hat mir von einem Versteck in unserer Küche erzählt. Was hat es damit auf sich?«

»Warum willst du das wissen?«

»Weil es mich etwas angeht, was in meinem Haus vor sich geht.« Er zog die Stirn in Falten und lächelte.

»Hoho – dein Haus ... soso, dein Haus.«

»Was hat es damit auf sich?«, wiederholte sie ihre Frage.

»Hast du schon nachgeschaut? Ist noch alles da?« Seine Direktheit irritierte sie, und sie wusste nicht so recht, was sie darauf antworten sollte.

»Ja, ich habe nachgeschaut, aber ich weiß nicht, was *alles* ist.« Er verzog den Mund und nippte am Zinnbecher.

»Dreihundert Dukaten sollten es sein. Dafür reicht das Arbeitsleben einer Magd nicht aus.«

»Sag mir endlich ... woher ist das Geld?«

»Ist noch alles da gewesen?« Sie wurde ungehalten.

»Ja. Ich denke schon. Gezählt habe ich es noch nicht, doch es könnte stimmen. Es hat schrecklich gestunken, das alte Fett ...«

»Das glaub ich wohl«, lachte er.

»Woher wusstest du von der Stelle in der Küche?«

»Weil ich es war, der es da seinerzeit versteckt hat.« Sie sah ihn mit ihren großen Augen an und schüttelte den Kopf. Es musste eine umständliche Arbeit gewesen sein, das Loch da ganz hinten zu graben.

»Wann war das … *seinerzeit*?« Er stand auf, streckte seinen Arm aus und kreiste mit der Schulter, die ihm Schmerzen bereitete.

»Als du geboren wurdest … einige Tage darauf war es … da habe ich es in der Küche versteckt. Dein Vater hat mich und meinen Kumpan damals aufgenommen, du kennst ihn von den Jahrmärkten und Gerichtstagen her – es ist der Ameisler. Bei der Leich vom Vitus war er zuletzt hier, aber er ist ein rechter Seebrünzler geworden, weil es ihm da wärmer ist. Seit wir von der See zurück sind, braucht er die Wärme … aber wie auch immer. Wir kamen damals von einer langen Reise zurück, und er war krank und ich ohne Kraft. So viele Stürme haben wir überlebt und so viele Fieber – und ausgerechnet hier hat es ihn dann arg erwischt. Vielleicht war es auch die innere Aufwallung, wieder nach Hause zu kommen, nach so vielen Jahren. Dein Vater war gerade auf dem Rückweg von Bregenz, wohin er eine Ladung Rebstecken gebracht hatte. Er hat recht geschaut, als er mich erkannt hat, und nahm uns mit zu eurem Hof … wo du am nächsten Tag geboren wurdest.«

»Woher stammen die Münzen?«

»Von mir.« Sie schnitt ihm eine Grimasse.

»Ja schon von dir … aber wo hast du es her? So viel …« Er stand auf und sah aus dem Fenster. Draußen wurde es zunehmend dämmrig, und er zündete zwei der Wachskerzen an. »Wenn es deines ist, dann hol es ab«, sagte sie entschlossen, nachdem sie vergeblich auf eine Antwort auf ihre Frage gewartet hatte. »Nachtragen werde ich es dir nicht.« Er schüttelte den Kopf.

»Nein, nein … es ist dein … es war für deinen Vater bestimmt, aber er hat es nicht annehmen wollen, doch ich habe darauf bestanden und gesagt, es soll für das Neugeborene sein. Damit hatte er keine Schwierigkeiten und hat es mich verstecken lassen. Er wollte es dir sagen, wenn du alt genug bist, aber dann …« Sie verstand überhaupt nichts mehr.

»Er hat es gewusst?«

»Ja, natürlich. Es ist dein Erbe.« Er hob beide Hände zu einer abwehrenden Geste. »Ich habe damit nichts mehr zu tun.«

Sie schwieg eine Weile. Er nippte an seinem Becher und sah sie über den Rand hinweg an.

»Und wieso so viel Geld?«, fragte sie.

»Ich fand es gerecht, und wir hatten selbst genug.« Sie schüttelte den Kopf.

»Und woher weiß die Drieberin von dem Geld?«, fragte sie. Er zuckte wie elektrisiert zusammen und musste husten, weil ihm ein Schluck den Atem nahm. Tränen rannen ihm über die Wangen in den Bart. Grob wischte er sie ab.

»Die Drieberin?«, fuhr er heiser auf.

»In der Küche hab ich sie überrascht, als sie mit einem Schöpflöffel den Boden abgeklopft hat … erst da habe ich mich wieder an deine Worte erinnert und die Stelle unter dem Ofen geöffnet. Bis dahin hielt ich es für einen rechten Schmarrn. Sie kam ja oft, um die Großmutter zu besuchen … man erzählt sich, sie wäre bei uns nicht recht versorgt worden, aber das ist nicht so.« Er winkte ab, um ihr zu signalisieren, dass er von dem Gerede wusste und nichts darauf gab. Nachdenklich flüsterte er vor sich hin: »Die Drieberin … die Drieberin … den Küchenboden untersucht, sagst du?«

»Ja. Sie hat ihn abgeklopft … wie auf der Suche nach einem Hohlraum. Ich bin früher als gedacht von den Ziegengattern zurückgekommen und habe sie auf dem Boden herumkriechen sehen. Bis unter das Holzloch hat sie es wohl nicht geschafft.«

»Mhm … demnach wusste sie nur von der Küche … aber auch das ist schon zu viel. Woher sollte sie davon erfahren haben? Mhm … die Drieberin … ich werde nicht schlau daraus!?«

»Wo hast du es her?«, fragte Franzisca nun ganz ruhig. Es brauchte eine Weile, bis er ihr antwortete, weil ihn der Gedanke an die Drieberin umtrieb. Vielleicht der Gnetzer, überlegte er und zog dabei die Stirn in Falten. Er atmete einige Male schwer, bevor er sprach: »Woher das Geld ist?«

»Ja.«

»Der Ameisler und ich waren auf einem englischen Schiff. Es ist mein Anteil an einem Schatz. Der Vitus war am Anfang auch dabei, aber er hat die Berge vermisst, seine Alp, die Viecher und den Wechsel von Winter zu Frühjahr und Sommer zu Herbst.« Er zuckte mit den Schultern. »So sind sie eben, manche Menschen. Es ging ihm nicht gut auf dem Schiff, und er ist lange vor uns zurückgekehrt.«

»Klebt Blut an den Dukaten ... deinem Schatz?«

»Nein ... nein«, log er weiter und wich mit einem Gerücht aus. »Als ich einen Teil davon in Dornbirn einsetzte, um meine Schafherde zu kaufen, wollte man auch wissen, woher ich das Gold hätte. Von einsamen Inseln wurde da fantasiert. Ich erzählte, es stamme aus einem Versteck in den unterirdischen Gängen des Schlossguggerhauses, wo ehemals die Luger, Diems und Huber ihr Gold und ihren Schmuck während Kriegszeiten versteckt hätten.« Sie fixierte ihn, und er versuchte, mit ein wenig Klamauk zu entkommen, redete dummes Zeug und lachte selbst darüber. Schließlich merkte er, dass es Zeit war, einen Teil der Wahrheit preiszugeben. »Ich habe das Loch unter dem Ofenloch nicht gegraben, Franzisca ... es war schon immer dort, und ich wusste davon. Von daher war es gar nicht so schwierig – seinerzeit – das Gold dort unterzubringen.«

»Und woher wusstest du von diesem Versteck und dass es immer schon da war?«

»Es ist lange her, ich war ein junger Bursch, dein Vater und deine Muhme, sie waren auch nicht viel älter als ich. Ich war oft in eurem Haus ...«

»Wegen der Tante ... Elisabeth?«

»Ja. Und sie war es, die mir einmal von dem Versteck unter dem Ofen erzählte ... und einmal hat sie gesagt, sie habe dort etwas für mich versteckt. Ich räumte also bei einer guten Gelegenheit die

Holzscheiter hervor, kroch hinein, lockerte den oberen Stein und tatsächlich ... da war etwas für mich. Seither wusste ich von diesem Versteck. Weißt du, ich war immer gerne bei euch droben, bei deinem Vater. Wir mochten uns. Als der Ameisler und ich viele Jahre später von der See zurückkehrten und er uns von Bregenz her mit zu sich auf den Hof nahm, da war es nicht so ganz einfach. Viel war geschehen in der Zwischenzeit. In der Nacht bevor wir weiterzogen, stand ein Tiegel mit ausgelassenem Fett auf dem Ofen, den man über das Unwetter und deine Geburt vergessen hatte. Ich legte die Goldmünzen in einen eisernen Topf, goss das Fett darüber und schob ihn in das Loch. So einfach war es. Später sagte ich es dann deinem Vater, der aber nichts davon wissen wollte.«

»Und meine Tante ... Elisabeth?«

»Oh nein, sie wusste nichts davon. Wir waren damals plötzlich verschwunden – ohne jedes Wort sind wir zur See – und sie hat sich arg darüber gegrämt.

»Mhm.«

»Nein ... nicht nur gegrämt. Sie hat mich lange nicht sehen wollen, als ich damals zurückgekehrt bin.« Franzisca verstand.

»Du hättest ihr schreiben können ...« Er stand auf und lief herum.

»Das habe ich ... oft sogar. Sie hat die Briefe nie erhalten ... weiß der Teufel, warum ... es ist lange her und Vergangenheit. Jetzt geht es um die Zukunft, und du musst aufpassen, Franzisca. Ich spüre es – ungute Dinge gehen vor sich. Saturnus hat mit seiner Erhöhung gegen Mitternacht den freundlichen Jupiter untergedruckt, und Mars glühte zuletzt rot.« Sie zuckte mit den Schultern.

»Es sind Sterne am Himmel und sehen sich wunderbar an.« Er ließ es sein, mit ihr über deren Bedeutung zu reden.

»Wie willst du mit dem Hof zurechtkommen? Du wirst es nicht alleine schaffen. Die Mutter ist dir keine Hilfe mehr.«

»Ich kümmere mich nicht um deine Schafe ... lass du mich somit meine Sach tun«, entgegnete sie spitz. »Du kannst einen ganzen Schatz verschenken, so reich bist du. Wieso hast du ihn nicht meiner Tante geschenkt … als Gegengeschenk. Was hat sie in das Loch hineingetan, für dich?«

Er wich aus. »Es gibt Schätze, die man auch nicht mit einem Beutel Goldmünzen gleichsetzen kann. Nein … es war so, wie es war, und es ist gut so, und deine Sach, die lass ich dich schon tun, aber du warst es doch, die hierher gekommen ist, von daher musst du dir auch anhören, was ich zu sagen habe.«

»Warum hat der Vater die Münzen nie angerührt? Er hätte sie gut gebrauchen können.« Er verzog den Mund.

»Mhm … vielleicht hat er es einfach vergessen. Ich will dir einen Rat geben, Franzisca. Bringe sie dem Salomon in Hohenems. Er wird nächste Woche auf dem Markt in Dornbirn sein und dir alles ehrlich und gut verwalten, wenn du ihm sagst, dass ich dich geschickt habe, und er soll so verfahren wie beim alten Vitus.« Sie antwortete nicht darauf.

*

Eine Woche später hockte sie zwischen Kisten und Fässern auf einem mit Sackleinen aufgepolsterten Sitz auf der Fuhre des Tabakhändlers Kaspar Moosbrugger, der sie gerne mitnahm. Noch vor der Morgendämmerung brachen sie auf, und ein heißer Stein, den sie sich an den Bauch und gegen die Brust drückte, wärmte sie während der Fahrt gegen die Kälte.

Am Vormittag erreichten sie die Stadt, in deren Gassen es brodelte. Dabei hatte sie vermutet, die eisige Kälte hielte die Leute zu Hause in den warmen Ställen und Stuben. Das Gegenteil war der Fall, und es schien ihr, als würde verrückter gezecht, getanzt und gehandelt als auf den Märkten im Sommer. Es war mühsam, in den engen, verwinkelten Gassen voranzukommen. Immer wieder verstopften Fuhrwerke den Weg, und die Kutscher schrien sich einander wilde Flüche zu und ließen ihren Zorn an den Viechern aus. Rauchschwaden der offenen Feuerstellen hingen in der Luft und banden den Geruch von gekochtem und gegrilltem Fleisch. Am Rand des Marktes wurde schon seit Sonnenaufgang ein ganzer Ochse am Spieß gedreht, und der erste Schimmer einer braunen Kruste ließ Franzisca das Wasser im Mund zusammenlaufen. Über dem ganzen Geschrei der Menschen und Viecher lagen die hohen Laute der Dudelsäcke, Flöten und Drehleiern. Ihre Augen waren auf der Suche nach dem Juden Salomon, doch daneben hatte sie noch ein anderes Interesse: Jakob. Etwas enttäuscht entdeckte sie sogleich den Juden vor dem Wirtshaus. Von Jakob war weit und breit nichts zu sehen.

Schüchtern sprach sie den Mann mit der Kippa, dem faltigen Umhang und dem langen grauen Bart. Der jedoch blieb distanziert, sah an ihr vorbei und fixierte etwas in ihrem Rücken.

»Was will die junge Frau von mir? Sie ist hier falsch«, blieb er ablehnend.

»Der Schaffer hat mich geschickt. Er meinte, ihr werdet mein Geld ehrlich und gut verwalten, und ich solle sagen, ihr sollt es so wie beim alten Vitus machen.« Die Erwähnung des Schaffers veränderte die Haltung ihres Gegenübers in der Tat.

»Ah, der Schaffer… wie beim alten Vitus, hat er gesagt?«

»Ja … wie beim alten Vitus.« Salomon nahm sie vorsichtig beim Ellbogen und leitete sie aus der Menschenmenge hinaus ins Wirtshaus. Allerdings betrat er nicht die Wirtsstube, sondern öffnete eine Holztür im Gang zu einem schmalen Raum, der abseits des Markttreibens lag. Die Stille dort war wohltuend. In der Ecke stand ein Tischlein, dahinter ein Lehnstuhl mit ausgesessenem Kissen und drei Stühle davor. Sie kramte umständlich ein Leinensäckchen mit den Münzen hervor, das sie unter ihrer Schürze versteckt hatte. Er nahm es und nickte anerkennend mit dem Kopf, als er es in der Hand wog. Gekonnt leerte er das Säckchen auf dem Tisch aus.

»Sieh an, sieh an … das habe ich schon einmal gesehen, aber das ist viele, viele Jahre her.« Er blickte die Summe abschätzend auf die Münzen und sah sie danach etwas verwundert an. »Mhm … sie ist eine wohlhabende, reiche Frau«, stellte er fest und fragte, während er auf zwei, drei Goldstücke blickte, die er in seiner offenen Hand liegen hatte: »Was will sie davon haben?« Sie erschrak geradezu über seine Frage, denn sie war gekommen, weil sie eben nicht wusste, was sie mit dem Geld tun sollte.

»Ich weiß es nicht ... deshalb bin ich ja hier.« Er wiegte den Kopf, spielte mit seinen Lippen und sagte nachdenklich: »Du kennst ja die Geschichte in eurem Buch, von den Talenten[1].«

»Ja, natürlich ...« Er sah weiterhin auf das glänzende Metall.

»Gut. Einen Teil, den geringeren, werde ich für die junge Frau verfügbar halten.« Er sah sie an und hielt ihr beide Handflächen entgegen. »Weiß man, was kommen wird? Gerade in diesen Zeiten nicht. Den größeren Teil werde ich für etwas verwenden ... wollt Ihr wissen, wofür?« Sie schüttelte den Kopf und war zufrieden, das Geld losgeworden zu sein. Er schrieb ihr fremde Zeichen auf ein Blatt Papier und schob es ihr über den Tisch. »Egal was sein wird – gebt dies einem meiner Brüder, und Ihr erhaltet Kredit darauf. Man wird mich informieren, und ich werde es in meinen Büchern nachtragen. Und mit dem Kapital ... einen Teil verfügbar, einen Teil sicher in Geschäfte verwahren, und mit dem letzten Teil werden wir ein wenig wagen wollen.« Sie sah ihn skeptisch an.

---

1   Matthäus 25, 14–30.

Ein Jahrlohn

Der Winter kam unerwartet schnell und sogleich mit einer wilden Unbarmherzigkeit. An einem der ersten Novembertage zogen dunkle Wolken auf, und ein eisiger Wind trieb über die Gipfel und fuhr giftig in alle Ecken. Alles, was seine frostigen Krallen ergreifen konnten, fasste er an. In den Nächten rüttelte er an Fensterläden, Türen, Schindeln und Stadeln und tat dabei, als riefe er: Glaubtet ihr, ich sei für immer fortgewesen, und hängt ihr euren süßen Träumen noch nach, die ihr unter duftenden Fliederbüschen im warmen Gras geträumt habt?! Ich bin wieder da, ja, ich bin wieder da und werde es euch spüren lassen!

Viele Alte lagen in ihren klammen Betten und stöhnten, weil ihnen seit Tagen alle Glieder zogen, dass es ein Erbarmen war. Erst nach einigen Nächten ließ das Ungestüme nach, und zum Morgen hin wurde es still. Schnee fiel und deckte das Stöhnen und Ächzen zu. Mit der sanften Stille kam und blieb eine mitleidlose Kälte, die bitterlich in alles stach, was keinen Schutz finden konnte.

An Martini betrat der Mesner das Büro des Pfarrers und stand eine Weile verlegen da, als der Pfarrer ihn zerstreut fragte, was er denn wolle.

»Martini ist heut, Hochwürden.«

»Ja, Martini. Natürlich ist heute Martini, und weil es so ist, so hat er recht.«

»Der Jahrlohn steht an … ich bin wegen meinem Jahrlohn gekommen«, sagte der Mesner auf den fragenden Blick des Pfarrers hin nun mit etwas gefassterer Stimme, und um weitere Fragen entbehrlich zu machen, ergänzte er: »… zwei Kreuzer für jede Gemeindeseele, Herr Pfarrer, zwei Kreuzer … wie jedes Jahr eben … an

Martini.« Der Pfarrer sah ihn grimmig an und schüttelte den Kopf, was den Mesner innerlich aufbrachte, denn es war nicht üblich, dass man um seinen Lohn betteln musste. Darum wiederholte er: »Zwei Kreuzer für jede Gemeindeseele, so ist es ausgemacht und gültig.« Der Pfarrer wurde unwirsch und fuhr ihn an: »Jaja, natürlich ist es ausgemacht und gültig, was denn auch sonst, aber … komm er morgen wieder.«

»Nein, heute, der Herr Pfarrer!«, bestand der Mesner auf seinen Jahrlohn. »Morgen bin ich beim Schwager zu Egg, dem ich ein geliehenes Geld zurückzahlen muss … heute.« Mürrisch stapfte der Pfarrer durch das Amtszimmer, schaute ein paar Mal unwillig zum Mesner und holte schließlich ein Säckel mit Münzen aus dem Eisenschrank. Geduldig zählte er den Lohn ab. Der Mesner zählte den Betrag noch einmal sorgsam nach, was er noch nie getan hatte, da der Jahrlohn bisher immer samt Quittierung zu Martini bereitgelegen hatte. Als er fertig war, wünschte er Gottes Segen und ging davon.

Das Geschehen wurmte ihn. Zogen da wohl neue Sitten ein bei den geistlichen Herren? Still schimpfte er in sich hinein. Vom Mann der Schwägerin seines Bruders, der Lehrer in Lingenau war, wusste er, dass er gegen die eigene Geistlichkeit sogar vor Gericht klagen musste wegen ausständigem Liedlohn. Waren das etwa die neuen Zeiten?! Und der Pfarrer, der wurde eh immer seltsamer und mürrischer, wo doch alle geglaubt hatten, wenn er endlich seinen goldenen Kelch haben würde, würde er mit seinem Schicksal besser zurechtkommen und wieder umgänglicher werden. Was konnten sie denn dafür, dass man ihn hierher geschickt hatte, in diese entlegene Talschaft, anstatt in eine große Kirche, in der er neben einem Bischof, Weihbischof oder gar Kardinal konzelebrieren konnte. Die Köchin des Pfarrers erzählte auch ganz seltsame Geschichten; dass er in den Nächten manchmal lang in der Kirche weile und Kerzen anzünde und mit dem neuen Kelch rundherum ginge, und sie gar nicht wisse, was er da genau tue, denn eine Messe sei dergleichen ja wohl kaum.

In der Tat war der Pfarrer seit seiner Reise auffällig mürrisch und unzufrieden, was vor allem deshalb unangenehm war, weil er es vor den Menschen, die nächst mit ihm zu schaffen hatten, nicht verbarg. Der Goldkelch, den er aus Innsbruck mitgebracht hatte, war auf keine großartige Resonanz in seiner Gemeinde gestoßen, so wie er es erhofft hatte. Diese Ignoranz kränkte ihn, und er fühlte sich umso mehr allein, als dass seit seinem Besuch in Innsbruck auch die Vorstellung einer entfernten Heimat keine mehr war. Trost, alleiniger Trost war für ihn dieses goldglänzende Gefäß, das eine geradezu magische Anziehungskraft auf ihn entfaltete. Es war ihm gänzlich unmöglich geworden, an den Abenden zu Bett zu gehen, ohne noch einmal im Dunkeln hinüber in die Kirche zu schleichen, verstohlen eine Kerze anzuzünden und den Kelch zu greifen, ihn im warmen Lichtschein zu drehen und mit den Fingern jede Furche, jede Erhebung zu ertasten. Das kalte Metall mit dem warmen Schein löste Verzücken in ihm aus und steigerte seine Verachtung gegenüber der Gleichgültigkeit der Menschen.

Und dieser impertinente Mesner, der auf seinem Jahrlohn herumpochte und dem jedes Gefühl dafür fehlte, wie teuer der Bau einer neuen Kirche sein würde. Zwei Kreuzer je Gemeindeseele!

Die Veränderungen an ihm waren augenscheinlich, doch niemand in der ganzen Gemeinde hatte eine Erklärung dafür. Seine Stimme, seine Haltung, wie er ging, wie er dastand, wie er dreinblickte – all das war anders. Ja er schien entrückt, war ganz in sich gekehrt – so sahen es die einen. Andere wiederum nahmen seine Launen wie den Gang der Dinge, bei welchem der Tag auf die Nacht folgte und der Regen auf den Sonnenschein. Die Menschen waren so wie sie waren, und geistliche Herren – sie kamen und gingen.

Das vermeintliche Entrücktsein des Pfarrers war hingegen nichts anderes als die Abwendung von den Menschen; in ihrem Dasein spiegelte sich ihm das seine, und es bereitete ihm Abscheu, da ihm daraus die Erkenntnis erwuchs, nicht um einen Deut anders zu sein als sie. Er haderte mit seinem Leben – die vielen Sommer, deren Wärme er nicht genossen, die Blicke mancher Frauen, die er nicht erwidert hatte, die harten Worte, die er nie gesprochen hatte, wenn sie hätten in die Welt gebracht werden müssen, und mehr noch die liebevollen Dinge, die er nie getan oder erfahren hatte. Erstmals in seinem Leben spürte er die Unendlichkeit zwischen sich und den Gestirnen, fühlte, wie unbedeutend er war und in welch großem Maße er war, was er nie sein wollte – ein Mensch wie alle anderen auch.

Was zuerst auffiel, war seine veränderte Art, zu sprechen – ein weicher Singsang. Seine Augen mieden jeden Kontakt, und trafen sie auf jemanden, so ging ihr Blick durch diesen hindurch. Verachtung stand dahinter, Verachtung über die, die vor ihm in den Kirchbänken hockten. Er verachtete ihr Leben, ihre Armseligkeit, ihren Stolz, Reichtum, ihr Leiden, ihre Armut, ihre Zufriedenheit und ihre Gläubigkeit. Und er wendete sich von Gott ab.

Je eigenbrötlerischer er wurde, desto heiliger verhielt er sich alsbald in der Kirche, fühlte sich allein dem Ritus verpflichtet, und gut und gerne hätte er auch in einer leeren Kirche die Messe halten können. Doch gerade seine Abwendung erzeugte eine eigenwillige Reaktion in der Gemeinde, denn dadurch wurde er interessant. Wo sich die Menschen auch trafen, sprachen sie davon, und bald füllten sich seine Messen bis auf den letzten Platz. Die Menschen waren wie angezogen von der Abscheu, die er vor ihnen hatte. Mit gierigen Blicken und offenen Mündern saßen Neugierige und Verschreckte in den Kirchenbänken und lauschten seinen leisen Worten, folgten jeder Bewegung und verließen das dunkle Kirchlein im Glauben, etwas Heiligem begegnet zu sein.

Er lebte in einer Art Trance, aus der er zu Beginn der Adventszeit für einen Moment erwachte, als ihm der Gamswirt von einem Dekret der französischen Nationalversammlung erzählte, welches den Klerus zum Eid auf die Verfassung verpflichtete; und weil alles Schlimme niemals schlimm genug war, würde überdies die rechtliche Ordnung des Klerus bei den Franzosen künftig in einer zivilen Verfassung geregelt werden. Als er es nicht glauben wollte, eilte der Wirt nach hinten in die Stube, holte sein Journal und las ihm laut daraus vor. Es war unvorstellbar. Da stand tatsächlich das Wort *zivil*. Ein Geistlicher sollte auf ein irdisches Werk einen Eid leisten. Wortlos drehte er sich um und ging zurück zum Pfarrhaus. Der Gamswirt steckte sein Journal wieder weg und grinste böse.

Eigentlich hatte der Pfarrer sich im Wirtshaus aufgerafft, um den beschwerlichen Gang durch den hohen Schnee zur Drieberin zu machen und deren Schwiegermutter endlich aufzusuchen. Doch die Nachricht aus Paris erschütterte ihn so sehr, dass er sich nicht mehr in der Lage dazu sah. Er hatte schon immer gewusst, vom Beginn der Unruhen an, wohin das alles führen würde, doch niemand wollte auf ihn hören. Ja, so war es – niemand hörte auf ihn, niemand verstand ihn! Es erging ihm wie den Propheten, wie den Propheten. Auf die wollte auch niemand hören – und dann?! Als er die Treppe zum Amtszimmer hochlief, schrie es aus ihm heraus: »Und dann?!« Wütend stampfte er mit dem Fuß auf, dass das Holz krachte. Die Köchin, die gerade in der Küche Bohnen putzte, schrak zusammen. Von Tag zu Tag fühlte sie sich unwohler in ihrer Stellung. Immer öfter stand ihr Dienstherr sinnierend herum und wusste nicht mehr, was er eigentlich wollte. Wenn sie ihn fragte, was sie kochen solle, reagierte er unwirsch, und seine Messen feierte er mit einem solchen Ernst, dass sie meinte, darin Ingrimm zu erkennen. Nichts an ihm war froh.

Des Öfteren verlangte er nun, sein Essen droben in der Amtsstube einzunehmen. An einem dieser Tage hatte ihm die Köchin wie geheißen und nach modernem Stil einen Blechteller samt Löffel auf den Holztisch im Amtszimmer gestellt. Sie hatte vom Huhn noch übrig, das es am Wochenende gegeben hatte, und es mit Ribismehl angedickt. Hernach sollte es eine Schüssel Sig[1] geben. Wirkliche Mühe hatte sie sich gemacht und war tief enttäuscht, dass er oben in der Amtsstube essen wollte. Sein Verlangen nach Alleinsein begann an ihrer Seele zu nagen, weil sie meinte, es hätte mit ihr zu tun. Ein Hausierer, den sie kannte und von dem sie immer etwas kaufte, hatte erzählt, in Dornbirn suche ein Advokat eine neue Hausmagd, weil die seinige nicht ehrlich sei und er sie vorzeitig, noch vor Lichtmess, loswerden wolle. Ernsthaft überlegte sie, ob es nichts für sie sein könnte – bei einem Advokaten? Doch es fiel ihr schwer, die Talschaft zu verlassen. Sie hatte Verwandtschaft in Bizau und Schoppernau, war nicht mehr die jüngste, und Dornbirn war schon sehr aus ihrer Welt.

Sie sah den Pfarrer draußen durch den Schnee stapfend heimkommen – ein Sterbesakrament im Oberdorf. Er ging gleich nach oben, und als er in die Amtsstube trat und den Teller, den Löffel und das Glas dort stehen sah, kam er sich fremd vor, so als wäre er in ein fremdes Haus geraten. Unschlüssig ging er auf und ab, sah immer wieder zum Tisch hin und auf jenes Arrangement, das ihn verunsicherte. Er schlich darum herum, als ginge eine Gefahr davon aus: ein Teller, ein Löffel, ein Glas. Eine ungewisse Unruhe trieb ihn hin und her. Was ihn beirrte, war dieses eine Gedeck und der Gedanke, wie es wohl wäre, wenn hier zwei oder drei Gedecke lägen und er nicht alleine am Tisch säße, sondern ...? Ihm wurde kurz flau: sondern mit einer Frau und mit Kindern. – Jesus! Schnell eilte er nach hinten in die Ecke zum Kruzifix, kniete nieder, bekreuzigte sich wieder und wieder und betete leise. So fand ihn die Köchin vor, als die das Essen heraufbrachte, und es versöhnte sie. Er war vielleicht

---

1   Eingekochte und karamellisierte Molke mit Butter.

nur tiefer und reiner gläubig als sie selbst und viel näher an Gott. Sie machte sich Vorwürfe.

*

Es schneite stark, und das Schneebrechen[1] war nun beschwerlich und gefährlich geworden. Nur die Kundigen fanden in der weiten weißen Fläche außerhalb der Siedlungen die Wegverläufe, und ihnen folgend traten Pferde und Ochsen eine erste Bahn in die flaumigen Massen.

Die Kutschen und Gespanne verschwanden nach und nach in den Stadeln, und wenn die Kaltblüter vor die Schlitten gespannt wurden oder mit dem Zuggeschirr im Holz die geschlagenen Stämme zerrten, dampfte alles an ihren massigen Körpern. Selbst sie musste man nun mit Überhängen und Decken schützen.

Immer wieder fiel Schnee, und der kalte Flaum erstickte alles Laute. Selbst das Krächzen der Raben, die hellen Schreie der Eichelhäher und das Schimpfen der Elstern klangen nun wie aus unendlicher Ferne und bekamen dadurch etwas Gesangliches. Es wurde still in der Talschaft, ohne andächtig zu sein. Die Dörfer lagen wie hingestreut in diesem unschuldigen Weiß und der Abgeschiedenheit, die der Winter mit sich brachte, und das Läuten der Glocken steigerte die Stille nur noch mehr.

Der bucklige Sephi war an einem dieser Wintermorgen mit dem Schneebrechen an der Reihe. Ein unbarmherziger Wind trieb die Kälte ins Unerträgliche. Zuerst hatten sie den Weg von Bizau her gangbar gemacht und danach das Stück in Richtung Mellau, wo sie sich mit denen von dort trafen. Für den Katharinenmarkt in Au wurden viele Fuhrwerke erwartet, und der Landammann hatte nochmals dringend gemahnt, die Wege freizuhalten.

---

1   Freiräumen der Wege.

So schlimm wie an diesem Tag hatte den buckligen Sephi die Kälte noch kaum zuvor malträtiert, und als er endlich im Stall zu Hause angelangt war, quälte er sich die Stiefel von den Füßen, riss zitternd die Strumpflappen weg und stieg mit den nackten Füßen in einen frischen, dampfenden Kothaufen, den die Hauskuh gerade hatte fallen lassen. Die plötzliche Wärme erzeugte einen Schmerz in ihm, der ihn beinahe ohnmächtig machte. Es war, als zerfräße Säure Fleisch und Knochen. Er stürzte mit dem Oberkörper auf den Leib der Kuh und schrie tierisch vor Schmerz. Die Kuh drehte nur den Kopf und sah ihn mit ihren großen, friedlichen Augen an. Eine ganze Weile blieb er so liegen, atmete kurz und schnell und kroch schließlich jammernd ans Kopfende, wo die Kuh festgemacht war. Dort steckte er seine Beine in die Streu aus Fichten und Kiefernadeln, die vom Körper der Kuh durchwärmt war. Langsam ging es ihm besser. Trotz allem – trotz der Geschlagenheit seines Körpers, trotz der Härte, wie sie einem in den Bergen entgegenschlug – er haderte nie mit seinem Schicksal. Er war, so unvorstellbar es auch sein mochte, mit seinem Leben zufrieden und freute sich auf den Markttag in Au.

*

Franzisca fühlte sich zu Hause auf dem Hof wie in einem Zuchthaus. Jegliche Gefühlsregung der Mutter war erstorben. An einem der stillen, kalten Abende, als der Kaspar wie üblich herüberkam und sie ruhig zusammen in der warmen Stube saßen, da wurde ihr plötzlich ganz deutlich, wie sehr sie immerfort versuchte, die Welt wiederherzustellen, in der sie früher einmal gelebt hatte, wie sehr sie das Heile der Vergangenheit suchte – und wie unmöglich dies war. Immer klarer wurde ihr, dass sie fortgehen und alles zurücklassen musste. Nichts von der Vergangenheit war in die Zukunft zu retten.

So sehr Franzisca sich auch alleine fühlte, suchte sie doch die Einsamkeit unter freiem Himmel. Sie legte den Umhang um, schnürte die Lederumschläge um die Beine und machte sich mit einem Stock auf den Weg in die Berge. Sie plagte sich durch den kniehohen Schnee und stieg so weit hoch, bis sie keinen Rauch mehr roch und in ihren Ohren nur noch das Brausen des Blutes und das dumpfe Schlagen des eigenen Herzens zu hören waren. Wenn sie stehen blieb und den Schweiß von der Stirn wischte, spürte sie die Kraft, die in ihr steckte, und nach einer Weile, als das Rauschen stiller geworden war, hörte sie die Natur sprechen. Eine leise Brise ließ Fichten und Tannen gemächlich wippen, es knarzte und knackte kalt in den frostbefallenen Stämmen, und dumpf schlugen die Schneeplatten auf, die sich aus den Baumkronen gelöst hatten. Raben krächzten, dazwischen das Hämmern eines Spechts oder die schrillen Töne eines Kleibers. Sie kämpfte sich durch den Schnee und schwitzte sich ihr Herzweh aus dem Leib. Auf den langen Touren begegneten ihr Füchse, Marder, Dachse, Rotwild und alle Vögel der Jahreszeit. Einmal sauste ein Uhu über sie hinweg, lautlos, voller Schönheit, wie ein Geist. Sie rief ihm nach: »Nimm mich mit!«, und lachte darüber, als er im Gewirr der stummen Stämme verschwand. Fast beschwingt rutschte und sprang sie auf den verschneiten Wegen wieder ins Tal hinunter. Im Stadel zog sie sich aus, rieb sich mit Schnee ab und drinnen mit warmem Wasser. Danach fühlte sie sich wie neugeboren. Manchmal erschien ihr im Traum der Steinadler und blickte sie ernst an.

Jakob Mathis kam oft mit dem Schlitten vorbei. Einmal brachte er einen halben Sack Äpfel, dann einen Beutel Nüsse mit, und die anderen Male war er nur gekommen, um sie zu sehen, wie er es unverblümt sagte, und sie hatten ihre Lippen aufeinandergepresst.

Eines Abends, als sie sich mit ihren Einkäufen verspätete, weil sie sich bei ihrer Freundin Katharina verratscht hatte, kam sie in die

Dunkelheit. Ihr Weg führte zum Oberdorf hinaus entlang kleiner Höfe und karger Behausungen, in denen die Taglöhner und Häusler mit ihren Familien wohnten. Das Klappern der Webstühle war bis hinaus zu hören und ging bis tief in die Nacht.

Plötzlich fing sie ein Wimmern ein und blieb stehen – lauschte in die Stille. Der halbe Mond stand noch hinter den Felsen im Osten, und sein schwacher Schimmer leuchtete gegen ein Wolkenband, doch der Schnee reflektierte genügend Helligkeit, um etwas mehr als Konturen erkennen zu können. Sie stand vor dem Haus der alten Finkin, die seit Langem auf dem Sterbebett lag. Wieder war der Ton zu hören – hell, erwachsen, furchteinflößend – die Maule.

Ihr Herz schlug einige Male erschrocken schnell, denn von Kindheit an fürchtete sie sich vor ihr. Obwohl der Vater nur darüber gelacht hatte und ihr versicherte, wie harmlos die alte Verrückte sei – ihr machte sie schreckliche Angst.

Wieder hörte sie das Wimmern, lauter diesmal und gefolgt von heulendem Singsang, der stets in schrecklichen Hass- und Schimpfreden endete – in hartem Takt und wildem Rhythmus, der einen die Silben kaum erkennen ließ. Einen Sinn ergab es nicht.

Franzisca ging langsam weiter und so leise sie nur konnte, doch das Knirschen des Schnees unter ihren Schuhen ließ sich nicht vermeiden. Gerade als sie das Haus der Finkin passiert hatte, löste sich von der rechten Seite her ein Schatten aus dem dunklen Block des Stadels, und die Maule trat auf den Weg. Auf dem Schädel saß straff das Kopftuch, ein langer Schal war um den Hals geschlungen, und der ganze Körper war in Lumpen gewickelt, die in Fetzen herunterhingen und bei jedem Schritt baumelten und wippten. Franzisca blieb stehen und spürte, wie ihr vor Aufregung die Ohren sausten. Die Maule kam aber nicht auf sie zu, sondern ging den Weg nach oben. Wo wollte sie hin?

Trotz der vielen Schichten aus Lumpen, Umhängen, einigen Säcken und Tierfellen war zu erkennen, wie schmal und schmächtig ihre Gestalt war, doch in den Bewegungen war eine gewisse Zähigkeit zu erkennen. Langsam trippelte sie bergan und bejammerte ein unbekanntes Unheil – vielleicht ihr Schicksal? Ihre Familie, arme Schindel- und Rebstockschnitzer, die gerade so über die Runden kamen, litt unter dem Dasein der Verrückten. Tagsüber war sie in eine Kammer gesperrt, und nur in den Nächten durfte sie draußen sein.

Franzisca folgte ihr. Was sollte sie auch sonst tun. Zurück ins Dorf zu gehen, machte keinen Sinn, und die Abkürzung über den Dorfbach hinweg über die Weide war durch tiefen Schnee versperrt. Der Mond kroch langsam höher, und die Schneeflächen leuchteten heller und heller. Bald mussten sie den Abzweig zum Hof erreicht haben. Franzisca sah sich um, die letzten Gehöfte lagen weit zurück – nirgends konnte sie sich verstecken, wenn die Maule sich umdrehen würde. Hatte sich ihre Furcht in den letzten Minuten an das Wimmern, Zanken und Raunzen gewöhnt und sie ein wenig ruhiger werden lassen, so begannen ihr nun wieder die Ohren zu sausen. Sie blieb stehen und ließ den Abstand größer werden und betete stumm, worüber sie etwas mutiger wurde. Was sollte ihr die Maule schon tun, und aus welchem Grund hatte sie eigentlich Angst vor ihr? Zögernd ging sie weiter, und mit jedem Schritt näherten sich ihre Furcht und Neugier einander an, bis sie sich vereinigten. Sie war der Maule inzwischen recht nahe gekommen, hustete laut, um auf sich aufmerksam zu machen, und wartete. Die Maule blieb stehen, hielt inne, horchte ihrerseits in die Nacht und drehte sich um. Der Mond schien von der Seite her auf ihr Gesicht. Franzisca gewahrte unzählige Furchen, Falten und Buckel, die sich über dem Gesicht ausbreiteten. Ausgezehrt sah sie aus, faltig, hatte eine kleine Nase, schmale Lippen und ausdruckslose Augen. Sie war hässlich. Nahe vor Franzisca blieb die Maule stehen und musterte deren Gesicht mit dem gleichen Interesse – vielleicht mit weniger Kleinmut, dafür aber mit größerem Erstaunen.

»Grüß dich, Maule!«, sagte Franzisca und meinte, ihre Stimme müsse deutlich zittern. Die Alte schwieg und neigte ihren Kopf langsam zu den Seiten, als könne sie so noch mehr Details dieses jungen, frischen Gesichts aufnehmen, das ihr so nahe gekommen war wie sonst kaum eines. Ihre Stimme klang krächzend und ungeübt, als sie sprach und dabei ihre Hände in einigem Abstand um den Kopf Franziscas gleiten ließ.

»Ich bin der Vogel … ich bin der weiße Vogel … Caladrius[1] … ich bin der weiße Vogel Caladrius. Ich schau dich an und flieg in den Mond … ja. Nehm alles von dir mit, nehm alles mit von dir und lass dich leben ruhiger.« Sie lachte dunkel. Franzisca spürte eine innere Aufwallung, ein Zittern und Schaudern, wie sie es noch nie erlebt hatte.

»Du kannst ja reden«, brachte sie leise hervor und verlor augenblicklich jede Angst.

»Ja … ja«, sagte die Maule und begann, wieder ihren Kopf zu den Seiten fallen zu lassen. »Wie du auch. Hör auf dich, schau auf dich – er wird dir Nachricht geben wie mir auch, wie mir auch …« Sie lächelte und hob vorsichtig ihren Arm. Zart glitten ihre Finger über Franziscas Wangen, bis diese die Finger der Maule in die Hand nahm. Es fühlte sich trocken, ledrig und faltig an. Ganz unvermittelt begann Franzisca, leise zu weinen, denn aus dem hässlichen Gesicht blickte ihr Gutes entgegen, und es tat ihr leid darum, wie sie Angst vor ihr haben konnte, und sie war zornig auf die frechen Burschen, die Steine nach ihr warfen, wenn sie einmal tagsüber oder in der Abenddämmerung auf die Straßen geriet. Die Maule lächelte und ging an Franzisca vorbei dem Dorf zu. Als nur noch ein Schatten von ihr blieb, hörte Franzisca wieder das laute Wimmern und Schluchzen und danach das irre Keifen ihrer unverständlichen Verwünschungen, vor denen manche im Dorf Angst hatten. Und der weiße Vogel Caladrius? So ein Begriff war ihr noch nie unter-

---

1 Mythologische Vogelgestalt, die abergläubischen Erzählungen nach Einfluss auf Krankheiten nimmt.

gekommen. Ein wenig zitterte sie noch, doch die Freude darüber, ihre Angst überwunden zu haben, wog schwerer, und fast fröhlich kam sie am Hof an.

*

Die Drieberin hockte an diesen Abenden in der Stube und freute sich am Madle. Manchmal schimpfte sie es zwar laut und heftig aus, das war jedoch mehr für die Umstehenden gedacht, als dass es der Kleinen galt, die sie ja eh nicht hören konnte. Gänzlich unerwartet kam durch das schmale Ding ein Schein von Licht und ein Hauch Wärme in das karge Gemüt der Drieberin. Weder ihrem Mann noch ihren Kindern hatte sie jemals so herzliche Gefühle entgegengebracht wie diesem fremden, scheuen Mädchen. Mit diesem linden Aufblühen ihrer Seele öffneten sich unerwartet weite Tore, von deren Existenz ihr bislang kaum etwas bekannt war. Überrascht bemerkte sie mit einem Mal, wie gut die Hausmagd eigentlich kochte, und ließ sie öfter die Lieblingsgerichte der Kleinen zubereiten, wie Sterz mit Rahm und Honig. Einmal war sie in jenen Tagen am frühen Morgen durch den Schnee gelaufen, und die Sonne hatte ihre ersten Strahlen über die schroffen Felskanten der Kanisfluh blitzen lassen. Aus dem graublauen Nichts sprangen hellste Reflexionen, bunte Sterne tanzten auf der Schneefläche, dunstige Schwaden stiegen empor, und die Wärme des Lichts war sofort spürbar. Wie herrlich, dachte sie und erschrak darüber, Derartiges kaum je zuvor empfunden oder gedacht zu haben. Und an manchen Abenden, wenn sie mit dem Madle droben in der Kammer am Webstuhl saß, da öffnete sich ihr Mund, und sie erzählte ihr ohne Scheu von dem Elend ihres Lebens – von ihrer Abscheu gegenüber ihren Kindern, von dem Ekel vor ihrem Mann, von der Magd, die sie selbst ins Haus geholt hatte, und den schlimmen Nächten, die der Bauer bei dieser lag, bis sie den Hof verließ, mitten im Sommer, mit einem Kind im Bauch. Sie erzählte von ihrem Hass auf das Leben und davon, dass sie nichts glaubte als nur an das, was sie wirklich in ihren Händen halten, was sie selbst sehen, fühlen und erfahren konnte. Die Kleine blickte dann ab und an auf, lächelte sie an und stickte oder webte anschließend weiter.

Alle anderen im Hause behandelte die Drieberin mit wachsender Gleichgültigkeit. So fuhr der Bauer so oft es ging nach Schwarzenberg, wo er wild und hart liebte und im Adler gut versorgt war. Der Veit verfolgte mit eifersüchtigem Blick jedes Wort, jede Regung, die die Mutter dem Madle entgegenbrachte. Ihre Tochter suchte ein Entkommen aus dem Haus, indem sie ihren Vater beinahe täglich dazu anhielt, nach einem Ehemann für sie Ausschau zu halten, und die Mägde und Knechte sahen sich heimlich um, ob zu Lichtmess nicht eine andere Stelle zu bekommen war, denn sie hatten das rechte Gespür: Es braute sich etwas Unheilvolles in diesem Hause zusammen.

Am Abend des dritten Advents saßen alle schweigend um den Tisch herum, in dessen Mitte die weite gusseiserne Pfanne stand, in der angeschmalztes Nussmehl dampfte. Die Magd hatte reichlich Speck eingeschnitten. Die Drieberin saß mit ernstem Gesicht neben dem Madle. Der Bauer, der Veit, die Tochter, die drei Knechte und die Hausmagd löffelten schweigend aus der schwarzen Rundpfanne. Der Pferdeknecht warf zwischen dem Löffeln und Schmatzen ein paar Worte über die Viecher in den Raum, um eine Art von Gespräch in Gang zu bringen, denn das Schweigen fraß an ihm, war er doch ein geselliger Kerl. Früher hatte es solche Abende nicht gegeben. Da hatte der blöde Veit seine Späße gemacht, und der Bauer hatte mit ihnen gescherzt und gelacht, und manchmal war sogar die Drieberin lustig geworden. Doch mehr als Nicken oder zustimmende Laute konnten die Bemühungen des Pferdeknechts nicht ernten, und irgendwann ließ er es sein, etwas zu sagen.

Schweigend räumte die Hausmagd das Geschirr ab, schüttete mit der großen Kelle warmes Wasser aus dem Haff in den Holzzuber und säuberte Pfanne und Geschirr. Danach saßen alle mit gefalteten Händen um den Tisch, während der Bauer den Abendsegen sprach. Dann ging ein jeder in seine Kammer – froh, dem Kreis entkommen zu sein.

*

Einige Tage vor der Heiligen Nacht verbreitete sich nach dem Tod von Franziscas Vater und dem Selbstmord des Schmieds erneut eine Schreckensbotschaft in dem kleinen Ort. Der Löwenwirt war tot im Stall aufgefunden worden. Er lag in einer riesigen Blutlache, und es war ein Zufall, dass einer der Tiroler Feld- und Landjäger, der gerade auf dem Rückweg zu seinem Bataillon in Bregenz war, im Löwen übernachtet hatte und sogleich zur Stelle war, als das Geschrei der Frau bis in die letzte Kammer des Gehöfts drang. Das viele Blut und die Stiche und Schnitte am Hals deuteten zunächst auf ein Verbrechen hin. Doch ein Brief vom Vortag, den man im Haus fand, gab Aufschluss darüber, dass der Ruin den Löwenwirt in den Selbstmord getrieben hatte.

Die Anteilnahme des Dorfes schäumte nicht über, und der Totengräber hob diesmal tatsächlich außerhalb der Friedhofsmauern im Schatten des Kirchturms ein Grabes aus. Der Pfarrer fühlte sich schuldig – schon wieder ein Selbstmord in seiner Gemeinde, und er verfluchte den Löwenwirt, ihn einem solchen Schuldgefühl ausgesetzt zu haben. Gerede ging durch die Wirtshäuser, Stuben und Höfe, der Löwenwirt habe all sein Vermögen samt Beleihung in eine Schiffsladung Wein aus Frankreich gegeben, und das Schiff sei samt Besatzung und Ladung an einem Brückenpfeiler in Stein am Rhein aufgelaufen und in den Fluten versunken.

Der Beisetzung der Leiche entging der Pfarrer, indem er eine Fahrt nach Schnepfau unternahm, um seinen Amtsbruder, der ihn letzthin zum Bau von Kirchen beraten hatte, abermals zu besuchen. Dort erfuhr er auch einiges über den Löwenwirt und fieberte der nächsten Sonntagsmesse zu, in der er endlich mit einer Brandrede wider die Gotteslästerer schonungslos Rache am Löwenwirt und seinen Hinterbliebenen nehmen wollte. Die Tage vergingen ihm gar nicht schnell genug, doch dann war der Sonntag endlich gekommen. Zwar brachte er mit seiner hitzigen Darbietung eine Reihe stolzer Gemüter gegen sich auf, doch die allermeisten saßen furchtsam in den Bankreihen und hielten die Köpfe gesenkt, während er auf der Kanzel wütete. Er hob seine Faust empor und donnerte: »Wie wahr es doch ist, dass wer Priester und besonders seine eigenen Seelsorger verachtet, gewöhnlich keines guten Todes stirbt – das hat sich leider in den letzten Tagen allhier bestätiget! Der Löwenwirt allda, gebürtig von Schnepfau, war als junger Bursch nicht gewillt, den ehrwürdigen Beruf seines Vaters fortzuführen, und meinte, ein Künstler zu sein und werden zu wollen. So reiste er in seiner Jugend als mittelmäßiger Kunstmaler in die Schweiz, nach Italien, sah viel, lernte den großen Weltton und Modegeist zwar kennen, wusste aber solchen nicht anzuwenden, um als erfahrener Mann seine Rolle zu spielen, die er doch gerne als großer Mann gespielt hätte. Voller Eigenliebe und Stolz heiratete er in Großdorf eine Landammanstocher. Nach derer baldiges Absterben verehelichte er sich von hier erneut mit einer Frau. Diese war in ihrer Jugend schon eine große Feindin gegen diesige Seelsorger, wie ein Paquet Schriften in der Lade nachweisen tut. Einer vom anderen angesteckt lebten diese zwei Eheleute im beständigen Kontrast gegen jeden Seelsorger. Als böse Menschen gefürchtet von allen fanden sie selten einen Widerspruch oder ein Gegenwort und wussten durch eingebildetes Aussehen und Übergewicht über die gemeinen Menschen wider Seelsorger viel Herabwürdigendes auszustreuen und das priesterliche Ansehen zu verunglimpfen und zu schmälern. Bald wurde das Weib eine Wahnsinnige und Närrin und schließlich von einem Blutsturz überfallen und am Morgen früh an einem Sonntag tot aufgefunden. Der Witwer überredete alsbald ein junges Mädchen von Hirschau mit Vorspiegelung goldener Berge – diese taub gegen alle Warnungen ihres Vaters und der Seelsorger –

ihn zu heiraten. Wie hart muss sie ihren Ungehorsam büßen! Welch ein schaler Glanz, als aller Reichtum auf einmal in den Fluten des Bodensees verschwand. Womöglich stand er in Geistesverwirrung, als er in der Früh um vier Uhr aufstand, in den Stall ging, das Vieh ausließ und den Stall schorrte[1]. Da hörte das noch im Bett liegende Weib jäh einen Fall, sie sprang auf, fand aber den Mann schon im Blut auf dem Boden röcheln.«

Der Blick von der Kanzel bescherte ihm gesenkte Häupter. Doch er meinte, dass es noch nicht genug sei und hob die Stimme, dass er beinahe schrie: »Bei landgerichtlicher Untersuchung zeigte es sich, dass er wenigstens drei Mal nacheinander mit einem elenden Schnitzer sich selbst in den Hals gestochen hat, Gurgel, alle Adern bis rückwärts ins Knorpelbein selbst durchschnitten habe und mit vieler und grausamer Mühe sich so getötet! Somit starben beide, Mann und sein früheres Weib, nur zwanzig Monate voneinander. Beids die nächsten Bewohner bei der Kirche, beide ohne die heiligen Sterbesakramente und ohne alle priesterliche Hilfe. Sein Leichnam liegt hinter dem Turm an der Kirchhofmauer mit einem schlichten Kreuz versehen zum Schreckbild für alle Kirchen- und Priesterfeinde.« Bei seinen letzten Worten schlug er mit der Faust auf die Bibel und blickte zornig in die Gemeinde. Einige hatten inzwischen den Kopf gehoben und sahen ihn an: der Gamswirt, der Hirschwirt, der Drieber, der Mathis, Jakob, der Lehner und auch der Schaffer – alle, die stets frei ihr Wort ergriffen. Aus manchem Auge blitzte ihm gar der blanke Hass entgegen und schrie ihm stumm die schrecklichen Worte entgegen: Guillotine!

So gingen Gläubige wie Ungläubige mit aufgebrachten Herzen in ein Weihnachtsfest. In den Wirtshäusern war die Schandrede auf den Löwenwirt bestimmendes Thema, während von den Bergen das Donnern und Röhren der Lawinen tönte. Der Pfarrer traute sich vorerst nicht mehr in eines der Wirtshäuser, und es wurde ihm

---

1 Ausmisten

bang, wenn er an das vergangene Weihnachtsfest dachte, in welchem im ganzen Tal schlimme Lawinen abgegangen waren. Wer würde ihm helfen, wenn er in Bedrängnis geriete?

Seinen Mitbruder zu Schnepfau, der zwar eine schöne, neue Kirche hatte, aber bis dato im elendigsten Pfarrhaus im ganzen Lande hausen musste, hatte am letzten Stephanstag eine Lawine, die vom Heinzenrain herabgerollt war, im Pfarrhaus heimgesucht. Der felsenharte Schnee im Pfarrhof war bis in die Küche eingedrungen, sodass die Leute in aller Eile den harten Schnee ausschöpfen mussten, damit der Pfarrer freigemacht und noch rechtzeitig in die Kirche zur Abhaltung der Christmette gelangen konnte. – Unruhig schlief der Pfarrer von Bezau in diesen Tagen.

Fest der Liebe

Schwere, dunkle Wolken zogen über die Talschaft, verdeckten den Blick auf die Gipfel und beschneiten in unendlicher Ruhe und Kraft Land und Dörfer. Die Wege versanken immer weiter unter einer mannshohen Schicht frischen Schnees, und selbst die kräftigsten Kaltblüter und erfahrensten Schneebrecher hatten größte Mühe, sich einen Weg durch den hüfthohen Flaum zu bahnen. Die Lichter, die zuvor aus den Fenstern der Höfe warm in das Dunkel geleuchtet hatten, verblichen, da sich die Schneemassen hoch vor den Scheiben auftürmten, und am Tag vor der Heiligen Nacht gingen rundherum staubige Lawinen mit fürchterlichem Grollen herab.

Zur Christmette sammelten sich die Schlitten und Gespanne rund um die Kirche von Bezau. Lichterschein von Fackeln und Laternen reflektierte von den hohen Schneeflächen, und Männer, Frauen und Kinder drängten in die Kirche.

Franzisca saß in warme Decken gehüllt auf der hinteren Bank des Schlittens. Ihre Mutter war nicht zu bewegen gewesen, mitzukommen, und kauerte in ihr Schicksal versunken auf der Eckbank in der Stube vor einer Kerze. Der Kaspar hockte auf dem Bock und leitete den Kaltblüter geübt durch den hüfthohen Schnee. Am Kirchhof angekommen stieg Franzisca aus, richtete ihren Umhang und fuhr mit den Händen zart über Kopf, Brust und Seiten, um auch sicher zu gehen, angemessen in Erscheinung zu treten. Ihre dunklen Augen suchten in der Menge nach bekannten und freundlichen Gesichtern. Katharina und Agnes entdeckte sie schnell, wobei sie ein wenig erschrocken feststellte, dass Johanna ihr hier nicht mehr begegnen würde. Aber auch Jakobs Gesicht tauchte in der Menge auf, und seine und Franziscas Augen blitzten auf, als sie einander erkannten. Sie lächelte zurückhaltend. Jakobs Mutter löste sich aus der Gruppe, die sich innig begrüßte, und kam auf sie zu, fasste ihre Hand kurz entschlossen und hakte sie in ihrer Ellenbeuge ein.

»Du kommst heute mit uns«, flüsterte sie verschwörerisch und lachte. Der Mathisbauer hatte ihr von den Blicken des Sohnes erzählt, die er in der Messe hatte auffangen können, und sie war froh darüber, denn sie mochte dieses Mädchen schon immer gerne. Dem umlaufenden Gerede schenkte sie keinen Glauben, denn sie sah, mit welcher Energie sie versuchte, den Hof zu erhalten. Sie hatte sich immer eine Tochter gewünscht, doch von den sechs Kindern, die sie geboren hatte, überlebte außer Jakob keines das erste Jahr auf Erden. Eine innere Wärme durchfuhr Franzisca, als sie inmitten der Mathis saß.

Der Pfarrer war von der Heiligkeit dieser Tage ergriffen, die durch die sanfte Gewalt des Schneefalls noch eine Steigerung erfuhr, und war darüber ganz stumm geworden. Mehrmals zwischen Morgendämmerung und Nachtschlafenszeit hatte er die Kirche aufgesucht und seine Finger über das Gold des Kelchs gleiten lassen. Immer wenn er es tat, wuchs in ihm das Gefühl, aus der Distanz in sein Leben blicken zu können, und er spürte, es würde ihm alsbald etwas Großes widerfahren – ob Gutes oder ein bedrohliches Geschehen – er wusste es nicht. Ganz in sich versunken stand er in der Kirche und zelebrierte.

Einige Bankreihen hinter Franzisca saß die Drieberin, die neben sich das Madle platziert hatte und auf der anderen Seite ihre Tochter. Die Drieberin saß aufrecht mit ausdrucksloser Miene da. Die Gedanken des Driebers weilten in Schwarzenberg. Er spürte nicht, dass seine Frau von der Messe in besonderer Weise berührt war – und das stand im Zusammenhang mit dem Pfarrer. Sie folgte jeder seiner Bewegungen, seiner Worte, ergötzte sich daran, wie er im Chorraum stand und ganz zu sich selbst sprach. All seine Sinne schienen einem weit entfernten Ort zugewandt zu sein, und die gefüllten Bankreihen, das Husten, Keuchen, das Knarzen der Bänke, er nahm es gar nicht wahr, es existierte überhaupt nicht für ihn. Sie hörte seine Worte, ohne ihrem Sinn nachzuspüren, und mehr und mehr schlug sie dieser Mann in den Bann. Was für eine stolze und mächtige Erscheinung! Vor ihm hockten all die Grobiane, Krakeeler, Schreihälse, Säufer, Huren, Neider, Reichen, Stolzen, Ammänner und Schläger und waren für diese Zeit brav wie die Lämmer. Keine Sekunde ließ sie ihn aus den Augen, und erst kurz vor Ende des Gottesdienstes trafen sich ihrer beider Blicke, ohne äußere Regung, nur für ein, zwei Sekunden, ein langer Augenblick, den niemand sonst wahrnahm. Den Pfarrer riss dieser Blick für einen Moment aus seiner Abkehr. Er wendete sich dem Altar zu, atmete einige tiefe Züge und verfiel dann wieder in seine Trance. Doch der Blick der Drieberin hatte ein Fenster in seinem Inneren aufgestoßen, das er nicht mehr würde schließen können.

Und sie? Sie kam von da an so oft es ging zur Messe, gleich am nächsten Tag und am Stephanstag. Die Messen der Mönche ließ sie aus. Geduldig saß sie in ihrer Bank und wartete auf jenen Augenblick, in dem er sie ansah. Immer länger verfingen sich dabei ihre Augen, und manchmal musste er sich regelrecht losreißen.

*

Am Tag des Heiligen Meinrad[1], Mönch auf der Reichenau, Einsiedler und mystischer Mensch, starb die alte Drieberin am frühen Morgen unbemerkt und so allein, wie sie ihr ganzes Leben gewesen war, in ihrer Kammer. Als das Madle am späten Morgen mit einer Kerze in der Hand vorsichtig die Stiege emporging und in das Zimmer trat, erschrak sie, denn das warme Licht der Wachskerze fiel auf ein eingefallenes, fahles Antlitz, aus welchem tote Augen starr zur Decke gerichtet waren und ein halboffener Mund zwischen Abscheu und Erstaunen die ganze Verbitterung über ein langes, hartes Leben ausdrückte.

---

1   21. Januar

Das Madle erschreckte sich derart, dass es einen leisen, spitzen Schrei ausstieß, worüber sie noch mehr erschrak. Hatte es jemand gehört? So viele Jahre hatte sie geschwiegen, und keines ihrer vielen schrecklichen Erlebnisse hatte ihr die Stimme wieder hervorlocken können. Ja, sie hörte alles – und sie verstand alles, und sprechen konnte sie auch. Nachts, unter der Decke, da betete sie, und danach sprach sie den Text eines Liedes, den sie von einem Knecht her kannte, der es immer gesungen hatte.

Es ritt ein Reiter wohl über den Rhein, er kehrte bei einer Frau Schenkwirtin ein.

Frau Schenkwirtin, schenkt ihr Bier oder Wein, oder nehmt ihr fremde Gäste ein?

Ich schenke Bier und Branntewein, und nehm auch fremde Gäste ein.

Und wer ein fremder Gast sein will, der ziehe sein Roß zum Stall hinein.

Frau Schenkwirt, ist das Euer Töchterlein, oder ist ein gemietetes Mädelein?

Es ist ja nicht mein Töchterlein, es ist ein gemietetes Mädelein.

Ich gebe eine Tonne Gold, wenn ich bei ihr heut schlafen sollt.

Sie tat es, um sich selbst zu hören und um das Sprechen nicht zu verlernen, denn sie war sicher, eines Tages würde sie wieder reden wollen und müssen. Auf den Jahrmärkten hatte sie es abgeschaut, wie sich die Tauben und Stummen verhielten, wie sie schauten, sich bewegten. Taub zu sein und stumm, das entband sie, der Welt zu Diensten zu sein, und es war eine gute Entscheidung von ihr gewesen.

Jetzt stand sie vor der Toten, sammelte sich und holte dann die Bäuerin. Die fühlte nichts, kein Erschrecken, keine Erleichterung, nicht einmal Genugtuung. Sie ließ nach dem Bauern schicken, der einen schnellen Blick in die Kammer warf, sich bekreuzigte, etwas nuschelte und dann sogleich wieder verschwand. Das Madle, die Tochter und die Hausmagd richteten die Tote und die Sterbekammer her, wie es sich gehörte. Kerzen wurden angezündet, und ein Heiligenbild wurde neben die Bibel gestellt. Die Nachbarn kamen, man entbot sein Beileid, hockte in der Stube, und die alten Weiber beteten. Kein Wort über die Verstorbene kam einer Seele über die Lippen. Nicht Trauer erfasste den Drieberhof, sondern Schweigen und das Gefühl, von einem Alpdruck befreit worden zu sein.

Und das Madle machte sich Sorgen, was nun passieren würde, wo doch jetzt alles in Gang gesetzt war, was der Gnetzer und die Drieberin vorbereitet hatten – sie wusste ja von allem, von der Sache mit dem Stieglerhof, auf dem der Kaspar lebte, den sie schon oft gesehen hatte und den sie so sehr mochte. Einmal war sie mit der Bäuerin beim Muxler im Laden gewesen, als er reingekommen war. Ganz von selbst war es zugegangen, dass sie seine Nähe gesucht hatte und bald neben ihm stand, wo sie sich so unbemerkt wie ungeniert an seine Seite gedrückt hatte. Er hatte sie nur verwundert angesehen, war aber stehen geblieben, denn es war ein wohltuendes Gefühl gewesen. Was würde mit ihm geschehen – und mit der Franzisca?

Gleich am nächsten Morgen ließ die Drieberin den Schlitten anspannen. Knirschend glitt er über den hartgefrorenen Schnee. Sie hatte sich in dicke Decken gewickelt, und ihr Herz schlug heftig. Am Pfarrhof gab sie dem Knecht zwei Kreuzer und die Anweisung, im Gamswirt auf sie zu warten, was den Kerl freute, denn er mochte den bunten Papagei, der dort in der Wirtsstube auf seiner Stange hockte und einem die Brotkrümel aus der Hand fraß. Er nahm die Decken mit ins Wirtshaus, dass sie nicht auskühlten, bis die Bäuerin zurückkam.

Die trat sich den Schnee von den Stiefeln und klopfte energisch an die Pfarrtüre. Die Hausmagd öffnete missgelaunt und wies ihr, ohne ihre schlechte Laune zu verbergen, den Weg die breite

Holztreppe nach oben zum Amtszimmer. Die ersten Stufen ging sie langsam, und als drunten die Tür schlug, huschten ihre Füße behände über die Stufen, dass sie den weiten Mantel raffen musste. Ohne anzuklopfen, trat sie ein. Noch nie zuvor war sie hier gewesen. Sie schloss die Tür, knöpfte den Mantel auf und sah sich um. Ein schmiedeeiserner Ofen an der Seite wärmte den Raum, die alten Dielen waren glatt und glänzend, und an den Wänden hingen ein paar Ölgemälde mit Darstellungen christlicher Szenen und Heiliger. Ein ausladender einfacher Teppich markierte den Amtsbereich. Dort stand der Sekretär, davor zwei einfache Stühle, der aufgepolsterte Armlehnsessel des Pfarrers dahinter. Er selbst befand sich am anderen Ende des Raumes an der josephinischen Aufsatzkommode. Das Nussholz glänzte matt und edel. Gerade erst waren seine Hände über die Intarsien aus Edelholz gefahren. Die Schreibklappe war ausgestellt, und das Taufbuch lag aufgeschlagen da. In den mundgeblasenen Glasteilen der Aufsatztüren spiegelte sich der Raum in verzerrten Konturen.

Er hatte gar nicht erschrocken getan, als sie in den Raum geflogen war, sondern war bewegungslos stehen geblieben, eine Hand auf das Taufbuch gestützt. Sie fixierte ihn mit ihren dunklen Augen, ließ ihn nicht außer acht. Entschlossen und mit gewählten Schritten ging sie auf ihn zu. In der Mitte des Raumes ließ sie ihren Mantel fallen, und als sie den Schreibtisch erreichte, war der breite Gürtel gelöst, der ihre Hüfte umschloss, und fiel auf den Teppich. Er sah ihr bewegungslos entgegen – sagte keinen Ton, zeigte keine Regung, kam ihr nicht entgegen. Sie biss ihm in die Lippen. Er ließ alles geschehen und erfühlte ihren bebenden und geradezu gewalttätigen Körper ohne jegliche Anfechtung seines Gewissens. So erregt er war, so wenig regte es ihn auf. Keine Schuld, kein Gewissen. Nur Schicksal.

Sie spürte an ihrem Körper seine Aura des Heiligen und war damit Teil des Erhabenen, des glänzenden Goldes, der Würde seiner Riten, des Weihevollen, das sie in ihm entdeckt hatte. Ja, sie war ein

Teil dieser sakralen Welt, die alte Säufer Tränen in die Augen trieb, Geile für die Zeit in der Kirchenbank keusch machte und Geizige die Schönheit eines großen Herzens ahnen ließ, die von der Kirchenbank bis kurz vor den Opferstock reichte, sie war Teil der Welt, die Einfältigen bunteste Fantasien schenkte und Kranken Hoffnung gab, wo weit und breit keine war.

Ein breites Grinsen zog auf seinem Gesicht auf, das sie nicht sah, weil sie es ganz bedeckte. Er fühlte weder Scham noch Angst, noch meinte er, es geschähe ein Unrecht. Kein Eid war ihm nun mehr heilig, und niemandes Meinung scherte ihn, wenngleich ihm für die Dauer eines Blitzes der Bischof in Konstanz in den Sinn kam. Ach, der Bischof samt seiner Hofschranzen. Und seine Mitbrüder, die Gemeinde, der Kapuzinerabt, seine einfältige Verwandtschaft, was sie sagen würden, – es war ihm gleich. Und es war ihm sogar gleich, was Gott dazu meinte oder der Teufel. – Er biss nun seinerseits die Drieberin und riss sie herum.

Drunten in der Küche schimpfte die Köchin derweil leise vor sich hin, jedoch nur so laut, um es die Hausmagd hören zu lassen. Oben in der Amtsstube pochte es ab und an, und so wenig sie die Drieberin auch mochte, war es doch eine Sünde vor dem Herrn, in welcher Unart der Herr Pfarrer in seinem Jähzorn stapfte. Was sollte nur werden? Das Gerede über ihn und seine Eigenarten ging mittlerweile durch die ganze Talschaft.

Droben, unter den frommen Blicken der gerahmten Heiligen, wurde kein Wort gesprochen. Stumm lagen sie eine Weile am blanken Boden, die Extremitäten unentwirrbar ineinander verschlungen. Wortlos richtete sich die Drieberin vor dem kleinen Spiegel mit dem Bibelspruch, bevor sie das Amtszimmer verließ.

Die Hausmagd berichtete der Köchin: »Ganz verweinte Augen und eine rotes Gesicht hat sie gehabt, die Drieberin.«

Am Abend des gleichen Tages karrte der Totengräber einige Blech-eimer mit glühenden Holzkohlen heran und verteilte sie auf der Fläche, die für das Grab der alten Drieberin vorgesehen war, und deckte die heiße Schicht mit frischen Tannenreisern ab. Den Schnee hatte er schon weggeschafft, und nunsollte die Glut der Kohlen das angefrorene Erdreich antauen. Am nächsten Tag wollte er dann das Grab ausheben. Er hoffte, die Siechen würden noch eine Weile durchhalten, denn der Kampf gegen den harten Boden war eine arge Plage. Bevor er ging, legte er noch eine alte, schäbige Rinder-haut über die Kohlen, um die Hitze noch intensiver am Boden zu binden. Am folgenden Vormittag, als die Totenglocke läutete, war die Grube für die alte Drieberin gerichtet.

Sogar Jakobs Großmutter hatte sich auf den Friedhof geschleppt. Ihre Schwiegertochter und der Jakob stützten sie. Seit Jahren konnte sie nur noch über den Hof kriechen, weshalb ihr der Lehner zwei spezielle Stecken gefertigt hatte. Manchmal ließ sie sich auf der Kutsche zur Messe fahren; ansonsten reichte es ihr, vom Haus hinüber zum Garten zu kommen und auf die Beete zu schauen. Als ihr der Jakob von der anstehenden Leich berichtet hatte, war ein er-staunlicher Auftrieb in sie gefahren.

»Das muss ich sehen ... ich muss es sehen, wie es ist, wenn je-mand mit so viel falschem Stolz, mit so viel Verachtung, mit so viel Gier und Geiz ins Grab kommt. Ich will sehen, wie stolz es wohl ist, da drunten im Loch, und wie viel sie von allem mit hinunterneh-men wird.« Die anderen sahen sich erschrocken über ihre Worte an.

Die Kälte des Wintertags konnte dem Brauch, der Tradition, dem Anstand, Taktgefühl und nicht zuletzt der Neugier der Menschen nichts anhaben, die mit gesenkten Häuptern zur Beerdigung her-beikamen und im tiefen Schnee standen, aus dem gerade noch ein Teil der schmiedeeisernen Kreuze hervorlugte. Auf einer solchen Leich gab es Leute zu treffen, die einem sonst nicht so schnell begegneten, und danach wartete die warme Stube beim Gamswirt, im Hirschen und für wen es der richtige Ort war, im Löwen.

Einzig im Oberdorf folgte jemand nicht ganz der gebotenen Anteilnahme. Die Familie der Maule hatte schwer damit zu tun, die Verrückte im Haus zu halten. Unbedacht hatte die Frau des Schindelmachers vom Tod der alten Drieberin berichtet, woraufhin die Maule, von der man meinte, sie verstünde nichts mehr, außer Rand und Band geriet, schrie und tobte und es gar schaffte, hinaus auf den verschneiten Weg zu gelangen. Dort sprang und hüpfte sie herum, so gut es ihre alten Knochen und Gelenke zuließen, und brüllte und toste; doch es war kein Zorn und kein Räsonieren, vielmehr Freude – pure Freude. Der Schindelmacher hatte einigen Zores damit, sie zu bändigen und ins Gehöft zurück zu bugsieren, wo sie den Tag über auf sie aufpassten. Denn niemand im Dorf wollte es sich mit dem Drieber verscherzen, und schon gar nicht mit seiner Frau, von der man sagte, sie sei inzwischen frömmer als der Pfarrer geworden, und wenn es mit ihr so weiterginge, könnte sie gut ins Pfarrhaus oder Kloster ziehen.

Der Pfarrer war ganz bei der Sache, wie alle feststellten, und nannte drei Mal den Namen der Dahingegangenen. Sein konzentrierter Blick wanderte über die Trauergemeinde, und selbst als sich seine Augen mit denen der Drieberin trafen, zuckte nicht ein Muskel in seinem Gesicht. Auch die Drieberin blickte ernst drein. Nur ihr Herz schlug heftig, und sie entschloss sich, gleich morgen im Pfarrhaus vorbeizuschauen, um das fällige Stolgeld persönlich zu entrichten. Er würde etwas mehr erhalten als den einen Gulden und die dreißig Kreuzer.

Franzisca stand wie eine Fremde dabei und hatte ihre Mutter untergehakt. Die Leute entrichteten ihre Beileidswünsche auch ihnen beiden.

Nach der Messe drängte sich die Trauergemeinde beim Gamswirt und im Hirschen. Geschichten wurden erzählt von der alten

Bäuerin, wie sie ihren Mann gequält hatte, dazu die Viehhändler, Schuldner, Knechte und Mägde, und der Alkohol legte den Enthemmten noch mehr Geschichten aus dem Leben der Verblichenen auf die Lippen – Geschichten, die von einem verhärteten Herz und krankhaftem Geiz erzählten, und als alle schon rote Gesichter hatten, hob sich der alte Finkin aus dem Stuhl und rief in die Runde: »Geiz ist ein Strang der Seel und alles Bösen Königin! So ist es, jawohl!« Die anderen stimmten ihm überrascht zu. Woher ausgerechnet er so einen Spruch hatte? *Geiz ist ein Strang der Seel und alles Bösen Königin.*

Die Drieberin wurde zu einer frommen Kirchgängerin und nutzte jede Gelegenheit, mit dem Pfarrer zusammen zu kommen, wobei sie umsichtig war und alle mögliche Vorsicht walten ließ, was er beruhigt zur Kenntnis nahm. Sie sprachen nie ein Wort miteinander. Niemals. Manchmal trafen sie sich in seiner Amtsstube, wenn es nicht zu kalt war, auch in der Sakristei, und die Drieberin erkannte in dem Mauchinhof einen zukünftig unermesslichen Wert.

*

Bald nach der Beerdigung kämpfte sich ein geschlossener Zweispänner den gewundenen Weg entlang des Schwarzachtobels nach oben. Der Kutscher hockte dick eingepackt auf dem Bock, und seine Pfeife entließ dicke Schwaden mit beißendem Rauch. Sein einziger Fahrgast, der umhüllt von groben Decken die Füße auf einem angewärmten Stein stehen hatte, schimpfte ab und an laut, wenn der bissige Geruch in die Kabine drang. Er kauerte in der Ecke und verfluchte seinen Beruf. Es war der Advokat Franz Xaver Rechlin, dessen Tun durch den Tod der alten Drieberin in Gang gesetzt wurde. Er hatte bei seinem Honorar zwar die beschwerliche Reise von Dornbirn bis Bezau bedacht und ein paar Gulden aufgeschlagen, doch das Geld verschaffte ihm keine Zufriedenheit, denn er hasste es, seine gemütliche, warme Stube zu verlassen. Mehrmals ließ er halten, gleich in Alberschwende bei der Taubenwirtin, später noch in Egg, und in Andelsbuch am Löwen ein letztes Mal. Dem Kutscher gönnte er im Wechsel Kaffee und Wein, damit er die tiefen Furchen und Löcher auf dem eisigen Weg umfuhr, und ihm somit den Magen schonte, der in letzter Zeit sehr anfällig war.

Erstes dienstliches Ziel war der Amtssitz vom Metzler in Schwarzenberg, wo er dem überraschten Obrigen eröffnete, in welcher Angelegenheit er vorstellig wurde. Geschäftig legte er seine Vollmachten und beglaubigten Schreiben vor, darunter auch jenes Dokument, welches der Landammann selbst der Drieberin im Sommer ausgestellt hatte. Der Advokat stellte die gerichtliche Depositierung des Testaments der alten Drieberin fest, hatte einige Forderungen die Sperr-Relation[1] betreffend und brachte weiters ein Schriftstück hervor, in welchem die Angelegenheit des Todfalls[2] behandelt wurde. Als der Landammann die Dokumente überflog, während der Advokat leise und anbiedernd Belanglosigkeiten von sich gab, die von der Verwerflichkeit dessen, was er vollzog, ablenken sollten, wurde dem Landammann klar, welch durchtriebenes Spiel die Drieberin mit ihm gespielt hatte. Doch so häufig er auch die Dokumente von einer Seite zur anderen schob und die Zeit nutzte, seine Gedanken zu ordnen, so wenig sah er eine Möglichkeit, etwas dagegen zu unternehmen. Was denn auch?

Er holte den Gerichtsschreiber, der ein Protokoll erstellte, und eröffnete das Testament der alten Bäuerin, welches in einer der Truhen gerichtlich depositiert war. Er ließ den Gerichtsschreiber das Testament vorlesen, indessen der Advokat mit gesenktem Blick im Sessel saß. Schlief er gar?

Aus dem Testament ergab sich eine böse Situation für Franzisca

---

1 Amtlich erstelltes Sicherungsvermögen eines Nachlasses.
2 Steuerform des Besthauptes, das beste Stück Vieh eine Erbmasse betreffend.

Mauchin. Die letzte Willenserklärung der Anna Katharina Lipburger, geboren am neunzehnten April siebzehnhundertdreizehn zu Schwarzenberg, verehelicht mit Anton Gotthold Drieber zu Bezau, beinhaltete exakt das, was er der Drieberin angekündigt hatte: Von Franzisca und ihrer Mutter war keine Rede in dem Testament.

Im Fortgang holperte die Kutsche in Richtung Bezau und erreichte schließlich den Hof der Mauchin. Heller Rauch kam aus dem Schlot, und der Advokat freute sich auf die warme Stube. Franzisca war wenig verdutzt, als er sich vorstellte und angab, in welcher Angelegenheit er seine Aufwartung machte. Sie hatte schlecht geschlafen. Sie hatte wieder vom Adler geträumt, der sie lange angesehen hatte – am Ende hatte er laut und durchdringend geschrien, wovon sie verstört erwacht war.

Sie holte die Mutter aus ihrer Kammer, und sie setzten sich an den Tisch, der Advokat an die Stirnseite, als sei er bereits der Herr im Haus. Er breitete die Dokumente vor ihnen aus. Sein geschäftsmäßig freundliches Gehabe, sein umständliches Getue und seine von Routine triefende Unaufgeregtheit machten es Franzisca schwer, zu erfassen, in welcher Angelegenheit er sie wirklich aufgesucht hatte. Mehrfach las er aus den Dokumenten vor, schob sie über die Holzfläche des Tisches, lächelte sein herzloses Lächeln und ließ Franzisca selbst lesen.

Lange verstand sie nicht, was sich da vor ihr eröffnete, und als sie es verstand, konnte sie es nicht glauben. Seit der Vater tot war, gehörten Weiden, Vorsäß und Alpe der Großmutter? Niemand hatte ihr das gesagt, niemand sie darauf hingewiesen – warum auch, sie war ja nur die Tochter. Hatte ihre Mutter es gewusst … war sie deswegen in diesen Gebetsschlaf versunken? Aus welchem Grund hatte sie sich überhaupt Gedanken um den Hof und die Zukunft gemacht? Wer hatte davon gewusst? Am Ende alle außer ihr? Der Schaffer fiel ihr ein, Jakob – die Drieberin. Ein Brennen tat sich in ihrem Leib auf, und sie spürte ihre Kräfte aus dem Körper weichen.

Advokat Rechlin mochte derartige Auftritte und saß selbstgefällig am Tisch. Er verfolgte wie ein Forscher das Mienenspiel seines Gegenübers, das nicht wusste, ob es schreien, weinen, lachen oder toben sollte. Als er ging, hinterließ er ein paar Schriftstücke. Bevor er wieder in die Kutsche stieg, inspizierte er den Hof noch einmal genauer. Franzisca verfolgte es aus dem Fenster und sah schnell weg, um nicht etwas Unüberlegtes zu tun, denn ihre Hand hatte eines der großen Messer in der Hand. Eine Ahnung stieg in ihr auf, welch ein Untier tief in ihrem Inneren schlummerte. Um nichts in der Welt wollte sie, dass es erwachte und hervordrang.

Die Wut verließ sie auch die nächsten Tage nicht und verschaffte ihr Kraft. Zwei Mal war sie zum Drieberhof gelaufen und wollte mit den Bauersleuten reden, doch jedes Mal stand nur der Veit im Hof und tat auf gehässige Weise unbeholfen höflich, was seinem grob geschnitzten Gemüt am weitesten entfernt war, und von daher einer Kränkung gleichkam.

Die Nachricht über das Schicksal des Mauchinhofes verbreitete sich wie ein Lauffeuer in der Talschaft. Der Landammann wütete innerlich darüber, wie hinterhältig ihn die Drieberin benutzt hatte, ihn – einen mächtigen, einflussreichen, bedeutenden Mann. Seit fünf Jahren war er nun schon Landammann des Hinteren Bregenzerwaldes, und natürlich nutzte er sein Amt auch für eigene Geschäfte. Ganz selbstverständlich brachte ihm diese Verquickung auch Misstrauen ein. Doch für viele bedeutete sein Handel die Garantie ihrer Existenz. Mit Käse handelte er, betrieb eine Sägemühle und verlegte über einhundert Heimarbeiterinnen mit ihren Webstühlen. Pro Jahr flossen durch ihn beinahe dreißigtausend Gulden Löhne in die Dörfer. Und ihn, ihn benutzte die Drieberin wie einen billigen Schreiberling für ihre Intrigen!? Es demütigte ihn zutiefst, und es kostete ihn viel Kraft, nach außen hin Gelassenheit an den Tag zu legen.

Der Lehrer hatte es Angesichts der erstaunlichen Geschehnisse im Dorf mit seinen Nachrichten aus Frankreich schwer. Einzig das

Gerücht, die Nationalversammlung hätte erlassen, die Guillotine künftig zur einzigen Hinrichtungsart bei Todesurteilen zu verwenden, erhitzte die Gemüter. Die Mehrzahl fand die neue Art der Hinrichtung fortschrittlich und modern. Einige erzählten von betrunkenen Henkern, die mehrmals ansetzen mussten, um den Kopf eines Delinquenten vom Leib zu trennen; von Schwertschlägen in den Rücken, den Kopf und in die Schultern war die Rede und von der Gefährlichkeit des Ganzen für die Hilfsknechte, die den Kopf festzuhalten hatten. Das musste man schließlich ebenso bedenken. Keiner von ihnen hatte sich je um einen Henker oder seine Gehilfen gekümmert, die weit ab von den Dörfern ihr Dasein fristen mussten.

Als der Metzler an einem Abend beim Gamswirt hockte und die bunten Federn des Papageis betrachtete, kam es, dass ausgerechnet der Drieber die Wirtsstube betrat und sich zu ihm an den Tisch hockte. Der Drieber ließ sich nichts anmerken, doch auch er war in innerlichem Aufruhr, denn mit dem Ränkespiel um den Mauchinhof, das nun zutage trat, war er ganz und gar nicht einverstanden. Doch was sollte er dagegen tun? Er konnte das Rad nicht mehr zurückdrehen. Sein Stolz litt. Was sollte er sagen? Dass es ihm nicht passte, was da vor sich ging? Welch eine lächerliche Figur gäbe er damit ab?!

Der Landammann richtete seinen Blick eine ganze Weile auf ihn – streng und voller Verachtung. Ohne den Becher zu leeren oder auch nur ein Wort an ihn zu richten, stand er auf, warf die Münzen auf den Tisch und ging. Auch keiner der anderen fing ein Gespräch mit dem Drieber an, und wenn er eines beginnen wollte, über das Wetter, die Kühe, die Preise auf dem Markt in Bludenz oder Dornbirn, so bekam er einsilbige Antworten. Er schüttete den Wein in sich hinein, und Schnaps dazu, bis seine Augen glänzten und Stirn und Jochbeine rot leuchteten, als wäre er fiebrig. Mühsam stand er auf und schrie seinen Zorn heraus, nannte die herumhockenden elende Schlawacken, armselige Bämsl[1] und Füdoschlü-fer[2]. Keine Beleidigung ließ er aus.

Dann fiel sein Blick in die hinterste Ecke der Wirtsstube, in der der Schaffer hockte. Den weiten, mit dickem Lammfell gefütterten Mantel hatte er als wärmende Stütze im Rücken, lehnte behaglich in der Bank und schmauchte eine Pfeife. Am Nachmittag war er auf dem Mauchinhof gewesen, wo er Franzisca in jeder Weise desch-parat[3] vorgefunden hatte. Wenigstens war sie ihm gegenüber ver-trauensvoll gewesen und hatte ihn die Dokumente des Advokaten aus Dornbirn lesen lassen. Nichts zu machen, hatte er sofort er-kannt. Es war nichts mehr zu machen. Auf dem Rückweg kehrte er im Hirschen ein, ließ sich Tintenfass und Feder bringen und gab einen kurzen Brief nach Lindau auf, denn er allein würde hier nicht mehr helfen können.

Und jetzt stand da der besoffene Drieber vor ihm und schrie ihn an: »He, Schaffer, weitgereister Lump, du, hockst da ganz versteckt und sagst keinen Ton! … Sag was! Komm … sag schon was! … Sag, was du denkst, he!« Ein Schwindel, gemischt aus Alkohol und Wut, drehte den Drieber bei den letzten Worten weg, sodass er sich mit beiden Händen auf dem Tisch abstützen musste, um nicht zu Boden zu gehen. Er rülpste laut. Die in seiner Nähe sitzenden rück-ten ein Stück weg. Alle warteten, ob der Schaffer etwas entgegnen würde. Es wurde ganz still in der Wirtsstube, und selbst der Papa-gei Karaki gab keinen Pieps von sich und zupfte an seinen Federn herum. Der Schaffer tat unbeteiligt, zog an seiner Pfeife und paffte in aller Ruhe eine Rauchwolke hervor, bevor er düster sagte: »Hat den Drieber schon jemals die Meinung eines anderen interessiert!? Und warst es nicht du, der den Mauchin seinerzeit im Drüllo[4] gfun-

---

1   Dummkopf
2   Arschkriecher
3   Verzweifelt
4   Wasserstrudel

den hat, und jetzt hast seinen Hof, ha! Aber ich will dir sagen, was ich meine, Drieber. Es ist bei uns wie überall in der Welt so, dass die liederlichsten Huren noch immer die größten Beätnoggln[5] wora sind.« Einige der Umhersitzenden lachten verstohlen, die meisten aber warteten mit Gier und Heimtücke auf die Reaktion des Driebers. Der sah angewidert in die Runde, schnaubte einige Male, wusste aber vor lauter Suff mit dem Gesagten nichts anzufangen, rülpste abermals laut und stolperte schließlich hinaus in die Kälte, wo er hörte, wie drinnen derb gejohlt und gelacht wurde und wie gleich darauf die Krüge schepperten und hart auf die Holztische gesetzt wurden.

Über ihn lachten sie. Sie lachten über ihn. Der Abend setzte ihm einen Stich ins Herz, von dem er sich nie mehr erholen würde. Mit tapsenden, unsicheren Schritten torkelte er den Weg am Dorfbach entlang zu seinem Hof, der schon lange kein Zuhause mehr für ihn war. Schon nach einem kurzen Stück fröstelte es ihn, und der Schnaps presste das Selbstmitleid aus jeder Pore. Er fing an, zu heulen, und der Rotz lief ihm aus der Nase, fror im Gemisch mit den Tränen und legte eine dünne Eisschicht über die versoffene Visage. Je näher er dem Hof kam, desto heftiger spürte er den Zorn in sich aufsteigen. Aus dem Stallfenster drang Licht, und jemand lief mit einer Laterne vom Wohnhaus kommend über den Hof. Er war zu schwach, zu rufen, beschleunigte aber seine Schritte. Am Stall angekommen trat der Veit auf ihn zu, hielt ihm eine Laterne ins Gesicht und lachte laut, als er das Gesicht des Betrunkenen im schimmernden Licht der Laterne erkannte.

»Ah, der Bauer daselbst – schaust drein wie an Affogsichtle[6].« Kaum dass er es gesprochen hatte, traf ihn ein harter Schlag am Schädel, knapp über dem Auge, und sein Kopf schlug gegen den Türbalken. Noch mit einem überraschten Lächeln über seinen Witz

---

5   Betschwestern
6   Stiefmütterchen

ging er zu Boden. Der Drieber suchte weiter, auf ihn einzuschlagen, torkelte aber zur Seite, haute zwei Mal ins Leere, und die zwei Knechte, die gerade einer Kuh beim Kalben halfen, ließen alles fahren, um den wild um sich schlagenden Kerl zu bändigen.

Die Drieberin, von dem Geschrei aus ihrer nächtlichen Arbeit hochgerissen, war dazugekommen und sah den am Boden liegenden Veit, dem Blut an der Schläfe herunterrann, daneben ihr trunkener Mann mit einem dämonenhaft erscheinenden Gesicht.

»Bringt ihn in die Sackkammer und schiebt den Riegel vor«, befahl sie, und mit einem Blick auf den Veit, »den legt ins Bett ... das Madle soll ihm einen Wickel auf den Schädel tun.« Sie zog den Umhang fester, drehte sich um und ging wieder in die Stube, wo sie durch das Fenster beobachtete, wie die beiden Mannsbilder weggezerrt wurden. Sie lächelte böse und holte die Flasche Schnaps und zwei Zinnbecher. Die Knechte brauchte sie noch; es sollte ihnen gut gehen.

*

Franzisca tat die tägliche Arbeit, ohne sich oder etwas von der Welt zu fühlen. Sie fütterte das Vieh, kochte, wusch, legte hier und da etwas zurecht, und es war ihr als wäre es ein anderer Mensch, der all das tat. Und sie beneidete die Mutter, die in der Ecke unter dem Kruzifix hockte, die Perlen des Rosenkranzes durch die Finger gleiten ließ und ihre Gebete nuschelte, als würde sie all das nichts angehen.

In den Momenten, in denen ihr das Elend ganz die Kehle zuzuschnüren drohte, ging sie hinüber in den Stall und lehnte sich an den warmen Leib der Hauskuh, streichelte ihr über den massigen Körper, legte ihre Wange auf und fühlte die Wärme und die Gelassenheit des Tieres. Das Geld kam ihr in den Sinn, welches der Salomon für sie verwaltete. Sollte sie es einsetzten? Konnte sie es einsetzen? Sollte sie damit den Hof ... zurückkaufen ... etwas kaufen, was im Grunde ihr Eigentum war? Etwas in ihr wehrte sich dagegen – Stolz.

Jakob Mathis kam nun jeden Tag mit dem Schlitten herauf und versuchte zu helfen, wo er konnte, packte hie und da mit an – sah aber bald ein, dass es den Mauchinhof auch nicht retten würde. Am Sonntag fasste er all seinen Mut zusammen, griff Franzisca beim Arm und zog sie zu sich. Mit heiserer Stimme flüsterte er eindringlich: »Heirat mich! Heirat mich, Franzisca, und komm mit mir auf unsern Hof … Es gibt keinen Grund, fortzugehen, und wo solltest du auch hinwollen? Bleib hier … bei mir!« Sie lächelte müde und schüttelte den Kopf, strich ihm zart über die Haare, küsste ihn und schmiegte sich an ihn. Ihr Stolz war ihr im Weg, den einfachen Weg zu gehen.

»Es geht nicht, Jakob, es geht nicht … jetzt nicht, noch nicht.« So sehr er auch widersprach und auf sie einflüsterte, sie bedrängte, seine Enttäuschung war nicht unendlich, denn etwas in ihm zeigte Verständnis für ihre Haltung. Er verfluchte sich selbst für seine Feigheit, nicht eher zu ihr gekommen zu sein mit seinem Antrag, der für sie jetzt wie ein Almosen wirken musste und weder zu ihrem Stolz passte, und auch nicht zu dem seinen. Sie hatte recht – es ging nicht, und trotzdem musste es eine Lösung geben, irgendeine Lösung.

Ihr Abschied fiel ungemein zärtlich aus, und alle Grenzen, die sie bisher voneinander abgehalten hatten, waren nicht mehr existent. Sie liebten sich lange und als Jakob im Dunkel aufbrach, haderte auch Franzisca mit ihrem falschen Stolz und dem kindischen Spiel des Hinhaltens, das sie mit ihm gespielt hatte. Schon lange hätten sie ein wirkliches Paar sein können.

Die Kräfte des Schicksals begannen zu wirken, und so sehr sie sich auch dagegen wehrte – ihr Körper wurde zusehends schwächer, denn der Mut verließ sie. Nach der Frühmesse am Tag der Heiligen

Scholastika von Nursia[1] musste sie sich zu Bett legen, so hinfällig war sie geworden. Sie war überhaupt nur gegangen, weil der Kapuzinerabt die Messe hielt. Katharina, die sie noch nach Hause begleitet hatte, erzählte von einem Auftritt der Drieberin im Laden vom Muxler. Der hatte sie auf den Mauchinhof angesprochen, und sie hatte laut gesagt, sodass jeder es hören konnte: »Es ist kein Unrecht geschehen, kein Unrecht. Alles ist allein nach dem Recht gegangen – die Advokaten haben alles aufgenommen, und der Metzler hat sogar Bestätigung gezeichnet. Wenn jemand anderer Meinung ist, soll er sich einen Advokat hinzuholen.«

Der Gedanke an all das ihr Bevorstehende hölte sie aus, und so sehr sie auch den Willen hatte, gegen alle Widerstände zu bestehen, zeigte sich ihr Körper weitaus klüger. Zuerst befiel sie ein unerklärlicher Schwindel, es folgten Schmerzen in den Schultern und im Genick, bis sie schließlich völlig darniederlag und einige Tage mit einem rauen Hals und bebendem Kopf im Bett zubringen musste. Tagsüber sahen Katharina, Agnes und die Frau vom Muxler nach ihr, und der Kaspar war sowieso immer zur Stelle. Unter ihren Rippen tobten heftige Schmerzen, und manchmal tönte ihr Herzschlag hart und kalt über alles andere hinweg. In den langen endlosen Nächten schüttelten sie Krämpfe, zwischen denen sie in eine Art Halbschlaf fiel, der jedoch ohne jede Erquickung blieb, und manchmal ertappte sie sich dabei, wie sie still und ruhig vor sich hin weinte wie ein Kind. Doch auch dieses Weinen brachte keine Erleichterung und neue Kraft, sondern vielmehr Erschrecken darüber, den Mut und Lebenswillen verloren zu haben und sich dem Kindlichen hinzugeben, dem so unschuldigen wie einfältigen Wunsch, es möge doch alles wieder wie früher sein, wo eine tröstende Mutter und ein starker Vater einem beistanden und die Dinge des Lebens regelten. Ihre kreisenden Gedanken warfen sie noch tie-

---

1   10. Februar

fer in die Verzweiflung. Ihr Mut sank so sehr ins Dunkle und Trübe, dass sie glaubte, ihn nie wiederzufinden. In diesen schrecklichen Stunden der tiefsten Einsamkeit trat aber auch eine andere Seite des Kindlichen wieder zutage – ein argloser Glaube an das Göttliche und an eine Bestimmung. Über das fiebrig verklärte Zwiegespräch mit Gott kehrte ein wenig Ruhe in die aufgewühlte Seele und Kraft in den kranken Körper. Nach einigen dunklen Tagen kam sie aus der Krankheit hervor mit einer neuen und größeren inneren Stärke. Sie wollte sich ganz ihrem Schicksal anvertrauen, was immer kommen sollte. Bald war sie wieder auf den Beinen und in der Lage, von Tag zu Tag mehr Arbeit zu bewältigen.

Das Unruhige ihres Ichs ließ sie aber nicht gänzlich in Frieden. Sie fragte sich, wie es wohl gewesen wäre, wenn nicht der Vater, sondern die Mutter gestorben wäre, und inwieweit dies ihr Leben anders hätte werden lassen. Sie sah sich am Grab der Mutter stehen, neben dem lebenden Vater. Johanna fiel ihr ein, die sich ins Walsertal verheiratet hatte, Johanna, deren Mutter bei der letzten Geburt elendiglich gestorben war. Der Vater war kaum ein Jahr nach der Beerdigung mit einer neuen Frau angekommen, und alles hatte sich verändert; so fremd war ihr das Haus dadurch geworden, dass die Heirat für sie wie ein Entkommen war. Hätte es ihr auch so ergehen können? Hätte der Vater eine andere Frau genommen? Sicher. Im Stillen fragte sie sich: Was wäre dann geworden?

So ging es einige Tage lang, an welchen sie ihr Schicksal in Varianten durchspielte, während sie die Hauskuh molk und striegelte, die Ziegen versorgte, die Hühner fütterte, kochte und erste kleine Hausarbeiten erledigte. Wie ein Traum zog alle Wirklichkeit an ihr vorbei, während sie ihren Gedanken nachging. Doch bald stand sie wieder ganz als der Mensch in der Welt, der sie wirklich war: Franzisca Mauchin, die entschlossen war, ihr Leben in die Hand zu nehmen.

Gerade als es ihr wieder besser ging, kam ein Fuhrwerk in Bezau an und hielt vor dem Haus des Tabakhändlers Moosbrugger. Eine stolze Frau, die auf einer der Kisten auf der Ladefläche gesessen hatte, stand auf, klopfte sich die Hände warm und schüttelte die Decken aus, in die sie eingewickelt gewesen war. Sie trat einige Male auf der Stelle, um wieder ein Gefühl in die ausgekühlten Füße und Beine zu bekommen, und nahm anschließend gerne die Hand des Fuhrmanns zu Hilfe, um von der Ladefläche herunter auf den Weg zu kommen.

Der Tabakhändler hatte die Fuhre schon erwartet und karrte ein paar Kisten Schnupftabak herbei, die ihrerseits auf die Reise gehen sollten. Verwundert betrachtete er die unerwartet vornehme Erscheinung und ließ seine Sendung einfach stehen, als er sie erkannte.

»Elisabeth, ja Elisabeth!« Er breitete die Arme aus und musterte die groß gewachsene Frau mit dem langen dunkelblauen Rock und der grünen Weste, die unter dem Umhang und Mantel hervorleuchteten. Wenn sie ein paar Schritte tat und der Rock schwang, waren die festen Lederschuhe zu sehen. Sie lachte ihn an.

»Erkennt er mich noch?«

»Ja, was glaubst denn!« Er zwinkerte mit dem Auge und nahm sie herzlich in die Arme. Sie sagte leis: »Beinahe wie früher ...« Er grinste, wurde aber umgehend ernst, als sie einander noch die Hände hielten.

»Es sind ja immer traurige Angelegenheiten, die dich zurück in die Heimat bringen ... erst der Tod deines Bruders ... und jetzt ... bist wegen der Franzisca kommen, nicht wahr?« Sie nickte.

»Ja, deretwegen bin ich kommen.« Doch so wie sie es sagte, klang es nicht besorgt, vielmehr aufgeräumt und energisch. Er trat nah an sie heran und flüsterte: »Es ist ja so eine Schand ...« Sie winkte ab.

»Brauchst mir nix erzählen ... ich kenn sie ... ich kenne sie alle.«

»Ja – und was wird jetzt?«, fragte er. »Was soll denn jetzt werden?

So kann es doch nicht weitergehen. Stimmt es denn, was erzählt wird, der ganze Hof sei an die Drieber gegangen? Und bist du nicht des Gota[1] von der Franzisca?« Sie nickte und hängte sich ein Bündel um die Schultern.

»Jetzt schau ich erst einmal nach dem Hof. Ich hätte gestern schon hier sein wollen, doch gleich hinter Bregenz war das Rad der Kutsche gebrochen, und in einer der anderen war kein Platz mehr zu bekommen. Der freundliche Mensch hier hat mich mitreisen lassen.«

»Wenn du Hilfe brauchst ... meine Tür steht dir immer offen.« Sie fuhr dem Moosbrugger dankend über die Schulter, zahlte anschließend dem Fuhrmann den Lohn und machte sich auf den Weg. Die beiden sahen ihr nach.

»Ganz eine Herrin ...«, sagte der Kutscher und wuchtete eine der Holzkisten mit Tabak auf den Wagen. Der Moosbrugger nickte stumm und blickte ihr weiter nach.

»Stolz, freigiebig, lustig – so waren sie schon immer, die Mauchins ... hätte niemand glauben wollen, dass es einmal so kommen sollte ... hätte niemand glauben wollen. Das Schicksal ist eine Hure.«

Elisabeth Mauchin eilte mit schnellen Schritten über den Schnee, um warm zu werden. Mit jedem Haus, mit jedem Hof auf ihrem Weg verband sie Erinnerungen – gute wie schlechte, und je länger sie unterwegs war, desto froher war ihr Herz darüber, ihre Erinnerungen an die Heimat aus der Freiheit einer neuen heraus zu betrachten und nicht aus dem Gefängnis der Zugehörigkeit.

Ihr erster Weg führte sie jedoch nicht zum heimischen Hof, sondern am Dorfbach entlang, vorbei an Gams, Kirche und Kloster – direkt zur Schafferei. Der alte Schäferhund kam ihr mit freudigen Schritten entgegen und tauchte seinen Kopf in die Stofffalten aus Mantel, Umhang und Rock. Sie streichelte ihn, ließ ihn ihre Hand

---

1 Patin

ablecken und klopfte erst dann an die Tür, die sie zugleich auf-
drückte. Wärme schlug ihr entgegen.

»He! He da! Wo bist du!?« Sogleich polterte es auf der Holztreppe.
Der Schaffer kam herunter.

»Bist endlich da«, lautete sein wenig herzlicher Willkommens-
gruß.

»Der Hund war mir erst einmal lieber«, entgegnete sie kantig und
kam ihm auf der Treppe entgegen, schob ihn jedoch zart beiseite
und schlängelte sich mit einem Grinsen an ihm vorbei auf die
Stiege. »Will mir doch einmal die heilige Stube ansehen.« Verdutzt
blieb er einen Moment wie angewurzelt stehen und folgte ihr
schließlich die Treppe wieder hinauf. Sie trat in den Raum, der ihr
jedes Mal wie eine andere Welt vorkam, obwohl er ihr vertraut war.
Ihr Blick fiel auf den Globus und die vielen Bücher. Eines lag aufgeschlagen im Sessel. Sie trat heran und las: *A Voyage Round the
World*. »Ist das ... Englisch?«

»Ja.« Er trat hinzu und erzählte von dem jungen Burschen namens Georg Forster, von dem es stammte und den er auf der Fahrt
mit der *Adventure* kennengelernt hatte. »Der Ameisler hat es bei
einem Arzt in St. Gallen entdeckt, den er behandelt hat.« Sie lachte
laut.

»Er hat einen Arzt behandelt? Dem muss es aber wirklich schlecht
gegangen sein, dass er nach dem Ameisler ruft. Nun ja ... und ...
dein Forster – schreibt er die Wahrheit?«

»Ja, tut er, und ich habe Sehnsucht bekommen beim Lesen nach
den glücklichen Momenten in der Wärme. Es ist ein so schönes
Gefühl, an einem einsamen weißen Strand zu liegen, unter der blitzenden Sonne, gekühlt von einer leichten Brise und sanften Wellen. Alle Menschen sind nackt und frei und glücklich.« Sie lachte.

»Ich glaube, ich weiß, wonach du Sehnsucht hast. Und außerdem
hast du mir auch einmal von den Menschenfressern dort erzählt.«

Er ging nach unten, holte eine Flasche Rotwein und ein Brett mit
Käse, Brot und Geräuchertem. Im Schrank hatte er Gläser, die zau-

berhaft mit Akanthusornamenten verziert waren und die er mit dem Médoc füllte.

Bevor es dunkel wurde, machte sie sich auf den Weg zum Hof. Franzisca starrte sie ungläubig an, denn mit ihr hatte sie nicht gerechnet. Sie weinte vor Überraschung, und Elisabeth Mauchin nahm sie in den Arm, tröstete das bleiche, dürr gewordene Wesen und gab wie selbstverständlich ihre Instruktionen. Ihre Schwägerin fuhr sie an, sie solle das heuchlerische Beten sein lassen oder wenigstens in der Kammer verschwinden, denn es vergifte das Leben all derjenigen, die Freude daran hätten.

Als sie allein waren, verlangte sie die Dokumente, die der Anwalt dagelassen hatte, las sie und fand bestätigt, was ihr der Schaffer schon berichtet hatte. Sie nahm zwei kleine Zinnbecher, füllte sie mit Branntwein und zwang Franzisca, einen Schluck zu nehmen.

»Es tut gut und erleichtert das Denken, wenn man nur wenig davon nimmt. Hab immer ein paar Tropfen davon dabei, denn es nimmt einem an manchen Tagen den Schwindel.« Dann erläuterte sie ihren Plan. Franzisca hörte ruhig zu, ohne ein Wort zu entgegnen. »Du kannst nicht warten, bis der Exekutar[1] am Hof steht. Leg dich jetzt schlafen, du bist noch schwach, um alles andere kümmere ich mich.«

Und sie kümmerte sich – energisch, ohne Widerrede zu dulden. Sie holte den Kaspar, der ihr helfen musste, die Kammern zu räumen und Holzkisten zu packen, mit Stoffen, Wolle, Geschirr und Besteck, Tassen und Töpfen. Der ganze Hausstand wurde verstaut, und bald war das Haus leer. Alles Gejammer wies sie mitleidslos ab. Am vierten Tag lud sie ihre Schwägerin samt einigen Kisten auf das Ochsengespann, hockte sich neben den Kaspar auf den Kutschbock und fuhr mit ihm zum Drieberhof.

Der Veit glotzte die groß gewachsene Frau in den feinen Kleidern

---

1 Gerichtsvollzieher

an wie den Papagei beim Gamswirt. Als die Drieberin aus der Tür trat, rief sie ihr zu: »Ihr wolltet den Hof, nun habt ihr ihn – und Eure Schwägerin gleich dazu. Die Franzisca nehm ich mit, für alles andere habt ihr das Aufkommen, und der Kaspar hat noch bis zum nächsten Jahr Michaeli Recht am Stieglerhof. Wer es nicht glaubt, hole sich einen Advokaten.«

Dann lud sie zusammen mit dem Kaspar die paar Kisten ab, stellte sie mitten auf den Hofplatz, half der Mutter Franzsicas herunter vom Karren und stieg wieder auf den Kutschbock. Langsam wendete der Kaspar das Gefährt im Hof, und sie sah hinüber auf den kantigen Abriss der Kanisfluh, den wolkigen Himmel darüber und auf das wässrige Glitzern der Schneeflächen, das die Heimkehr des Frühjahrs andeutete.

Die Drieberin stand mit offenem Mund da, genau wie ihr Sohn. Ihr Mann hatte sich nicht aus dem Stadel getraut, wo er gerade Pfähle anspitzte, als er die bekannte Stimme hörte. Elisabeth ... sie wäre eine gute Wahl gewesen. Es wäre ihm besser ergangen im Leben, darüber war er sich sicher. Als die Kutsche verschwunden war, trat er in das Stadeltor und sah hinaus in den Hof, wo seine Schwester verloren herumstand.

»Bringt sie in die Kammer ... in die Kammer der Ahna[1]. Hat das Madle gleich eine neue Pfleg zu tun«, rief er böse in den Hof und hackte anschließend wütend und bis in den Abend hinein an den Holzstücken herum.

Franzisca bereitete es Schmerzen, wie teilnahmslos die Mutter vom Hof gefahren war. Um Trost zu finden, begann sie eine kleine Wanderung am Stiegler und ging langsam bergan. Jetzt erst fühlte sie, wie schwach ihr Körper noch war. Die Gräben und Bäche im ganzen Tal plätscherten und rauschten munter, was ein zurückhaltendes Sehnen nach anderen Welten in ihr weckte – denn die Was-

---

1 Großmutter

ser, sie stürzten hinunter zur Ach, der man das Holz bis ins Rheintal mitgab, das bis Bregenz kam, und dafür erhielt man Korn, das mit Booten über den Bodensee herangebracht wurde. Wie mochte es wohl aussehen an diesem großen See, an dessen Ufern es Gärten wie im Paradies geben sollte, Äpfel und Birnen süß wie Honig, und warm sollte es sein. Sie horchte in den Wald, blickte über die Weiden und auf die Gipfel.

Ihr Rückweg führte sie zum Mathishof. Jakob spannte gerade die alte Fanny ein, um zum Hufschmied zu fahren. Sie erzählte ihm von ihrer baldigen Abreise, und er versteckte sein Erschrecken, seine Enttäuschung und den Taumel, der ihn erfasste, am mächtigen Körper des Kaltblüters, indem er sich an den Riemen festhielt, das Kumet zurechtrückte und die Vorderhufe mit dem Hufkratzer säuberte. So war es also, wenn einem das Herz zerriss, dachte er. So fühlte es sich also an, was sich mit fester Stimme den alten Liedern nach singen ließ.

Franzisca war ganz zum Weinen. Ganz starr stand sie da. Irgendwann war auch am Geschirr des Pferdes nichts mehr zu richten, und er lehnte sich an die warme Flanke des friedfertigen Tieres.

»Komm mit, ich fahr dich zurück zum Hof«, sagte er mit flauer Stimme. Mit zwei Schnalzern der Zunge setzte er Fanny in Gang, und es fiel ihm die erste Fahrt wieder ein, die er mit Franzisca gemacht hatte, den Sarg vom alten Vitus unter der Plane, und ihre Ziegen hinten angebunden. So viel war seither geschehen – im Tal und in der Welt. Auch er hätte heulen mögen.

Am Abend nach dem Essen holte Elisabeth Mauchin zwei Zinnbecher und goss Birnenschnaps ein.

»Was sagst du zu meinem Vorschlag? Es ist eine auskömmliche Pfarrei dort unten am See, mit einem braven Pfarrer, der nur etwas an den Nerven angegriffen ist, weil der letzte Vikar ein wenig verrückt war und mit der Köchin durchgebrannt ist, aber das muss dich nicht rühren. Es wird dir gut gehen dort am See … und du bist nicht allein, denn ich bin ganz in deiner Nähe. Es wird dir eine neue, schöne Welt werden, und wenn du wieder gefestigt bist, ist die Zeit für den Jakob gekommen. Jetzt tätest du zugrunde gehen daran.«

Franzisca zierte sich nicht mehr, zu trinken, und spürte dem Brennen in ihrer Kehle nach, auf der Suche nach den wohligen Aromen der kleinen, fauligen Birnen.

»Ein guter Vorschlag … ein guter Vorschlag«, sagte sie fest und entschlossen, nur um gleich darauf in Tränen auszubrechen und unter Schluchzen zu meinen, die Welt hier in dieser Stube, die Weiden draußen, die Kühe im Stall und auf der Alpe, der Gopfberg, die Kanisfluh und der Himmel darüber – all das würde ihr vollends genügen. Sie dachte an die freien Sommer auf der Vorsäß – entrückt, fern von allem, unendlicher Raum und frei von den Zwängen des Dorfes. In Gedanken tauchte sie die Finger in das Kuhhorn hinter der Hüttentür, in welchem das Weihwasser war. Sie roch das erdige, würzige Gemisch von Gras, Heu und Milch. Vergangenheit. Alles war Vergangenheit.

Tags darauf setzte sich der Niedergang des Hofes fort. Bauern und Viehhändler nahmen alles Vieh mit, und in der Stille, die danach einsetzte, diese Stille ohne Muhen, Gackern, Meckern und Grunzen – in dieser Stille starb der Hof. Selbst die Vögel schienen ausgesetzt zu haben mit ihrem Gesang. Jetzt wollte sie weg von hier, so schnell es nur möglich war. Sie setzte sich in der Stube an den Tisch und schrieb Briefe – an Johanna, an ihren guten Freund Joseph Anton Koch – wie es den beiden wohl erging? Ein wenig schämte sie sich, ihnen in der letzten Zeit so wenig Gedanken geschenkt zu haben und so völlig vom eigenen Schicksal eingenommen worden zu sein.

II. Teil – Am See

An einem windigen Frühjahrsmorgen war es soweit: Franzisca hockte benommen auf dem Fuhrwerk und versuchte, ihre Augen zu schließen, doch sogleich erfasste sie ein heftiges Drehen. Der Abschied tat ihr weh, auch weil ihr so viele lieben Menschen begegnet waren, weit mehr als der Kaspar, Katharina oder Agnes. Sie versprach, zu schreiben, sobald sie in Lindau angekommen war und Zeit dafür fand.

Am Weg standen einige Leute und winkten ihr zu. Der Gamswirt hatte die Fuhre abgepasst, ging ein paar Meter am Wagen mit und stellte ein kleines Kistchen vor ihre Füße; auf diese Weise erhielt sie mehrere Geschenke. Niemand machte ein fröhliches Gesicht.

Tauwetter und Regen hatten Schmutz in die hartnäckigen Schneefelder geschwemmt. Hügelzüge und Gipfel glänzten noch in strahlendem Weiß, doch auch dort oben zerrten die Sonnenstrahlen an Eis und Schnee. Kleine Bäche rannen die Hänge herab und zeichneten mäanderte Muster in die Landschaft.

Franzisca verspürte keinen körperlichen Schmerz, kein Stechen, nirgends ein Reißen oder Ziehen, denn alles in ihr war dumpf. Sie sah ihre heimatliche Welt, die hügelige Weidenlandschaft ihrer Kindertage wie durch einen Nebel. Sie spürte selbst das Rütteln des Wagens nicht, bis kurz vor Egg, wo eine ausgespülte Stelle am Weg die Fuhre kräftig durchschüttelte und der heftige Schlag sie aus ihrer Benommenheit riss. In Alberschwende wechselten sie auf eine komfortablere Kutsche und kamen noch bis nach Bregenz, wo sie Unterkunft nahmen. Ein Stück des Weges führte an Baracken und ärmlichen Hütten vorbei, in denen Menschen in zerlumpten Kleidern hausten; trotz der Kühle stank es nach Verwesung, und über allem hing der Dunst von Unschlitt, den manche sogar aßen, um den Hunger zu stillen. Hier, außerstädtisch, lebten die Unehrlichen und Infamen – die Henker und Scharfrichter, Nachtwächter und Türmer, Totengräber, Abdecker, Wasenmeister und Schinder.

Sie hatten Glück, noch eine Kammer zu erhalten. Mehrere Fuhr-werke und Reisende waren schon seit dem Nachmittag gezwungen worden, Rast zu machen, da ein Steinsturz vor Lochau den Weg nach Lindau unpassierbar gemacht hatte. Elisabeth entschied des-halb kurzerhand, am nächsten Morgen mit einem der Lastsegler nach Lindau überzusetzen, und lachte nur über die Angst, die Fran-zisca vor dem Wasser hatte.

»Gewöhn dich daran, denn du wirst öfter auf dem Wasser unter-wegs sein müssen«, meinte sie lakonisch.

Am nächsten Tag, noch in morgendlicher Dunkelheit, erreich-ten sie den Hafen von Bregenz. Franzisca war wie betäubt von den vielen Fuhren und Kutschen, die sich dort stauten. Während der Morgen heraufdämmerte und den Pfänderrücken in einen hellen Schein setzte, tobte rundum das wilde Geschrei der Händler, Schiffer, Kutscher und Lader. Pfiffe gellten, deren Bedeutung nur Eingeweihte kannten, und darüber schwang das Johlen der Fuhr-leute, von denen ein jeder versuchte, sich über das Rumpeln der Gefährte, das Wiehern, Muhen und Mähen zu erheben. Es dauerte seine Zeit, bis sie mit ihrem Wagen vorankamen. Zwischen den Wagen schlüpften flinke Träger mit Leder- oder Stoffballen auf dem Rücken hindurch, um weit vorne ihre Last loszuwerden. Franzisca stand ein paar Mal auf und richtete den Blick nach Wes-ten, denn sie konnte den See noch immer nicht sehen, so hoch aufgetürmt waren die Ladungen und Gestelle vor ihr. Endlich, es war heller geworden, lichtete sich das Chaos, und mit einem Mal schimmerte eine weite, hellgraue Fläche vor ihr. Augenblicklich öffnete sich ihr Mund, ganz wie der des Veit, und sie stand lang-sam auf. – Der See. Es war tatsächlich der See. Unvorstellbar weit. Natürlich – sie kannte einige Gemälde, hatte das ferne Flimmern von der Kanisfluh aus schon einmal gesehen und Erzählungen über den See gelauscht; doch was da vor ihr lag, war größer, weiter und schöner, als es ihr jede Fantasie hätte zeichnen können. Manchmal war zwischen dem Lärmen der Wellenschlag zu hören.

Im Süden ragten hohe, schneebeglänzte Hügelketten auf, und geradewegs voraus waren in der Ferne winzige Türme zu erkennen. Konnte das Lindau sein?

Eine Lädine mit dunkelgrauem Segel hatte abgelegt und zog erhaben auf die Seefläche hinaus. Jetzt waren sie an der Reihe, und der Fuhrmann stoppte die Pferde an einem der großen Schiffe.

»Brrrr ... Brrrrha ...« Ihr Herz klopfte vor Aufregung, so wie sie aufgeregt gewesen war, als sie der Vater das erste Mal zum Jahrmarkt nach Dornbirn mitgenommen hatte. Elisabeth war schon in Verhandlungen mit einem Schiffsmeister, als Franzisca von einer bekannten Stimme aufgeschreckt wurde, die laut und aufgeregt ihren Namen rief.

»Franzisca, Fraaanzisca!«, und noch einmal, sich überschlagend vor Freude, »Fran...zisca!« Es war Lucas, der Hirte vom Mathishof, der sich da durch Wagen, Menschen und Tiere zwängte und halb zu ihr auf die Kutsche stieg. Sie umarmte seinen Kopf wie den eines Kindes, küsste seine Stirn und fragte, was er denn hier mache?

»Revolution«, lachte er, »Revolution ...« Die Kutsche fuhr ein Stück weiter; er krallte sich fest und erzählte mit schnellen Worten von seiner Anstellung bei einem der Schiffsmeister als Lader, seit er zu Lichtmess den Bregenzerwald verlassen hatte. Geld wollte er verdienen, um von Schaffhausen den Rhein entlang zu wandern, bis nach Straßburg, von wo aus er endlich in Richtung Paris kommen wollte.

»Aber Lucas, was willst du denn in Paris?«, fragte sie besorgt und legte eine Hand auf ihre Brust, während ihre andere ihm über die Haare streichelte. Für den Moment hatte sie ihren eigenen Kummer, ihren Schmerz und ihre Sorgen vergessen.

»Revolution«, sagte er wieder, »Revolution!«, und diesmal klang es ernst und wild. »Ich muss nach Paris und bei der Revolution mitmachen ... ich muss!« Sie strich ihm traurig über die Wange.

»Ja, wenn du musst ...«

»Ja, ich muss ... ich, ich kann einfach nicht anders«, und dann erzählte er wieder etwas beruhigter von der Klausenmesse[1], bei der er zuvor mit den anderen Schiffsleuten droben in der Stadt in der Nepomukkapelle gewesen war, wie immer, wenn sie ausliefen.

»Ma muaß Kloase[2] beate …«, sagte er nachdrücklich, sprang wieder hinunter von der Kutsche und rief ihr im Weglaufen zu: »Musst also keine Angst haben … ich fahr mit dir nach Lindau. Mir war es beim ersten Mal auch bang, aber jetzt … jetzt mag ich gar nicht mehr auf einer holprigen Kutsche hocken, weil der See einen so angenehm wiegt.« Er lachte, und seine Augen leuchteten und die ihren auch.

Sie kamen in die Nähe des Ufers, wo das Gedränge und Geschrei nochmals schlimmer wurde, weil alle einander übertönen wollten. Bettler kamen dazu, die ihr Elend zur Schau stellten, und Händler mit Bauchläden, die durch die Menge drängten und schrien, sangen oder pfiffen. Hunde bellten, Katzen lauerten im Schutz von Ballenhaufen und Kistenburgen, und über dem Gewimmel kreisten Möwen, stießen ihre schrillen Schreie aus und warteten auf den Moment, in welchem für sie etwas abfiel. Dieses helle Kreischen war ihr völlig neu und ungewohnt – nur eine Tagesreise von zu Hause, und sie war in der Fremde.

In der Luft hing ein von sanften Brisen gemischtes Aroma von Feuerholz, Kohle, Rauch, geräucherten Fischen und Speck, angereichert mit den stickigen Dämpfen der Teer- und Pechkessel, deren breiiger Inhalt aufgekocht wurde, um die Spalten und Fugen auf den Schiffen abzudichten. Überall standen Eimer mit teergetränkten Hanfzöpfen und Baumwolle herum.

Aus der Uferlinie im Hafen hoben sich ganze Hügelketten aus Fässern, Kisten, Truhen, Lederballen sowie Haufen zusammengeschnürter Rebstecken empor. Etwas abseits von allem war ein

---

1   Verehrung des Heiligen Nikolaus als Schutzpatron der Seefahrer.
2   Klausengebet

hoher Berg mit Stoffballen aufgetürmt. Franzisca blieb erstaunt stehen: So viel Stoff. Lucas sah ihren Blick.

»Das sind die feinen Stoffe, die heute noch in die Eidgenossenschaft gehen. Die gröberen kommen mit der Kutsche nach Immenstadt, Kempten, Isny oder Wangen. Irgendwohin muss es ja gehen, das viele Zeug, wo doch in beinahe jedem Haus ein Webstuhl steht.« Er deutete auf den Ballenhaufen. »Und ganz zu unterst sind die vornehmen von der Compagnie Falger.« Viele der Vorbeikommenden grüßten ihn mit Namen. Sie lächelte ihn an. Was er alles wusste und wen er alles kannte. Er schien sich gut eingeführt zu haben.

Sie gingen weiter. Träger flitzten hin und her, hievten einer unergründlichen Ordnung folgend die einen Ballen zu jenem Schiff und rollten jenes Fass zu einem anderen. Franzisca roch, staunte, folgte dem Treiben und sah immer wieder hinaus auf die weite Wasserfläche. Alsbald betrat sie mit zitternden Knien die Lädine. Ihr Herz pochte heftig. Die Erzählungen von einem Schiff kamen ihr wieder in den Sinn, das vor vielen Jahren auf dem Weg von Lindau nach Hard untergegangen war, wobei sich nur sechs von zweiundzwanzig Menschen aus den Fluten retten konnten. Ihre Tante drängte sie vorwärts über die Holzplanken auf das Schiff, das gleich darauf von ein paar Trägern vom Ufer weggestoßen wurde. Am Heck wriggten zwei kräftige Kerle, und schon wurde das lateinische Segel aufgezogen; Wind fasste sofort hinein, glättete die Wölbung, und sanft glitt das Schiff vom Ufer hinweg. Doch so behutsam die Wellen auch waren, Franzisca spürte das Schwanken arg und hielt den Atem an. Ihre Hand fasste in die Umschnürung eines der Lederballen. Sie traute sich keinen Schritt zu tun, in der Angst, sie könnte damit das Schiff in noch größeres Schwanken bringen. Lucas kam, trat ganz dicht an sie heran und fasste sie sanft am Ellbogen.

»Komm mit nach vorne und schau, wie Lindau näherkommt. Das hat mir bei den ersten Malen geholfen, die Aufregung zu vergessen. Keine Angst – ich halte dich.« Er brachte sie nach vorne, wo ihre Tante mit dem Schiffsmeister sprach. Die beiden schienen sich zu kennen, so vertraut wie sie beieinander standen. Franziscas Blick nahm die Türme, Giebel- und Dachlinien der Inselstadt auf, deren Konturen und Flächen immer klarer und größer wurden. Sie konnte den Blick gar nicht vom eckigen Leuchtturm lassen, und eine Weile später sah sie die bunten Dachziegel leuchten. Es tat ihr leid, als Lucas gleich wieder zum Heck der Lädine musste, um das Anlanden in Lindau vorzubereiten.

*

Die Anstrengung der Reise, das viele Neue, das auf sie einströmte, es hielt sie davon ab, über das Verlorene zu sehr nachzudenken. Vor ihr lag nun ein sanft wogender See und eine Inselstadt, deren Türme und Bastionen ihre Neugier weckten. Immer näher rückte die Stadt, und bald langten sie an einer dichten Reihe von Holzpfählen an, die müde aus der Wasserfläche ragten und deren Verlauf einen weiten Bogen beschrieb. Darin befand sich ein schmaler Durchlass, der in den Hafen von Lindau führte. Der eckige Leuchtturm stand wirklich direkt an der Wasserlinie und stellte sich wie ein Glockenturm auf. Stolze Fassaden wiesen hinüber nach Bregenz, von wo sie gekommen waren. Sie hatte erfahren, dass vor allem Wein, Obst – besonders Kirschen – Gemüse und Futterkräuter den Anbau um Lindau bestimmten. Der große Reichtum der Stadt rührte jedoch vom Handel her, in der Hauptsache mit Salz, Getreide und mit Stoffen. Die Inselstadt, hatte Lucas noch gesagt, sei ein einziger riesiger Speicher.

Ihre Tante kam zurück und trat so nah von hinten an sie heran, dass sich ihre Körper leicht berührten und das Wanken des Schiffs gemeinsam erfahren ließ. Sie erzählte ihr von der Stadt.

»Ein großer Teil der Lindauer hat gleich zu Beginn die Religion wider den Papst angenommen und lange Zeit zwischen der Lehre Luthers und Calvins geschwankt. Schließlich haben sie sich für das Luthrische entschieden, weshalb hier das Streben nach Gewinn arg verbreitet ist und Juden bis heute nicht auf der Insel übernachten dürfen. Es ist eine solche Fülle an Gewerbshändeln, dass alle Samstage auf dem Wochenmarkt die Händler aus achtundzwanzig Städten rundher kommen. Vierzehnhundert Karren und Wägen gehen dann am Landtor aus und ein. Aus Schwaben und Bayern kommen Getreide, Salz, Kupfer und Eisen, das von hier ins Oberland und in die Eidgenossenschaft geführt wird. Auf dem Untersee, bei Konstanz und aus dem Thurgau und Hegau gehen wöchentlich Hafer, Korn und eine große Menge Wein in die Stadt, von wo aus es sogleich in das Allgäu, nach Schwaben und ins Bayerland verkauft wird. Von uns Wäldern, dem Montafon und Appenzell kommen trefflich viel Käse und Butter, und von dem Land um die Stadt bringen die Leut Obst, Garn und Gespinst zum Markt. Es ist eine reiche Stadt, und man kann es nicht unbillig das deutsche Venedig nennen, führen die Herren Patrizier ihren Handel doch bis nach Danzig, Nürnberg und Augsburg und nach Süden bis in die Lombardei, das Welschland, gen Genua, nach Genf und bis weit nach Frankreich hinein. Alle Sprachen wirst du hier zu hören bekommen.« Und selbstsicher stellte sie fest: »Es wird dir hier gefallen, ebenso wie meine Herrin dir zusagen wird, denn sie ist eine freie, stolze und mächtige Frau, die schon völlig in einer neuen Zeit lebt.« Franzisca sah sie fragend an. Von welcher neuen Zeit sprach sie?

Beim Anlegen schwankte und wackelte das Boot, und Lucas lief vorbei und zog die Lädine mit einem Seil an der Hafenmauer fest. Er lachte ihr zu und wies gleich darauf einen der Schiffslader zurecht, der etwas falsch gemacht hatte, und raunte Franzisca zu: »Der dumme Kerl – das Geld wie ein Pferd verdienen und es ausgeben wie ein Esel. Kaum dass die letzte Kiste verladen ist, wird er verschwinden, und ich kann ihn dann wieder suchen gehen, um ihn volltrunken wie ein Schwein aus einer Kaschemme in der Carolinenstraße[1] zu zerren.«

---

1 Heute die Grub.

Über einen Holzsteg gelangten sie auf festen Boden, und sie war traurig, sich von Lucas verabschieden zu müssen. Sie drückte ihn fest an sich und küsste ihm die Stirn.

»Komm gesund wieder, Lucas.« Er strahlte sie an.

»Wohin – zu dir?« Er drehte sich um, sprang hinunter auf das Boot, und einer plötzlichen Gefühlsregung folgend rief er ihr zu: »Wenn ich zurück bin und reich, heirate ich dich!« Etwas verdutzt stand sie da und sah dem Kerl nach. Fast hätte sie ›ja‹ gesagt. Ihre Tante musste lachen.

»Das fängt ja gut an für dich, hier in Lindau.«

Dann winkte sie einen der Karren herbei, sorgte für das Verladen des Gepäcks und schob sich mitten durch das Gewirr der Kutschen, Fuhrwerke und Menschenknäuel. Der Geruch des Sees war Franzisca neu und kam ihr hier zwischen den Häusern noch intensiver vor als zuvor auf dem Schiff. Während sie durch die engen Gassen zogen, erzählte Elisabeth Mauchin weiter von der Stadt, zeigte ihr das stolze Haus der Binderzunft[1] und wies hinüber zur Festung[2], die am Hafen postiert war. Franzisca schaute hierhin und dahin und kam sich ganz verloren vor. Ihre Tante beschrieb einen weiten Bogen mit ihrer Rechten und erklärte: »Die vordere Insel, auf welcher wir gerade sind, umfasst an die zwei Drittel der Stadtfläche. Auf der gegenüberliegenden Seite steht eine imposante Brücke[3], die die Stadt mit dem Festland verbindet. Sie ist so breit, dass zwei große Fuhrwerke aneinander vorbeipassen – zweihundertneunzig Schritt lang und mit vierundsiebzig steinernen Jochen besetzt. Du wirst sie bald sehen!« Sie kamen an vielen Gasthäusern vorbei – der Krone, der Gans und am Sünfzen. Letzteres war auch Kaffeehaus, und es waberte ein würziger Duft von gerösteten und gemahlenen Kaffeebohnen, Kakao und heißer Milch unter den Arkaden. Auf der

---

1   Heute am Hauptzollamt.
2   Römerschanze
3   Landtorbrücke

breiten Hauptstraße[4] war kaum ein Durchkommen. Ihre Tante zeigte nach Westen. »Da hinten liegt die zweite Insel; die Leute hier sind manchmal etwas einfach und nennen sie daher schlicht Insel. Dort wohnen nur ein paar Schiffer, Fischer und Weingärtner. Es finden sich einige Salzmagazine und Keltern auf ihr, und der übrige Teil besteht aus Wein- und Obstgärten. Man kommt über Zugbrücken über den Graben dorthin, und es ist still dort, und herrliche Linden stehen da, von denen eine über sieben Fuß im Durchmesser hat.«

Franzisca suchte möglichst dicht im Gefolge der Tante zu bleiben, um nicht im unbekannten Gewirr der Gassen zurückzubleiben. Die eisernen Reifen der Holzkarren und Fuhrwerke knirschten über die glatten, glänzenden Steine des Straßenpflasters, Lader schrien einander zu, und die Lager der Flaschenzüge quietschten unter der Last der Ballen und Kisten, die nach oben in die Dachkammern gezogen wurden. Am Giebel eines jeden Inselhauses ragte eine Krangaube hervor. Auf den Straßen waren stolze Damen in bunten Röcken unterwegs. Sie trugen Westen aus teuren Stoffen und Pelzhauben auf dem Kopf. Wie selbstverständlich flanierten sie zwischen den Kutschen und Karren umher. Ein Trupp Soldaten auf nervösen Pferden drängte durch die Gasse. Der Offizier fluchte, als ein Kutscher sein Fuhrwerk nicht rechtzeitig an die Seite brachte.

Von der Cramergasse her kam ihnen der Poschter entgegen, im Gefolge den Jungen. Zielstrebig war er unterwegs, und wer es nicht wusste, konnte kaum glauben, dass ein Holzstumpf seinen Fuß ersetzte. Der weite schwarze Mantel verdeckte zudem sein Humpeln. Er war auf dem Weg hinunter in die Ludwigsstraße und wollte sich in der Krone mit zwei Kaufleuten aus Fußach treffen. Als er Elisabeth Mauchin sah, deutete er eine Verneigung an und legte die Hand an den Hutrand. Mit der Hausdame der Frau von Seutter war es von Vorteil, ein gutes Verhältnis zu pflegen. Sie nickte ihm

---

4   Heute Maximilianstraße.

freundlich zu. Im *Intelligenzblatt der Stadt Lindau* hatte er von der Ankunft der zwei Fußacher gelesen. Das Blättchen berichtete über alle Fremden, die in die Stadt kamen und außerdem, wo sie Unterkunft nahmen. Diese kleine Zusatzinformation gab einem halbwegs Auskunft über ihre Kreditwürdigkeit. Zufällig wusste der Poschter auch, was sie nach Lindau geführt hatte: Sie suchten Compagnons für ein großes Lagerhaus, welches sie errichten wollten. Er hatte es erfahren, weil er ein leises Gespräch der beiden belauscht hatte, als sie beim Pferdewechsel in seiner Relaisstation warteten. Still und heimlich hatte er hinter den Pferden gestanden; sie mochten seine Nähe und blieben ruhig. Von den Planungen eines großen Lagerhauses in Fußach war da die Rede gewesen – Zuschg hatten sie es genannt. Es wurde ein immer größeres Geschäft, Waren zu transportieren. Immer mehr Pakete und Briefsendungen gingen in alle Richtungen, sodass es ohne eine geeignete Lagerstadt und organisierte Verteilung kaum mehr zu bewältigen war. Er hatte schon einmal daran gedacht, selbst eine Speditionsroute zu finanzieren, doch niemals hätte es dafür eine Erlaubnis aus Wien gegeben, und gegen die Gasser, Spähler, Schneider und Weiss, die den Mailänder Boten betrieben – zudem miteinander verschwägert waren, dass es nachgerade unübersichtlich war –, gegen die war niemals ein Geschäft aufzuziehen. Nein – auf Konfrontation wollte er nicht gehen, sondern sein Glück anders versuchen, und sein heimliches Wissen war hierbei die halbe Miete. Innerlich in Wallung gesetzt ging er voran. Die Offiziere, die ihm auf seinem Weg begegneten, grüßte er übertrieben freundlich, verbeugte sich tiefer als notwendig vor den ganz feinen Damen und blieb kurz stehen, um ein Schwätzchen zu halten und über den Buben zu jammern.

»Ah ... so ist es! So ist es, wenn man ein mildtätiges Werk tut ... nichts als Ärger hat man davon ... die Herren Hochwürden tun sich leicht, von der Kanzel herab ihre warmen Worte über der Gemeinde auszugießen. Faul ist er. Meine Pferde, von denen wir leben, kann ich bald selbst versorgen, so schändlich geht er mit seinen

Pflichten um ... nichts als Ärger und Ungemach ... weil sie nicht mehr arbeiten wollen, die jungen Burschen, und von der Revolution ganz verrückt im Kopf sind, und von den Jahrmärkten, die immer wilder und verrückter werden, dass ihnen Herz und Geist verkommen.« Niemand widersprach ihm, denn wer wollte sich schon mit ihm in Streit begeben, und wozu auch. Sprach er denn die Unwahrheit?

Franzisca hatte die beiden im Vorübergehen entdeckt und blieb kurz stehen – der Junge da, das war doch der Kleine vom Mathishof! Ihre Tante schob sie weiter.

»Schon die Römer waren hier auf der Insel, und morgen, wenn du nach Oberreitnau in deine Anstellung fahren wirst, siehst du die große alte Mauer gleich hinter der Landtorbrücke. Man nennt sie hier Heidenmauer. Niemand weiß, woher sie stammt und welchen Zweck sie hatte – so alt ist die Stadt ... so unfassbar alt.«

Sie kamen am Haus der Frau von Seutter an. Es war ein mächtiges Anwesen, fast drei Mal so groß wie das Haus des Gamswirts in Bezau, und es richtete seine schmucke Fassade mit den großen Fenstern auf einen weiten Platz. Es trug den schönen Namen *Haus zum Baumgarten.* Wieder schwappte eine wehmütige Welle über sie, denn die Baumgartenalpe kam ihr in den Sinn, und der Weg hinüber zur Stongenalpe, vorbei an den weiten, wehenden Flächen mit Wollgras im Moos. Sie zwang sich, nicht daran zu denken, und wendete ihren Blick den beiden Kirchen zu, die am Platz gegenüber standen – Langhaus gegen Langhaus, Turm gegen Turm. Es war schwer, zu glauben, dass eine der beiden wirklich für die Luthrischen war, denn der Turm war genauso groß wie die in nächster Nachbarschaft stehende Kirche, die der Heiligen Jungfrau gewidmet war. Wie konnte das nur gut gehen?

Staunend hingen ihre Augen an einem anderen Prachtbau, indessen ihre Tante den Trägern anwies, wohin das Gepäck zu laden sei.

»Man nennt es den *Cavazzen*«, warf sie ein und meinte, die prächtigen Fassaden seien auch deshalb so expressiv, um ein Gegengewicht zu den Kirchenbauten und dem Stift zu setzen. So waren sie eben hier – freie Bürger in einer reichsfreien Stadt. Ein niedriges Gebäude drang in die Mitte des Platzes. Vom Dach herab leuchtete ein goldglänzender Stern – ein Morgenstern. Vor dem Eingang lungerten Stadtsoldaten herum. Es war die Hauptwache.

Franzisca bekam eine eigene Kammer unter dem Dach, mit breitem Bett und feinem Bettzeug, das fremdländisch duftete. Erschöpft legte sie sich nieder und schlief ohne jeden Traum bis zur Morgendämmerung des nächsten Tages.

Gleich nach der ersten Suppe erwartete sie die Herrin des Hauses, Frau Anna Christina Seutter von Loetzen. Eine schönere Frau hatte sie noch nie gesehen. So schlicht sie auch gekleidet war, so kostbar waren doch die Stoffe, die sie trug. Ein dunkelblaues Kleid reichte bis zum Boden. Darüber trug sie eine Weste und ein offenes Jäckchen. Auf ihrer Brust glänzte ein goldenes Medaillon. Die Wangenknochen traten weich hervor und die langen Haare waren mit einem silbergänzenden Haarband gefasst. Sie lächelte und um ihre Lippen stand etwas Neckisches.

Sie kam aus einer reichen Familie und hatte Theodor August Baron Seutter von Loetzen zum Mann gewählt – einen einflussreichen Geschäftsmann, der in der Patriziergesellschaft zum Sünfzen ein viel beachtetes Wort führte, wenn er denn einmal in der Stadt war, denn seine Geschäfte bedingten seine häufige Abwesenheit. Eigentlich war er nie zu Hause, da er gerne reiste und enge Beziehungen zu anderen feinen Patriziergesellschaften unterhielt, wie der Zum Esel in Ravensburg oder der Zur Katz in Konstanz. Das Haus in Lindau war Treffpunkt für viele andere Patrizier, die sich auf Reisen befanden und den Komfort des großen Hauses mit der guten Küche, den bequemen Kammern und Stuben gemeinen Gasthäusern vorzogen. Frau von Seutter war sich ihrer Stellung durchaus bewusst, vor allem der sich daraus ergebenden Pflichten, und führte das Haus danach. Aus ihren Augen blitzte ein humorvolles Machtbewusstsein, und sie pflegte ihre Würde mit einem gewissen Maß an Verschwendung.

»Das ist sie also, dein Täubchen«, lächelte sie fein. »Sehr hübsch und stolz, mit schmalen schwarzen Augen … wie du sie mir beschrieben hast. Nun, sie wird sich einfinden. Hat sie schon eine Heirat in Aussicht?« Franzisca sah verlegen drein. Ihre Tante lächelte.

»Es gibt da einen jungen Bauernburschen, er heißt Jakob«, antwortete Franzisca zaghaft. Die beiden lachten, und damit war die eigenwillige Vorstellung beendet. Die stolze Frau kam ins Plaudern, während Franziscas Tante ihr die Haare kämmte und mit Nadeln und Kämmen aufsteckte. Währenddessen besprachen sie die Dinge des Haushalts, welche Gäste in den folgenden Tagen erwartet wurden, und was die Küche an Speisen reichen sollte. Franzisca saß derweil in der Ecke und lauschte.

»Geh doch ein wenig in die Stadt, schau dich um, es ist schön«, schlug ihr ihre Tante vor, doch Franzisca wollte in ihrer Nähe bleiben und half lieber im Haus. Vor dem nächsten Tag war ihr bang genug. Was würde sie erwarten, im Pfarrhof zu Oberreitnau?

Die Ankunft

An Mariä Verkündigung[1] des Jahres siebzehnhundertzweiund-
neunzig kam ein klappriger Landauer, beladen mit zwei großen
Holzkisten, das kurze Stück von Lindau her nach Oberreitnau gefahren und hielt vor dem Pfarrhof, der im Schatten der Kirche lag.
Der Wagen wackelte arg, denn die Spuren des Winters hatten sich
in den Weg gefressen und tiefe Löcher hinterlassen, und das Gefährt, das der Poschter vermietet hatte, war zudem in einem jäm-
merlichen Zustand. Doch was sollte er Geld ausgeben, wenn doch
jeder zu ihm kommen musste, der in einer Kutsche fahren wollte
und über keine verfügte.

Seit dem Morgen zogen große weiße Wolken über den See, dessen Ufer bereits frei von Schnee waren. Eine erste laue Brise umschmeichelte Land und Menschen. Pfarrer Wagner, den das Schlagen der Hufe aufmerksam gemacht hatte, kam mit ausgebreiteten
Armen aus dem Haus und begrüßte seine neue Haushälterin und
Köchin mit freundlichen Worten und ehrlicher Freude. Er war
großgewachsen, trug einen grauen Haarkranz, und die im Nacken
langen Haare standen am Römerkragen der schwarzen Soutane auf.
Ein stattlicher Bauch wölbte sich unter seiner Amtstracht, und er
sprach mit einer tiefen, Vertrauen erweckenden Stimme. Seinem
weichen Gesicht war das Sublime, die Hinwendung zu Genuss und
das Phlegma des Gutmütigen anzusehen. In ihm war ein men-
schenfreundlicher Geist, der in der liberalen badischen Schule ge-
prägt worden war, und er hatte Freude daran, am Leben und unter
seinen Menschenkindern zu sein.

---

1   25. März, Verkündigung der Geburt des Sohnes Gottes durch den Engel
    Gabriel an Maria (Lk 1, 26–38).

Gleich am Nachmittag, als sie die Kammer bezogen und ihre Sachen gerichtet hatte, holte er Franzisca in das Amtszimmer, um die Formalitäten zu besprechen. Seine Pfarrei verfügte über ausreichend Pfründe; es war genug für eine Haushälterin, eine Küchenmagd und dazu zwei Knechte für die Stall- und Feldarbeit, was ihn weitestgehend von der schweren Arbeit fernhielt. Allein in der Erntezeit war er auf den Feldern mit dabei und manchmal auch im großen Garten. Besonders der Wein war ihm wichtig. Darüber hinaus baute er türkischen Weizen, Hafer, Kraut, Rüben, Pfennich und Klee an. Im Garten gab es Beete mit Erbsen, Salat, Fisolen, alle Art Rüben und Kraut sowie Kürbisse. Im Stall wurden zwei Schweine gefüttert; Hühner, Gänse und Enten wackelten in einem Gatter neben dem Garten herum.

Er erläuterte Franzisca, auf welche Weise er seine Haushaltsführung wünschte. Sie selbst erhielt zweihundert Gulden Jahrlohn, in der Woche einen Laib Brot mit acht Pfund oder acht Kreuzer Brotgeld. Sie war ihrerseits für die Auszahlung des Lohns der Küchenmagd und der Knechte zuständig, die an Geld die Hälfte erhielten, jedoch mehr an Speisen und Getränken. Eineinhalb Liter Wein stand jedem Knecht am Tag zu, in der Fastenzeit und an Feiertagen waren es zwei Liter. Er hielt nicht viel davon, Brot zu geben.

»Ich habe niemals Brot, sondern immer Brotgeld gegeben. Die Dienstleit haben ihr Brot, welches ihnen von ihr in das Frühstück eingeschnitten wird; ein jeder erhält zu dem Kraut und auf die Nacht hin und zu den Rüben eine dünne Schnitte, welche in der Küche von ihr geschnitten und an jeden ausgeteilt wird. Und danach wird das Brot wieder eingesperrt, sonst haben die Dienstleit das Brotgeld und fressen zugleich so viel Brot, als ob sie wöchentliches Brot statt dem Brotgeld hätten.« Sie nickte. »Anstatt dem Weihnachts- und Osterflöggen[2] habe ich jedem Kreuzer gegeben – der Köchin sechs, dem Ochsenknecht drei und den übrigen zwei.

---

2 Dünnes Weißbrot.

Zur Osterbeicht gibt es Brezn um ein oder zwei Kreuzer – für jeden im Haus. Ich will es weiter so halten.«

Sie kamen alsdann zum Küchenplan, der dem Pfarrherrn besonders am Herzen lag. Sonntags sollte es zum Mittag Kraut, Geselchtes vom Rind oder Schweinernes geben, für jede Person ein halbes Pfund, und Gerstensuppe dazu; abends nochmals Gerstensuppe und Rüben oder Salat. Sie war verwundert, auch für jeden Wochentag eine genaue Vorgabe der Speisen zu erhalten, aber so war es hier wohl Sitte. Sie repetierte für sich, während er weiter sprach. An Montagen gab es Kraut und türkischen Sterz, erchtags[1] Suppen aus Mehl und Kraut, Mittwoch Fisolen[2] und Gersten und Kraut dazu, Donnerstag türkischen Sterz und Kraut, am Freitag einen Brei aus süßer Milch und für jede Person ein Seidel Bier. An den Samstagen hatte sie Bohnen mit Öl und mit Faferln[3] oder Öl und Bohnen in Essig angemacht zu servieren. Er sprach mit großem Ernst. »An Fleischtagen wird zu keiner Sach ein Öl hergegeben und an Fasttags zu keiner Speise ein Schmalz. Fasttags abends wird auch zu Salat kein Öl, sondern nur der Essig allein gegeben. Fleischtags abends zu Salat nebst Essig auch Machet[4].«

Ihre Küchenhilfe wurde Landerl gerufen; ein einfältiges junges Ding, blass, scheu und schweigsam, das aber ordentlich seine Arbeit verrichtete. Die zwei Knechte waren zwei kräftige Kerle mit braunen Haaren und tief liegenden Augen. Der längere hieß Flaucher und hinkte ein wenig, der andere hatte einen Sprachfehler – er konnte kein sch sprechen, sondern brachte stets nur ein krächzendes ch hervor – und hieß Schniefer. Aus diesem Grund vermied er

---

1   Dienstag
2   Grüne Bohnen
3   Suppeneinlage, kleine, angeschmalzte Mehlknötchen.
4   Gehackter Speck

Worte mit einem »sch« und sagte statt Schwein Sau, statt Schule Lehrkammer und für Schmerzen Pein. So kam er zu einem für einen Pferdeknecht recht eigenwilligen Wortschatz. Einmal musste er vor Gericht, weil er drunten im Adler[5] den Knecht vom Spatzenhof niedergeschlagen hatte. Der hatte ihn den ganzen Abend drangsaliert und ständig über den Tisch hin auf ihn eingebrüllt: »Chniefer, sag doch mal Schweinsschmalz! Sags ... komm!« Ein paar Mal hatte der Schniefer »Saufett« geantwortet und irgendwann, als es ihm zu bunt geworden war, dem Kerl den Bierkrug auf den Schädel geschlagen. Am nächsten Tag hatte der Pfarrer ihm eine lange Predigt darüber gehalten, wie verwerflich ein rohes Wesen für die Menschheit sei. Seither ärgerte er sich nicht mehr über die Hänseleien – nicht jedoch wegen der Moralpredigt, sondern der paar Gulden Strafe wegen, die ihn die Sache gekostet hatte. Dem Barbier Schmied, der dem Spatzenhöfler einen Kopfumschlag mit seiner speziellen Pechsalbe gemacht hatte, hatte er nochmals einen geheimen Lohn gezahlt, damit dieser statt der Ziegenbutter ein frisches Schweineschmalz für die Herstellung nahm, sodass der Spatzenhöfler das Jucken bekam, dass er sich nicht mehr auskannte.

Die beiden Pfarrknechte schaufelten neben ihrer sonstigen Arbeit auch die Gräber auf dem Friedhof, und wenn sie damit nicht zugange waren, fuhren sie mit dem Fuhrwerk Lohnfracht nach Lindau und sahen dabei zu, immer ein Mägdlein neben sich auf den Kutschbock zu bekommen – soviel hatte Franzisca nach wenigen Tagen schon mitbekommen. Sie stellte aber auch schnell fest, dass die beiden immer pünktlich zu Mahlzeiten in den Pfarrhof kamen, weil ihnen ihre Art, die Speisen zuzubereiten, neu war und es ihnen schmeckte. Besonders das Abschmalzen des Türkensterz, wie Franzisca es gewohnt war, rief zufriedene Mienen hervor, obgleich keiner, auch nicht der Pfarrer, ein Wort darüber verlor. Still hockten sie alle am

5   Feurstein-Haus

Tisch, lauschten andächtig dem Segensspruch des Pfarrers und löffelten anschließend schweigsam. Für Franzisca war es neu, dass jeder einen eigenen Teller erhielt. Der einzige, der sprach, war Pfarrer Wagner, der in seiner gemütlichen Art von allen möglichen Dingen erzählte – immer belanglose Geschichten; nie war etwas Erschreckendes oder Aufregendes dabei. Bald begann sie, von den Speisevorgaben des Pfarrers abzuweichen, und holte neue Gerichte ins Haus. In der Cramergasse in Lindau bekam sie Rheintaler Maismehl aus Grabs, das sie über dem offenen Feuer in einer Pfanne erwärmte und mit Gänseschmalz verdickte und an Fleischtagen Schweinernes dazugab.

Die ersten Tage und Wochen gingen dahin, und auf jeden Tag gab es Neues für sie zu erfahren und zu erleben. Der Himmel war lange Zeit verhangen und trübe und ließ die Sonne nur selten zum Vorschein kommen. Es regnete viel in dieser Zeit, doch fühlte sich die Luft von Tag zu Tag frühlingshafter an, und die Vögel brachten bald ein helles, waches Gezwitscher in die Luft. Schnell war sie mit den Umständen im Haus vertraut geworden, kannte die Wege zum Garten, zu den Feldern der Pfarrpfründe am Dachsberg, im Spatzenwinkel und an der Goldschmiedmühle. Sie ging stets zu Fuß und hockte sich niemals auf den Kutschbock der Knechte, weil sie kein Gerede im Dorf haben wollte, denn es war ihr nicht entgangen, wie sehr sie unter Beobachtung stand.

So wie es sich gehörte, war sie in den Sonntagsmessen stets zugegen und wusste mit den neugierigen Blicken umzugehen. Die Kirche gefiel ihr, denn der weite Raum war groß und hell. Die Medaillons, die die Seitenwände schmückten, zeigten Szenen des Leidensweges Christi, und der darauf erscheinende Heiland lächelte beinahe vergnügt; auf jeder Darstellung war der gleiche, nahezu frohe Gesichtsausdruck zu finden – so furchtbar die Marter auch sein mochte. Sie lächelte zurück und nahm sich vor, ihren Freundinnen endlich zu schreiben, und Jakob natürlich. Die Kanzel fand sich etwas an den Rand gedrängt auf der Nordseite der Kirche. In goldenen Lettern prangte daran der Spruch: *Deine Wahrheit währet für und für.* Darunter, am Kanzelboden, waren die vier Evangelisten[1] mit ihren Symbolen abgebildet. Sie hatten Mienen, die Gewissheit ausdrückten, und waren von stattlicher Statur, rechte Krieger eigentlich.

Der Kirchhof war ihr von der Anlage her vertraut, denn wie in Bezau auch waren die Gräber rund um den Kirchenbau angeordnet. Eine dicke, wehrhafte Friedhofsmauer umgab die Anlage, und im Norden drängten zwei Bauerngehöfte heran. Hühner liefen herum, ein Hahn krähte, auf einem der Gehöfte sammelten sich Tauben und gurrten so laut, dass manchmal das Geschnatter der Enten darin unterging. Im Rund standen alte Bäume – gleich hinter der Kirche eine vollkommen gewachsene Buche, die erholsamen Schatten spendete; daneben reckten sich Esskastanien, Rosskastanien und Erlen in die Höhe, durchsetzt von wilden Sträuchern und Holzäpfeln – ein friedlicher Ort. Von hier war es nicht weit zu den Hügeln im Süden des Dorfes, wo Wiesen, Wälder und Senken in ein ineinandergreifendes Durcheinander fielen, aus dem immer wieder die Seefläche hervorblitzte, und weit in der Ferne glänzten die Gipfel ihrer Heimat, auf denen noch dicke Schneefelder hingen. Manchmal in diesen Tagen blieb sie irritiert stehen, in der Kirche, im Garten, auf dem Hügel vor dem Friedhof: Sie war in einer fremden Welt angelangt – am Bodensee.

Es gab Gerede über sie, obschon niemand etwas von ihr und ihrem Schicksal wusste. Ihre fremde, schwarz glänzende Juppe und ihre Schönheit stachelten Neugier und Neid gleichermaßen an. Einige der jungen Mägde, die ihren Platz im hinteren Teil der Kirche unter der Empore hatten, waren ihr wenig freundlich gegenübergetreten, was sie jedoch nicht weiter störte, da sie trotz ihrer wachen Augen und dem Lächeln auf ihrem Gesicht im Inneren immer doch noch

---

1 Matthäus (Engel), Markus (Löwe), Lukas (Stier), Johannes (Adler).

wie betäubt war. Einige von ihnen hatten sich Hoffnungen auf die gute Stelle beim Pfarrer gemacht, und dass man zudem von dieser Franzisca nicht wusste, woher sie genau kam und welche Umstände ihr Leben begleiteten, schürte die Missgunst noch mehr. Zwei junge Frauen taten sich besonders damit hervor, schlecht über die Wälderin zu reden. Die Christina Malin war Hausmagd drunten in der reichen Goldschmiedemühle, und ihre Freundin, Agatha Bernhardin, arbeitete auf dem nächstgelegenen Nachbargehöft als Küchenmagd. Beide hatten sich schon als Pfarrhaushälterinnen gesehen, und so sehr sie zuvor auch Konkurrentinnen waren, schweißte sie die erlebte Enttäuschung nun zusammen.

Franziscas ganze Aufmerksamkeit galt dem Pfarrhof und ihrer Arbeit. Die besänftigende Art des Pfarrers nahm sie ein und half ihrem Gemüt, langsam zur Ruhe zu kommen. Hinter seinem Nörgeln und Räsonieren über die Zustände im Allgemeinen und Besonderen war doch ein grundguter Charakter beheimatet. Auch ihn trieben die Zustände und Geschehnisse in Frankreich um, und gleich in der ersten Predigt, die sie von ihm hörte, mahnte er, alle sollten wohl zufrieden und brav sein. Mit väterlicher Stimme sprach er zu seiner Gemeinde: »Gott hat's schon recht ausgeteilt. Er hat einem jeden Menschen seine gewisse Stell und Hantierung verordnet, die ein jeder fleißig behaupten soll. Großen Herrschaften hat er Sinn und Verstand, Gewalt und Oberhand, Schwert und Zepter gegeben, dass sie Land und Leut weislich und vorsichtig regieren sollen. Den Geistlichen hat er Fried und Lieb, Andacht und Gottesfurcht, nüchternen und keuschen Lebenswandel, Seeleneifer und inbrünstiges Gebet aufgetragen, so sie für alle anderen insgesamt ordentlich verrichten sollen. Den Soldaten hat er Mut und Herz, langwierige Gesundheit und starke Kräfte, Gehorsam und Geduld erteilt, dass sie sich im Feld mit dem Feind keck herumschlagen, alle ihre Landsleut vor allem feindseligen Einfall beschützen, den liebsten Fried ins Land bringen und darin erhalten sollen. Den Bauren aber am Gai herum hat er frisch und gesundes Leben, Mut und Kraft zur steten Arbeit verschafft, dass sie durch ihren Feldbau und Viehzucht sich und alle andere ernähren und erhalten sollen. Also lautet der gemeine Weidspruch: *Tu supplex ora, tu protege, tuque labora* – Du bete und du bleib beim Brevier, du bleib bei der Arbeit. Eben darum seid ihr Bauern höchlich zu rühmen und in höchstem Wert zu halten, weil ihr alle anderen mit dem liebseeligen Brot versehen sollt.«

Danach war ihm anzusehen, wie zufrieden er mit seinen Worten war. Nach der Kirche ging der eine Teil der sonntäglichen Gemeinde in den Adler, während die jüngeren Mägde und Knechte beim Barbier Josef Schmied einkehrten. Da der Adlerwirt in Oberreitnau keinen Kramerladen betrieb, weil es sich wegen der Nähe zu Lindau nicht als lohnend erwiesen hatte, hielt der Barbier einiges an Gebrauchsgütern vorrätig, was ihm einen zusätzlichen kleinen Gewinn einbrachte und sein Geschäft zu einem Treffpunkt vor allem für das junge Volk machte. Denn er hatte billigen Fresstabak, Most und verkaufte heimlich starken sauren Wein. Da er ein aufgeschlossener Mensch war, dem jede Bigotterie fern lag, konnten sich die Knechte und Mägde bei ihm ungezwungen treffen – derart ungezwungen, dass es dem Pfarrer Wagner ein Leid war. Doch dem war es noch allemal lieber, die jungen Leute hockten beim Barbier, als dass sie in die Fänge der Kirchenschmiedin gerieten, die ihnen ganz fürchterliche Dinge von ihrem Zauber erzählte und sie den Worten der Liebe und des Glaubens gegenüber völlig abspenstig hätte machen können. Diese Frau war ihm ein arger Dorn im Auge; es war niederschmetternd, zu sehen, wie die Bauersleute sie holten, wenn im Stall die Krankheit wütete, wo er doch die Viecher an Maria Verkündigung[1] gerade gesegnet hatte. Einmal hatte er sie zur Rede gestellt, als er sie just beim Barbier angetroffen hatte, wo gerade ein wildes Treiben herrschte, ein paar Musikanten aufspielten und

---

1   25. März

Mann und Weib in einer gar unglaublichen Unart zusammenhingen. Sie hatte ihm nicht ein Wort entgegengesetzt, ihn nur ernst angesehen, und so war er wieder gegangen.

Mit dem Barbier legte er sich nicht an, da der ein rechtes Mundwerk besaß. Er hatte es aufgegeben, ihm ins Gewissen zu reden. Zudem kamen die Leute nicht nur aus dem Dorf zu ihm, sondern aus dem ganzen Umland, um sich faule Zähne ziehen oder die Gelenke einrenken zu lassen, denn beides beherrschte der lange, dürre Kerl außerordentlich gut, so außerordentlich, dass die Doctores von Lindau und Tettnang ihm das Kurpfuschen und Quacksalbern, wie sie es nannten, schon gerne hätten verbieten lassen wollen, was jedoch an der Tatsache scheiterte, dass auch einige der Herren Landgerichtsassessoren und feinen Kaufleute zu seiner Kundschaft zählten und seine Gebühren weit günstiger waren als jene der studierten Herrschaften. Alle Versuche, den Barbier vor Gericht zu stellen, verliefen im sandigen Treiben der Lindauer Justiz, die es auch als Demonstration ihrer Reichsfreiheit sah.

An einem der Sonntage, an dem die Malin in der Runde beim Barbier nicht so recht in den Mittelpunkt geriet, kam sie in Rage und zog über die fremde Haushälterin aus dem Bregenzerwald her. Sie plärrte auf einmal, die Wälderin sei eine Hure, und geiferte weiter: »Was auch sonst soll sie in dem Haushalt anfangen, wo der Vikar die Köchin schwängerte. Es wird genauso wiederkommen, sag ich euch. Genauso wird es wieder kommen!«

Das war auch dem Barbier zu viel, und er verbat ihr den Mund, was jedoch lediglich dazu führte, dass sie ihr Hetzen flüsternd verrichtete. Die Bernhardin assistierte ihr und wiederholte jedes ihrer Worte und schaute dabei in die Runde, als könne sie damit die Bedeutung steigern. So verdarben die beiden sich selbst den Sonntagnachmittag und den anderen ebenso.

*

Einige Tage später saß der Pfarrer mit mürrischer Miene am Abendtisch. Tagsüber hatte es Ärger mit einigen Bauern im Dorf gegeben, und er, der sich sonst so wohlwollend zeigte, räsonierte nun über die Bauernschaft, die er am Sonntag noch von der Kanzel herab so gelobt hatte. Seine beiden Knechte hatte er sich als Adressaten ausgesucht; sie hockten ergeben da, kauten und nickten.

»Ja, glaubt es nur – ein Bauer hat neun Häute wie ein Hase … wer ihn streifen soll, muss starke Arme haben, denn ehe er etwas nachgäbe, ließe er sich eher alles nehmen. Auch ein einzelner Bauer ist so hartnäckig und heimtückisch, dass, wenn er von seiner Herrschaft gefragt wird, wie es vormals in diesem und jenem gehalten worden, nichts aus ihm herauszubringen ist, sondern er verschweiget alles aus Eigennutz und meinet, wenn er es sagte, würde er die Gemeinde verraten. Weil aber ein Einzelner von ihnen nicht viel ausrichten kann, so hängen sie sich aneinander wie Krötengeröck oder wie die Schweine vor dem Wolf, denn sie denken, sie müssten in allem, was sie als ungerecht empfinden, vor der Gemeinde reden. So fangen sie schlimme Händel an, und die armen und unschuldigen darunter müssen es wider ihren Willen mit ihnen halten, auch dazu kontribuieren[1], sonst verbieten sie ihnen die Scheune und geben ihnen keine Arbeit, wollen auch nicht mit ihnen aus der Kanne saufen und aus dem Tiegel fressen. Und wenn man nicht Einhalt gebietet, so teilte sich die Gemeinde in zwei Parteien, und am Ende erhebt sich unter ihnen ein Aufruhr, Mord und Totschlag. Und alles nur wegen dem wenigen Frohnen und der paar Bittfuhren. Selbst wenn man sie etliche Wochen in den Turm steckt, dass sie endlich parieren, oder sie mit Schlägen traktiert, und selbst wenn man ihnen mit geladener Muskete aufstellt, nutzt es nichts.« Er pochte mit den Fingerknöcheln auf den Tisch. »Nein, sie nehmen keine gütlichen Vorschläge noch Vorträge an und beharren auf ihrer Meinung steifer als die heilige Kirche über Glaubensartikel.« Den letz-

---

1 Behilflich sein.

ten Satz in diesem Zorn gesprochen zu haben, war ihm nicht recht, und er beschloss, nun zu schweigen.

Franzisca hatte aufmerksam zugehört, ohne etwas zu entgegnen, denn sie fand sich selbst angesprochen und sein Urteil ungerecht und dem Zorn entsprungen. Frohnarbeiten kannte sie aus dem Wald nicht, und Zusammenhalt hatte durchaus sein Gutes. Doch was würde es bringen, mit ihm darüber zu streiten? Die Knechte blieben seinem Räsonieren gegenüber stumpf, und die Augen des Landerl schauten in eine weit entfernte Welt.

*

Im Hirschen zu Bezau war zu der Zeit allerhand los, und der Rauch der Pfeifen und Zigarren sammelte sich in trägen Schwaden unter der Decke. An einigen Tischen wurde gewürfelt. Um einen großen runden Tisch herum war besonderes Gedränge, weil dort der Lehrer Madligger aus einem seiner Journale vorlas. Auf dem Bodensee hatte es ein Schiffsunglück gegeben. Jakob hockte ihm gegenüber und wäre am liebsten aufgesprungen und mit dem Einspänner in Richtung Bodensee davongefahren. Madligger hob seine Stimme und las vor:

Beschreibung des verunglückten Schiffes auf dem Bodensee. Von den Geretteten von Fußach selbst angegeben. Vergangenen Dienstag, dem einundzwanzigsten März, *vormittags um achteinviertel Uhr, wurde wie gewöhnlich mit dem sogenannten Fußacher Botenschiff, welches zweihundert Zentner Ladung tragen kann, von Fußach nach Lindau abgefahren, um daselbst die Briefe und Gepäck nach Mailand abzuholen. In diesem Schiffe befand sich diesmal nur eine Ladung von höchstens zehn Zentnern Stroh, dann der Mailänder Kurier, Leonhard Weiß von Fußach, Nikolaus Kuster, Leonhard Schneider, Gebhard Zoller und Johann-Baptist Engerle von Fußach, dann ferner ein Schweizer von Altstädten, ein Bäcker von Langenargen, dazu der*

Johann Schneider, Seideler von Höchst, und noch fünf Weibspersonen von dort, in allem also vierzehn Personen.

Der Südwind war bei der Abfahrt stürmisch, sodass man leicht in einer halben Stunde in Lindau anzukommen hoffte. Kaum war das Schiff eine halbe Stunde weit vom Lande entfernt, legte sich der Wind beinahe gänzlich, und also wurde das Segel bis oben aufgezogen. Durch die Hemmung des Windes fing es jedoch desto heftiger zu schneien an. Der Schiffsmeister überließ das Steuerruder einem andern erfahrenen Schiffsmann und beschäftigte sich mit der Herrichtung des Kompasses, dessen man sich bei der Nacht und finsterem Nebelwetter bedient. In einer kurzen Zeit hörte man ein starkes Brausen, augenblicklich wurde befohlen, das Segel einzuziehen, mit Schnelligkeit wurde dem Rufe gefolgt, aber es war schon zu spät. Der Wind fiel von Norden so schnell und mit solcher Heftigkeit ein, dass es nicht möglich war, das Segel herunterzubringen, und in einem Augenblicke war das Schiff auf die Seite gelegt und mit Wasser ausgefüllt.

Die bedauerungswürdige Gesellschaft sah einander mit äußerster Wehmut auf dem umgeworfenen Schiffe an, und es entstand ein sehr heftiges Geschrei um Hilfe und Rettung, bis der Schiffsmeister wiederholt bat, man möchte bei der Unmöglichkeit, von Menschen gehört zu werden, davon absehen. Hierauf beteten die Unglücklichen gemeinsam mit lauter Stimme zum Himmel und bereiteten sich zum Tode. Von der grässlichen Wut der Wellen und dem Umsturz des Schiffes ganz durchnässet und von dem schneidenden Nordwind halb erstarrt, sahen sie auf der Seite des Schiffes sitzend alle Augenblicke dem Tod entgegen. Die fürchterlichsten Szenen fingen sogleich an und erfolgten Schlag auf Schlag, um allen Mut und letzte Hoffnung zu lähmen. Nach einer Stunde sanken die Weibspersonen ganz entkräftet und bewusstlos Hand in Hand eingeschlungen auf einmal vom Schiffe in das Wasser hinab; die übrigen sahen ihren Untergang und hierin auch ihr eigenes baldiges Los. Eine kurze Zeit hierauf fing der Mann von Altstätten mit dem Tode zu ringen an; er zitterte an allen Glie-

dern und fiel entkräftet in die Tiefe des Bodensees. Der neben ihm sit-
zende Schiffsmann Leonhard Schneider wurde durch diese schreck-
lichen Anblicke am meisten ergriffen. Er nahm von der ganzen Gesell-
schaft mit lauter Stimme Abschied, sagte, er sei sich nicht länger zu
halten im Stande, empfahl die übrigen dem Schutze des Allmächtigen
und sank langsam in die Tiefe des Bodensees hinab. Jetzt bestund die
Gesellschaft nur noch aus sieben Personen.

Der Adang schüttelte den Kopf, was man wirklich selten sah, und
der Lederer Blahusch, der in einer windigen Kate mit seiner Frau
und den sieben Kindern hauste, krächzte in die Pause, die entstand,
weil den andern das Entsetzen noch im Leib steckte: »Ah, Herrgott,
Herrgott, Herrgott – es steht doch immer nur Schlechtes und
Schlechtigkeiten in den Journalen vom Herrn Lehrer, immer nur
Schlechtigkeiten!« Der Lehrer winkte ab.

»Das ist auch gut so, Blahusch, denn wenn einmal nur Gutes
drinnen steht und geschrieben wird, wie friedlich und harmlos die
Welt sei und wie wenig darin passiert und wie gottgefällig und
weise die Regierung, wie klug die Regenten doch seien – so wären
dies die wirklich gefährlichen Journalien.« Blahusch warf die flei-
schigen Lippen auf und seine hohe Stirn in Falten und glotzte den
Lehrer an. Dann prostete er ihm zu.

»Gsän Gott[1]!« Einige der Umsitzenden lachten, und der Lehrer
las wieder still in seinem Journal, auf der Suche nach weiteren
Schreckensnachrichten aus der Welt, die er hätte mitteilen können.
Die Nachricht, dass der schwedische König von einem Adligen mit
dem fremden, unaussprechlichen Namen Anckarström auf einem
Maskenball erschossen worden war, löste Gemurmel aus. Drei Tage
lang hatte man den Mörder mit Ruten ausgepeitscht, doch der gab
keinen einzigen Namen seiner Mitverschwörer preis, was dem feigen Mörder, der dem König in den Rücken geschossen hatte, ein

---

1 Zuruf beim Rülpsen.

wenig Respekt einbrachte. König zu sein, war in diesen Zeiten kein Vergnügen.

Wenigstens wurde man den Räuberbanden zunehmend Herr, wie sich aus einem anderen Artikel ergab. Einer Partikularstreife war in Schoppernau eine Bande in die Finger geraten, die ihr Diebsgut noch mit sich schleppte. Drei bekannte Freibeuter wurden dingfest gemacht – das Vogelmännle, einer der Stockermichelsbuben und der Meierschorsch. Man hatte sie an den Händen gebunden auf ein Fuhrwerk verfrachtet und wie ein paar Säcke Kartoffeln zum Gericht nach Bregenz fahren wollen. Wie der Lehrer vorlas, sei aus keinem bekannten Grunde der schlaksige Meierschorsch an einer engen Stelle plötzlich auf die Beine gekommen und mit wenigen Sprüngen über den Wagen hinweg in den Tobel gesprungen. Der Aussage der zwei Wachsoldaten nach habe er wie wild geschrien: »Nicht mit meinem Blut ... nicht mit meinem Blut!« Nachdem sie ihn wieder gefasst hatten, versuchte er, sich aus der Schlinge zu winden, indem er während seiner Verhöre in Schwarzenberg schrecklich log. Zugegen war der Landammann Metzler, sein Gerichtsdiener Joseph Schneider, der Pfarrer Johan Ferdinand Saur, der Advokat des Meierschorsch sowie der Landschreiber Gallsteiger. Der Gefasste verlangte schließlich, nach Tirol überstellt zu werden, denn alles, was er gewinnen wollte, war Zeit.

»Ich bitte um die Gnad, weil ich ein Tiroler bin, und daher schätze ich es mir für ein Gnad, mich nach Innsbruck zu schicken«, sagte er mehrmals mit treuem Blick. Seine Lügen waren hingegen so verrückt und wild konstruiert, dass sie als solche schnell deutlich wurden. Zweimal wurde ihm die Rute übergezogen, und weitere zwei Mal folgte die Androhung derselben.

Ungeduldig über die ganze Schwindelei des Meierschorschs geworden kam der Gerichtsdiener Schneider nun rasch auf einen Raubzug in Bregenz zu sprechen, bei dem der Büchsenmacher Reinhardt ausgeräumt worden war und das Räubergesindel einen Schuss auf den Polizeiaufseher Hagen abgegeben hatte. Der lag darob immer noch darnieder. Dem Meierschorsch brach der kalte Schweiß aus, und er redete und redete, als könne er damit aus der Schlinge kommen. Der Landammann griff mit ein und fauchte ihn böse an, er sei es gewesen, der auf den Polizeiaufseher geschossen habe. In die Enge getrieben schrie der Meierschorsch, er sei gar nie in Bregenz gewesen, und der Gerichtsdiener Schneider plärrte ihn an: »Ja sicher warst dort und hast auf den Hagen geschossen, sicher! Denn gsehn hat er dich, gsehn hat er dich und erkennen wird er dich, wenn wir dich ihm gegenüber stellen – und am Galgen wirst enden!« Der Meierschorsch hob sich leicht von seinem Stuhl und schrie durch den ganzen Raum: »Aber er kann mich gar nit gsehn haben, es war doch Nacht ... es war doch stockdunkle Nacht!« Erschrocken über seine Worte starrte er in die Augen der anderen und sank stumm auf seinen Stuhl zurück.

Der Advokat sicherte ihm am nächsten Morgen, kurz bevor das Fuhrwerk nach Bregenz geschickt wurde, zu, alles zu tun, dass er auf das Schwert hin begnadigt werde und eine christliche Beerdigung erhalte. Es war kein Trost für ihn, und niemals wollte er, dass ein Fallsüchtiger sein Blut trinke. Niemals. Die durstige Brut aus Appenzell, die die Becher hochhielten, kam ihm immer wieder vor Augen.

Von all dem Geschehen wusste niemand etwas, und auch der Lehrer Madligger konnte nur vorlesen, was in seinem Journal dazu geschrieben stand. In der hintersten Ecke, ganz still und versteckt, hatte der Gnetzer ein Plätzchen gefunden und lauschte vergnügt. Eine ganze Zeit lang hatte er sich nicht im Dorf blicken lassen, und nun, da der Mauchinhof geräumt war, hatte er der Drieberin am Nachmittag seine Aufwartung gemacht. Der stolze Drieberbauer hatte mit schnapsglänzenden Augen und roter Nase in der Stube gehockt. Im hellen Frühjahrslicht war die feine Schweißschicht zu sehen gewesen, die ihm der Alkohol auf die Stirn gezeichnet hatte. Seine Frau führte ein kaltes Regiment und behandelte ihn nicht besser als einen Knecht. Den Gnetzer schreckte ihre Verachtung nicht. Dreist hatte er sich an den Tisch gehockt, wo er ruhig abwartete, bis der Bauer nach draußen gewankt war. Das Madle saß in der Ecke und bestickte ein Bändel. Sie stellte sich geschickt an. Er holte sein Dokument hervor und glättete es vorsichtig auf dem Tisch.

»Wie ich gesagt habe, Drieberin ... nur wollen muss man und der Zeit ihre Zeit geben. Und nun möchte ich meinen Teil des Geschäftes einlösen.« Nur widerwillig hatte sie ihm einen Becher Branntwein eingeschenkt, denn zu frisch war noch ihr Ärger über die ganze Stunde, die sie ein paar Tage zuvor in der Küche des Mauchinhofes auf dem Boden herumgerutscht war, nur um schließlich ganz hinten unter dem Ofenloch einen lockeren Stein zu finden, worunter ein Topf mit altem, stinkendem Schmalz versteckt war. Wütend hatte sie ihn auf dem Boden zerschlagen. Jetzt war sie an der Reihe in diesem Spiel. Eine Weile hielt sie ihn noch hin, bevor sie ihm nüchtern erläuterte, was ihr der Advokat aus Dornbirn mitgeteilt hatte. Vertraglich war es unstrittig geregelt: Der Kaspar hatte noch bis Michaeli[1] des kommenden Jahres Wohnrecht am Stieglerhof, und der Mietzins war ordentlich im Voraus an Martini entrichtet worden.

»So schnell wird es nichts werden mit dem Einzug!«, schloss sie vergnügt ab. Er brauchte eine Weile, bis er verstand. Wütend sprang er auf und schlug seinen Gehstock auf den Boden, dass es knallte.

»Niemals! Niemals! Er muss raus – Michaeli und alle verfluchten Heiligen hin oder her!« Sein Wutausbruch war angsterregend, doch das Madle, im Umgang mit solchen Situationen erprobt, sah ihn freundlich an. Auch die Drieberin blieb gelassen.

»So lautet der Kontrakt. Immer auf drei Jahre, und der Kasper zahlt drei Jahre voraus, wie seine Mutter es schon tat. Den Hof kannst du haben, wie im Dokument vereinbart. Nutzen wirst du ihn aber erst nach dem Auszug des Kaspar können. Weißt doch

---

1   29. September

sonst immer alles.« Ja, an alles hatte er gedacht, nur an das nicht. So oft hatte er sich schon in der Stube am Stieglerhof hocken sehen, oder vor dem Haus, den Blick hinunter aufs Dorf. Diese Stube hier war ein verfluchter Ort. Schon damals, als er um die Hand der Frau angehalten hatte, die jetzt in der Kammer hockte und verrückt war, schon damals hatte er sich geschworen, nie mehr auf etwas zu hoffen. Er stand auf und tat einen Schritt auf die Drieberin zu. Drohend hob er den Stock.

»Gut, so sei es. Kaufen werde ich den Hof, so, wie es im Dokument vereinbart ist, Drieberin! So, wie es vereinbart ist. Und diesen Ochsen von Kerl, diesen Kaspar, den werd ich schon rausbringen. Ich hab da meine Methoden ... gleich an Johanni werde ich ihm aufwarten, und alle paar Tag bis Peter und Paul[1], und wenn es sein muss bis Michaeli und Lukas, aber spätestens zu Allerheiligen wird er draußen sein, und zum Christfest werd ich aus dem Fenster blicken, die Niedere im Rücken, und drunten wird mir das Kirchlein im Schnee leuchten ...« Sie ließ sich nicht aus der Ruhe bringen.

»Meinen Teil des Geschäfts bin ich eingegangen und werde ihn halten – den Stieglerhof verkaufe ich ihm. Mit dem Kaspar hab ich nichts zu schaffen.« Was sie sagte, war nicht zu entkräften – nicht durch seine Wut und nicht durch seine Ungeduld, und die Enttäuschung darüber ließ seinen Körper ungehalten zucken. Es dauerte eine Weile, bis er sich wieder in den Griff bekam und jene hinterhältig grinsende Miene aufsetzte, die er wie eine Maske trug. Er feixte und kicherte bösartig, bevor er zurück zum Tisch hinkte und sich selbst einen Schnaps einschenkte. Er prostete dem Madle freudig zu.

»Ha, was bist du für ein herrliches Menschenkind – schaust freundlich drein, ein Weiblein, das nichts hört und spricht ... könntest grad aus dem Paradies sein. Und ein Paradies, das mach ich mir

---

1   Johanni, 24. Juni; Peter und Paul, 29. Juni; Michaeli 29. September; Lukas 18. Oktober.

schon noch … das mach ich mir noch.« Die Drieberin fuhr wütend auf, beinahe hätte sie nach ihm geschlagen; ausgeholt hatte sie schon. Er war ehrlich erschrocken über ihre Reaktion, und seine böse Seele fragte sich sogleich, was sie so in Rage brachte. Vermutlich münzte sie seine Worte auf sich, da sie ein Weib war, das hörte und sprach. Besänftigend hob er seine Hand.

»Jaja, ich schweig schon. Nur noch den feinen Schluck … nur noch diesen letzten Schluck, dann seid ihr mich los. Lasst den Kontrakt für den Stieglerhof aufsetzen. Ich unterschreibe und zahle.« Unter allen Umständen wollte sie vermeiden, diesen neugierigen Kerl in der Nähe zu wissen, wenn sie sich dort oben ihren Anteil an der Heiligkeit des Pfarrers holte. Sie schloss die Augen. Waren ihr die Zusammenkünfte mit ihm blankes Entzücken, so wurde dies noch von den Treffen im Beichtstuhl gesteigert, wo sie ihm mit leiser, heiserer Stimme beichtete, was und wie sie gesündigt hatte. Für einen Augenblick setzte ihr Herz aus doch kam mit einem harten Schlag rasch wieder in Takt.

Das Herz des Madles pochte vor Sorge, denn sie war schon einige Male auf dem Mauchinhof gewesen und dem Kaspar wieder begegnet, als sie dort die Stuben und Kammern richtete. Sie mochte diesen großen, gutmütigen Kerl. Sie mochte ihn sehr. Überhaupt hatte sie viele Freiheiten in letzter Zeit. Manchmal, wenn sie allein war, ließ sie den beiden zähen Mädchen, die da draußen hinter dem Stall hausen mussten, etwas zukommen, schmalzte in einer Pfanne Nussmehl an, tat Milch hinzu und zum Schluss einen großen Holzlöffel Honig. Größere Freude konnte sie auf der Welt kaum erzeugen. Wenn es schnell gehen musste, nahm sie zwei Scheiben Brot, strich dick Butter darauf und gab es den beiden, die trotz ihres tristen Schicksals Freude an den Dingen der Welt hatten. Einmal flatterte ein Trauermantel über den Hof, woraufhin sie alles stehen und liegen ließen und ihm juchzend nachtanzten, bis hinunter auf die Weiden, wo er sich im unendlichen Himmel verlor. Das Madle verstand nicht, wie die Drieberin ihr gegenüber so liebevoll sein konnte, indes sie diesen beiden Geschöpfen eine solche Hartleibigkeit entgegenbrachte. Es erzeugte in ihr ein schlechtes Gewissen.

Die Worte des Gnetzers gingen ihr nicht mehr aus dem Sinn. Sie hatte sie sich genau gemerkt: Johanni, Peter und Paul, Michaeli, Lukas. Sie würde es einrichten, droben zu sein. Vor dem Kerl musste man sich in acht nehmen – sie hatte das matte Glitzern gesehen, als er bei ihnen in der Stube hockend einmal kurz an seinem Ärmel gezupft hatte, und das Stilett erkannt.

Draußen am Weg traf der Gnetzer auf Franziscas Mutter. Sie kam ihm mit gesenktem Kopf entgegen, schritt unsicher und langsam voran und ließ dabei die Perlen des Rosenkranzes durch die Finger ihrer rechten Hand laufen, als hülfe es ihr dabei, das Gleichgewicht zu halten.

»Ah … ah …«, presste er auf hässliche Weise heraus, nachdem er sich versichert hatte, dass niemand in der Nähe war, »die Pfaffen, sie reden immer von einem gerechten Gott, und was schert es mich – so dachte ich immer, aber jetzt … jetzt muss ich sagen, es gibt ihn, diesen gerechten Gott … jetzt, wo ich sie sehe, die stolze Tochter vom Drieberhof, die stolze Bäuerin vom Mauchinhof … alles vergangen und zerschlagen, und was noch nicht vergangen und zerschlagen ist, wird es werden, wird es werden!«

Es machte ihn zornig, wie teilnahmslos sie an ihm vorüberging, so als gäbe es ihn gar nicht. Er schlug den Stock abermals auf den Boden und ging mit harten Schritten davon. Die Umschläge des Kamisol schlugen dabei gegen die Stiefelschäfte, dass es patschte. Nein, dies war kein guter Ort für ihn, ein ums andere Mal ein Ort der Erniedrigung.

Alte Freunde

Einige Zeit später kam der Gnetzer mit der Drieberin beim Advokaten in Dornbirn zusammen, wo der Kauf des Stieglerhofes in einen Kontrakt gefasst wurde. Der Gnetzer bezahlte gleich, die volle Summe, bar auf den Tisch. Es war ein kurzer Termin, ganz ohne Aufregungen, so wie es der Advokat inzwischen mochte und wie es sich selten ergab. Aufreibende Termine taten ihm gar nicht mehr gut, denn seit einiger Zeit plagten ihn Leibschmerzen. Rechte Freude an dem, was sein häusliches Theater ihm an Aufführungen und Unterhaltungen bot, hatte er also nicht mehr. An einem seiner vielen belanglosen Tage, als ihn der Bauch drückte, ihm die Brust eng war und er sich grundelend fühlte, wurde es ihm ganz bewusst, wie wenig ihn der Zwist der fremden Menschen noch fröhlich stimmte, und müde blätterte er durch die Papiere und Dokumente. Dann packte er einen kleinen Stapel ein und machte sich auf den Weg hinüber zum Gericht. Zwei Jahre stand der neue Bau nun schon da, und immer noch war ihm der Weg fremd. Als er seine Sachen dort erledigt und die ein oder andere Frage nach seinem Befinden mit einer bitteren Miene beantwortet hatte, eilte er am Gasthof Adler vorbei hinüber in die Stadtpfarrkirche, betete aufgewühlt, warf ein paar Gulden in die Dose und ging wieder davon. Den Adler ließ er wieder liegen, ohne sich ein Essen zu gönnen wie sonst. Sein Magen vertrug es nicht mehr.

Die Schmerzen wurden von Tag zu Tag schlimmer, und am Ende verließ ihn gar sein einziger Freund, der sein Lebtag an seiner Seite gewesen war – sein Appetit. Er ließ verschiedene Dottores kommen, bis aus St. Gallen und Chur, darunter welche mit gutem, und zuletzt auch diejenigen mit zweifelhaftem Ruf. Keiner konnte seine Beschwerden lindern, und bald sah er aus, als zöge sein Inneres das

Äußere in sich hinein. Die Wangen fielen ein, die Augenhöhlen wurden größer. Mehr als eine leichte Suppe konnte er nicht mehr zu sich nehmen. Viele Tage ging es so zu, doch er schleppte sich weiter jeden Tag in sein Amtszimmer, fertigte Dokumente aus und siegelte sie.

Eines Tages, am Morgen, draußen schien fröhlich die Sonne, fand ihn seine Hausmagd hinter dem Schreibtisch am Boden liegend. Grüner Speichel lief ihm aus dem Mund, und er röchelte leise. Schnell sprang sie zum offenen Sekretär, nahm die Schachtel mit den Gulden aus der mittleren Schublade und steckte sie unter ihre Schürze. Ohne dem am Boden Liegenden noch mal auch nur einen Blick zuzuwerfen, ging sie nach draußen und schickte erst eine ganze Weile später das Küchenmädchen nach dem Pfarrer. Als er mit einem Messdiener im Haus eintraf, weinte sie bitterlich über den schrecklichen Tod ihres Herren und lobte aufdringlich seine Großzügigkeit und Güte.

*

Mit lichten Tagen fuhr das Frühjahr dahin, und warme Böen, wie Franzisca sie von zu Hause nicht kannte, streiften über das Land. Sie trugen schon jetzt eine zarte Süße in sich, und in wenigen Tagen würden die Obstbäume um die Ufer in voller Blüte stehen.

Sie beaufsichtigte die Knechte bei der Gartenarbeit, denn die zwei gingen dort sonst zu Werke wie auf einem Acker. Zwei Mal die Woche lief sie zur Inselstadt, wo am Mittwoch und Samstag Markt war. Auf dem Weg ging es manchmal eng zu, da eine Fülle an Fuhrwerken unterwegs war – Pferdegespanne, Ochsenfuhren und Eselskarren. Die meisten Fuhren transportierten das letzte Getreide aus dem Oberschwäbischen, das noch in den Speichern verfügbar war, zum Verschiffen nach Lindau, wo es über Konstanz und Schaffhausen seinen Bestimmungsort Zürich erreichte. Dazwischen ratterten Fuhren mit Holz, Stoffballen und Krämerbedarf. Franzisca freute sich auf die Wege zur Insel und nahm sich immer einen Augenblick Zeit für einen Aufenthalt drunten am Hafen und am Fisch- und Weinmarkt. Hier ging es aufgeregt zu, und sie beobachtete das Durcheinander, wie es beim Be- und Entladen an der Hafenmauer entstand. Oft gab es Geschrei, weil es den Schiffseignern nicht schnell genug ging oder den Händlern der Umgang mit ihren Waren nicht vorsichtig genug ablief. Am Wein- und Fischmarkt warteten die Kutscher mit vollen Wagenladungen und grölten ungeduldig, weil sie ihre Fuhren endlich leeren wollten, um noch ausgiebig einkehren zu können. Sie mochte diesen Auftrieb und die Markttage, und bald kannte sie viele der Händler und Kaufleute. Und nach ihren Erledigungen stand immer auch ein Besuch im *Haus zum Baumgarten* bei ihrer Tante an, und zusehends kam ihr das Verhältnis zwischen ihrer Tante und ihrer Herrin weit vertrauter vor, als es ihrer Meinung nach zwischen Kammerdame und Herrschaft üblich war.

In Oberreitnau war der Pfarrer zufrieden, wie sich die Dinge mit der neuen Haushälterin aus dem Bregenzerwald entwickelten. Ihr Essen schmeckte ihm außerordentlich, und seine Pfründe fanden sich in bester Ordnung. Nur noch selten ging er in den Adler, und wenn, dann nur auf einen Becher Wein. Die bedrückenden Gedanken an die Zeit, in der er ohne Haushälterin auskommen musste und dazu noch die viele Arbeit zusätzlich hatte, weil ja sein Vikar mit dieser Weibsperson den Pfarrhof hatte verlassen müssen, sie ließen nach. Zufrieden faltete er nach den gemeinsamen Abendessen seine Hände über dem Bauch, auch wenn er wohl wahrnahm, wie einige Seelen seiner Gemeinde der neuen Haushälterin mit großer Distanz begegneten, und er auch die ein oder andere Bösartigkeit hörte. Besonders die Malin und die Bernhardin waren zwei aufsässige und feindselige Mäuler, aber die Zeit würde ihrer Enttäuschung über die nicht erhaltene Dienststelle schon die Schärfe nehmen. So vertrieb er seinen Kummer darüber.

*

An einem lichten, warmen Frühjahrstag kam der Postgänger zum Pfarrhaus. Mit großer Sorgfalt holte er den Brief aus der Tasche und legte ihn auf die Ablage des Küchenkastens, und wie Franzisca es von zu Hause gewohnt war, stellte sie ihm einen Obstler hin. Der alte Kerl freute sich und meinte, dass er den Gang zum Pfarrhaus zuerst getan habe, weil es ein Brief mit einer so künstlerischen und schönen Schrift und einem feinen Siegel sei, wie er ihn selten in die Hände bekomme. Die Allerweltsbriefe armer Leute konnten warten – es waren eh zumeist unangenehme Gerichtssachen und Erinnerungen an alte Schulden. Wer sonst schrieb schon armen Leuten. An der Schrift erkannte sie, wer da geschrieben hatte: Joseph Anton Koch. Ihr Herz schlug einige Male heftig vor Freude, und sie versuchte, sich vorzustellen, wie er wohl aussehen mochte nach den vielen Jahren. Sie hielt inne. Und wie würde er sie wohl sehen, wo sie inzwischen doch eine junge Frau geworden war? Sie schüttelte den Kopf über diese Gedanken und ging in die Stube, wo sie das feine Siegel vorsichtig brach und den Brief auffaltete.

Er schrieb ihr, wie traurig er über die schlimmen Umstände sei, die sie auszustehen gehabt habe, und wie sehr er ihren Vater gemocht habe. Sie stieß einen freudigen Juchzer aus, als sie dann las, dass er sich mit einem Freund namens Christian Roos auf dem Weg zum Bodensee befinde. Über seine Reiseeindrücke berichtete er:

Aus der weiten Ferne auf die schneebedeckten Berge der Schweiz zu blicken, bewegte mich zu Tränen. Verstummt stand ich da und staunte. Meine Seele dehnte sich weit aus, die ganze Welt wollte ich mit Liebe umfassen. Ich setzte mich nieder, um ein Bild von dieser Ausdehnung zu entwerfen, um es später dann in einem Gemälde auszuführen. Hier bleibt aber Kunst immer Stümperin. Diese ungeheure Mannigfaltigkeit macht doch ein Ganzes, die ganze Natur verbindet sich schwesterlich, kein einziger Teil wird untreu, um nur für sich zu bestehen. Alles ist völlig Einheit im Mannigfaltigen. Die mit Wolken umhüllten und mit sibirisch kaltem, weißglänzendem Gewand umkleideten

Alpen richteten ihre vom Alter ehrwürdigen Häupter gegen den bei-
nahe auf ihnen ruhenden Himmel. Unzählige Ideen bestürmten meine
Seele …

Auf der Kunstakademie in Stuttgart war es ihm nicht gut ergangen, wie seine weiteren Zeilen ihr verrieten: *Die schmählichen Jahre*
meines Dortseins sind vollbracht, mit unsäglichem Schimpf, schwar-
zer Verleumdung und Begriffe übersteigender Entehrung wurde ich
beynahe ununterbrochen überhäuft. Diesem traurigen Schicksal
musste ich mich mit Gewalt entreißen. Lässt sich Gehorsam gegen
Menschen denken, die ohne Grundsätze, gemeiniglich ohne gesunde
Vernunft despotisch mit dem Stock in der Hand und den schändlichs-
ten Drohungen gebieten? Pflicht der Dankbarkeit erfülle ich nur ge-
gen diejenigen, deren Endzweck auf mein wahres Glück abzielt. Meine
nötigen Bedürfnisse sind Bildung der Seelenkraft, Zeit zum Studieren,
Entfernung von erschütternder Behandlung und – vernünftige Frei-
heit. Grotesken, Theater- und Arabeskengeschmier gehören nicht in
das Gebiet der schönen Künste, und gerade dies war zu meiner Qual
zu meiner Beschäftigung bestimmt. Ich fliehe also und werde so lange
in nächtlicher Ungewissheit schwärmen, bis ich ein glückliches Eiland
erreiche. Ich kann nicht stille sein, muss immer in Bewegung sein, wie
es ist, seit ich mit den Ziegen und Kühen auf der Alp gewesen bin. Es ist
ein ständiges Gehen und in Bewegung sein, unser Dasein. Wenn ich an
die Alpen denke, die Wässer, Schneefelder und den Himmel über den
Felsen und Gipfeln, dann wird mir immer deutlicher, wie sehr wir
Wanderer und Pilgrime sind, Fremdlinge in all dieser herrlichen
Natur, die unser nicht braucht. Und ich wandere immerzu, immerzu,
auf der Suche nach einer besseren Heimat, nach einer freieren Freiheit.
Verstehst du mich, Franzl?

Oh wie gut sie ihn verstand und wie gut ihr diese Worte taten, die
ihr einmal mehr die Augen für das herrliche Land öffneten. Trotz
der Wut und des Ärgers, der in ihr aufkam, wenn sie an die verlorene Heimat dachte, machte sich keine Verbitterung in ihrem Her-

zen breit, und vor der Zukunft hatte sie keine Angst. Manchmal dachte sie, es wäre vielleicht doch besser gewesen, wenn sie geblieben wäre und Jakob geheiratet hätte, doch schnell regte sich in ihr ein Widerstand, der ihr klar machte, wie richtig die Erfahrung einer neuen Welt für ihre Zukunft mit ihm war.

Als sie am Tag darauf nach Lindau unterwegs war, kam ihr kurz vor dem See ein Trupp entgegen, dessen laute Unterhaltung sie freudig erregte, denn sie erkannte den Dialekt ihrer Heimat. Es waren Krautschneider und Sensenhändler, die jetzt auf dem Weg vom Montafon her waren, um ihre Waren und Arbeitskraft anzubieten. Sie suchte, ob sie eines der Gesichter erkennen konnte, doch waren ihr alle fremd. Der Weg führte Franzisca durch den romantischen Wiesengrund und eine schattige Allee. Ihr Blick fiel auf die feuchten Stellen im Grund, aus denen Riedgras spross, drum herum arrangierten sich Birkengruppen, und um die alten Erlen war es noch am dunkelsten. Am frühen Morgen waberten hier Nebelschwaden, und es schauderte sie, denn es hieß, die Seelen ungeborener Kinder lägen da in den Dünsten und Dämpfen über den Mooren und Weiden, wo sie nach ihren zukünftigen Müttern Ausschau hielten. Ein Stück hinter dem Ried kam sie über eine Erhebung, die Taubenberg genannt wurde, obschon ihr hier in der Mehrzahl bisher nur Spatzen, Finken und Grasmücken begegnet waren. Von dieser Stelle blickte man hinab in die weite Ebene mit Obst- und Weingärten, die bis an den See reichten. Stets verweilte sie hier, denn der Anblick erschien ihr von Mal zu Mal in anderer Gestalt und wechselnden Farben, als kleidete sich die Natur stündlich um. Das dunkle, schattige Grün eines kleinen Wäldchens leuchtete links des Weges auf und war umgeben von der prallen Wucht sattgrüner Wiesen, gegliedert von Armeen aus Obstbäumen, die ihrerseits von hohen Baumgruppen und solitären Eichen durchdrungen waren. Drunten in der Ferne lag die Inselstadt: Eng schmiegten sich die Häuser aneinander, und die roten Ziegel leuchteten frisch – eine steinerne Einheit, aus der die Spitzen der alten Türme aufstrebten, und am Horizont die schneebedeckten Gipfel der Alpen. Ihr Joseph Anton Koch hätte ein herrliches Gemälde aus dem Anblick gemacht.

So wechselhaft und vielfältig die Stimmung auch war, die sie auf ihren Gängen zu sehen bekam, so waren es doch Augenblicke wie diese, in denen sie wirklich zur Ruhe kam. Ließ sie den Blick über das Tal zum See bis hin zu den Bergen gleiten, fühlte sie eine Weite, mehr noch etwas Unendliches, das sich, wollte sie es körperlich zuordnen, nicht allein aus dem ergab, was Augen und Sinne erfassten. Aus dem Physischen der Landschaft wurde metaphysisch eine Weite des Herzens, die sie Freiheit spüren ließ und für Augenblicke einen Zustand innerer Geborgenheit erzeugte, frei von Sorgen, Ängsten und Gedanken, ein Zustand sentimentaler Zufriedenheit mit sich und der Welt.

Langsam ging sie weiter – ihre Heimat, die Mutter, Jakob, den toten Vater ohne Schmerz im Sinn. Lucas lachendes Gesicht tauchte vor ihrem Auge auf; es irritierte sie. Schnell wischte sie den melancholischen Moment weg und achtete auf den Weg. Bald kam sie an eine Baumreihe mit alten Linden, hinter denen sie die Landtorbrücke sehen konnte. Der Pfänderrücken trat klar hervor, und darüber war die Ruine am Gebhardsberg zu erkennen, in einer Linie mit der Wallfahrtskapelle Bildstein, die als kleiner Punkt ganz in der Weite lag. Das kegelförmige Hochälple drängte sich recht in Szene, und hinter den sanften Vorbergen spitzte die Kanisfluh vor.

Ein Laden auf der Insel hatte es ihr besonders angetan. Gleich gegenüber dem Gasthaus Sünfzen, in dem sich die Patrizier der Stadt ganz modern bei Kaffee trafen und ihre Sitzungen abhielten, befand sich ein Stoffladen, der anders war als alles, was sie bisher gesehen hatte. Die Auswahl schien ihr unendlich zu sein. Im vorderen Raum lagen die Ballen und Rollen mit den gängigen Alltagsstoffen, dem Barchent aus Baumwolle und Leinen, Bibertuch, Bomosin und Gaff, ein besonders schwerer Leinenstoff, der den kräftigen Griff ihrer Hände mochte. Es duftete nach Frische und Wärme in dem

Geschäft, und während sie durch die niedrigen Räume ging, fuhren ihre Hände vorsichtig über die Stoffe, fühlten das Raue oder Weiche wie das Belzflanell, von dem sie kaum die Hand lassen wollte. In den hinteren Gängen und Gewölben lagen die ganz besonderen Stoffe: Kamlot aus Kamelhaar, mit Ziegenhaar oder Seide – rein oder kombiniert und in allen Farben. Eine dunkelblaue, glänzende Stoffrolle gefiel ihr am besten. Es gab noch Krepon mit seiner gekräuselten Oberfläche und Tamis, ein kammgarnartiges Gewebe aus Wolle in Leinwandbindung. Ihr Herz allerdings hing am Scharlatin, einem kostbaren Wolltuch, durchwirkt mit goldenen Fäden. Den Gang mit den Füllmaterialien für Bettdecken, Flaumfedern und sonstige Bettfedern sowie Schafwolle ließ sie unbeachtete, da sie davon noch genügend auf dem trockenen Dachboden des Pfarrhauses liegen hatte. Im Raum dahinter gab es noch etwas Besonderes: fertige Kleidungsstücke für Männer. Komplett geschneiderte Kniehosen, Westen und sogar Röcke und Kamisole hingen da auf Holzständern. Nur wer sollte fertige Kleidungsstücke kaufen? Man musste sie doch anpassen!? Aber jedes Mal, wenn sie im Laden war, kamen Händler, Kaufleute oder Fuhrwerker herein und sahen sich die fertigen Modelle an, schlüpften schnell hinein, und manche kauften sogar. Bei Frauen würde so etwas niemals funktionieren. Niemals.

Am liebsten war sie drunten am Hafen, um die Seestimmung einzufangen und dem Wasser nahe zu sein. Um den Mangturm herum war es am schönsten. Bis zum Mittag bildete sich Dunst, der schwer über dem Wasser hing und Bregenz, die Mehrerau und die Berge verwischte. Ihre Augen suchten, ob Lucas auf einer der Lädinen zu entdecken war, doch ohne Erfolg. Sie streifte durch die Haufen aus Wein- und Salzfässern, Stoffballen und Rebstecken. Ein lauer Wind vermischte die Gerüche von Menschen, Tieren, Feuern, Teertiegeln und der Seeluft zu einer eigenwilligen süßsauren Melange. Heute war besonders lautes Geschrei, weil keine Pferde auf die Insel gelassen wurden. Auf dem Festland, weit vor der Landtorbrücke, hielten die Stadtwachen alle Pferdefuhrwerke an und verlangten das Umspannen auf Ochsen, was nicht immer reibungslos ablief. Im Allgäu und in Oberschwaben grassierte der Gelbe Kopf[1], sodass keine Stadt entlang des Bodensees mehr Pferde durch die Stadttore ließ, was große Umstände erzeugte und die Stimmung aufheizte. Franzisca hörte vielerlei Geschrei und Geschimpfe. Einer wetterte gegen die Unordnung im Hafen und schrie wütend, was das denn für Zustände seien, dass sogar die Juden laden könnten, wann und wo sie wollten, und dass es bald soweit sei wie im Welschen, wo die Revolutionsbande die Juden per Dekret den anderen Bürgern gleichgestellt habe. Sie dachte an Salomon, der ihr nicht unbeträchtliches Vermögen verwaltete. An einer der Lädinen kam es zu einem dichten Gedränge, weil sich der Fährmann mit einem der Passagiere stritt, der lautstark jammerte, es sei ein wesentlich niedrigerer Fährlohn ausgehandelt gewesen. Der Fährmann hatte ihm daraufhin kurzerhand Hut und Korb abgenommen, woraufhin der Passagier laut plärrend nach der Stadtwache rief. Von den Umstehenden gab jeder seine Meinung zu der Sache zum Besten. Franzisca ging schnell weiter. Von Lucas war weit und breit nichts zu sehen. Eine laue Brise wehte vom See her, und über dem Dunst reckte sich der schneebedeckte Gipfel des Säntis in das Blau. Niemandem sonst schien dies aufzufallen.

*

Auch Lucas hatte bei seinen Aufenthalten in Lindau stets nach Franzisca Ausschau gehalten, sie aber nie entdecken können. Eines Tages kam eine große Ladung mit Rebstecken aus dem Hintern Bregenzerwald an den Hafen zu Fußach, die für einen Händler drunten in Stein am Rhein bestimmt waren. So weit war er bisher noch nie gekommen. Wer wusste schon, wann es noch einmal dazu kom-

---

1   Milzbrand

men würde, denn die meisten Fuhren gingen von Bregenz nach Lindau, Buchhorn[1] und Meersburg, jedoch viel zu selten nach Konstanz, wie er meinte. So hatte er sich entschlossen, sich endlich auf den Weg den Rhein niederwärts bis nach Straßburg zu machen. Genügend Gulden hatte er bereits sparen können. Sein Schiffsmeister war nicht beglückt, als er von seinem Vorhaben hörte, denn er hätte den fleißigen und gescheiten Kerl gerne auf seinem Schiff behalten. An dem Tag, als Franzisca im Hafen zuletzt nach Lucas gesucht hatte, legte seine Lädine schon in Steckborn an. Zwei Tage später kam er als Lader mit einem großen Nachen bis nach Schaffhausen und umwanderte den Rheinfall, wo er zwei Stunden ausruhte und die Gewalt des Wasserfalls auf sich wirken ließ. Gut beleumundet wie er war, gelangte er schnell auf weitere Schiffe die den Rhein abwärts fuhren. Immer wieder musste er an die Bregenzerach denken, wenn er über den breiten Strom blickte; ihr Wasser war hier unter ihm.

An einem nebligen Tag kam er schließlich in Straßburg an. Die Hafenmauer war wie die in Lindau, Konstanz und Bregenz auch aus Stein, und entlang des Hafens war es das gleiche Wiehern, Schreien und Blöken; es roch ebenso nach Teer, Feuern und gebranntem Fleisch wie an jedem anderen Hafen. Etwas enttäuscht fragte er sich, aus welchem Grund die Stadt in aller Munde war.

Erst am darauffolgenden Tag, an welchem ein froher Himmel über dem Land aufzog, schlenderte er ziellos durch die Gassen und erschrak, als ihm plötzlich der große Schatten vor die Augen kam – dieser gewaltige dunkle Bau mit den Türmen, die kein Ende nehmen wollten. Ganz unbewusst nahm er seinen Hut ab und faltete darüber die Hände. Er war gewaltig. Er war gewaltiger, als er das Wort gewaltig bisher hätte deuten können.

*

---

1   Friedrichshafen

Im Bregenzerwald schritt derweil der Alltag dahin wie ehedem. Der Mauchinhof stand einsam und verlassen über dem Tal, Kaspar trauerte und litt am Alleinsein. Jakob stürzte sich in die Arbeit, was seiner Mutter recht war, die befürchtet hatte, der Kummer über Franzisca könnte ihn öfter als es gut war zum Gamswirt, Hirschwirt oder gar in den Löwen treiben.

Die Drieberin blieb unberührt vom Gerede im Dorf und den scheelen Blicken, die ihr zufielen. Der Weg zum Mauchinhof lag jenseits des Viehtriebs und versteckt hinter Büschen und Aufwürfen, sodass niemand etwas mitbekam, wenn sie auf dem Weg nach oben war, um sich dort mit dem Pfarrer zu treffen. Nach wie vor ließ sie kaum eine Messe aus, in denen der Pfarrer immer häufiger gegen die Hurerei wütete, denn seit geraumer Zeit kannte er ihre wirklichen Gefahren, Abgründe und magische, ja teuflische Kraft.

Das Madle musste den Mauchinhof in Ordnung halten, was sie oft vom Drieberhof wegbrachte und ihr Gelegenheit schuf, dem Kaspar nahe zu sein.

Der Schaffer zog derweil mit seinen Schafen durch das Tal und überließ sie, wenn er es für erforderlich hielt, für einige Zeit seinen Hirten, um nach seinen anderen Herden zu schauen, wodurch er zwischen Bodensee und Bludenz viel Zeit verbrachte. Auf den Viehmärkten handelte er gerne und gut. Sein Freund, der Ameisler, zog von Jahrmarkt zu Jahrmarkt und genoss seine Auftritte vor dem staunenden Publikum, und manchmal trafen sich die beiden alten Matrosen.

Wieder kam ein hoher Sommer, das Johanniskraut stand in vollster Blüte, und Johanni rückte näher. In Lindau entstand eine freudige Spannung, denn mit dem Namenstag des Täufers kam ebenso der Jahrmarkt auf der Inselstadt heran, der Ablenkung, Kurzweil, Unterhaltung und Genuss an der Welt versprach – und bald danach das größere Fest, das sie Kinderfest nannten.

Franzisca war an einigen Tagen mit dem Pfarrer in der Gemeinde unterwegs gewesen, wo er die Siechen besucht und mit den Sterbenden gebetet hatte. Gar nicht weit entfernt vom Pfarrhaus, auf einem geduckten Anwesen namens Kiegelhof, lag die noch junge Bäuerin seit der letzten Geburt darnieder. Viel Blut hatte sie verloren, und auf ihrem wachsweißen Gesicht war nicht die Spur eines Farbtons zu sehen. Franzisca litt mit ihr und beschloss, ihr so oft es ging einen Besuch abzustatten, wobei sie der Kranken von ihrer verlorenen Welt erzählte und einmal auch von ihrer Liebe zu Jakob. Es war das einzige Mal, dass sie sie lächeln sah. Die Pflege ging ihr leicht von der Hand.

Im Dorf blieb es nicht verborgen, wie gelungen Franzisca den zuvor etwas schludrigen Pfarrhof in einen rechten Haushalt verwandelt hatte. Sogar der Flaucher und der Schniefer kamen aufrechter daher als zuvor. Der Schniefer war ein stiller Kerl, der sich zwar dem Flaucher anglich, doch steckte mehr in ihm. Einmal, als er spät in der Nacht von einer Fuhrladung Getreide nach Lindau zurückgekehrt war, kam er nicht ins Haus, wo sie ihm noch eine Brotzeit gerichtet hatte. Als sie zufällig mit einer Laterne nach draußen ging, sah sie ihn im Stall, wo er das Pferd versorgte und striegelte, obwohl er müde und hungrig war. Das gefiel ihr. Er war ein guter Kerl.

An einem Sonntag kurz vor Johanni spürte sie im Gedränge nach dem Gottesdienst einen Körper neben sich, der sich dem ihren anlehnte, und gleich darauf, wie eine zarte Hand die ihre kurz aufnahm und drückte. Es geschah im Verborgenen, heimlich, und als sie ihr Gesicht überrascht zur Seite drehte, blickte sie in das Lächeln der Maria Bucher. Um sie herum standen die kleine Günthörin und Barbara, die jüngste Tochter des Kesseltreibers Glaub. Maria Bucher flüsterte ihr zu: »Die anderen sind wie die Furien, sie sind neidisch, weil dir alles so gut gelingt ... doch hier können wir nicht frei reden. Aber bald ist Jahrmarkt in Lindau ... da werden wir uns sehen, da haben wir Freiheit in allen Dingen.« Sie kicherte, steckte ihre Begleiterinnen damit an und bekam einen roten Kopf.

Am darauffolgenden Tag, als sie gegen Abend wieder auf dem Weg zum Kiegelhof war, trat dort eine Frau aus der Stalltür und blieb mit ernstem Gesicht stehen. Sie war groß gewachsen, und ihre langen schwarzen Haare waren lediglich mit einem grünen Tuch zusammengebunden. Sie hatte eine braune Gesichtshaut und dunkle Augen. Ihre Kleider leuchteten in kräftigen Farben: ein langes rotes Kleid, darüber eine rote Schürze, eine blaue Weste mit floralem Stickwerk und ein grünes Tuch um die Schultern. Sie ging barfüßig. Franzisca stutzte. Der Kiegelbauer stand etwas hinter der Fremden und traute sich nicht recht hervor. Franzisca nickte der Fremden zu und ging hinein in die Kammer zur Bäuerin, die elend und mit flachem Atem im Bett lag. Nach einer Weile waren Schritte draußen zu hören, und der Bauer betrat den Raum. Er war ein hagerer, sehniger Kerl mit einem etwas zu großen Kopf, auf dem immer ein weiter Schlapphut hing. Er hatte einen schmalen Mund und kalte Augen. Im Dorf wurde er nur es Kiegele genannt, was ihn wegen der Verniedlichung ärgerte. Schon öfters war es im Adler zu Handgreiflichkeiten gekommen, wenn freche Knechte anfingen, ihn es Kiegele zu heißen. Er war verlegen, druckste herum und bat Franzisca schließlich, dem Herrn Pfarrer nichts von der Kirchenschmiedin zu sagen. Sie sah ihn fragend an.

»Von wem soll ich nichts sagen?«

»Ja von der Kirchenschmiedin … liegt schon das Weib darnieder, und hab im Stall zwei kranke Kühe und ein lahmes Pferd. Was soll ich tun!?« Die letzten Worte sprach er so, als trüge sie die Schuld an seinem Schicksal. Franzisca blickte ihn abschätzig an, und er fuhr in entschuldigendem Ton fort: »Sie ist eine weise Frau und hat ihr Wissen von der Els von Ettringen. Der Abt vom Kloster Steingaden hat sich zwei Mal für sie eingesetzt, als sie wegen Hexerei zum Gericht konsultiert worden war, aber der unsrige Herr Pfarrer, der verteufelt sie … wo sie doch nur eine weise Frau ist … nur eine weise Frau.« Seine Stimme fuhr wieder auf, und er zeigte aufs Bett. »Was hab ich von seinen Messen, ha, und von seinem Hokuspokus!? Bringt er mein Weib wieder auf die Beine, bringen seine Gebete wieder Milch aus dem Euter, zieht sein Messgewand meine Fuhren!? Nein … nein, nein, nein!« Mit einer Kopfbewegung wies er zum Fenster. »Die Kirchenschmiedin, die kümmert sich um die Leute und nimmt das Böse weg, wo es ist, und alle weit herum wissen von ihrer Kraft …« Seine Stimme senkte sich, und er sprach in Richtung seiner Frau, die teilnahmslos dalag: »Wer weiß schon, ob sie noch mal aufkommen wird. Vielleicht hilft es ja auch für sie.« Franzisca widerte die Art an, in der er auftrat.

»Was soll helfen?«, fragte sie ungehalten. Er flüsterte verschwörerisch: »Fünffingerkraut, Beifuß, fünfblättrige Rauten, Wüllenkraut und vierblättriger Klee zusammen in ein Kissen. Am Sonntag nach Sonnenuntergang auf die Stall- und Kammertür gelegt, und nach der ersten Nacht dem Viech mit dem Kissen von der Nasen bis über den Rücken fahren und es bei seinem Namen nennen und dabei sprechen:

Mark und Bein
Fleisch und Blut
Haut und Haar
Ist mit dir gewachsen und geboren
Alle Zauberei sei an dir verloren
Dass helfft Gott Vater, Sohn und Heilger Geist
Amen

Am Donnerstag, gleich bei Sonnenaufgang niederknien und zu Gott rufen. Sich seines Blutes Schweiß am Ölberg erinnern und dabei die Worte sprechen:

Vater, alle Ding sind möglich dir
Ich bitt dich, himmlischer Vater
Dass diese Zauberein ganz von meinem Viech
Und mir weichen müssen
Doch gescheh dein Will

Hernach noch drei Vaterunser, drei Ave Maria, ein Glaubensbekenntnis und drei Almosen. So werden die Viecher wieder ... es ist doch nichts dabei, es zu probieren ... ob es bei ihr auch helfen tät?« Franzisca sah ihn voller Abscheu an und fauchte böse: »Untersteh dich! Raus, geh raus ... raus!« Sie regte sich furchtbar auf und blieb diesmal länger als gewöhnlich, und am Abend überlegte sie, ob sie den Pfarrer nach der Kirchenschmiedin fragen sollte, doch sie ließ es sein.

Im *Haus zum Baumgarten* war Franzisca immer willkommen und durfte sogar in der Kammer der Herrschaft dabei sein, wenn die schöne Frau sich herrichten und unterhalten ließ. Die Prozedur des Ankleidens erschien ihr beinahe wie ein religiöser Ritus. Die Selbstverständlichkeit, mit der diese schöne Frau die Arme ausbreitete und nach vorne streckte, um sich ein Kleidungsstück darüber ziehen zu lassen, verblüffte sie. Eines Tages richtete Frau Seutter von Loetzen die Frag an sie, ob sie denn flüssig lesen könne. Franzisca nickte schüchtern.

»So soll sie mir die Briefe vorlesen. Ich bin schon ganz neugierig darauf.« Ihre Tante deutete auf eine Porzellanschale, während sie weiter das lange Haar ihrer Herrin mit langsamen, liebevollen Strichen kämmte. Franzisca nahm den ersten Brief, faltete das starke Papier auf und las vor:

Teuerste Freundin. Hier ist seitdem allerhand vorgegangen, da Sie weg sind. Knollers Frau ist im Wochenbett gestorben. Sie hat schrecklich viel bei der Entbindung ausgehalten, und den Tag darauf ist sie gestorben. Sie war aus Vorsicht eigens nach Bregenz zu ihren Eltern gezogen und hat auch die beiden geschicktesten Accoucheurs[1] bei sich gehabt. Das Kind ist auch tot zur Welt gekommen. Bei alledem soll sie außerordentlich geduldig gewesen sein. Meine Nachbarin, die Meuthin, ist

---

1 Geburtshelfer

auch von einem Sohn entbunden, der aber nur ein paar Tage erlebt
hat. Ich bin nun einigermaßen wieder hergestellt und habe doch noch
viel Rückenschmerzen. Es kränkt mich recht, dass es mir wieder so ge-
gangen ist – ein Mädchen. Ich freute mich schon so sehr, dass ich mei-
nem Herren Baltus im Frühling einen Jungen bringen sollte, und nun
ist die Freude auf einmal dahin.

Frau von Seutter stöhnte leise: »Ach, die Arme, wo ihr Held doch so
unglücklich mit den zwei Mädchen ist und endlich einen Buben
haben wollte. Die Ärmste.« Franzisca nahm den nächsten Brief zu
Hand, der ebenfalls vom Kinderkriegen handelte.

Liebste, teuerste Freundin, es geht uns gut. Und im Wissen, es wird sich
ändern, wollen wir doch hoffen, es möge so bleiben. Gerade den Tag, als
ich an Sie schreiben wollte, um Ihrer Schwiegermutter den Brief mitzu-
geben, kam mein kleines Mägdlein an, flink und rasch. Gott gebe jeder
Frau eine solche Entbindung und ein solches Wochenbett, als ich bis
itzo habe, das wünsche ich Ihnen von ganzer Seele. An einem der Mor-
gen nach den Pfingsttagen stand ich auf, fing an, zu kramen, und da
zeigte es sich, dass es bald ernst werden würde. Da wurde gleich die alte
Hante aus der Nachbarschaft geholt, und mit dem Schlag zwölf wars
Mägdlein da. Eine gute halbe Stunde war ich nur auf dem Stuhl, nun –
die war freilich bitterlich sauer, aber Gott Lob, dass sie so kurz war.
Mein Mann musste diesmal bei mir bleiben, weil noch niemand da war
als meine Mutter. Madame Wille geht auch in die letzten drei Wochen.
Die arme Mannbach, dass die wieder ein totes Mägdlein hat, das ist
doch recht traurig. Sie ist auch ganz missvergnügt und melancholisch.
*   Ich möchte Ihnen im Vertrauen auch von unserer guten Freundin be-*
richten, welche am siebenten des März von einem Knaben entbunden
worden ist. Es ging wieder etwas schwer, aber doch glücklich. Ihr war
auch die ersten Tage sehr wohl, kriegte aber den zehnten Tag auf ein-
mal ein dickes Bein, woran sie vier Wochen still zu Bette liegen musste.
Seit einigen Wochen geht sie zwar wieder im Hause herum, aber die

Geschwulst hat sich noch nicht ganz verloren. Indessen versichern die Ärzte, dass es keine Gefahr mehr hat; wir sind schon recht bange gewesen für Wassersucht. Sie stillt ihren Jungen selbst. Er ist so groß und stark und so fromm und ruhig, dass es eine rechte Freude ist, so einen Jungen zu haben. Ich denke, es kommt sehr von seinem Erzeuger …

Frau von Seutter und ihre Tante lachten leise, aber um so herzlicher und verschwörerisch. Franzisca las irritiert weiter:

Der Große und die drei Kleinen sind so ziemlich gesund, bis auf etwas Schnupfen und Husten. Es ist also alles gut gegangen, und das Geheimnis wird auf ewig ein solches bleiben. Und ja – die Trappersche erwartet diese Woche ihr elftes lebendiges Kind. Ihre älteste Tochter ist diesen Herbst nach St. Gallen an einen Gastwirt verheiratet worden, und sie wird beinahe Mutter und Großmutter zugleich.

Sie dürfen es auch wirklich nicht übel nehmen, denn der Brief hat allezeit her schon sollen geschrieben werden, aber sieben große und ein kleines Kind – und nur eine Magd im Hause.

Frau von Seutter winkte ab.

»Ach, jetzt reicht es denn doch mit dem Klagen und Jammern. Nimm sie das Intelligenzblatt dort drüben und lese sie daraus vor.«
Franzisca tat, wie ihr geheißen war, und griff nach der Zeitung. Zunächst handelte ein Bericht von Erkenntnissen aus Mähren, in dem beschrieben wurde, wie ein Stadel beschaffen sein sollte, um das Getreide vor den Mäusen zu schützen. Vorsichtig las sie die Sätze, in der Meinung, es interessiere nicht, doch gerade solche Dinge interessierten Frau von Seutter.

Die Begnadigung

Die Tage begannen, länger zu werden, und in der Gier nach Aufregung wurden die Bürger der Stadt von der Äbtissin des Stifts, der machtbewussten Friederike von Bretzenheim, diesmal gut versorgt, denn sie hatte den Stadtoberen angekündigt, von ihrem Begnadigungsrecht für Verbrecher Gebrauch zu machen, was seit vielen Jahren schon nicht mehr der Fall gewesen war. So ungewöhnlich das Ereignis, so vielfältig waren die Meinungen darüber. Die einen fragten, ob sie dies überhaupt dürfe, und wenn, so doch nur bei dem ersten Verbrecher, der in ihrer Amtszeit verurteilt wurde. Andere schränkten weiter ein, es dürfe dann nur ein Mörder sein, aber kein anderer Verbrecher.

In der konkreten Sache ging es um einen achtzehnjährigen Burschen aus Hagspiel, ein rückfälliger Dieb, der von der Königsegger Herrschaft zum Strang verurteilt worden war, dem jedoch in Anbetracht seiner Jugend und seines freiwilligen Bekenntnisses über seine Untaten die Gnade zuteil wurde, durch das Schwert und nicht durch den Galgen gerichtet zu werden. So war ihm wenigstens eine christliche Bestattung sicher. Nicht wenige regten sich darüber auf, und war es denn gut, wenn so lange Zeit schon kein Lump mehr drüben auf der Galgeninsel am Strick gehangen hatte und vermoderte – unbestattet, bis die Knochen zu Boden fielen?! Holte man sich mit derlei Nachsehen und Begnadigen das Räuberpack nicht gerade herbei? Vor allem im Rathaus herrschte großes Erstaunen, als die Äbtissin anmelden ließ, in diesem Falle von ihrem Recht Gebrauch zu machen.

Franzisca hatte die erhitzten Diskussionen im Haus der Herrschaft von Seutter mitbekommen, und auch am Abendtisch im Pfarrhaus zu Oberreitnau gab es darüber Disput. Die beiden

Knechte wollten den Dieb hängen sehen, und der gute Pfarrer Wagner zog ein schreckliches Gesicht, als er so gar nicht mit seiner Meinung durchdrang. Nicht mal das Essen wollte ihm mehr schmecken, was ein schlimmes Zeichen war. Sie selbst hatte kein sonderliches Interesse an der Geschichte, entkam aber dem Drängen ihrer Tante und deren Herrin nicht, dem Auftritt beizuwohnen. Sie trafen sich vor dem Rathaus, wo schon eine große Menschenmenge um die Gerichtssäule stand.

Der Verurteilte wurde in Begleitung der Geistlichen in die vor dem Rathaus aufgeschlagenen Schranken geführt, wo das Urteil verkündet wurde. Ein kräftiger Kerl war es, mit wuscheligen braunen Haaren, breiten Schultern und einem dumpfen Gesichtsausdruck. Ein wenig erinnerte er sie an den Veit. Der Gerichtsassessor brach den Stab über seinem Haupt, woraufhin ihn zwei Büttel fesselten und fortführten. Die Ratsdeputation folgte dem Verurteilten durch die Hauptstraße zum Marktplatz hin, wo am Cavazzen die fürstliche Frau Äbtissin mit ihren sechs Kapitulardamen, den städtischen Beamten und einigen auswärtigen Adligen wartete. Sie saß in einer Sänfte, ihr Gefolge und die städtische Wache standen um sie herum. Langsam näherte sich der Zug, der Offizier ließ die mitmarschierenden Soldaten einen Kreis bilden, die Äbtissin stieg würdevoll aus ihrer Sänfte, ging den Bütteln einige Schritte entgegen, und erst jetzt wurde dem ahnungslosen Verurteilten eröffnet, dass seiner die Begnadigung erwartete.

Franzisca war mit den beiden anderen Frauen rechtzeitig vom Rathaus aufgebrochen, solange die Cramergasse noch halbwegs frei war, und schnell die Treppen im Baumgarten nach oben gestiegen, wo sich aus den Fenstern des oberen Stockwerks die Szene gut verfolgen ließ. Die Büttel drückten den Burschen vor der hohen Frau in die Knie, dass er auf diese Weise um Gnade und sein Leben bat. Der Kerl war aber ganz betäubt und fiel erst nach einigem groben Zutun auf seine Knie. Mit zitternder Hand nahm indes die Äbtissin das Messer, welches ihr auf einer silbernen Schale gereicht wurde, und durchschnitt den um seinen Leib gebundenen Strick. Der Kerl war immer noch ganz benommen und vermochte danach kaum aufzustehen. Trotz der vielen Menschen herrschte eine unheimliche Stille auf dem weiten Platz. Ein jeder, selbst die Viecher, schienen den Atem anzuhalten. Die hohe Frau stieg wieder in ihre Sänfte und verließ den öffentlichen Ort samt ihrem Gefolge, während der Begnadigte vom städtischen Kanzlisten an die Tore des Stifts geleitet wurde, wo sein Vater auf ihn wartete.

»Aus welchem Grund hat sie das getan?«, flüsterte Franzisca. Frau von Seutter drehte sich um und sah sie nachdenklich an.

»Warum? Oh ... eine gute Frage ... und eine kluge Frage, weil sie die Vermutung ausschließt, sie hätte es aus einem christlichen Motiv heraus getan. Eine wirklich gute Frage. Ich will sie ihr beantworten. Es geht um Macht. Es ist ein Machtbeweis. Und weshalb? Weil es ihr Recht ist, Gnade zu erweisen. Doch welchen Wert hat ein Recht, das nicht ausgeübt wird? Und weil es lange nicht ausgeübt wurde und zudem vielfältiger Streit zwischen dem Stift und dem Magistrat der Stadt besteht, dient ihr die Gnade als ein gelungener Beweis von Macht. Sie demonstriert sie, wie es jeder tut, der über Macht verfügt – nicht mehr und nicht weniger. Enttäuscht es sie?« Franzisca schüttelte den Kopf. Frau von Seutter fuhr fort. »Man hat sie herausgefordert. Einer der Herren vom Magistrat hatte zu ihr gesagt, es seien Priester, die Christus auf Erden verkörpern – Frauen können dies niemals sein. Und heute hat sie den Herren vorgeführt, was *sie* verkörpert.« Ihre Worte beschäftigten Franzisca sehr, manchmal konnte sie gar nicht einschlafen, wenn sich ihre Gedanken darum drehten.

*

Eines Morgens kam der Schaffer vor das Pfarrhaus. Als Franzisca zufällig aus dem Küchenfenster blickte und ihn dort entdeckte, wie er da etwas verlegen herumstand, da flog sie ihm geradezu entgegen, warf sich um seinen Hals und weinte – vor Trauer, vor Glück, vor Freude. Darüber wurde er noch verlegener, und erst langsam beruhigte sie sich. Umständlich erklärte er sich, und fast klang es wie eine Entschuldigung: Er habe in der Gegend zu tun, weil seine Herde im Wiesengrund unterhalb des Schlosses Achberg stehe und er sehen wolle, ob sie noch am Leben sei und wie es ihr ginge. Außerdem sollte er ihr Grüße bestellen … vom Jakob, und ganz zum Schluss erst sagte er ihr, dass er kommen wolle, zum nächsten Fest.

Sie ließ alles andere sein und zog ihn trotz seiner Gegenwehr in die Küchenstube, warf zwei große Scheiter ein, setzte die Pfanne auf, tat Gänseschmalz hinein, briet Speck, Eier, hackte ein paar der frischen Kräuter – Schnittlauch und Petersil – und tat alles auf eine Scheibe Brot, die im Rohr geröstet worden war. Sie setzte sich neben ihn und strahlte, während er das Frühstück verzehrte.

»Was ist mit dem Hof?«, fragte sie. Er zuckte mit den Schultern und kaute.

»Was soll sein … er ist einsam und leer. Keiner versteht, was die Bagage vom Drieberhof damit vorhat. Euer Recht an der Vorsäß Kau drüben am Gopfberg hat der Drieber vergeben und nimmt es gar nicht selbst. Er ist einfach verrückt geworden und säuft nur noch. Schlimm.« Sie schüttelte den Kopf.

»Und der Kaspar?«

»Er wird bleiben bis nächstes Jahr, solange sein Recht eben währt … bis Michaeli, was ich gehört habe.«

»Sicher bis Michaeli … so war es immer«, bestätigte sie aufgebracht. Der Schaffer druckste herum.

»… Man erzählt sich …«

»Ja?«, fragte sie gierig.

»… Man erzählt sich, der Gnetzer habe den Stieglerhof gekauft.«

»Ah … wie … der Gnetzer?!« Sie war fassungslos und herrschte ihn fast an: »Was will er damit, was will er denn damit, wo er doch die alte Mühle hat! Und was geschieht dann mit dem Kaspar!?« Der

Schaffer machte ein betroffenes Gesicht und zuckte mit den Schultern. Sie ließ ihn in Ruhe damit.

»Und sonst im Dorf?« Er war froh, nicht mehr über das Unangenehme sprechen zu müssen und bestellte ihr die herzlichsten Grüße – von Katharina, Agnes, dem Gamswirt, dem Moosbrugger und vielen anderen, die an sie dachten. Zu jedem Namen tauchten die Gesichter vor ihr auf, die Häuser und Erinnerungsfetzen an Erlebnisse mit ihnen. Er erzählte, die Finkin habe endlich sterben können und soll der Kirche am Ende nur ein paar Gulden vermacht haben. Der Pfarrer sei ganz bleich gewesen. Die Maule sei schon lange nicht mehr gesehen worden, lebe aber noch, und einige Kinder seien geboren, andere gestorben. »Totengräber … das ist so ein sicheres Geschäft wie ein gefressertes«, sagte er.

»Und die Mutter?«, fragte sie leise.

»Man sieht sie kaum. Ein paar Mal ist sie in der Messe gewesen … sie redet nichts … nur mit sich selbst.« Er war froh, als ihm noch etwas anderes aus dem Dorf einfiel. »Ach ja, die Driebertochter … sie hat ihre Hochzeit mit dem Sohn des Adlerwirts in Lustenau ankündigen lassen …« Er wartete einen Augenblick auf ihre Reaktion und war froh, als sie lachte.

»Jesusmaria!«, rief sie aus. »Mit dem Jusel, ausgerechnet den!?« Sie hielt gleich die Hand vor den Mund, um ihre Schadenfreude wenigstens ein wenig zu verstecken. Der Schaffer grinste und berichtete nun, was er außerdem so bei seiner Wanderschaft erfahren hatte, etwa den Ausbruch des berüchtigten Diebes Josef Bernhard, sonst Hutter genannt, aus dem Gefängnis in Altstätten, der angeblich Unterschlupf bei Lustenauern gefunden hatte und von dort den Abkauf gestohlener Waren betrieb. In Hohenems gab es Vergehen der Untertanen gegen die allgemeine Sperre von Frucht, Esswaren, Pferden, Zugvieh und Schlachtvieh, welches in die Schweiz und nach Graubünden verkauft worden war, um eine Ausfuhr über die Schweiz nach Frankreich zu verhüten, womit man die Revolution ersticken wollte. Gerade dadurch war der Schwarzhandel erst lukrativ geworden, und den Kronenwirt aus Bregenz hatte man beim Pferdeschwarzhandel am Monsteiner Fahr [1] auf frischer Tat ertappt und die Beschlagnahmung der Pferde vorgenommen. Die Herrschaft hatte angewiesen, vor allem die Flussmühlen am Rhein genauer unter Observation zu nehmen, weil man dort Anlaufstellen und Unterschlupf für das Gesindel vermutete. An mehreren Tagen waren Gendarmen und Soldaten nachts und in den Morgennebeln durch die weiten Wiesenflächen des Rheintals gezogen, auf der Jagd nach Flüchtigen. Es war jedoch wenig erfolgreich, wo man kaum weiter sah als bis zum Schatten einer der nächststehenden Eichen, Birken und Erlen, die einem wie Geister erschienen. Und in Bregenz ereiferte man sich abermals darüber, endlich Bistumssitz zu werden und einen Bischof für Vorarlberg zu erhalten, wo das ganze Ländle doch immer noch zwischen den Bischöfen in Chur, Konstanz und Augsburg aufgeteilt war, wobei letzterer den größten Reichtum besaß.

»Und du? Wie ergeht es dir hier?« Er schaute sich geziert um. »Hast alles sauber beieinander, wie es aussieht. Mir scheint, es war eine gute Idee von deiner Tante, dich hierher zu bringen, und hier hast du auch Ruhe, zu überlegen, was du nun machen willst.« Sie wich seinem Blick aus.

»Hast das Schätzlein dem Salomon gegeben, wie ich es geraten habe?«

»Ja. Aber ich weiß noch nicht recht …« Er wischte sich mit dem Ärmel über den Mund.

»Man muss die Zeit wirken lassen – sie ist die Entdeckerin der Wahrheit.« Sie sah ihn an. *Die Zeit war also die Entdeckerin der Wahrheit.*

*

---

1   ehemalige Fährstation am Rhein bei Lustenau.

Der Sommer zeigte sich zunächst schnippisch, doch zu Johanni[1] lag der See träge unter einem Himmel, dessen tiefes Blau von keiner Wolke, von keinem Schleier gestört war. Der Blick nach Westen versank in diesem Azur, und alles dahinter war ein ätherisches Flimmern. Die plötzliche Hitze traf auf Land, Menschen und Vieh gleichermaßen heftig und hemmte für Tage hinweg alles Leben. Die Kutscher schwitzten, und ihre Hüte waren vom Schweiß getränkt. Die Arbeit auf den Feldern wurde ab dem späten Vormittag zur Plage. Die Nächte waren heiß wie in der Südsee und ließen keinen tiefen Schlaf in Körper und Seele dringen. Allein in der Morgendämmerung wehte eine leichte Brise, die eine Ahnung von Kühle verhieß. Tagsüber war es nur im Schatten alter Bäume erträglich. Davon ganz und gar unbeeindruckt schwebte der schneebedeckte Gipfel des Säntis über allem.

An einem dieser heißen Tage, als Franzisca noch vor Sonnenaufgang hinüber zum Kiegelhof gegangen war, traf sie unvermittelt auf die Christina Malin, die gerade aus dem Haus des Kiegelbauern kam. Im fahlen Licht der Morgendämmerung standen sich die beiden gegenüber. Die Malin war im Herausgehen noch mit dem Zuknöpfen ihrer Weste befasst und stieß vor Schreck einen unterdrückten, hellen Schrei aus. Die beiden Frauen schwiegen sich einen Moment lang an. Die Malin wäre wortlos weitergegangen, doch Franzisca zischte: »Kannst es gar net erwarten, eh!? Schämst dich gar net, wo sie in der Kammer liegt und jeden Tag weniger wird?! Ist sie schon unter der Erd für dich!?« Die Malin schritt an ihr vorbei, mit erhobenem Kinn, und setzte ein schnippisches Grinsen auf. Erst ein Stück entfernt giftete sie: »Wart nur, du ... ich krieg dich schon noch. Musst nicht so heilig tun, nur weil du dem Pfaffen eine ... eine ... bist ...« Franzisca ließ es unerwidert und ging ins Haus, wo der Bauer in der Stube hockte und verdrossen drein-

---

1   24. Juni

blickte. Es war noch kein Feuer im Ofen angemacht, kein Brot gebacken – nichts. Von diesem Tag an beschleunigte sich das Sterben der Kiegelbäuerin, die ganz ohne Lebenswillen in ihrer Kammer lag. Alle Fürsprache und Pflege, die Franzisca ihr zuwendete, halfen nichts mehr. Ihr Niedergang war beinahe stündlich zu verfolgen. Es mochte auch daran liegen, dass die Malin von diesem Tag an nicht mehr nur heimlich auf den Hof kam, sondern mit erhobenem Haupt und dem Stolz einer Bäuerin. Und manchmal, wenn sie frühmorgens ging, lachte sie laut, dass es im ganzen Haus zu hören war.

Keine zwei Wochen später fand der Leichengang statt. Franzisca hatte einen leichten dunklen Umhang übergeworfen, eilte die Treppe empor, die durch die festungsartige Friedhofsmauer führte, und stellte sich zu Maria Bucher und der Anna Maria Günthörin in den Schatten der alten Buche. Die Gräber lagen unter der Hitze, und im Süden erloschen die Konturen der Landschaft im heißen Flimmern.

Die traurigen Tage danach wurden bald wieder lichter, denn am See trafen Joseph Anton Koch und sein Freund Roos ein. So viele Jahre hatte Franzisca ihren Freund nicht mehr gesehen, und sie traute sich kaum, den jungen stolzen Mann, zu dem er über die Zeit geworden war, so unverstellt zu umarmen, wie es sich für einen Freund gehörte. Er lachte über ihre Zurückhaltung, schnappte sie, hob sie hoch und drehte sich mit ihr im Kreis, dass ihre Beine flogen wie auf einem Karussell. Sein Freund Roos war ein stiller, zurückhaltender Mensch mit unruhigen Augen, die unter einer dicken geraden Stirn lagen. Er erinnerte sie an Jakob und Lucas.

Die beiden waren lange Zeit gewandert, und Franzisca zauberte ihnen ein festliches Mahl, dass sie wieder zu Kräften kamen. Auch der Pfarrer war erfreut über den Besuch aus dem fernen Stuttgart und neugierig, etwas über die Dinge zu hören, die in der Welt vor sich gingen. So recht aber mochte die Unterhaltung nicht in

Schwung kommen. Die Zurückhaltung der beiden Gäste war greifbar. Es war ihrer Höflichkeit dem Gastgeber gegenüber geschuldet, die sie dazu anhielt, ihr Denken nicht frei in Worte zu fassen, weil es für den braven Pfarrer verletzend gewesen wäre. Denn Roos war ein glühender Anhänger der Revolution, und die beiden befanden sich nicht etwa auf einer Wanderschaft, sondern auf der Flucht. Beide hatten mit Stuttgart und der Kunstschule gebrochen, und nicht eine Zelle ihrer Seele sehnte sich zurück in diese Bitternis. Joseph Anton wollte von hier weiter durch die Schweiz reisen, die Natur studieren und in Italien endlich das tun, wozu er berufen war – malen! Sein Freund Roos hatte die Absicht, über Straßburg nach Paris zu gelangen, um an der Revolution teilzunehmen, wovon er hoffte, seinem Leben einen tieferen Sinn zu geben. Dem artigen Pfaffen, der sie so freundlich einlud, wollten und durften sie von ihren Plänen nichts erzählen, und so drehte sich das Gespräch mühsam höflich um theoretische Dinge der Kunst. Auf die Frage, welchen Teil der Kunst er für sich und Gott entdecken wollte, wich Joseph Anton geschickt aus.

»Letztlich male ich das und werde immer das malen und zeichnen, was ich gefühlt habe, als ich als Hirte im Gras von Duarf[1] lag und auf die Wolken sah, unter deren Bahn die Berge unbeeindruckt warteten – auf die Ewigkeit. Und Wasser dazu – es fällt von den Bergen, und in seinem Fluss ist die gleiche Ewigkeit wie in der Bewegungslosigkeit der Felsen; das will ich malen, und ich will den Erdformen Bestimmtheit, Charakter und Körper geben.« Die Antwort gefiel dem Pfarrer Wagner, und er suchte, sich vorzustellen, wie die Gemälde des jungen Kerls wohl aussahen. Joseph Anton schien es zu spüren und holte einige Skizzenblätter, die er auf der Wanderschaft gefertigt hatte: Aussicht vom Heiligenberg auf den Bodensee, der Rheinfall bei der Galerie unter Schloss Laufen und die Duttlinger Heide. Fasziniert davon, mit wie wenigen Strichen

---

1 Elbigenalp im Lechtal.

und Flächen der junge Künstler eindrückliche Landschaften schuf, glitten die Augen des Pfarrers über die Blätter. Ja, das war die Welt, die der Pfarrer mochte. Roos wollte denn doch ein wenig sticheln und meinte, dass Freiheit, wirkliche Freiheit, nur in der Natur erlebbar sei – fern der Gesellschaft, und eben wie sein Freund dies erfahren hatte, in den Zeiten, da er als Hirtenbub auf den Sommerweiden lebte, wo der Mensch völlig frei existieren könne, wo es nichts gab, was unsichtbar war, wo der Mythos tot war und es nur Leben gab – und Sterben. Der Pfarrer nickte, verstand aber den Hintersinn von Roos nicht, der sagen wollte, in der Gesellschaft sei Freiheit eben nicht möglich. Deshalb setzte Roos nach, indem er feststellte, dass in der Gesellschaft nur die Aufklärung zur Freiheit führen könne, durch Beseitigung des Aberglaubens. Wie nebenbei entgegnete ihm der Pfarrer: »Ach, mein lieber Roos, der große Feind der Aufklärung, das ist nicht der abergläubische Mensch – es ist vor allem der faule Mensch.« Joseph Anton Koch lachte laut, und Roos gab nach.

Franzisca war froh über den Verlauf des Abends und richtete den Besuchern in der Dachkammer die Betten her. Am nächsten Morgen bepackte sie die Beutel der beiden mit Brot, Käse und Rauchfleisch. Der Pfarrer bestand darauf, zwei Flaschen guten Roten aus seinem Keller dazuzugeben. Mittags dann brachen die zwei auf, und sie blieb mit Wehmut zurück, als ihre Gestalten hinter den grünen Hügeln in Richtung Wasserburg verschwanden.

*

Im Bregenzerwald brannte die Sonne auf Wiesen und Weiden, das Heu duftete erdig, und auf den Alpen lebten die Hirten und Sennen ihr freies Sommerleben. Die Hitze dehnte die Holzwände der Gehöfte, ließ sie dabei laut knacken, und hoch droben, über Kanisfluh, Sonderdach und Winterstaude, schwebte in weiten Bögen ein Pärchen Steinadler. Das Heu trocknete schnell, und in den Nächten zogen dicke Schwaden süßer Düfte durch die Talschaft, angereichert mit Aromen von Waldmeister, Veilchen und Jasmin.

Das Madle war unruhig. Es hatte die Ankündigung des Gnetzers nicht vergessen. Die Abscheu diesem Kerl gegenüber, sie kam aus ihrem tiefsten Innern. Einige Male war sie inzwischen beim Kaspar gewesen. Allein in seiner Nähe zu sein, tat ihr gut, und er hielt ihr Stummsein gut aus. Begonnen hatte es, als sie einmal auf dem Heimweg vom Mauchinhof neugierig durch das Gartentor zum Stieglerhof hineingegangen war und den riesigen Kerl sah, wie er gerade mühsam damit befasst war, eine der gusseisernen Pfannen mit einem Pfannenkratzer zu reinigen. Sie ging kurz entschlossen hin, nahm ihm das Ding aus den klobigen Händen und machte die Pfanne flink sauber. Ab diesem Tag fing sie an, bei ihm in der Hütte ab und an zu putzen, bald darauf kochte sie sogar manchmal für ihn, und es dauerte nicht lange, bis es Gerede im Dorf gab, über die neue Magd, die der Kaspar gefunden hatte. Immer wenn sie droben war, hockte sie sich zu ihm auf die Bank und sah mit ihm zusammen froh hinüber zur Hangspitze, dem Gopf und zur Kanisfluh.

Wie sie es geplant hatte, konnte sich das Madle an Johanni ungestört auf den Weg zum Mauchinhof machen. Der Drieber lag besoffen zu Hause im Stadel, und die Drieberin war mit dem Veit zum Johannifeuer gefahren – niemand würde sie somit vermissen. Am Abend bedeutete sie dem Kaspar mit Gesten, ruhig und vor allem im Haus zu bleiben. Er verstand nicht recht, und sie zog ihm eine Schnute.

Die Dämmerung kam, begleitet von wehleidigem Gebell einiger Hofhunde, das vom Dorf bis hier herauf hallte. Geradezu hastig fiel die Nacht in Schwärze. Als es beinahe ganz dunkel war, warf sie einen Umhang über ihre Schultern und kauerte sich hinter einen der alten Nussbäume im Garten. Drinnen war jedes Licht erloschen, und von den Alpen und Hügeln schienen die Sonnwendfeuer mit ihrem magischen Schein durch die Täler. Vom Dorf drangen nur wenige Geräusche herauf. Manchmal schlug eine Tür, oder eine Kuh muhte laut, ansonsten betrieben die Grillen ihr Geschäft, und aus Richtung der Vorsäß Berg riefen mehrmals Käuzchen. Sie wartete.

Da klang mit einem Male ein helles Geräusch vom Weg her fremd in den Abendgesang der Natur. Holz hatte trocken auf Holz geschlagen. Sie spannte ihren Körper unter dem Umhang und lugte in die Dunkelheit, aus der sich bald ein schwarzer Schatten abhob. Sie hatte keine Angst, schreckte aber trotzdem kurz zusammen, als unerwartet ein warmer Lichtschein in den Garten leuchtete. Geschwind barg sie ihr Gesicht hinter dem Baumstamm. Ihr Herz schlug hart und schnell. Eine dünne Mondsichel zwischen Hangspitze und Kanisfluh warf ein fades Licht auf die Szenerie. Am unverwechselbaren Hinken erkannte sie den Gnetzer. Wer sollte es auch sonst sein? Vorsichtig lugte sie hinter dem Baumstamm hervor und beobachtete, wie er umständlich einen Totenschädel auf eine dicke Haselstange setzte, die er ein Stück vom Haus entfernt in den weichen Boden stieß und durch einen Stups ins Schwingen versetzte. Mit der Laterne, die er hin- und herschwenkte, beleuchtete er die Szene in gespenstischer Weise, machte dazu dumpfe Geräusche, klapperte mit zwei Hölzern, die er ein paar Mal an das Haus schlug, und gurgelte und zischte dazu. Sie grinste in ihrem Versteck über den dummen Hokuspokus. Der Kaspar aber tat ihr leid, der den Zinnober drinnen in der Stube zwangsläufig mitbekam und seiner kindlichen Angst vor Geistern, Dämonen und der Dunkelheit ganz allein ausgeliefert war. Es schüttelte sie, als sie daran dachte, wie schön es wäre, ihn jetzt trösten zu können.

Der Kaspar hingegen war mutiger, als sie dachte. Das Wissen um ihren Beistand machte ihn robuster gegen die Welt. Als die ersten ungewohnten Geräusche in die Stube gedrungen waren, war er vorsichtig ans Fenster getreten. In der Schwärze gewahrte er einen Schatten, und ein matter Lichtschein reflektierte das löchrige Antlitz eines Totenschädels. Nach einem ersten Schrecken, der ihn hatte zurückweichen lassen, sah er wieder hinaus, doch zu seiner eigenen Überraschung erfasste ihn beim Anblick des morbiden Spektakels nicht die gewohnte Furcht – eher Neugier. Im Durcheinander des Lichterscheins, untermalt von fremden Geräuschen und dem wackelnden Schädel, sah er einen dunklen Schatten sich bewegen – und plötzlich kam ihm eine Erinnerung aus Kindertagen vor Augen, eine Erinnerung, die ihn, den bärenstarken Kerl mit den breiten Schultern und den riesigen Händen, zu Boden zwang. Es war die Erinnerung an den Teufel. Zitternd und bebend kroch er unter den Tisch und rollte sich zusammen. Der Teufel – da draußen war er wieder. Dahin war sein ganzer Mut, denn er hörte wie damals das Geschrei der Mutter im Gang, das helle Kreischen, sah, wie sie die Tür zur Stube öffnete und ihn unter den Tisch schubste.

»Weg, weg! Der Teufel ist im Haus«. Die gleichzeitige Neugier hatte das Kind dennoch einen kurzen Blick in den Gang wagen lassen, und da war dieser Schatten gewesen, dieses Schwingen des Umhangs, das Hinken mit Klumpfuß, genau wie der Pfarrer ihn beschrieben hatte – ohne Zweifel der Teufel. Wie von Geisterhand war die Türe zugeschlagen worden, und er hörte die Mutter mit dem Teufel kämpfen, im Gang ihr unterdrücktes Brüllen und Poltern und Schlagen und Stöhnen. Irgendwann war es ruhig geworden, und in der Nacht war er aufgewacht, unter dem Tisch, unter dem er auch heute wieder lag, gerade so wie damals als Kind.

Draußen blieb das Madle völlig unbeeindruckt von dem bösen Treiben. Als es ein Ende gefunden hatte, folgte sie dem Gnetzer im Dunkeln den Weg hinunter. An der Weggabelung wartete eine Kutsche auf ihn. Sie glühte vor Neugier, wer denn der Kutscher war, doch wollte sie sich nicht verraten. Was sollte sie tun? Was konnte sie tun?

Sie lief zurück zum Mauchinhof, entzündete in der Glut des Ofens einen Span und damit eine Stalllaterne, mit der sie hinüber zum Stieglerhof ging. Vorsichtig öffnete sie die Haustür und tappte in den dunklen Gang. Hier war ihr für einen Moment lang wirklich bang, und sie hätte gerne gerufen. Als sie in die Stube trat, fand sie den Kaspar immer noch unter dem Tisch liegend und am ganzen Leib zitternd. Sie stellte die Laterne auf dem Tisch ab und kroch langsam darunter. Der Wunsch, zu reden – leise, beruhigend, liebkosend – war nie stärker als jetzt, doch ihre Aufregung ließ nur ein sanftes Zischen zustande kommen.

»Schschschsch.« Vorsichtig berührte sie die große Hand, die beim ersten Mal noch zurückfuhr, beim zweiten Mal aber die ihre fest umklammerte. Fühlte sich so der Teufel an? Sie kroch ganz nahe an den Kasper heran und schmiegte sich an ihn. Bald ließ sein Zittern nach, und erschöpft schliefen beide auf dem Boden ein. Lange lagen sie so da, bis die Härte des Bodens sie weckte und auftrieb, hinüber in die Kammer auf weiche Decken. Als sie in der Morgendämmerung den Hof verließ und ihm sagte, dass sie wiederkommen würde, stand er mit offenem Mund da – wie der Veit. Es amüsierte sie, und schnell sprang sie auf ihn zu und drückte zart und dennoch fest gegen seinen Unterkiefer, gab ihm einen Kuss und sagte ernst: »Es muss unser Geheimnis bleiben.«

*

So viel an Ereignissen rund um ihre alte Heimat hätte sich Franzisca gar nicht gedacht. In ihren Träumen sah sie den Hof im Niedergang, überzogen von Moos, Flechten und Spinnweben. Die Briefe aus der Heimat taten ihr gut. Ihre Freundin Johanna hatte in Raggal einen gesunden Buben zur Welt gebracht und schrieb ihr, wie gut es ihr inzwischen wieder gehe, und dass sie so viel Milch habe, dass noch genügend für zwei Milchgeschwister[1] übrig sei, die ihr aus der gräflichen Familie der Feldkircher Montforts übergeben worden seien, was sie besonders stolz mache. Die drei Buben, die sie an

---

1   Stillkinder einer Amme.

ihrer Brust habe, schrieb sie, sähen sich derart ähnlich, dass sie manchmal nicht wisse, wer von ihnen denn nun der zukünftige Graf sei. Franzisca fasste sich unvermittelt an den Hals und las den Satz mehrmals, denn sie kannte Johanna gut und wusste, welcher Ernst hinter der so auffällig am Rand erwähnten Einlassung zu vermuten war. Sie würde es doch nicht wagen die Kinder zu tauschen?

Nach einigen Tagen drückender Hitze wurden die Temperaturen gemäßigter, und jeder erzählte in der Inselstadt von einem Fest, das sie Kinderfest nannten. Aus allen Richtungen kamen Gaukler, Schausteller, Handwerker und Händler mit ihren Karren, Fuhren und Kutschen auf die Insel, auf der ein großer Jahrmarkt aufgebaut wurde. Den Stadtverordneten stand die Freude ins Gesicht geschrieben über das viele Brücken- und Standgeld und die Abgaben und Steuern, die darüber hinaus einzutreiben waren.

Doch nicht jede Seele war über den Festbetrieb und den darum gelegenen Jahrmarkt froh im Herzen. So wurde Franzisca im *Haus zum Baumgarten* Zeugin eines Auftritts des luthrischen Stadtpfarrers, der aufgebracht bei der Hausherrin vorsprach. Bis dahin hatte sie gar nicht gewusst, dass es sich um ein luthrisches Haus handelte. Der fromme Mann trug einen engen schwarzen Amtsrock mit vielen Stopfstellen und hatte seine liebe Not mit dem anstehenden Fest und der Obrigkeit, die nichts gegen all das halbseidene Gewerbe hatte, welches sich da versammelte. Irgendwer vom Magistrat hatte ihm auf seine Klagen hin lapidar entgegnet: »Solange daraus kein Schaden entsteht.« Dieser Satz trieb ihn um, denn er sah ausschließlich Gefahren und Schäden für Körper, Geist und Seele. Während die stolze Frau in ihrem Sessel saß, ging er aufgeregt räsonierend vor ihr auf und ab und schimpfte über Vorstellungen, in denen verbotene, ärgerliche und verdächtige Exotika für Geld begafft werden konnten.

»... Missgeburten, schändliche Leibsgestalten, künstliche Pferde und dergleichen!« Er hob die Hände, als riefe er zum Herren, wobei er doch zu Frau von Seutter sprach. »Und die tiefe Seele des Kinderfestes geht doch dabei verloren! Ist es nicht offenbar, dass ein solches Treiben nicht anders als durch Zaubereikünste und teuflische Illusionen zugehen kann?!«

Dem frommen Mann im ärmlichen Gewand schien wirklich alles zu missfallen, was irgend interessant war, fand Franzisca. Sein Ton wechselte von einem zürnenden Ausdruck zu einem jammernden. »Diese Leute verkaufen Salben aus Elefantenschmalz oder Planetensteine. Sie stellen Kuriosa vor wie seltsame Maschinen oder Tiere wie Krokodile, Löwen, Elefanten, die hier nicht beheimatet sind, dazu Hottentotten und Ungeheuer.« Dann kam er auf die Zahnbrecher, Bruchschneider[1], Quacksalber und Theriaks[2]-Krämer zu schimpfen, die er als marktschreierische Urinpropheten und medizinische Menschenfresser titulierte, und echauffierte sich darüber, wie groß doch das Publikum war, das sie fanden. Keinem im Raum blieb verborgen, wie groß der Schmerz des Neides darüber an ihm zehrte. Über die Schändlichkeit und Verwerflichkeit der Jahrmärkte kam er zu dem, was ihn eigentlich umtrieb. »Ja, so ist es, und schlimmer noch, man findet Leute zu Lindau, die in fünf und mehr Jahren an keine Predigt nie gekommen sind, es sei denn, dass sie vielleicht auf einer Hochzeit waren …« Die Dame des Hauses unterbrach ihn beschwichtigend mit einer sanften Geste und verständnisvollen Worten, ganz in seinem Duktus: »Aber dero sind doch viele, und so kommen doch auch reiche Scharen an Glaubenskindern zu Gottes Wort, was nur in unser aller Sinne sein kann.« Ihre Einlassung brachte ihn kurzzeitig aus seinem Konzept, und er nahm einen neuen Anlauf.

»Ja, durchaus, durchaus … doch wenn wir das gemein Gebet in der Woche halten, so kommt schier gar niemand, wie treulich wir

---

1 Wundarzt
2 Theriak, aus der Antike überlieferte Arznei, die als Allheilmittel angepriesen wurde.

sie auch ermahnen und bitten. Es ist ein solch verkehrtes, verblendetes, halsstarriges Volk! Und das Gotteslästern hat bei Alten und Jungen gar überhandgenommen, es wird niemand darum gestraft. Mit dem letzten Kaiser Joseph hat das Legere Einzug gehalten ...« Frau von Seutter unterbrach ihn unsanft.

»Kein schlechtes Wort über unseren Joseph! Geboren an einem bigotten Hof hat er den Aberglauben abgeschüttelt. Erzogen im Pomp hat er einfache Sitten angenommen. Genährt mit Weihrauch ist er bescheiden geblieben. Entflammt von Ruhmbegierde opferte er seinen Ehrgeiz schließlich den Pflichten auf, die er mit Gewissenhaftigkeit erfüllte. Bloß von pedantischen Lehrern gebildet hatte er Geschmack genug, Voltaire zu lesen und seinen Verdienst zu schätzen.« Der Pfaffe verbeugte sich einige Male ungelenk.

»Ja, durchaus, in der Tat. Sie sprechen die Wahrheit. Doch die Sitten zerbersten. So ist es mit dem Zutrinken desgleichen, und die es wehren sollten, sind die ersten, die es anfangen. Man hat den Vogt – ja, den Vogt! – mehr denn einmal heimgeführt, ebenso seinen Büttel – ich habe sie selbst gesehen – beide mit Wein befüllt wie ein volles Schwein. Wenn das die Untertanen von den Oberen sehen, so meinen sie, es sei ihnen auch nicht unrecht! In Summa gilt es in Lindau einer Kunst, viel Wein zu saufen.« Er hob mahnend den Finger und sprach erbost: »Und der Vogt ist der vornehmste Zerstörer aller christlichen Religion. Gerade erst neulich hat er nach einem Schatz zu Bösenreutin graben lassen, wofür er einen Teufelsbeschwörer und einen Zauberer gebraucht hat. Er behauptete, ein Blinder hätte den Schatz gesehen und ihm davon berichtet. Das alles ist blankes Heidentum und wider Gottes Willen!« Die Dame blieb unbeeindruckt. Scheinbar kannte sie derlei Auftritte bereits.

»Wir haben Eure Klagen wohl gehört und können sie gut verstehen. Der Vogt liebt den Wein im Übermaß, das ist richtig, doch tut er seine Arbeit gut. Und ist es nicht auch so, dass die Komödianten, Leintänzer, Luftspringer und die, welche wilde Tiere herumführen, ja auch unvergleichliche moralische Vorbilder in der großen Welt unseres Daseins finden, wo Tag um Tag allerhand politische Luft- und Fechtersprünge, ungewisses Seiltanzen, vielerhand grimmige Löwen, starke Bären, reißende Wölfe, listige Füchse, politische Affen, bunte Papageien und dergleichen zu bestaunen sind? Ist es nicht so? « Er wusste nichts damit anzufangen und erkannte die bissige Kritik nicht, die sie mit einem naiven Tonfall kaschiert hatte.

»Ja … ja … durchaus.«

Sie verabschiedete ihn mit mild trauriger Miene, so wie man ein getröstetes Kind in die Nacht verabschiedet, gab ihm einige warme Worte mit auf den Weg und lächelte ihrer kleinen Gesellschaft danach verstohlen zu.

»Er leidet so sehr an dieser Welt, dass er nichts, aber auch gar nichts genießen kann – nicht das herrliche Land herum, die wunderbare Stadt, seine große Kirche, gutes Essen, den guten Wein, die echte Liebe – nichts! Und er gönnt all den anderen nicht die kleinste Freude. Man fragt sich in der Tat, wie er zu solch einer Tochter kommen konnte … das hübsche Ding ist ihm Strafe genug auf Erden.«

Sie lachte herzlich, und auch Franziscas Tante schüttelte sich geradezu aus vor Lachen. Frau von Seutter wendete sich an Franzisca und erklärte: »Sie können ihre Demut und Bescheidenheit schon gut verstecken, die Herren Geistlichen – hinter ihren prächtigen Bühnen, die sie sich errichten lassen. Noch keine zehn Jahre ist es her, da hat sein ganzes Glück in der neuen Vorhalle von Sankt Stephan bestanden. Zwei Säulen mussten es sein und ein Balkon mit einem schmiedeeisernen Gitter aus Akanthusblüten …« Sie schüttelte den Kopf. »Schau sie sich den Balkon nur einmal an, gleich da drüben aus dem Fenster geht es gut. Ein Balkon, auf dem niemand stehen kann – welch ein Unsinn … nur der Eitelkeit wegen. Die ganze Kirche haben wir ihm fein gemacht. Der Rahmenstuck in den Gewölben ist zwar etwas sparsam ausgefallen, wie er etwas mokant bemerkte, doch hat er dafür einen ganz neuen Altar erhalten, und ein neuer Taufstein wurde auch herbeigebracht, und vom Meister Stein aus Durlach eine neue Orgel, die Kanzel erhielt ein goldverziertes Dekor, und ein neues Kirchengestühl aus Fichte taten wir auch noch dazu. Er hat eine neue Kirche bekommen, so soll er seine Schäflein hineinbringen – es ist seine Aufgabe, allein seine.«

Gut gelaunt griff sie zu ihrem Journal, dem *Augspurgischen Intelligenz-Zettel*, und rief: »Hört her! Eine Annonce des Buchhändlers Stapf zu Augsburg am Obstmarkt: Zu Anfang künftigen Jahres wird für das Frauenzimmer eine Monatsschrift erscheinen, die den Titel *Pomona* führt. Ein gelehrtes Frauenzimmer, die Frau Geheime Staatsräthin Marie Sophie von la Roche, die sich schon längst durch ihre *Geschichte des Fräuleins von Sternheim* und durch *Rosaliens Briefe* rühmlichst bekannt und als eine treffliche Schriftstellerin ausgezeichnet hat, ist die Verfasserin. Gewiss, Augsburgs Töchter werden wetteifern, den Wünschen ihrer verehrungswürdigen Frau Landsmännin zu entsprechen, und werden ein Vorhaben unterstützen, das dem schönen Geschlecht zur Ehre und zum Nutzen gereicht. Sechs Bogen stark, broschiert, mit guten Lettern und feinem Papier und allen andern möglichen Vorzügen, die die *Pomona* ihren Freundinnen zur angenehmsten Gesellschafterin machen wird, werden zu Anfang jeden Monats ununterbrochen erscheinen und bey mir ausgegeben.« Sie sah auf. »Die liebe Marie traut sich was – wir haben glückliche und schöne Tage hier zusammen in Lindau verbracht, bevor sie nach Augsburg gegangen ist, und ich weiß, sie wird uns gut unterhalten um vier Gulden dreißig aufs Jahr. Ich werde dem Herrn Buchhändler Stage auf dem Obstmarkt zu Augsburg meine Anweisung zukommen lassen.« Sie lachte wieder auf. »Sie hat sich viel erspart, indem sie letztlich nicht die Ehe mit diesem schwäbischen Hofdichter Christoph Martin Wieland eingegangen ist, von dem ein kluger Kopf einmal sagte: *Kein Schriftsteller war imstande, die Welt zugleich mit Produkten seines Geistes und seiner Lendenkraft zu beschenken wie Wieland. Die Zahl seiner Kinder wird der Zahl seiner Werke ziemlich gleichkommen.*« Sie lachte laut, und Franzisca ließ sich anstecken von dem Selbstverständnis dieser Frau und lachte mit.

Ein Kinderfest

Zwei Tage später stand Franzisca mit pochendem Herzen am Fenster, als sie sah, wie draußen die Kutsche vorfuhr und Jakob vom Bock heruntersteig. Anerkennend musterte er den Pfarrhof. Seine Ankunft erzeugte einiges Aufsehen, denn ausgerechnet in dem Moment kamen die Malin und die Bernhardin des Weges und blieben neugierig stehen. Der junge Bursche mit dem schmucken Pferd und der fremden Kutsche interessierte sie. Was wollte der am Pfarrhof?

Der Pfarrer war an den Tagen des Jahrmarkts nach Meersburg verreist, wo er einen Amtsbruder besuchte, um ihm bei der Vorbereitung einer Prozession zu helfen, und hatte Franzisca die Führung des Hausstands anvertraut. Die hatte sich mit den beiden Knechten und der Küchenmagd so verabredet, dass jeder von ihnen seinen Teil vom Spektakel abbekam.

»Die Hure, die elende Hure«, zischte die Bernhardin voller Neid, als Franzisca auf der Kutsche aus dem Pfarrhof davonfuhr. Eng rückte sie an Jakob heran und genoss die Nähe seines Körpers. Er ließ den Rappen im leichten Trab durch den von Birken und Erlen zergliederten Wiesengrund ziehen. Sie wies ihm den Weg durch die schmale Allee hindurch und in wenigen Kehren hinauf zum Taubenberg. Es war ein heller, warmer Sommertag. Große Haufenwolken zogen wie vorzeitliche Tiere in erhabener Langsamkeit über die Landschaft hinweg und warfen einen wohltuenden Schatten auf das Land. Eine beständige Brise von Westen wehte den Dunst über der Wasseroberfläche davon, und in prächtigem Schneeglanz lag die gesamte Kette des Alpsteins, Montafons und Bregenzerwaldes. Es war, als hätte sich an diesem Tag die Welt um den See gerade für Jakob in dieser klaren Pracht aufgespannt. Sie packte ihn am Unterarm und hieß ihn anhalten.

»Ist es nicht ein Traum!?« Von den Appenzeller Hügeln, die dem Alpstein vorgelagert waren, leuchteten grüne Weiden herüber. Er deutete hinüber.

»Kein Wunder, dass sie unsere Kühe in der Winterzeit gegen Stallkost aufnehmen können bei so gewaltigen Weiden. Und bei uns nur steile, felsige Hänge, aus denen man gerade mal ein wenig Gras kratzen kann.« Sie stand auf, ließ ihre Hand zärtlich über seinen Kopf fahren und fuhr mit dem ausgestreckten Arm vom Säntis zum Altmann und weiter zum Rheintal, wo die Drei Schwestern sich erhoben. Das Herz pochte ihr, als sie nach einigem Raten Guntenhang, Mittagsspitze, Hochälpele und Steisberg erkannte – und wieder das harsche Nordgrat der Kanisfluh.

Sie fuhren langsam hinunter, der Inselstadt zu, wo sie den ganzen Tag damit verbrachten, durch die Gassen zu schlendern. An vielen Ecken spielten Musikanten, und wo ein wenig Platz war, wurde wild und voller Lebenslust getanzt. Überall gab es zu trinken, zu essen, und man konnte meinen, die Stadt sei zu einem verrückten Paradies geworden. Keine Minute ließen sie vergehen, in der sie sich nicht spürten. Eine kurze Begegnung mit ihrer Tante und Frau Seutter von Loetzen war nicht zu vermeiden gewesen, doch stellte die feine Frau ebenso feine Fragen, die keine Peinlichkeit aufkommen ließen, und als sie sich wieder verabschiedete, signalisierte ihr kurzer anerkennender Blick durchaus Einverständnis.

Die Stadt flimmerte von bunten Gestalten und Leben, so wie zuvor die Luft über dem See unter der brennenden Hitze geflirrt hatte. Das enthemmte Feiern speiste sich aus mehreren Quellen – harter Arbeit, einem sonst kargen Leben, dem beständigen Schimpfen der Geistlichkeit über die Sünder und der Ungewissheit, die von Frankreich herkam; all das machte die Menschen wild nach Vergnügungen. Die hohen und feinen Herrschaften freuten sich nicht minder auf die Tage, in denen Kurzweil den Rhythmus bestimmte. Gleich nach Sonnenaufgang war es mit lauten Böllerschüssen losgegangen, es folgten Trommelwirbel und Fanfarenstöße, und schon am Morgen war in den Gassen der Inselstadt kaum mehr ein Durchkommen. Es geschah, was sonst kaum je der Fall war – das Volk mischte sich: Kaufleute, Handwerker, Patrizier, Bauern, Tagelöhner, Gesinde, dazu natürlich Diebe, Betrüger, Spieler und Dirnen – sie wurden eins auf der Felsensiedlung, umgeben von blauem Wasser und warmer Luft. Bärenführer zerrten ihre massigen Gefangenen durch die Menge, Taschenspieler suchten nach Glücksrittern, Seiltänzer spannten ihre Seile am Wasser, Komödianten hüpften auf den Bühnen herum, und auch die Gaukler, Bettler, Zigeuner und Jongleure strudelten an die Ränder des Geschehens.

Drunten im Hafen, zwischen den Salzlagern und dem Mangturm, war das Gedränge am dichtesten. Franzisca zeigte ihrem Jakob, wie gut sie sich in der Stadt schon auskannte, und lief kreuz und quer, bis er gar nicht mehr wusste, wo sie waren. Sie führte ihn durch die Carolinenstraße, vorbei an den Stallungen des Poschters, zeigte ihm die Beiz Zum Grauen Wolf und den Gothenkeller, wo allweil eine große Sauferei stattfand, und zweigte durch das enge Zitronengässle ab, weil vorne ein Trupp Soldaten mit ihren Pferden den Weg zum Schulplatz blockierte, wo die Mädchenschule der Stadt war – so weit als möglich von der Knabenschule am jenseitigen Inselrand entfernt. Dann führte sie ihn über den Hauptplatz zur Engelapotheke und nahm von da den versteckten Durchgang zum Sattlergässle. Jakob hatte Mühe, ihrem raschen Schritt zu folgen, da seine Augen immer wieder neugierig nach oben gingen, wo die Wappentaschen ein wenig von der Geschichte der Häuser erzählten. Am Weinmarkt blieb sie vor einem Stand der Feuerkünstler stehen. Ein alter Mann pries mit kratziger Stimme seine Kunst an.

»Wundernswürdige Feuerkünste gibt es hier zu bestaunen, welche in dem Römischen Reich bei vielen hohen Potentaten seind präsentiert und gesehen worden!« Er hob ein Stück Eisen in die Luft und rief: »Erstens nehme ich ein Stücken glühend Eisen von zwei

Spannen Länge in den Mund und trage es ganz glühend und feuerrot mit dem Mund herum! Zweitens nehme ich das glühend Eisen in den Mund und streich darauf Schwefel, dass das ganze Gesicht voller Feuer steht! Zum Dritten nehme ich Schwefel, zünde ihn an mit Feuer und lass ihn also brennend auf die Finger tropfen!« Einiges Geschrei aus der Menge irritierte ihn für einen Moment. »... Viertens nehme ich Schwefel, Pech, Siegellack und gelbes Wachs und koche es über dem Feuer und esse es in vollem Feuer mit dem Löffel aus!« Ein grober Kerl schrie: »Steck es dir in den Arsch, steck es dir in den Arsch ...« Gelächter folgte.

»Fünftens nehme ich ganz glühende und feuerrote Kohlen in den Mund und verschlucke sie, wonach ich mit bloßen Füßen auf dem glühenden Stabeisen von zwei bis drei Ellen hin und her gehe, welches abermals wunderwürdig anzusehen ist, und schließlich nehme ich ein Fass von zwei Eimer groß, lege es auf einen Haufen Sand und füll es voll Hobelspäne, zünd es mit Feuer an und springe in vollem Feuer als ein Vogel in der Luft dadurch.« Franzisca sah Jakob schelmisch an. Was der Kerl nicht alles wagen wollte. Sie gingen weiter.

Recht nah beim Feuerschlucker hatte der Ameisler seinen Wagen in Position gebracht und pries seine Heilmittel an. Der Schaffer stand ein Stück abseits und hörte seinem Kumpan zu. Über Mittag trafen sie sich die beiden in der Krone, und der Ameisler tat in geübter Weise, was er gerne tat – über die Konkurrenz und das schlecht gehende Geschäft klagen. Einer seiner Rivalen mit großem Namen hatte sich im Thurgau niedergelassen, war oft auf der Nordseite des Sees in Meersburg zugange und schnappte ihm mit seiner Erfindung, dem tierischen Magnetismus, viele seiner potenziellen Kunden weg.

»Nun habe ich bald keine Freude mehr ... ich sag es dir, ich werde privatisieren. Dieser Mesmer ist ein rechter Scharlatan!« Der Schaffer foppte ihn: »Ach, der ist der Scharlatan?« Der Ameisler ging drüber hinweg.

»In Wien haben sie ihn in Vorhaft genommen und hätten ihn dort behalten sollen. Jetzt ist er ins Thurgau gezogen, weil er seinem Geburtsort Iznang nahe sein will, behauptet er. Eine infame Lüge ist das. Aber die Schweizer, naiv wie sie sind, haben ihm sogleich das Bürgerrecht gegeben ... ihm, den man aus Frankreich fortgejagt hat und der in Wien freche Reden führte. In Wien, da gibt es einen großen Musicus namens Mozart. Selbst der macht sich über diesen Mesmer in einem Musikspiel, das er *cosi fan tutte* nennt, lustig. Darin gibt es zwei Helden, Guglielmo und Ferrando, die einen Suizid mit Gift verüben, von welchem sie mittels eines großen Hufeisenmagneten aber umgehend geheilt werden. Das sagt doch alles ... es sagt doch alles. Noch dazu, wo er einst ein Gönner dieses Mozarts war und dem jungen Burschen seinerzeit eine Opera ... *Bastien und Bastienne* ... in Auftrag gegeben hat. Ein großer Musicus, dieser Mozart, wirklich ... zur Krönung unseres Kaisers Leopold in Frankfurt hat er ein Concerto[1] auf der Klaviatur aufführen lassen ...« Der Schaffer stöhnte.

»Wenn du nur unter Leuten sein kannst. Was ist daran, sich mit Hunderten anderer in einen Saal zu hocken und Musik zu hören? Reicht dir das Singen der Vögel nicht?« Der Ameisler ließ es sein, mit ihm zu streiten, und wechselte das Thema.

»Übrigens – ich habe das Mauchinmädchen gesehen ... mit dem jungen Mathis. Die Dinge scheinen einen glücklichen Verlauf zu nehmen.«

»Ja ... so ist es.«

Fasziniert zog Franzisca durch die Gassen. Kein Wunder, dass den puritanischen Geistlichen der Jahrmarkt ein Dorn im Auge war, denn hier hatten sie allerwenigsten Einfluss; ja es musste ihnen gar ein der Hölle gleiches Treiben sein, wo doch jeder hier ungezwungen seinen Bedürfnissen und Interessen nachgehen konnte – Män-

---

1   W. A. Mozart, Klavierkonzert No. 26 (20), KV 537 »Coronation«.

ner, Frauen, Kinder, Herrschaften, Handwerker, sogar die Schinder, Abdecker, Büttel und Scharfrichter hatten einen Platz zum Vergnügen in der Nähe der Hurenschanze. Der Jahrmarkt war eine eigene kleine Welt, mit Ernst und Spaß, Armut und zur Schau gestelltem Reichtum, mit billigem Tand und feinen Dingen, betrügerischen Glücksgeschäften und ehrlichem Handel. Je tiefer die Sonne sank, desto mehr wurde gegessen, getrunken, getanzt und gelärmt.

Beinahe benommen nahmen Franzisca und Jakob den Weg über den breiten Steg hinüber zum Fischerviertel, wo es ruhiger zuging. Die Wellen schwappten sanft an die Mauer des Diebsturms, aus dessen Kerker einige Gestalten um Wein schrien. Ein Stück dahinter führte der Weg durch weite Obstgärten, und am Ufer bildeten grobe Kieselsteine, Treibholz, Schnüre und Fäden ein unentwirrbares Netz. Weit draußen spiegelte die Wasseroberfläche ein sorgloses Blau wider. Die Zeit genügte sich selbst im lauen Plätschern sanfter Wellen, und war dieser Ort am Bodensee auch dem irdischen Treiben, Streben und Leiden nicht entkommen, so schien es Franzisca doch, als sei es ein besonders entrückter Flecken Land. Sie kamen zum Pulverturm, dessen gewaltige Mauern unbeeindruckt vom weichen Wasser umspült standen. Ein Trupp Reitersoldaten hatte hier Position bezogen. Fischer reinigten in der Nähe ihre Netze, Hunde liefen ihnen neugierig nach, und im Schatten einer Baumgruppe grasten zwei mächtige Kaltblüter. Fanny fiel ihr ein und ihre erste Kutschfahrt mit Jakob. Sie griff fest seine Hand und zog ihn an sich. Bald waren sie am Looser Turm angekommen und bei der Landtorbrücke. Gleich dahinter, rund um die Heidenmauer, befand sich das Lager der Handwerker. Büttner, Seiler, Nagelschmiede, Kürschner, Schuster, Hüter, Korbmacher, Kamm- und Knopfmacher hatten ihre Stände aufgebaut, und es ging laut zu. Noch vor Beginn der Dämmerung verließen die beiden die Insel, denn Franzisca sollte vor Einbruch der Dunkelheit zurück im Pfarrhof sein, und Jakob hatte eine Kammer im Adler zu Oberreitnau bestellt. Die Kutsche fuhr langsam dahin und hielt an einer einsamen

Uferstelle, zu der Franzisca Jakob geleitet hatte. Von Osten schallte der Lärm des Festes, und die vielen Feuer leuchteten hinaus auf die Wasserfläche. Im Westen stand bewegungslos die Silhouette der Wasserburger Halbinsel. Im Röhricht und in den Büschen knisterte die Hitze des Tages, darüber sangen letzte Amseln, Rotkehlchen und Grasmücken ihr Abendlied. In dieser wohligen Wärme, umgeben vom Gesang der Vögel und dem Plätschern sanfter Wellen, war es ihnen ganz natürlich, sich zu lieben, ganz ohne die gehetzten Wesen, die sie vor Wochen beim Abschied noch gewesen waren. Das moralinsaure Geschwätz der Pfaffen wuschen die Wasser des Sees von ihnen ab. Einen Augenblick lang erschrak Franzisca allerdings, als sie in Jakobs Armen lag. Denn mit einem Mal erschien ihr das hell lächelnde Gesicht von Lucas. Sie kniff die Augen zu, doch dieses Gesicht blieb darüber noch ein wenig haften und verschwand erst langsam. Sie schämte sich dafür und wusste gar nichts damit anzufangen.

*

Es folgten frohe und glückliche Tage, und der Gang nach Lindau über den Taubenberg hinweg stand nun nicht mehr im Schatten der Melancholie, wenn sie in der Ferne die Berge und Gipfel ihrer Heimat erblickte. Die Schönheit des Sees hatte sie ganz eingefangen. Abermals lag er wie ein Kristall unter ihr, und sie sah die unglaubliche Fülle, unter der sich die Äste und Zweige der Obstbäume bogen. Bis zu Lichtmess wollte sie noch im Pfarrhaus zu Oberreitnau bleiben, und wenn es erforderlich war, auch noch ein wenig länger. Dann würde sie zurückkehren – als Bäuerin auf den Mathishof.

An einem dieser freudvollen Tage ging sie nach ihren Erledigungen nicht direkt nach Oberreitnau zurück, sondern suchte wieder die einsame Bucht auf, in der sie mit Jakob gelegen hatte. Sie streifte die Schuhe hab, hob den Rock und ging vorsichtig ins Wasser. Sie warf den Kopf in den Nacken und stieß einen unterdrückten spitzen Schrei aus – so weich, so wohlig, so frisch fühlte sich der See an. Sie tapste weiter und weiter, bis über die Knie stand sie nun in der Wohltat. Kurz entschlossen ging sie zurück, vergewisserte sich noch einmal, auch wirklich alleine zu sein, warf alle ihre Kleider vom Leib und stieg wieder ins Wasser – soweit, bis sie ganz vom Nass umspült war. Sie stieß sich vom Grund ab und ließ sich treiben. Sanft rollten schmächtige Wellen heran, und sie wartete, bis der rote Sonnenball ganz hinter der Wasserlinie versunken war. Bis zur Dunkelheit blieb sie in der heimeligen Bucht, denn am blauen Himmel zeigte sich der volle Mond, der ihr heimleuchten würde.

Sie versorgte die Pfarrpfründe ganz so, als wäre es ihr Elternhof, und Feldern wie Garten war das Glück anzusehen. Der Pfarrer hielt es deshalb für an der Zeit, ihr eine Freude zu machen, und lud sie zu der alljährlichen Wallfahrt zum Wendelinstag[1] nach Baitenhausen ein, die er stets mit einigen besonders Frommen aus der Gemeinde machte. Unter seiner Pfarrherrschaft war dies Tradition geworden. Drei Tage liefen sie durch eine vor Fruchtbarkeit dampfende Landschaft. Als sie an der kleinen Wallfahrtskapelle ankamen, war sie von der Pracht der leuchtenden Fresken ganz in den Bann gezogen. *Schön wie der Mond* stand über dem einen Fresko im Chorraum, und sie konnte die Augen gar nicht mehr davon nehmen. Gegenüber waren die Worte *Auserwählt wie die Sonne* zu lesen. Der Mond gefiel ihr besser. *Schön wie der Mond.*

Sie blieben den nächsten Tag noch im Pfarrhof des Amtsbruders von Meersburg, der sie am Nachmittag ins neue Schloss des Fürstbischofs führte. Maximilian Christoph von Rodt war ein umsichtiger und freundlicher Mensch, der sich über Besuch freute, denn er selbst befand sich nicht gerne auf Reisen.

Franzisca konnte sich kaum von der weiten Terrasse am Meersburger Schloss lösen, von wo man wie ein Vogel gleich hinunter auf

---

1   20. Oktober

die Dächer der Stadt blickte, deren vielfältiges Rot im Kontrast zur changierenden Seefläche stand. Einige Nachen waren draußen auf dem Wasser zu sehen, und weit unter ihr wurden Lädinen im Hafen beladen. Die Hausdienerin, die ihr sogleich sympathisch war, holte sie nach drinnen und hakte sich vertraut bei ihr ein. Als sie in die Empfangshalle kamen, senkte sie ihre Stimme.

»Ihr werdet sehen – heute ist er gut gelaunt, unser Herr, und er wird sich sehr generös zeigen ...« Sie kicherte. »Ihr müsst Euch vor allem erstaunt und verwundert geben, wenn er Euch seine Muschelsammlung vorführt, denn daran hängt sein ganzes Herz. Immer wenn er Ärger hat, wandert er an seinen Vitrinen und Regalen entlang, nimmt das ein oder andere Stück in die Hand, lässt seine Finger über die Schalen fahren, und gleich geht es ihm wieder gut. Es ist schon eigenartig, woran die Menschen ihr Herz hängen, nicht wahr?«

»Ärger ... welchen Ärger soll er haben? Er ist doch ein mächtiger Mann, der sich die Dinge fügen lässt«, fragte Franzisca ganz leise, weil die hohen Räume die Anmutung von Ehrfurcht hinterließen und es darin hallte wie in einer Kirche.

»Ah, wenn Ihr nur wüsstet, wie ihm das Kloster in Kempten zusetzt, und die ganz feinen Brüder aus dem Kloster in St. Gallen und Einsiedeln erst. Er hat fürwahr genug Ärger, glaubt mir. Gestern erst war einer der Fugger hier, und es gab ein rechtes Geschrei und Gezeter, weil sie sich nicht einig werden konnten um ein paar Äcker, Wald und einige Dörfer, grad um ein paar hundert Jauchert[2] ging es. Mit dem Oberamt in Bregenz hat er einen Streit, weil sie dort keine Abwehr gegen die einwandernden Bettler und das herrenlose Gesindel treffen, welches über den Rhein kommt, und viele von ihnen in der Nacht herumschwärmen und es alle anderen jungen Burschen ansteckt, die jeden Unfug und Exzess mitmachen.« Sie senkte ihre Stimme und flüsterte nun beinahe: »Mit den Fug-

---

2   Feldmaß mit 3400 Quadratmetern.

gern muss man überhaupt vorsichtig sein. Derjenige, der hier war, dessen Großvater war Fürstbischof in diesem Haus. Sie alle haben einen ausgeprägten Stolz. Stell sie sich vor: Einmal war ein vornehmer Herr zu Droste-Hülshoff auf Kavalierstour in Salzburg und hat den Grafen Fugger zum Abendessen eingeladen. Und als er seinem Gast nicht standesgemäß zutrank – wirklich, nur des Zutrinkens wegen – war es um die Freundlichkeit des Fuggers geschehen. Bald darauf trafen sich die beiden zufällig in Rom, und mitten auf dem Petersplatz forderte der in seiner Ehre gekränkte Fugger den Adligen zum Duell. Sein Pech war allerdings, dass der Droste-Hülshoff ein eleganter Fechter war und ihn in seiner Not erstechen musste – und alles nur, weil der Fugger meinte, das Zutrinken wäre deshalb unterblieben, weil er nicht dem Uradel angehörte. Welch ein verrückter, kränklicher Stolz, nicht wahr?« Franzisca hörte gebannt zu.

»Woher weiß sie das alles?« Sie kicherte.

»Es sind eben die Geschichten, die man hier einander erzählt … es gibt viel zu hören, wenn die feinen Herrschaften beisammensitzen und der Wein die Zungen löst.«

Wie die Hausmagd es erwartet hatte, mussten alle Besucher dem Fürstbischof in sein Kabinett folgen, in dem eine Unzahl an Muscheln ausgestellt war. Er wies ab und an auf ein Exemplar, welches ihm als besonders unter all dem Besonderen erschien, erzählte aber seinem Gefolge von einem Besuch in Biberach bei Christoph Martin Wieland, dessen beispielhaftes Leben er rühmte.

»Dieser Mann, den Deutschland verehrt und das Ausland schätzt, lebt alldort mit einer Simplizität, welche eines großen Geistes wahrhaft würdig ist – ganz ohne Glanz und Geräusche und mit einer unvergleichlichen Schaffenskraft.« Franzisca hörte die warmen Worte und verkniff sich ein Lächeln, da ihr beim Namen des Dichters sogleich die Sätze der Frau von Seutter in den Sinn kamen, die seine sonstige Schaffenskraft betrafen.

Fürstbischof von Rodt war stolz auf seine Sammlung, zeigte auf eine Purpurschnecke hier, eine Porzellanschnecke da und referierte länger über eine Helmschnecke, wies dann auf eine Herzauster und erklärte nebenbei: »Ich muss mich entschuldigen für die Zeit, die ich ihnen abverlange, doch bin ich ein wahrer und glühender Anhänger der Wissenschaft der Conchyliologie[1] und keineswegs einer jener simples curieux, die lediglich neugierig sind, aus einem modischen Affekt heraus, und ihre Muscheln nach ästhetischen Gesichtspunkten sammeln. Nein, ich bin ein Verehrer und Anhänger des großen d'Argenville[2], dem jeder echte savant anhängt – und schließlich hat uns Cicero überliefert, wie sehr von Muscheln eine Erholung für Auge und Geist ausgeht.« Die Herren nickten ernst und wissend. Cicero – natürlich.

In einer Ecke des Raums lagen Kokosnüsse, in einer anderen, auf einem Schemel, reckte sich der Stoßzahn eines Narwals empor. Was für ein Kuriosum, dachte Franzisca. In der Mitte des Raumes, auf einem Stehpult, lag ein aufgeschlagenes Buch. So prächtig wie aus den Vitrinen leuchteten darin die Farben der Muschel- und Schneckengehäuse. Von Rodt führte sie zu seinem Schatz: *Abhandlung von den Schnecken, Muscheln und anderen Schaalthieren, welche in der See, in süßen Wassern und auf dem Land gefunden werden.* Man äußerte sich wohlwollend, begeisternd, und alle gingen zufrieden zu Bett.

*

In der darauffolgenden Zeit fühlte Franzisca wieder die alte Kraft und Energie in sich, die sich dennoch etwas anders anfühlte als in den guten Tagen in der Heimat. Auf eine eigenartige Weise kam sie sich selbst fremd vor. So beruhigt und freudig sie ihren Blick voraus auf das kommende Jahr richtete, fragte sie sich doch, wie sich die Dinge so glatt fügen konnten. Sie würde die Bäuerin auf dem Hof

---

1   Muschelkunde
2   Antoine-Joseph Dezailler d'Argenville (1680–1765).

der Mathis sein und der Jakob ihr Mann. Es war eine schöne Zukunft, die sie da erwartete. Die Tage und Wochen vergingen. Alles war gut.

An einem wolkigen Tag befand sie sich gerade auf dem Heimweg vom Garten, als sie vor dem Pfarrhof den Schaffer gewahrte. Er war nicht allein. Ihre Tante stand bei ihm. Sie freute sich über den unerwarteten Besuch und überlegte sogleich, was sie den beiden wohl in der Küche zubereiten könnte. Als sie aber näher kam und die Gesichter der beiden sah, und die Furcht und Trauer darin, blieb sie stehen und hörte in sich hinein, in diesen Abgrund der Stille, in diesen schwarzen Schlund, der ihr wohl bekannt war von dem Tag her, als man ihr die Nachricht vom Tod des Vaters überbracht hatte. Die beißende Kälte jenes Wintertages fiel sie unvermittelt an, obgleich es ein warmer Sommertag war. Sie wusste, es war etwas Schreckliches geschehen, und es war der Schaffer, der es ihr schließlich sagte.

»Der Jakob ist tot, Franzisca.«

Die Heimat

Jakob Mathis war glücklich gewesen in diesen Tagen, denn er hatte seine Zukunft gut bestellt. Seine Eltern waren froh über die Nachricht, dass Franzisca als seine Frau auf den Hof kommen würde. Sie hatten es nie verstanden, weshalb sie überhaupt das Dorf verlassen hatte.

Es war ein belangloser Tag gewesen, wie einer von diesen vielen, die sich selbst in einem jungen Leben ansammeln, Tage eben, an denen alles wie gewohnt seinen Gang geht, ohne jegliche Besonderheit. Dünner Wolkenflaum zog beiläufig dahin, eine feine Brise wehte durch das Tal und trug das Rauschen der Bregenzer Ach weiter als sonst. Eine Fuhre Käselaiber war zurecht gemacht worden, und er wollte sie ins Rheintal bringen. Vom Kutschbock her hatte er seinen Eltern noch zugerufen: »Was soll ich kaufen?!«

»Alles kannst kaufen außer einer störrischen Kuh«, gab die Mutter fröhlich zurück.

Im Schwarzachtobel war es gewesen, als zwei große Gespanne ihm von unten her entgegenkamen und aus unbekanntem Grund seine Pferde scheuten. Er war mit seinen Gedanken gerade woanders – in einer einsamen Bucht am Bodensee, wo seine Hände zärtlich über die Schultern, über die Brüste der schönen Frau fuhren, die ihn liebte. Immer wieder holte er sich diese Erinnerung hervor. In dem Moment, als er aus seinem Traum erwachte, lenkte sein Fuhrwerk gerade ganz an den Rand der Felswand. Hoch droben, auf dem abgestorbenen Ast einer Fichte, saß ein Steinadler. Als die Pferde scheuten und wieherten, flog er auf. Der armstarke Ast hatte im letzten Winter schon unter der Schneelast gelitten. Gleich unter dem ersten Flügelschlag brach er und stürzte hinunter. Nichts davon war auf dem Weg unten zu hören, auch nicht, wie er am bröckeligen Fels aufschlug und ein paar Steine löste, die den Hang hinunterrollten und andere Steine mitrissen, – nur eine Handvoll, vielleicht faustgroß, doch einer davon traf mit solcher Wucht Jakobs Kopf, dass sogar der Hut in Fetzen ging. Vom gerade gelebten Traum blieb ihm ein Lächeln im Gesicht – auch noch, als er schon tot und voller Blut am Kutschbock zusammengesunken lag.

*

Franzisca fühlte jede Sekunde ihres Leids, als wäre es eine Woche, und die Minuten erlebte sie, als wären es Jahre. Der Schmerz war so tief in sie gedrungen, dass es nichts mehr gab, was in ihr zerfressen werden konnte. Ihr Körper war eine leblose, entseelte Hülle, die sich durch die Tage quälte. Schlimmer noch als zu jeder lichten Stunde war es aber in den Nächten, in denen so entsetzlich litt, dass nach kaum zwei Wochen aus ihrem schönen Gesicht eine fahle Maske geworden war.

Der laue Trost des hilflosen Pfarrers mit seinen Sprüchen von Gottes Willen, einem weisen Ratschluss, einem Trost, der in der Liebe Gottes zu finden sei, war ihr arg, doch fehlte ihr die Kraft zur Widerrede. Sie nahm es hin. Von welcher Liebe und von welchem Trost sprach er? Wo war in dem, was ihr widerfahren war, ein weiser Ratschluss zu erkennen!? Hinter seinen Phrasen vermutete sie vielmehr den Wunsch, sie möge ihr Leid doch endlich loslassen und wieder unter die Lebenden kehren, damit alles wieder in der gewohnten Ordnung war wie zuvor. Störte ihr Leid gar seine Lust am Zufriedensein? Am Essen ganz sicher.

Ihr Nachsinnen erzeugte einen regelrechten Hass auf den frommen Mann, weil sie meinte, zu spüren, dass die Quelle seines Mitleids sprudelnde Selbstgerechtigkeit und Egoismus waren. Was wusste er schon?! Manchmal saß sie da und hatte nicht einmal mehr den Willen, aufzustehen.

Zwei Tagesreisen entfernt hatte unendliche Schwere und Trauer den ganzen Mathishof erfasst. Manchmal war die Bäuerin nicht mal mehr in der Lage, den Wassertopf auf den Herd zu stellen. Drei Kinder hatte sie beerdigen müssen, und Jakob wäre die Zukunft gewesen – alles war verloren. Noch größer als die Trauer war in diesen Tagen jedoch die Angst vor dem Fall ins Bodenlose, und sie fürchtete, ihr Mann könne auf den gleichen Weg geraten wie der Drieber. Nicht einmal mehr seine Mätresse in Schwarzenberg besuchte er – so erzählte man. Manchmal dachte sie an Franzisca und daran, wie es ihr wohl erginge und wie schön es wäre, sie hier zu haben. Nichts blieb als Erinnerungen.

Franzisca saß abends oft alleine in der Küche auf einem Schemel, zusammengesunken und dumpf. Die Mutter kam ihr in den Sinn. Jetzt ahnte sie, wie sehr Trauer das Menschliche in einem Menschen verunstalten konnte. Die Angst davor, so zu werden wie sie, hielt sie jedoch aufrecht.

Einen Menschen gab es in dieser Zeit jedoch, der ihr gut tat, vor allem deshalb, weil es so unerwartet war: das Landerl. Das einfache, zurückhaltende Wesen scheute ihre traurige Gesellschaft nicht so wie der Pfarrer und die Knechte. Von ihr hörte sie keine frommen Sprüche; sie verrichtete einfach stumm wie bisher ihre Arbeit, nahm Franzisca aber mehrmals am Tage in den Arm, drückte sie, küsste sie manches Mal und ging dann wieder ihren Aufgaben nach, als sei nichts gewesen. Manchmal weinte sie sogar vor Traurigkeit über die Trauer ihrer Haushälterin. Diese Anteilnahme machte Franziscas Herz ein wenig leichter. Immer wieder, wenn sie Jakobs Gesicht vor sich sah und seinen Wangen und Lippen auf ihrer Haut nachspürte, taumelte sie. Doch die einfache Zuwendung des Landerls war ihr wie ein Seil in der Hand, an welchem sie sich immer wieder für Momente ins Licht hangeln konnte – ein Lichterflackern im Dunkel.

Als sie sich nach einiger Zeit wieder in der Lage dazu sah, unter Menschen zu gehen, nahm sie der Schniefer mit nach Lindau. Elend und schwach fühlte sie sich, hatte ständig Schwindelanfälle. Doch der langsame Trott des Kaltblüters beruhigte sie etwas, ebenso wie die Schweigsamkeit des Knechts. Nachdem sie ihre Besorgungen unter Aufwendung all ihrer Kräfte erledigt hatte, suchte sie das *Haus zum Baumgarten* auf. Mit schweren Schritten ging sie die Stufen der stolzen Steintreppe empor. Elisabeth Mauchin, die gerade am Fenster gestanden und sie gesehen hatte, erwartete sie oben. Mit jedem Schritt, den ihre Nichte näher kam, wurde ihr Entsetzen größer, und als sie endlich oben angelangt war, schlug sie die Hände vors Gesicht.

»Jesusmariamuttergottes ... bist du denn ...?« Franzisca sah sie an.

»Ich weiß gar nicht, was mit mir los ist ... mir ist so schlecht.« Gleich darauf musste sie sich übergeben.

Anna Christina Seutter von Loetzen saß die Ruhe selbst im samtbezogenen Sessel ihres Ankleidezimmers und sah teilweise belustigt auf ihre Kammerdame, die unruhig herumlief, gerade so, wie es der fromme Mann vor einigen Monaten getan hatte. Sie war allerdings weniger zornig, vielmehr von Sorge getrieben, und flüsterte vor sich her: »Eine solche Tragödie ... eine solche Tragödie.«

»Es ist nicht das erste Mal und nicht das letzte Mal. Es wird eine Lösung geben«, entgegnete sie bestimmt.

Franziscas Tante war weniger aufgeräumt.

»Ja aber wo soll sie denn hin ... was wird mit dem Kind werden? Man wird sie verteufeln. Sie ist die Pfarrköchin – man kann sich die schmutzigen Mäuler leicht vorstellen beim Schmatzen.«

»Ach! Eine Weile wird es schon noch im Pfarrhof gehen, und für Hochwürden ist es ja nichts Neues nach den Erlebnissen mit seinem Vikar und der letzten Haushälterin ... es wird sich schon etwas finden ... und ich meinte, sie hat keinen allzu unglücklichen Eindruck gemacht, unsere Franzisca, als sie sich über ihren Zustand gewahr wurde. Nur eines ist wichtig: Niemand darf etwas merken. Niemand. Dafür muss sie Sorge tragen.« Elisabeth Mauchin fuhr mit ihren Händen durch die Luft.

»Als wenn alles nicht schon schlimm genug wäre.« Sie stöhnte und sprach nicht aus, was sie dachte. Ja, die feinen Damen konnten gelassen sein, doch wo und wie sollte Franzisca ihr Leben verbringen? Niemand nahm eine Magd mit einem Säugling auf, und im Pfarrhof würde sie weder bleiben noch dorthin zurückkehren können. Sie beschloss, so schnell wie möglich den Schaffer einzuweihen. Er musste helfen. Ihm war bisher immer etwas eingefallen, und schließlich hatte er ihr einmal gesagt – an einem warmen Juniabend unter einem blühenden Holunder über dem See –, dass dieses Mädchen, seit er sie am Tag ihrer Geburt in den Händen gehalten hatte, wie eine Tochter für ihn war. Jetzt konnte er etwas für sie tun. Er würde Augen machen.

*

Über verzwickte Wege erreichte den Schaffer die Nachricht. Einige Male lief er an seiner Herde hin und her, schimpfte den Hund aus und überließ die Schafe schließlich seinen zwei Hirten. Auf einem Fuhrwerk mit Salzfässern kam er bis Lindau, wo er nach dem Ameisler fragte. Erst hieß es, in Feldkirch hätte man ihn gesehen, doch ein Lader im Hafen gab glaubhaft an, er stünde mit seinem Wagen in Bregenz. Mit dem nächsten Schiff setzte er über und fand den Ameisler in seinem Planwagen hocken. Ohne großes Herumtun setzte er ihn von der Schwangerschaft Franziscas in Kenntnis und fragte: »Was sollen wir tun?«

Napimee hockte in der hinteren Ecke des Wagens und streichelte den Hund. Sie sagte keinen Ton. Der Ameisler reagierte irritiert.

»Wir? Was meinst du mit *wir*? Hat er nicht gut aufgepasst auf sein angenommenes störrisches Töchterchen!? Ja, er kennt sich mit Schafen aus, und mit denen ist es wahrlich leichter, glaube mir, weil sie ihre Lämmlein mit Gottes Segen auf die Welt entlassen und auf den Segen der Kirche nicht vertrauen müssen. Was wird also deiner Franzisca drohen? – Eine Gebärstation für ledige Frauen, ein mieser Verschlag in einer noch mieseren Baracke, ausgeliefert dem zweifelhaften Beistand alter Weiber, die sich Hebammen nennen – eine Brut, die verschwiegen ist, abgebrüht, geldgierig und falsch bis ins Mark. Ein Leben ist ihnen nicht so viel wert als ein Furz. Wenn du meinst, die Mannschaftslager auf der Endeavour wären furchtbar gewesen in den Zeiten, in denen die halbe Besatzung fiebrig und mit Ruhr in den Hängematten hing, dann bist du noch nie in einer dieser Gebärstationen gewesen ... warmfeuchte Höllen, gefüllt mit den Schmerzen und Schreien der Weiber, wo sich einem ein beißender, scharfer Geruch von kaltem Schweiß, geronnenem Blut und trocknem Urin in die Seele frisst. Aber den Pfaffen kann diese Hölle nur Recht sein, ja es ist ihnen güldener Quell, welcher ihren Himmel mit Engelchen bevölkert, denn die toten kleinen Leiber, sie kommen ja in den Himmel und werden Engelchen, nicht wahr, während ihre Mütter als Huren beschimpft werden. Mit den Engelchen trösten sie sich alle über den Verlust ihrer Nachkommenschaft hinweg, und die Arabeskenschmierer tun das ihrige, das Leid zu schmälern. Was bleich und armselig dahinstarb, zeigt sich in ihren Fresken und Gemälden als Wesen mit großen glücklichen Augen, die aus einem prallen runden Köpfchen mit roten Pausbäckchen und lockigem Flaum wohlgemut in die Welt schauen, pralle Schenkelchen und rosige Haut allenthalben. Das pure Glück – einem schönen Traum entsprungen. Wer sollte da noch jammern? Unsere Kirchen und Schlösser sind voll damit. Doch in Wirklichkeit ... in Wirklichkeit verrecken sie massenweise. Wer spricht schon von dem Pferdewagen, der von Verschlag zu Verschlag fährt, von Hospital zu Hospital, von Findelhaus zu Findelhaus, in denen verzweifelte Mütter ihre Kinder abgegeben haben. Ein alter Kutscher, der schon alles auf der Welt gesehen hat, Kriege und Winter überlebt hat, den die Beine und Füße reißen, dass es einen erbarmt, und den kein Leid der Erde mehr reut, der nimmt seine Fuhrware in Empfang, als wäre es ein Sack Getreide oder ein Bündel Rebstecken – Neugeborene, noch keinen Tag alt, die wie Marktgut auf einem offenen Wagen liegen, dessen Ladefläche nicht immer mit Stroh eingestreut ist; sie liegen da, nur eine Plane ist zwischen ihnen und dem Wind, der Sonne, der Kälte und dem Tod. Manchmal ist sogar eine Amme dabei, für die kaum Platz auf der Fuhre mehr ist. Doch die Anstrengung lässt ihre eh magere Milch stocken. Ein nur geringer Teil der Wagenladung erreicht den Ort seiner Bestimmung: eine Milchmutter irgendwo auf dem Land. Unbekannte, unentdeckte Gräber säumen die Route der Wagen, nicht selten fallen Säuglinge von der Ladefläche, werden beim Umladen vergessen. Diese Welt ist eine Hölle, und das Neugeborene, das hier kutschiert wird, hat nur ein Paradies zu erwarten – als Engel mit leuchtenden Augen am Rande eines Freskos im Kirchenhimmel, auf den der Pfarrer deuten kann, was ihm die Mühe von Erklärungen erspart.« Der Schaffer hatte ungeduldig zugehört und zeigte sich unbeeindruckt.

»Was tun wir also?« Der Ameisler ächzte.

»Wo ist sie jetzt?«

»Auf dem Pfarrhof.«

»Und woher weiß er von alldem?«

»Von ihrer Tante weiß er davon.«

»Ah, die in Lindau im herrschaftlichen Hause die Kammer der hübschen Herrin hütet und auch ihm manches Mal eine Hirtin ist?« Der Schaffer ging nicht darauf ein, denn er war in ernster Sorge, Schweiß stand ihm auf der Stirn.

»Tu endlich was! Du kennst doch Leute und weißt, was man tut, in so einer Situation.«

»Wir brauchen zunächst einen Plan für die Zukunft ... das heißt einen Plan für die Zeit nach der Niederkunft, denn zum Pfarrhof kann sie mit einem Kind niemals zurück. Und der Hof in Bezau ist dahin, und ihr Bräutigam liegt in seinem Grab.« Er stand auf, kletterte vom Wagen, kramte und klapperte irgendwo herum und kam mit einer Flasche Wein zurück. »Lass uns also einen Plan schmieden – das haben wir ja gelernt, von den Offizieren auf den Schiffen, die nicht einmal zum Abtritt ohne einen Plan gegangen sind. Wir machen einen Plan, und du musst ihn befolgen.«

»Ich!?«, entgegnete der Schaffer entsetzt. »Sie muss ihn befolgen! Sie, was das größere Problem ist, störrisch wie sie ist.« Napimee kam heran und fragte: »Wie geht es ihr denn, der Armen?«

»Ich weiß es nicht«, sagte der Schaffer ehrlich. »Ich weiß es nicht.«

*

Die Wochen vergingen. Franzisca lebte freudlos durch die Tage und verrichtete ihre Arbeit. Keiner im Pfarrhof ahnte etwas von ihrem Geheimnis, und so ging die Zeit dahin. Der Hausherr war zufrieden, dass die Arbeit getan wurde und nach wie vor ein gutes Essen auf den Tisch kam. Franzisca leitete auch weiterhin die Knechte an, und so war für ihn alles bestens.

Über die Zeit wurden die Felder reif, und bis nach Wangen und Isny kam der Flachs zur Ernte. Um Tettnang herum wurde der Hopfen geerntet, und im Oktober zogen Fuhren mit prall gefüllten Körben durch die Dörfer, in denen Äpfel und Birnen glänzten. Ihre Tante beschaffte von einer vertrauensvollen Schneiderin weite Kleider, die in dem Maße angepasst wurden, wie sich der Körper ihrer Nichte veränderte.

Franzisca selbst war still geworden. Sie redete kaum ein Wort über das hinaus, was für die Haushaltsführung von Belang war, und nahm stumm zur Kenntnis, wie sich alles an und in ihr veränderte. Nachts träumte sie oft fürchterliche Dinge, der Steinadler erschien ihr oft, senkte den Kopf und sah sie durchdringend an, als hätte er eine Frage an sie. Hinter ihrem Schweigen ließ sich die Müdigkeit gut verstecken.

*

In Bezau taumelte der Drieberhof dem Verderben entgegen, und die Drieberin wachte mit frohem Stolz darüber. Die Trunksucht des Bauern färbte auf die Knechte ab. Einzig die Hausmagd und das Madle stemmten sich gegen den Niedergang. Vor allem das Madle wollte dieses Zuhause nicht verlieren. Manchmal, wenn es ihr zu arg wurde, weil die Viecher so schlecht versorgt waren, kein Holz am Ofen auflag oder das Milchgeschirr nicht sauber war, hätte sie laut schreien wollen. Einem inneren Gefühl folgend kümmerte sie sich deshalb zunehmend um den Stieglerhof.

Der Veit nahm das Geschehen in seiner Einfalt wahr, ohne die Tragweite zu erfassen, wo doch selbst das Vieh spürte, wie sich die Dinge änderten. Die älteste Hauskuh, die mit dem rotbraunen Fell und dem hellen Fleck auf der Brust, die Lieblingskuh des Bauern, sie spürte am ärgsten, was hier vor sich ging. Immer wenn sie auf die kleine Weide seitlich des Hofes getrieben wurde, hatte der Bauer sie gestriegelt und hinter den Hörnern gerieben. Im Spätsommer war sie deshalb wie gewohnt hinter dem Stadeltor stehen geblieben und hatte ihre großen Augen auf den Betrunkenen gerichtet, der an der Holzwand lehnte und mit stierem Blick in die Landschaft schaute. Vergebens wartete sie auf die vertraute Behandlung, und zum Herbst hin trottete sie den anderen beiden Kühen träge nach.

Die Zeitenwende war eingetreten. Durch den aus den Fugen geratenen Drieberhof schwebte die ehemalige Mauchinbäuerin wie ein Geist in dunkler Trauerkleidung und ihrer weißen Stuche,[1] streng auf den Kopf gebunden. Manchmal schickte sie die Drieberin mit harten Worten auf ihre Kammer, weil sie das Salbatern nicht mehr hören konnte. Oft kam sie von dort den ganzen Tag nicht heraus und entdeckte bald die Nacht für sich; wenn es dunkel wurde, zog sie über die Wege rund um den Hof, murmelnd und greinend, und wurde zu einer zweite Maule.

---

1   Kopftuch der Tracht zur Trauer.

Auf der entgegengesetzten Seite der Siedlung, am Mathishof, waren die Gesichter der Bäuerin und des Bauern in Starre gesenkt. Neben der Trauer und der Bitternis hatte die Bäuerin Sorge, wie es erst in den langen dunklen Wintertagen einhergehen sollte, die ihnen noch bevorstanden.

*

Auch für den Gnetzer hielt diese Zeit wenig Freude bereit. Enttäuscht darüber, dass sein nächtliches Schauspiel am Stieglerhof keine Wirkung zeigte, ahnte er gar nicht, wie sehr er selbst dabei in den Blick geraten war. Das Leben in der Abgeschiedenheit der Mühle wurde ihm eine Folter. Die Ungeduld zehrte an ihm. Wie sollte er nur noch einen ganzen langen Winter aushalten – weit weg vom Leben in den Dörfern und Wirtshäusern? Auf den Einfall, sich eine Kutsche anzuschaffen und einen Pferdeknecht dazu, kam er nicht, wo doch die große Lade im Keller voller Gulden war.

Dennoch trieb er sein Spektakel am Stieglerhof weiter. Zu Peter und Paul kam er wieder aus der Dunkelheit. Das Madle hatte inzwischen freie Hand über ihre Zeit und hockte mit dem Kaspar in der dunklen Stube. Sie lächelte ihm zu, als draußen die Lichter und Schatten wimmelten, es dumpf gegen die Wände schlug und manchmal gegen Fenster. Eng schmiegte sie sich an den massigen Körper des Kaspar, dabei war sie es, die ihm Vertrauen spendete und ihm die Angst nahm.

An Michaeli wartete sie in der Dunkelheit eines Weißdornbusches jenseits des Weges und hatte sich unter ihrem dunklen Überhang unsichtbar gemacht. Dazu standen Wolken am Himmel und verdeckten die Sterne. Sie wusste selbst nicht, was genau sie hier wollte, hatte keinen Plan und keine Vorstellung. Sie war lediglich einer eigentümlichen Eingebung gefolgt. Was sollte sie schon ausrichten gegen einen Kerl, wie der Gnetzer einer war, der weder Tod noch Teufel fürchtete und ein Stilett im Ärmel versteckt hielt.

Sie trug unter ihrem Umhang eine Heppe[1], zur Sicherheit. Wie zuletzt auch kam er noch vor Mitternacht den Weg vom Oberdorf herauf. Er schnaufte laut, als er nah an ihr vorbei das Versteck passierte, seine Ausstattung schien ihm zu schwer zu sein. Wie es klang, litt er Schmerzen – recht geschah es ihm!

Als er anhob, sein lächerliches Spektakel zu vollziehen, löste sie sich leise aus ihrem dunklen Versteck und schlich im Schutz des Hanges unter dem Wegverlauf ein Stück nach oben, um besser sehen zu können. Die Aufregung, wie sie sie noch in der ersten Nacht befallen hatte, war verschwunden. Mit unverstelltem Blick sah sie dem Theater des bösen alten Mannes zu, und beinahe hätte sie lachen wollen, so plump erschien es ihr. Um ein Haar hätte sein Tun sogar eine Spur von Mitleid in ihr erregt. Nichts an dem, was er da veranstaltete, flößte ihr Furcht ein – nicht das Gerumpel, nicht der Lichtschein, schon gar nicht der Totenschädel. Welch ein armseliger Kerl.

Wenn der Kaspar doch nur so mutig wäre, wie er groß und stark war. Andererseits wollte sie, dass er ganz so blieb, wie er war. Über ihre Gedanken gab sie einen Laut von sich und erschrak. Hatte er etwas gehört? Er werde sie sich holen, hatte er gesagt. Das war ihre Angst und eine reelle dazu, da der Drieberhof dem Ende entgegen taumelte. Sie musste sich wieder Gedanken machen, was aus ihr werden sollte, so wie damals, als sie allein in der Welt stand, und unter allen Ideen mit dem Stummsein die beste Wahl getroffen hatte.

---

1   Schweres Schlagmesser für Holz- und Gartenarbeiten.

In Marul

Elisabeth Mauchin war beruhigt über den Gang der Dinge, denn die Schwangerschaft von Franzisca ließ sich lange gut verbergen – nirgends der Anflug einer Ahnung, keine Zweideutigkeiten, keine Häme, kein böses Gerede. Der Ameisler hatte unterdessen ein Unterkommen gefunden, wo das Kind ungestört zur Welt gebracht konnte und danach gut versorgt war – ein entlegener Hof an einem noch entlegeneren Ort, bei einer Frau, die sein ganzes Vertrauen hatte.

Der späte Herbst gab sich wolkig und trübe. Wilde Böen stieben über den See, rissen an den Bäumen und fegten durch die Gassen der Inselstadt. Fenster und Türen schlugen und klapperten.

Der brave Pfarrer Wagner, ganz seiner Selbstzufriedenheit zugetan, hatte am wenigsten einen Blick für die Dinge um sich herum, und die beiden Knechte schon gar nicht – lediglich das Landerl besaß ein weit feineres Gespür, als man ihm zugetraut hatte. Franzisca tat weiter ihre Arbeit: am Morgen aufstehen, Feuer anschüren, Brot backen, die Mahlzeiten vorbereiten, Wasser verteilen, das Vieh versorgen, den Knechten die Arbeit für den Tag anweisen, Kaffee richten. Die Arbeit im Waschhaus überließ sie ganz dem Landerl, da es ihr zu anstrengend geworden war.

Der Pfarrer war häufig unterwegs, machte Krankenbesuche, taufte und beerdigte, las sehr viel und verbrachte nicht wenig Zeit mit dem Schreibkram – Korrespondenz mit dem Bistum, Eintragungen in die Kirchenbücher und dergleichen. Ohne es im Haus zu diskutieren, beschäftigten ihn wie alle gebildeten Herrschaften die Nachrichten aus Frankreich. Eines Abends konnte er sich nicht mehr zurückhalten. Beim Abendessen verschaffte er seinem Entsetzen, dass das aufrührerische Frankreich eine Schlacht gewonnen hatte, Luft. Am sechsten November war es, als ein Heer von vierzigtausend Mann bei Jemappes über die österreichischen Truppen unter Albert[1] Kasimir von Sachsen-Teschen, der Marie-Christin, die Lieblingstochter der Kaiserin Maria Theresia geheiratet hatte, siegte. Aufgebracht rief er mehrmals: »Gesiegt! Sie haben gesiegt ... die Aufrührer, Nichtsnutze, Revolutionäre, Halsabschneider, Gotteslästerer ... gesiegt!« Er konnte kaum Freude an dem feinen Wein finden, den seine Köchin im Weinhandel Frey hatte auftreiben können – in der hintersten dunklen Ecke, wo mehr Enge als Licht war. Er stellte dem Flaucher und dem Schniefer tatsächlich die ernst gemeinte Frage, was aus dem allen noch werden sollte. Die beiden sahen ihn beinahe ängstlich an. Was kümmerte sie die Revolution in Frankreich?! Auf den Flaucher wartete ein Würfelspiel im Adler, und der Schniefer wollte noch mal nach den Pferden sehen. Das Kaltblut hatte Probleme mit den Hinterläufen. Der Pfarrer befand, die militärischen Fähigkeiten des Generalfeldmarschalls standen ebenso außer Frage wie sein Sinn für Kunst und der Esprit, mit dem er die Erweiterung seiner Kunstsammlung vorantrieb. Einem solchen großen Menschen konnte man keine Kritik entgegenbringen. Niemals. Seine Kompetenz war unangreifbar. Gottes Segen konnte nicht bei den Franzosen liegen, und bessere Soldaten konnten Revolutionäre und Anarchisten schon gar nicht sein – Glück also! Es war Glück. Laut und freudig über diesen Schluss rief er aus: »Sie hatten einfach Glück, die Franzosen – Glück, es war Glück!«

Franzisca konnte seine Freude nicht teilen. Eine eigenartige Stimmung hatte sie erfasst. Ein regelrechter Hass entstand in ihr gegen das, was da in ihr heranwuchs, und an einem Tag nach Nikolaus wartete sie die Dämmerung ab und huschte hinüber zu dem Haus, in dem die Kirchenschmiedin wohnte. Vorsichtig klopfte sie. Ein Hund bellte drinnen, doch sie hatte keine Angst. Gleich darauf wurde ihr aufgetan, und sie trat in den düsteren Gang, in dem ihr

---

1 Gründer der nach ihm benannten Albertina in Wien.

der vertraute Geruch von Rauch entgegenschlug. Die Kirchen-schmiedin schob sie in die Stube, in der es warm war und eine Wachskerze angenehm ruhig brannte. Die Alte setzte sich in einen hohen Sessel und wies Franzisca einen Platz in einem Lehnstuhl zu, der mit Fellen ausgepolstert war. Auf dem Tisch lagen einige dicke Bücher.

»Was willst?«, fragte die Kirchenschmiedin. Franzisca stand wortlos auf, legte ihren Umhang ab und zeigte auf ihren Bauch.

»Weghaben will ich es.« Sie blickte zornig drein. Die Kirchen-schmiedin blieb äußerlich unbeeindruckt.

»Mhm. Setz dich wieder. Setz dich« Sie sahen einander eine Weile stumm in die Augen. Schließlich, als sei die Kirchenschmiedin nach intensivem Überlegen zu einem Ergebnis gekommen, erhob sie sich mühsam, holte zwei Becher, die auf dem Steinofen standen, und füllte sie mit einem Getränk aus einer kupfernen Kanne. Sie reichte Franzisca einen Becher.

»Trink! Es tut gut! Herrgotthölzl[1], Wolfswurz[2], Immenkraut[3] und Eibisch[4]. Du wirst gut schlafen heut Nacht.« Franzisca trank vorsichtig, denn ein bitterer Geruch kam aus dem Becher. Es schmeckte aber unerwartet fruchtig und süß. Die Kirchenschmie-din wies mit einer Kopfbewegung zu ihrem Bauch.

»Es ist von dem stolzen jungen Burschen, der im Sommer mit der Kutsche da war, eh?« Franzisca nippte vom warmen Aufguss und schwieg. Es war ihr mit einem Male so angenehm, dass sie gerne geblieben und gar nicht mehr zurück zum Pfarrhof gekehrt wäre, wo ihr das Schauspiel des Verbergens allmählich zur Qual wurde. Wenn es schon eine Sünde war, die sie begangen haben soll und wenn dieses Kind verheimlicht werden musste, aus welchem

---

1   Beifuß
2   Eisenhut
3   Thymian
4   Malve

Grund sollte dann ein so sündiges Wesen überhaupt das Licht der Welt erblicken? Die Kirchenschmiedin wartete eine Weile und stand dann auf, als sie merkte, dass Franzisca ein Gespräch nicht zustande kommen lassen wollte.

»Trink. Ich bin gleich wieder da.« Franzisca hörte ihre langsamen, festen Schritte draußen auf der Treppe. Wieder zurück drückte sie ihr einen fein gewebten Beutel in die Hand. Er fühlte sich weich an, und es knisterte darin.

»Gieß jeden Tag eine Kanne davon auf mit warmem Wasser – nicht heiß. Trinke einen Becher am Morgen, einen zur Mittagszeit und einen am Abend.«

»Wie wird es wirken?«, flüsterte Franzisca.

»Du wirst es merken und musst keine Angst haben. So, und nun geh ... geh jetzt ... dein Hausherr wäre außer sich, wüsste er davon.« Franzisca hatte sich mehr von dem Besuch erwartet. Mehr Zauberei.

Die Nacht war klar und kühl. Sicher würde bald Schnee kommen. Mit etwas unsicheren Schritten lief sie durch die Dunkelheit zurück und bemerkte nicht, wie sich eine Gestalt in einer Nische der Friedhofsmauer vor ihr verbarg und sie ins Visier nahm: die Christina Malin. Das Kiegele hatte sie gerade weggeschickt, und sie war auf dem Weg zurück nach Hause. Trotz der Dunkelheit und dem mäßigen Schein der Sterne erkannte sie Franzisca. Was wollte die nur so heimlich bei der Kirchenschmiedin? Der Herr Pfarrer wusste davon sicher nichts, und es würde ihm auch nicht sonderlich gefallen. Nachdem sich ihre Aufregung gelegt hatte, grinste sie ins Dunkel – das musste sie doch beichten! Der würde sie ein schönes Gerede anhängen.

In der nächsten Messe tuschelte sie heimlich mit der Bernhardin.

»So glaub es mir doch ... grad heute Morgen hat der Hahn den Ruf des Kuckucks beantwortet, und es war der Hahn vom Pfarrhof, und das bedeutet, dass in dem Haus eine Frau schwanger ist ... und welche sollte es wohl sein – das dumme Landerl vielleicht?«, flüsterte sie gehässig. Selbst der Bernhardin war das bösartige Gerede der Malin inzwischen zu viel geworden, ebenso wie die Dreistigkeit, mit der die Malin am Kiegelhof ein und aus ging. Es ließ die Freundschaft der beiden etwas weitläufiger werden, zumal der Kiegelhof, so ärmlich er auch war, ihr gut gefallen hätte.

»Noch nie war ein Kuckuck im Advent zu hören gewesen«, flüsterte sie bestimmt, ohne den Blick vom Gekreuzigten zu nehmen.

»Ja, eben darum ist es ja auch ein Zeichen«, ließ die Malin nicht locker.

Die Messe begann. Franzisca betrat die Kirche und setzte sich an ihren angestammten Platz. Die Malin nahm sie schräg von hinten in den Blick. Der behäbige Gang war ihr aufgefallen und das volle Gesicht. Sie grinste. So arg falsch konnte sie mit ihrer Behauptung nicht liegen. Gleich nach der Messe ging sie in den Beichtstuhl. Die monotone Begrüßung des Pfarrers ärgerte sie. Na warte nur, dachte sie, und sprach leise und etwas gehetzt: »*Im Namen des Vaters und des Sohnes und des Heiligen Geistes. Amen.*« Pfarrer Wagner leierte: »Gott, der unser Herz erleuchtet, schenke dir wahre Erkenntnis deiner Sünden und seiner Barmherzigkeit.« Sie hauchte ein Amen, wartete einen Moment, berichtete ein paar erfundene Sünden und kam dann schnell zum Grund ihres Hierseins. Schon eher, log sie und tat ein wenig verlegen, hätte sie Beichte darüber ablegen sollen, dass die Pfarrköchin regelmäßig Umgang mit der absonderlichen Kirchenschmiedin pflege. Erst gestern Nacht sei sie wieder dort gewesen, und es plage ihre Seele, wo doch ein jeder wisse, wie zauberisch die Kirchenschmiedin wirke. Sie spürte den Ruck, der durch den fülligen Leib des Geistlichen ging, und nach einem kurzen Wortwechsel folgte dessen eilige Lossprechung.

»*Sein Erbarmen währt ewig*«, wurde sie noch schnell los, und machte dann, dass sie davonkam.

Die Beichte der Malin plagte den frommen Mann, ja, es brachte Unruhe in den Ablauf seines Daseins. Gerade erst hatte seine Köchin das Tal der Trauer durchschritten, in das der Tod des Bräutigams sie geführt hatte, und nun das. Welches Licht warf ihr Verhalten denn auf seinen Pfarrhof, wenn sie sich nächtens mit der alten Hexe traf, die nie auch nur eine Messe aufsuchte, nicht einmal an hohen Festtagen. Und trotzdem kamen ihr die Leute zu. Wie oft hatte er über sie an höherer Stelle Klage geführt, sich über ihren Zauber mokiert und doch nie einen Erfolg damit gehabt. Es war wie beim Barbier – einige feine Herrschaften nahmen höchstselbst die dunklen Künste der Kirchenschmiedin in Anspruch. Doch nun? Verrat in seinem Haus, an seinem Tisch! So konnte er es nicht lassen. Er lief im Amtszimmer auf und ab und stellte sich vor, wie er schimpfen würde.

Verlieren wollte er diese junge Frau aber auf keinen Fall, denn noch nie waren ihm Haus, Pfarrgarten und Pfründe so gut versorgt worden, und noch nie zuvor war die Geneigtheit zu Fröhlichkeit im Hause so fühlbar gewesen – bis eben zu jener Tragödie. Ein anderer Gedanke kam ihm: Vielleicht würde sie sich über den großen Verlust, den sie erlitten hatte, ja eine Heirat für immer versagen und bleiben? Ein wenig mehr Jahrlohn könnte er auch entrichten. – So war er. Schnell wendete er sich wieder dem Licht des Lebens zu und fühlte sogar eine gewisse Heiterkeit bei dieser Aussicht in sich. Sein Groll hingegen verlagerte sich ganz zur Malin. Er mochte sie nicht in ihrer vulgären Art, die nicht selten das Ordinäre herauskehrte. Den Gedanken, sie könnte ihn angelogen haben, verstieß er schnell, denn in der Beichte zu lügen – das traute er selbst ihr nicht zu.

Es wurde kein Herbst, der in goldenen Farben den Abschied vom Grün und Weiß und Blau feierte. Es blieb trübe, grau und trist. Franzisca trank jeden Tag eine Kanne des Aufgusses, wie es ihr die Kirchenschmiedin geheißen hatte, und der Pfarrer hatte ein heimliches Auge darauf, sie auf dem Weg zu Kirchenschmiedin zu entdecken, was jedoch nicht geschah und ihm ein unangenehmes Gespräch ersparte. Anlass zur Ablenkung gab es zuhauf, denn wieder waren es die Nachrichten aus Frankreich, die ihn aufwühlten.

Das Wort unvorstellbar, so hatte er es für sich beschlossen, war in diesen Zeiten aus dem Gebrauch zu nehmen, wo man doch in unvorstellbarer Weise den französischen König Ludwig XVI. – den König! – vor Gericht gestellt hatte. Den König! Vor Gericht gestellt! Er schrieb mehrere aufgebrachte Briefe an Freunde und Amtskollegen, räsonierte entsetzlich bei den gemeinsamen Essen und mochte keine rechte Freude am bevorstehenden Christfest finden. Wo war Hoffnung in solchen Zeiten?

Auch der Winter schien aus dem Tritt geraten und besann sich erst einige Tage vor den Weihnachtsfeiertagen darauf, das ermüdend Trübe, das unentschlossen Windige und sanft Regnende hinwegzuwischen. Ein kräftiger Schneesturm mit drohenden Donnerschlägen fegte zwei Tage lang über den See, warf heftige Wellen auf, säuberte die Bäume von Altholz – im Grunde die Aufgabe des Herbstes –, und nachdem sich das schlimme Wüten gelegt hatte, fielen drei Tage lang große, weiche Schneeflocken, und alles Grau wich einem überraschend hellen Weiß. Die Silhouette der Lindauer Insel sah einer Märchenkulisse gleich. Mit dem Schnee war auch eine beständige Brise an den See gekommen, die ab und an auffrischte und einem die Kälte spürbar machte.

Die Wege nach Lindau wurden Franzisca beschwerlich, sodass sie sich über jede Gelegenheit freute, mit dem Flaucher oder Schniefer auf dem Fuhrwerk in die Stadt fahren zu können. In der Nacht vor dem Christfest begann es, kräftig zu schneien, und tiefer, schwerer Schnee legte sich auf das Land. Es wurde still. Die zwei Knechte holten den Schlitten aus dem Stadel, in dem er das Jahr über an einer Vorrichtung hing. Gerade in den Tagen zwischen Weihnachten und Epiphanias wurde der Pfarrer oft zu Sterbenden gerufen, was im tiefen Schnee, den eisigen Winden und der frühen Dunkelheit eine beschwerliche Angelegenheit war. Es kam ihm beinahe so vor, als hätten viele, die lange krank gelegen hatten, beschlossen, mit dem Jahr auch ihr Leben zu beenden.

Die Malin war voller Gift darüber, wie wirkungslos ihre Beichte geblieben war. Wo immer sie Gelegenheit bekam, beobachtete sie die Pfarrköchin mit scharfem Blick und war sich bald sicher, dass ihre Erfindung, die sie in die Welt gesetzt hatte, gar keine wahr. Doch was konnte sie tun, außer abzuwarten? Die Stelle beim Pfarrer hingegen war ihr inzwischen nicht mehr gut genug, wo sich ihr doch nun die Möglichkeit bot, als Bäuerin auf den Kiegelhof zu kommen. Das Trauerjahr hatte der Bauer sich ausbedungen, und es war ihr mehr verständlich als recht. Ein kleiner Zweifel nagte aber an ihr, ob sie ihm noch passen würde nach einer so langen Zeit, und das wenige Selbstvertrauen, das sie besaß, ließ ihr jede, die dem Hof zu nahe kam, als bittere Konkurrentin erscheinen.

Mitte Januar deckten hohe Schneeberge das Land ein. Nur am Ufer des Bodensees wehrte sich die Wärme des Wassers gegen die Massen. Die Kirchtürme und Türme reckten sich aus dem Weiß, und in der Luft hing das Brenzlige der vielen Feuer, um die sich die Frierenden scharten. In diesen Tagen bebte die alte europäische Welt. Sie bebte wie kaum jemals zuvor, und der geistliche Herr vergoss an einem der Januarabende in der Tat Tränen über das, was geschehen war: Am einundzwanzigsten Jänner war der französische König Ludwig XVI. in Paris auf der Guillotine hingerichtet worden. Und kaum, dass sich die schreckliche Nachricht wie ein Lauffeuer in Europa verbreitete, traten das englische Königreich, Spanien, Portugal und die meisten deutschen und italienischen Mächte in eine Koalition gegen Frankreich. »Krieg«, jammerte er, »ein fürchterlicher Krieg wird alles zerstören und fressen.« Er ging in der Stube umher, während die anderen bedrückt am Tisch saßen und ihre Blicke ihm folgten. »Dieser unglückliche Henker ... wie er sich eine solche Tat nur trauen konnte ... einen König mit einem so widerlichen Instrument zu ermorden ... ich habe gelesen, sein Bruder hätte das Henkeramt seines Vaters erben sollen«, seine Stimme hob sich, »doch der Kerl ist beim Vorführen eines abgeschlagenen Hauptes vom

Hinrichtungsgerüst zu Tode gestürzt. Das muss man sich mal vorstellen! Was wundert einen noch alles andere ...«

Das Unvorstellbare, das in Frankreich zur Wirklichkeit geworden war, setzte die Wohlgeborenen einer zuvor nicht gekannten Belastung aus, denn wenn der Mob schon einen von Gott gewollten König unter diese neue Erfindung namens Guillotine legte, wo verlief dann die Grenze des Denkbaren? Die Wahrheit lautete: Es gab derlei Grenzen nicht mehr. Sie würden selbst Bischöfen und Kardinälen den Kopf abschlagen und erst recht Herzögen, Fürsten – einfach allen, die ihnen nicht passten. Dem ersten Erschrecken folgte Wut, und der Wut folgte Angst, und am Ende blieb eine starre Verunsicherung. Was würde kommen?

Der Pfarrer erhielt den Brief eines Freundes, der ihn sehr nachdenklich stimmte, da aus ihm eine andere Stimme sprach als die des Entsetzens und Erschreckens über diese Vorgänge. Sein Amtsbruder schrieb, wie sehr das Geschehene zu erwarten gewesen sei, und allen europäischen Fürsten und Königen sei der Verrat bewusst, den der französische Herrscher begangen habe: *Um was handelte es sich denn aber in der Tat? Wenn irgendein General überführt worden wäre, das getan zu haben, was Louis getan hatte – eben alles, um die Invasion des Auslandes in seinem eigenen Lande herbeizurufen und sie zu unterstützen, so dürften alle vernünftigen Menschen, die Anhänger der Staatsräson sind, keinen einzigen Augenblick zögern, um für dieses Verhalten die Todesstrafe zu verlangen. Warum allenthalben das Gejammer, nur weil der Verräter der Befehlshaber aller Armeen war?*

Die Zeilen verwirrten den armen Mann, und er trug schwer daran, nicht mehr zu wissen, was gut, richtig, falsch und böse war. Was sollte er den Bauern und Mägden, Knechten und Handwerkern denn predigen?

Franzisca scherte sich nicht um das Schicksal der Könige, wo sie an ihrem eigenen doch so schwer zu tragen hatte. Der Trunk der Kirchenschmiedin hatte nichts bewirkt, als dass ihr Bauch immer dicker wurde, sie sich inzwischen aber wieder kräftig und munterer fühlte. Sie begegnete dem Leben derweil mit einem gewissen Starrsinn und Fatalismus. Als der Pfarrer wieder einmal über Frankreich lamentierte, kam ihr Lucas in den Sinn. War wenigstens er noch am Leben in diesen schrecklichen Zeiten? Und Joseph Anton mit seinem Freund Roos? Alle hatten sie verlassen. Was hatte sie schon – einen verunglückten Vater, einen verlorenen Hof, eine verrückte Mutter, einen toten Bräutigam und zwei Gräber auf dem Friedhof zwischen Kirche, Gams und Hirschen.

Als sie Ende Februar die Treppe im Haus zum Baumgarten nach oben ging, langsam, Schritt für Schritt, die eine Hand in die Hüfte gestützt, hielt Elisabeth Mauchin erschrocken die Hand vor den Mund.

»Mein Gott, ein Blinder könnte es sehen! Wir müssen handeln!« Bei einem ihrer nächsten Besuche in Lindau wurde sie mit den Details der Pläne vertraut gemacht, die zusammen mit dem Schaffer und Ameisler geschmiedet worden waren. Franzisca nahm alles auf ohne einen Widerspruch. Es war ihr gleich. Sie fühlte kein Dagegen und kein Dafür in sich. Knapp zwei Wochen später brachte sie der Schniefer mit einer Kutsche nach Lindau. Im Hafen bestieg sie eine Lädine, die in der Hauptsache mit Salzfässern und Stoffballen beladen war; einige Säcke Getreide hatte man in der Mitte aufeinandergestapelt, um das Schiff zu stabilisieren. Der Tag kam ihr wieder in den Sinn, als sie bei lauem Wind und blauem Himmel von Bregenz nach Lindau gefahren war, zum ersten Mal in ihrem Leben so weit draußen auf einem tiefem Wasser gewesen war. Nun führte ihr Weg zurück, und abermals war es ein Weg ins Ungewisse. Zwei Umhänge schützten ihre Schultern vor dem kalten Wind. Sie war nicht aufgeregt – alles war ihr gleich. Elisabeth Mauchin stand hinter ihr und war zufrieden, wie die Dinge liefen. Sie hatte den Herrn Pfarrer aus Oberreitnau davon überzeugen können, wie sehr ihre Nichte einer Kur bedurfte, die ihre Nerven und ihre Persönlichkeit wieder stärkten. Zunächst war er ungehalten in seiner Amtsstube auf und ab gegangen, war hin- und hergerissen. Wer sollte in der Fehlzeit denn den Pfarrhof versorgen, vor allem: Wer sollte kochen und den Wein kaufen? Die von der stolzen Frau aus Lindau in Aussicht gestellte Gefahr, ihre Nichte könne dem Pfarrer sonst für immer verloren gehen, brachte ihn zum Einlenken, zumal ihm für die wenigen Wochen, die Franzisca in einem Erholungsbad zubringen sollte, ein Ersatz versprochen wurde.

In Bregenz wartete der Ameisler mit seinem großen Jahrmarktwagen, der über eine feste Plane verfügte. Darunter gab es eine weiche Liege und sogar ein kleines Öfelchen, welches von Napimee kunstvoll mit wenigen Scheitern geschürt wurde. Drei Tage ließen sie sich für den Weg in den entlegenen Ort Zeit. Am ersten Tag kamen sie trotz der vielen Fuhrwerke, die unterwegs waren, der schlechten Wege und der zahlreichen Soldaten bis Bludenz, doch Franzisca ging es schlecht, sodass sie eine Nacht länger im Gasthof blieben. Die zweite Etappe erfolgte mit einem Schlitten, auf dem sie zum verlassen gelegenen Walserhof gelangten. Die Nacht im Wirtshaus war anstrengend, denn auch hier waren Soldaten einquartiert, die soffen und schrien, bis sie müde am Tisch einschliefen. Die Welt geriet zunehmend in Unordnung, und es war gut, in die Einsamkeit zu gelangen, dorthin, wo der Ameisler schon manches Mal zuvor Leute gebracht hatte, die für eine gewisse Zeit der Welt entfliehen mussten – nach Marul.

*

Tiefer Schnee machte das Leben beschwerlich. An den Wegrändern türmten sich hohe Brüstungen, über die man kaum hinwegsehen konnte, selbst dann, wenn man auf dem Kutschbock saß. An manchen Tagen plagten sich die Kaltblüter Meter für Meter durch den weißen Flaum, der ihnen bis an die Brust reichte. Ihr Fell dampfte, und aus den Nüstern stießen sie helle, rauchige Schwaden in die eisige Winterluft. Die Nächte waren unbarmherzig kalt, und mit kühlem Glanz blinkten die Sterne am Firmament. In den Häuslerstuben krochen die Menschen nah zusammen und blieben so lange in der Nähe des Ofens hocken wie nur möglich. Sobald der Morgen herandämmerte, zogen Schleier auf und verhüllten die Sonne. Die endlose Kälte und das trübe Licht machten die Menschen mürbe und zehrten an ihren Kräften. Nach einiger Zeit waren auch die Gesunden und Starken ausgelaugt.

Land und Menschen waren nun bereitet. Leise und zunächst unbemerkt walzte ein Fieber heran. An den Ufern des Bodensees hatte es schon um die Weihnachtstage gewütet, und mit den wenigen Schlitten und Fuhrwerken, die den Schwarzachtobel nach oben kamen, war die Glut nun auch in der Talschaft angelangt. Geschwind fegte es durch die Dörfer und erreichte auf unbekannte Weise selbst die entlegensten Höfe. Wen es ergriff, den schüttelte es mit hässlicher Gewalt, und keine Ofenbank, kein Heizstein und kein menschlicher Körper konnte dieser Kälte, die im tiefsten Innern der Leiber wütete, Wärme geben. Die Körper der Kranken gaben alles von sich, schwitzten und froren zugleich, die Glieder zitterten und klapperten, als würden unsichtbare Riesen sich der Extremitäten bemächtigt haben. Zuerst wurden die Kinder befallen, dann die Alten, und schließlich griff das Fieber auch nach den gesunden und kräftigen Leibern. Kaum ein Haus, das verschont blieb. Der Adang lag darnieder, seine Frau und seinen Ältesten brachte es in wenigen Tagen zu Tode. Viele Mütter lagen die Nacht über wach, die kindlichen Leiber eng umschlungen, bis endlich das Zittern erstarb und in der Ermattung der Schlaf siegte – solange, bis der warme kleine Körper, an den sie sich drückten, kalt und steif wurde.

Die Pfarrer waren von der Morgendämmerung bis in die Nacht unterwegs. In den Sterbekammern brannten über Wochen die Kerzen, Verzweiflung machte sich breit, denn auch die Alten konnten sich nicht erinnern, dass ein Fieber einmal so gewütet hatte. Bald fing man an, einander zu meiden, und in den Wirtshäusern hockten nur noch die Gäste, die die Sucht nach Wein, Schnaps und Bier trieb. Selbst die Messen waren schlecht besucht.

Fernab von alldem lag der Gnetzer auf der kargen Holzbank hinter dem Ofen und starrte mit glasigem, leerem Blick an die Holzdecke. Draußen, in der schmuddeligen Rauchküche, schepperte die alte hässliche Magd mit der gusseisernen Pfanne. Der Gedanke an die Hexe verursachte ihm noch mehr Pein, als er eh schon zu leiden hatte, denn Schmerzen fraßen sich abermals durch seine Gelenke. Und als wäre es nicht schon schlimm genug, faulte ihm seit den Weihnachtstagen auch noch ein Backenzahn aus dem Maul. Seit Tagen gab es nur Suppe, und jeder Tropfen Alkohol steigerte den unerträglichen Schmerz zu einem Zustand, in welchem er manchmal sogar meinte, ein wohliges Gefühl von luftiger Leichtigkeit gleich greifbar in der Nähe zu haben. Doch die Hoffnung erstarb immer wieder im wilden Toben der Nerven. Es stank erbärmlich in seiner Kammer.

Im Schmerzwahn und Delirium tauchte der Stieglerhof vor ihm auf. Er sah sich auf der Bank sitzen und hinunterschauen auf das Dorf – auf die Kirche, die Gams, die Wälderhäuser rundherum und hinüber zum Gopfberg und zur Kanisfluh. Er sah, wie die Schlittengespanne das Tal durchzogen, und Fuhrwerke – alles hatte er im Blick. Die nüchternen Momente verfluchte er. Was war es nur, dass den Kaspar so widerständig sein ließ, ihn, der vor jeder sanften Dunkelheit das Zittern bekam.

Ein fremdes, ihm gänzlich unbekanntes Gefühl durchzuckte ihn mitunter in solcher Heftigkeit, dass es seinen Oberkörper ruckartig nach oben riss – Angst. Aus dem Nichts kommend hatte ihn die eigenartige Vorstellung ergriffen, nicht mehr viel Zeit zu haben. Zeit. Jäh war die Zeit zu seinem Gegner geworden. Doch er vertrieb diese Anfälle und flüchtete in Wunschträume.

Drunten im Keller, eingemauert in der Wand, da lag sein Schatz, den er zwei Mal im Jahr aufsuchte – an Weihnachten und an seinem Namenstag. Es war einiger Aufwand, den schweren Stein wegzuheben, doch das Leuchten der Louisdor, Florentiner und Dukaten im Kerzenlicht entschädigte ihn für die Mühe. Obenauf lag eine Handvoll goldene Ringe und Armreife und eine Perlenkette. *Geiz ist ein Strang der Seel, und alles Bösen Königin!* Wer hatte das einmal gesagt?

Während er von seinen Schmerzen in seiner Mühle gefangen war, entging ausgerechnet ihm ein Gerücht. Anfangs hemmte das Fieber dessen Verbreitung, doch bald griff es von Bezau aus um sich und drang durch den gesamten Hinteren Bregenzerwald. Das Gerede war von anderem Charakter als jenes, was sich sonst von Ohr zu Ohr tratschte. Im Mittelpunkt des Geraunes standen niemand geringere als der Pfarrer und die Drieberin. Doch keiner traute sich, es laut auszusprechen, und so wurde gezischt und gebrummt; verstohlene Blicke wechselten, und je leiser man sich austauschte, desto vergifteter waren die Worte.

Wenn es nur ein Augenpaar gewesen wäre, welches das Gerede in die Welt gebracht hätte, so wäre das Gerücht schnell an sich selbst erstickt, doch waren es ausgerechnet der Hirschwirt und der Tabakhändler Moosbrugger, die sich an einem Abend unter der Woche zum Stieglerhof aufgemacht hatten, um mit dem Kaspar ein Geschäft zu besprechen. Spät in der Nacht waren sie nach ihrer Unterredung in den Schopf getreten und hatten ihre Mäntel zugezogen. Gerade als sie den Fuß hinaus in das blaue Licht des Schneeüberzugs setzen wollten, huschte eine Gestalt an ihnen vorbei, die sie unschwer als den Pfarrer erkannten. Woher sonst sollte er kommen als vom leer stehenden Mauchinhof. Doch was hatte er dort gewollt? Was?

Der Moosbrugger stupste gleich darauf seinen Begleiter an, noch etwas still zu halten. Er hatte etwas gehört, was wie das Schlagen und Verriegeln einer Tür geklungen hatte. Sie warteten im Dunkeln, hielten den Atem an und sahen gleich darauf die Drieberin, wie sie mit schnellen Schritten dem Dorf zueilte. Sie behielten das Gesehene für sich, nur dem Gamswirt Feuerstein erzählten sie es unter der Bitte der Verschwiegenheit. Es war jedoch unglückliche Fügung, dass dessen Frau das Wesentliche mitgelauscht hatte. Viel schneller als Schlitten, Kutschen oder Botenreiter es hätten transportieren können, erreichten die Berichte das bischöfliche Umfeld in Konstanz, wo alles Dekorative aus den Schilderungen von beflissenen Kirchenbeamten entfernt wurde und nichts als der schnöde Inhalt dem Fürstbischof Maximilian Christoph von Rodt in die Urkundenmappe gelegt wurde. Kirchenakten sprachen ihre eigene Sprache. Doch als der Fürstbischof vom Bregenzerwald las, umfing ihn vielmehr ein im Grunde angenehmes Gefühl, welches ihn milde stimmte. So lange war er nicht mehr dort gewesen. Und – war nicht im letzten Sommer einer seiner Pfarrherren in Meersburg zu Besuch gewesen – und hatte der nicht eine junge hübsche Haushälterin gerade von dort oben, aus dem Wald dabei?

Er schrieb nur eine kurze Notiz unter den Bericht, doch musste er einen Moment nachdenken, so groß war sein Herrschaftsbereich – von Bregenz bis vor Basel und von Konstanz bis nach Luzern reichte sein Einfluss. Ein Gesuch kam ihm in den Sinn, das ihm in den letzten Tagen vorgelegt worden war, aus Zell im Wiesental – ein guter Ort für den schwach gewordenen Pfarrer aus Bezau. Es lag weit genug entfernt und nächst der Grenze zu Frankreich. Seit der Reformation war die Gemeinde dort geteilt und die Kirche alt und baufällig wie das Pfarrhaus auch. Der dortige Pfarrer war vor einiger Zeit am Fieber gestorben, und die Gläubigen brauchten Führung – genug Arbeit für den Innsbrucker, um nicht mehr auf den falschen Weg zu geraten. – Erledigt. Nächste Schatulle.

*

Napimee war Franzisca eine gute Gesellschafterin. Sie war zugegen, redete aber kaum. Es war vor allem ihr exotisches Wesen – fremd, flüchtig, atmosphärisch –, das einen gelassenen Geist in das Haus brachte. Die Frau, in deren Haus sie lebten, ließ sich den ganzen Tag über nicht blicken, und abends hockte sie auf dem Dachboden am Webstuhl. Auf dem Hof gab es Kleinvieh: Ziegen, Geflügel und Hasen. So recht konnte sich Franzisca aber keinen Reim darauf machen, worin die Existenz des Gehöfts bestand. Nur selten kam jemand vorbei, brachte etwas, holte etwas ab.

Oft musste Franzisca sich den Bauch halten, denn die Tritte des Kindes taten weh. Was auch immer ihr die Kirchenschmiedin gegeben hatte, es kräftigte das Kind. Sie bereute ihre Gedanken von damals sehr, denn dieses Wesen war doch auch ein Teil von Jakob. Wenn sie unruhig war, erzählte ihr Napimee von ihrer Heimat in der Südsee oder davon, an welch einem guten Ort sie hier war – bei der Alten und bei ihr – und dass sie keine Angst zu haben brauchte, denn sie alle verstünden ihr Geschäft, und dem Kind würde es so gut gehen wie allen anderen zuvor auch, die hier zur Welt gekommen waren. Die Walserin schaute manchmal vorbei, blickte mürrisch drein und sprach kaum je ein Wort. Es war einsam hier oben. Hoch am Himmel kreisten die Adler, und von Westen leuchteten die hellen Gipfel des Walserkamms.

Am Tag der heiligen Katharina von Siena[1] wurde auf dem abseits gelegenen Walserhof zu Marul ein Mädchen geboren. Drei weitere Wochen blieb Franzisca noch in der Einsamkeit des entlegenen Bergtals. So war es verabredet worden, und an einem gewöhnlichen Frühjahrsmorgen, nicht weit vor ihrer Abreise, stand sie mit einem Mal als ein anderer Mensch in der Welt. Es war nicht allein das Wiedererlangen körperlicher Kraft – vielmehr das Erkennen, nicht mehr allein zu sein in der Welt. Nun sann sie auch wieder intensiv darüber nach, wie ihre Zukunft aussehen sollte.

---

1   29. April

Ende des Monats kamen sie: der Schaffer, Elisabeth Mauchin und der Ameisler; ihre Tante in einer Kutsche, der Schaffer hockte beim Ameisler auf dem Bock. Sie hatten den Pfarrer aus Schnifis dabei, der auf den Namen Pfefferkorn hörte und im Haus der Walserin die Taufe vornahm, und dies mit einer Selbstsicherheit und Vertrautheit, als sei er hier nicht zum ersten Mal zugegen. Katharina blieb zunächst in Marul.

III. Teil – Im Leben

Es waren Kriegszeiten, und wer vom Soldatendienst verschont blieb, war froh darum. Zwischen dem Osterfest und Pfingsten war der letzte Schnee verschwunden und machte das Reisen einfacher und bequemer. Nur in manchen Nächten legte sich noch der Frost auf das Land.

An einem dieser Frühjahrsmorgen ging die Hausmagd des Drieberhofs hinüber in den Stadel, um Holz für die Küche zu holen. Das versoffene Knechtsgesindel hatte wieder einmal vergessen, welches bereit zu legen, und sie brauchte einen heißen Ofen für den Brotteig. Sie lachte, als sie den Einspänner mit dem Kaltblut sah. Das Ross stand in vollem Geschirr im Schutz des Gehöfts und stapfte mit dem Huf am Boden. In der offenen Kutsche hing der Drieber. Sie schüttelte den Kopf über den Kerl, der sein ganzes Dasein dem Saufen hingegeben hatte. Sie lud erst die Scheiter in den Sack und stieß ihn dann beim Rückweg an der Schulter an, um ihn zu wecken. Doch gleich bei der ersten Berührung schrie sie erschrocken auf. Härte, Starre, Kälte. Auf dem Weg ins Haus glitt sie zwei Mal aus und fiel zu Boden. Der Holzkorb rollte durch den Hof, die Scheiter lagen im Dreck. Nur das Kaltblut blieb gleichgültig stehen, schnaubte und scharrte erneut mit dem Huf. Ihr Geschrei holte alle aus dem Haus. Der Veit trat mit offenem Mund an die Kutsche, die Knechte kamen angeschlurft und schauten dumm. Die Magd weinte, dem Madle rannen Tränen über die Wangen. Jetzt wird es schnell gehen, jetzt geht es ganz schnell, dachte sie, und wurde von einer fürchterlichen Angst erfasst. Die Drieberin warf einen langen kalten Blick auf das leere Gesicht des Toten. Nichts, keine Gefühlsregung war mehr darin zu erkennen, die Auskunft hätte geben können über seine letzten Momente.

»Tragt ihn in die Kammer«, wies sie die zwei Knechte mit ruhiger Stimme an und setzte scharf nach: »Und ab sofort hört auf, zu saufen, sonst jag ich euch zum Teufel!«

Sie ging zurück ins Haus, tat die Schnapsflasche in den Stubenkasten und richtete sich her. Ihr Herz schlug ruhig und fest. Draußen mühten sich die zwei kräftigen Knechte, den steifgefrorenen Leichnam von der Kutsche zu bekommen. Erst jetzt war der Veit zu einer Äußerung fähig.

»Oh«, sagte er, »oh ...«, und begleitete das Tun der zwei mit erbarmungswürdiger Hilflosigkeit.

»Oh, oh, oh.« In diesen Lauten lag sein ganzes Entsetzen und die diffuse Ahnung darüber, nun endgültig verloren zu sein. Als sie ihn in die Kammer schleppten, befahl die Drieberin der Magd: »Richte die Sterbekammer her ... und ihn, sobald es geht. Ich habe das Gewand schon beigelegt ... neben dem Bett.« Dann lief sie mit ruhigen, bedachten Schritten ins Dorf. Der Rauch der frühen Feuer brachte Würze in die Luft, und ein feiner gelbgrauer Schleier lag über den Dächern. Ihre Schritte knirschten auf dem rauen Weg. Raben, die sich an einem Stück Aas abmühten, flogen ärgerlich krähend auf. Sonst war nur Stille. Auf halbem Weg blieb sie stehen, fasste sich unter die Brust und schrie. Es klang irr – eine Mischung aus Freude und Leid. Man wusste nicht, wie.

In der Stube des Pfarrhauses saßen die Köchin, ihre Magd und der Pfarrer am Tisch. Es roch nach warmer Milch und altem, trockenen Käse. Kaum dass die Drieberin die Tür geöffnet hatte, sagte sie tonlos: »Der Bauer ist tot ... erfroren ... heut Nacht.« Die drei Augenpaare blickten sie ungläubig an. Niemand sagte ein Wort, bis der Pfarrer schließlich aufstand, etwas murmelte und mit ihr nach oben in die Amtsstube ging. Die Köchin sah angewidert zur Küchenmagd und zischte: »Diese Hure, diese elende ... dass sie sich traut ... dass sie sich noch hierher traut, wo es doch alle wissen ... wo es alle wissen.« Die Küchenmagd erwiderte nichts und schaute weg. Was sollte sie sagen, auf welche Seite sollte sie sich schlagen? Sie war nur die Küchenmagd, und vielleicht würde sie ja einmal die Haushälterin im Pfarrhaus werden können. Es war somit besser, zu schweigen.

Zwei Tage später wurde der Drieber zu Grabe getragen. Mit traurigem Stolz, ohne Furcht und ohne auch nur einem der anklagenden Blicke auszuweichen, folgte die Drieberin dem Sarg. Sie verachtete alle und alles um sich herum, und je feindseliger ein Blick war, desto länger bot sie ihm ihr offenes Gesicht. Dem Veit hatte sie noch am Sarg vor dem Haus zugerufen, sodass es alle hören konnten: »Halt dein Maul zu, eh! Heut wenigstens!«

*

Die kalten Nächte verloren sich in Einerlei. Es regnete oft. Wind hauchte dem erstorbenen Land Leben zu, und von Tag zu Tag kamen mehr Fuhrwerke, Gespanne und Kutschen auf die Straßen – und Soldaten. Der nahende Krieg zeigte sich nun unverblümt. Die neuen Straßen im Rheintal waren zeitweise überfüllt, und Franzisca kehrte in dem Gedränge und Geschiebe nach Oberreitnau zurück, mit gemischten Gefühlen in der Brust.

Wie zu erwarten war, gab es im Ort Gerede, was sie jedoch nicht berührte. In der Einsamkeit von Marul war sie zu mancher Einsicht gelangt und gewiss, kein Unrecht getan zu haben. Nicht ein Schatten eines schlechten Gewissens trübte ihr Gemüt; im Gegenteil: All das Erlebte ließ sie noch stolzer wirken – und schöner.

Die Malin war außer sich, als sie die ausgemachte Feindin an einem Sonntagmorgen in der Messe entdeckte. Ihr Zorn war auch deshalb so groß, weil sie immer noch ohne eine feste Zusage des Kiegelbauern war. Und sie fand sich unerwartetem Spott ausgesetzt, sich ausgerechnet an es Kiegele zu hängen. Allen Unmut darüber steckte sie in ihr böses Gerede, dem sich kaum jemand mehr entziehen konnte. Ungeschickt ging sie nicht dabei vor, sodass bald nicht mehr die Frage nach einer verbotenen Beziehung der Pfarrköchin im Raum stand, sondern die unterschwellige Empörung sich auf die Frage richtete, was mit dem Kind geschehen sei.

Am Pfarrer gingen die Gerüchte noch vorbei. Er wäre jeder Andeutung gegenüber auch taub geblieben. Dies ging so bis zum ersten Sonntag des Monats, an welchem wie an jedem ersten Sonntag die Maienprozession anstand, bei der die Jungfrauen des Dorfes mit den Prozessionstäfelchen und Kerzen um den Altar der Kirche zogen. Als Franzisca sich von ihrem Platz erhob, eines der Prozessionstäfelchen um den Leib schnallte und gerade ihre Kerze entzünden wollte, tat die Malin einige Schritte auf sie zu, stieß sie zur Seite und zischte böse: »Du nicht! Mit dir nicht … ich nicht und keine andre Jungfrau wird mit dir um den Altar ziehen!« Und lauter noch giftete sie: »Hure!« Die Malin wartete einen Augenblick. Von niemandem war etwas zu hören, kein Ton. Schockierte Gesichter blickten auf die Szene, manchen darunter schimmerte das Feige aus dem Auge, andere trauten sich nicht, im heiligen Raum die Stimme zu erheben. Von solchen Skrupeln war die Malin nicht gehemmt und wurde noch lauter.

»Hure, du! Wirst dich nicht trauen, als Jungfrau um den Altar zu ziehen und uns alle in den Höllenschlund zu stürzen!?« Der Ritus, für alle vertraut und gewohnt, geriet ins Stocken, das Orgelspiel endete mit einem schalen Pfeifen. Franzisca suchte, an ihrer Feindin vorbeizukommen, doch die stellte sich ihr in den Weg, dass sich ihre Gesichter beinahe berührten, und fauchte nun schrill: »Eine Hure geht nicht um den Altar … eine Hure nicht!« Sie griff in den Stoff von Franziscas Juppe und zerrte daran. Franzisca war wie benommen von den Beschimpfungen.

Endlich hatte auch der Pfarrer die Konfusion mitbekommen. Zielstrebig steuerte er nun seinen schweren Körper mitten hinein in den Aufruhr. Die Fassungslosigkeit über die Impertinenz dieser Person ließ ihn schwer atmen. Revolution, Aufstand! In seiner Kirche! Sein Herz stolperte, und er fuchtelte mit den Armen. Aus den Bänken trafen ihn erschrockene, verängstigte, neugierige und einige giftige Blicke. So wie seine Gemeinde seine Stimme noch nie gehört hatte, dröhnend, laut, wütend und von der ganzen Fülle seines Leibes getragen, donnerte er los: »Dreistes Ding! Weg … weg, weg!« Und noch an Ort und Stelle ließ er eine Schimpfpredigt auf sie niederfahren, wie sie in diesem Kirchenraum noch nie einer der

Anwesenden gehört hatte und wie sie diesem gottesfürchtigen Mann keiner je zugetraut hätte. Er zieh sie öffentlich der Hurerei mit dem Kiegelbauern, der ganz hinten in den Männerbänken hockte und noch kleiner wurde, als er eh schon war. Sein Herz pochte vor Scham und Wut und Zorn. Nie, nie mehr würde er dieses Weib auf seinen Hof lassen. Aus dem Schutz der anderen Jungfrauen heraus zischte sie zurück, es sei eine schlechte Rede von einem studierten Herrn, ihr öffentlich vorzuhalten, was er nicht beweisen könne. Der Pfarrer erstarrte angesichts des dreisten Vorwurfs. Mit allem hätte er gerechnet, doch damit niemals. Etwas in ihm ließ seinen Körper umdrehen, zum Altar schreiten und den Gottesdienst mit steinernem Gesicht und hölzernen Worten fortführen.

Franzisca setzte sich an ihren Platz zurück und wunderte sich, wie wenig ihr Inneres von dem hässlichen Anfall betroffen war, wie gering ihre Angst vor dem war, was da nun kommen würde. Der Vorwurf an sie war in der Welt. Und in der Welt wirkten Realitäten. Ganz nüchtern überlegte sie deshalb, was für sie zunächst zu tun war.

Auch dem Pfarrer standen die Konsequenzen des Vorfalls deutlich vor Augen. Das Gerede würde nicht mehr zu bewältigen sein, und er musste schnell handeln. Noch am Nachmittag verfasste er einen Brief an den Bischof in Meersburg und dachte dabei wehmütig an die friedliche Zeit des letzten Sommers, als sie nach Baitenhausen gewallfahrt sind und einen so schönen Empfang erhalten hatten – in der Sommerresidenz hoch über dem herrlichen See, zwischen Muscheln und Schneckengehäusen. Schonungslos schilderte er, was geschehen war und in welch aufrührerischer Manier sich sogar ein schweigender Mob um eine Aufrührerin gestellt hatte, die unbewiesene Vorwürfe schlimmster, übelster Art gegen seine Haushälterin und somit auch gegen ihn und seinen Pfarrhof erhoben hatte.

Am Abend holte er Franzisca dann in seine Amtsstube, in der er einige Zeit ruhelos um den Schreibtisch lief. Sie stand da und wartete. Schließlich setzte er sich in seinen Amtsstuhl, ordnete gedankenverloren einige Schriftstücke, schob das Tintenfass von einer Stelle zur andern und wies ihr schließlich mit einer fahrigen Bewegung den Platz auf dem Stuhl. Ein tiefes Gefühl in ihr wehrte sich gegenüber dem Affekt, ihm von Katharina zu erzählen. Während sie es verleugnete, sprach sie stumm ihren Namen: »Katharina, Katharina, Katharina …« Niemand – niemand sollte von ihr wissen, außer die, die das Kind liebten und es wollten, allein weil es in der Welt war. Ihre Unehrlichkeit dem frommen Mann gegenüber, der immer gut zu ihr gewesen war, schmerzte sie, doch nahm sie es in Kauf.

Am nächsten Tag berichtete sie ihrer Tante, was geschehen war. Die war bestürzt. Das Gerede würde sich schnell verbreiten, und die Gerichte wären dann gezwungen, ihre Ermittlungen in Gang zu setzen. Noch am gleichen Abend beriet sie sich mit ihrer Herrin, die sich über die Malin und den Vorfall echauffierte.

»Es ist, wie es immer ist – wer keine materielle, weltliche oder religiöse Macht besitzt, hängt sich eine Moral um. Wie auch immer – deine Franzisca wird kämpfen müssen, anders wird es nicht gehen.« Sie nannte ihr den Namen eines ihr vertrauten Advokaten, und bereits zum folgenden Wochenende hin hielt die Kutsche des Johann Heinrich Schlatter vor dem Pfarrhaus in Oberreitnau.

Er war ein Herr alter Schule. Sein grünes Kamisol hatte zwei weit voneinander stehende Knopfreihen und war an den Schlägen mit Stickereien verziert. Unter einer himmelblauen Seidenweste wölbte sich der gemütliche Bauch eines Genießers. Franzisca fasste schnell Vertrauen zu ihm. Er stellte viele Fragen, was sie irritierte. Ernst erklärte er ihr, dass er deshalb alles so genau wissen müsse, weil es unweigerlich zu einem Prozess kommen werde, denn außerehelich mit einem Mann zu verkehren, stand nach wie vor unter Strafe, und die Malin hatte zudem den Verdacht der Kindstötung in die Welt gebracht. Franzisca schüttelte den Kopf.

»Aber das habe ich doch nicht getan!« Er lächelte und legte seine schwere Hand mit dem goldenen Ring auf die ihre.

»Sei sie ganz beruhigt. Das Gericht wird aber danach fragen, es wird nach Beweisen für eine Schwangerschaft fragen, und ein Kind ist noch immer der beste Beweis für eine Schwangerschaft – und für die Leidenschaften zuvor – und dieser Beweis würde zu einer Strafe führen. Wir leben allerdings in verrückten Zeiten, und ohne Beweis kann es keine Strafe geben.« Er drückte ihre Hand fest. »Es gibt kein Kind, somit gab es auch keine Schwangerschaft und in der Folge nichts, was strafwürdig sein könnte, und wer das Gegenteil ohne einen Beweis behauptet, redet übelwollend drein und muss selbst bestraft werden. Wir werden dem zuvorkommen, was die Malin angestoßen hat. So einfach ist das Recht.«

Franzisca befielen Skrupel. Sie wollte der Malin nichts Böses, doch als er ihr noch auseinandersetzte, wie sehr es dabei auch um Katharina ginge, war sie zu allem bereit und unterzeichnete noch am Tisch in der Küche die Vollmacht für ihn und ihre Anklage gegen die Malin – ohne jedes schlechte Gewissen. Sie las nochmals den letzten Satz, der da lautete: … *und dero sie sich des angeschuldeten Criminis völlig rein wisse und ihre unbefleckte Ehre so hoch als ihr Leben schätze.* – Ja, genau so war es.

Die Ereignisse hatten die Sehnsucht nach Katharina in Franzisca vervielfacht, ja sie verzehrte sich schier nach ihr. Tagsüber weinte sie oft, in der Nacht schlief sie unruhig. Sorgen über die Zukunft trieben sie um. Was sollte werden? Wie würde das Gericht handeln? Niemals zuvor hätte sie sich in einer solchen Angst geglaubt, und immer klarer trat ihr vor Augen, wie sehr sie Unabhängigkeit brauchte, wenn sie allein für Katharina sorgen wollte. Unabhängigkeit.

Der Magistrat in Lindau sah sich durch die schriftliche Eingabe des Advokaten Schlatter zu Ermittlungen gezwungen. Das Gerede von der schrecklichen Konfusion in Oberreitnau hatte schon seine Runde gemacht, sodass man gar nicht ungehalten über die Eingabe des Advokaten war, denn so ließ sich die Angelegenheit ohne größeres Aufheben erledigen. Und keiner in der Stadt wollte Aufsehen in Zeiten, in denen niemand wusste, wie das Volk reagieren würde. Der Magistrat beauftragte den Geheimen Rat Gaupp, die Sache diskret zu verfolgen. Unterstützen sollte ihn der junge Rechtskonsulent Kinkelin. Sorgsam prüften die beiden den Sachverhalt, wobei das besondere Gewicht, das der Causa innewohnte, auf der rüden Weise lag, in welcher die Heilige Messe gestört worden war. Das Schreiben des Advokaten war eindeutig und bezichtigte die Rädelsführerin namens Malin der üblen Rede.

Den beiden lag bereits ein Schreiben des Pfarrers Wagner vor, in welchem er die schreckliche Konfusion schilderte, die die Malin ausgelöst hatte. Den Zeilen war seine tiefe Entrüstung zu entnehmen. Zudem verneinte er eine Schwangerschaft seiner Haushälterin, zumindest hatte er darüber nie einen Verdacht geschöpft, und ihre längere Abwesenheit erklärte er mit der nervlichen Zerrüttung, die ihr durch den tragischen Unfalltod des Verlobten widerfahren sei.

Der Landammann Metzler im Bregenzerwald wurde angeschrieben, der den unglücklichen Tod des Jakob Mathis bestätigte. Dieser hatte ihn bereits um die Heiratserlaubnis mit der aus Bezau stammenden Franzisca Mauchin ersucht. Darüber hinaus gab er der Frau einen rundum guten Leumund.

Gaupp und Kinkelin verfassten eine Liste mit Zeugen und luden diese schriftlich vor. Der Barbier Josef Schmied, die Magd Agatha Bernhardin und Mariana Günthörin wurden zuerst geladen. Doch man ließ sich wegen der laufenden Erntearbeiten Zeit und bestellte die Zeugschaft erst für den September ein.

Im rotseidenen Brevier des Fürstbischofs Maximilian Christoph von Rodt fand sich der Brief des Oberreitnauer Pfarrers. Einen

Advokaten hatte seine Pfarrköchin beauftragt, ihre Ehre zu schützen, las er darin. Von Rodt spitzte die Lippen und nickte unwillkürlich. Es waren beachtlich neue Zeiten.

Während eines Spaziergangs entlang der Galerie und dem weiten Blick über den See hinüber nach Konstanz sowie einer anschließenden Tour durch sein Muschelkabinett war er zu einem Schluss gekommen. Der Verdacht einer Schwangerschaft gegen eine unverheiratete Pfarrköchin wog schwer. Doch weit gefährlicher und zerstörerischer für die öffentliche Moral und Ordnung war das Auftreten des Mobs als moralische Instanz – noch dazu in der Kirche daselbst. Die Störung des Gottesdienstes, das Infragestellen des Priesters als Leiter und Hirte der Gemeinde – das war Erhebung und Aufruhr, kurz: Revolution! Einem solchen Verhalten musste entschieden entgegengetreten werden. Und nun – Schwangere würde es immer wieder geben, man kam damit zurecht – mit Aufrührern jedoch war nicht zu spaßen. Rücksichtnahme war hier fehl am Platz.

Er schrieb einige Zeilen nieder, siegelte das Kuvert und legte es in das mit dunkelblauer Seide ausgelegte Körbchen. Der Bote würde es noch heute Nachmittag abholen und auf den Weg geben.

Das Gericht

Der Sommer war angefüllt mit schrecklichen Nachrichten aus Frankreich, das den Menschen, so unendlich weit entfernt es auch lag, immer näher zu kommen schien. Doch was sollte noch schlimmeres kommen als die Hinrichtung eines Königs? Ungute Ahnungen machten sich breit.

Im Bregenzerwald war der Gnetzer wieder auf den Wegen unterwegs. Der letzte Winter steckte ihm noch arg in den Knochen. Wo immer es sich anbot, ließ er sich auf einem der Fuhrwerke mitnehmen und gab tatsächlich einige Kreuzer dafür. Es fiel ihm schwer, den Weg zum Stieglerhof zu Fuß zu gehen.

Das Madle war gerade auf dem Mauchinhof zugange. Als sie den Gnetzer unten kommen sah, nahm sie einen Eimer und tat so, als hätte sie dem Kaspar etwas zu bringen. Der Gnetzer grinste anzüglich.

»Soso – ein seltsames Pärchen treffe ich da an – ein taubes Täubchen samt einem dummen Esel.« Sie lächelte fein. Der Kaspar stand trotz seiner ganzen körperlichen Kraft hilflos herum, und der Gnetzer schrie mehr, als dass er sprach: »Der Advokat hat ihm den Brief zustellen lassen, in dem alles geregelt ist. Ein Tag vor Michaeli ist die Übergabe, und der Hof wird geräumt sein. Hat er es verstanden?! Hat er es verstanden?!« Und zum Madle gewandt säuselte er: »Hei, Feines, werd mit deiner Bäuerin reden und dich herholen ... kennst dich ja schon mit allem aus. Kannst mir gleich zu Diensten sein wie dem Esel da auch.« Sie verzog keine Miene, obwohl ihr Herz heftig schlug. Der Kaspar sprach gar nichts und stand weiter nur herum. »Hast verstanden?!«, herrschte ihn der Gnetzer noch einmal an, bevor er ging. Unbeholfen nickte der große Kerl. Was sollte er auch tun? Wortlos stieg er die Treppen nach oben in den Flur, wo der Webstuhl stand, und machte an seinem Arbeitsstück weiter. Ein Unterkommen würde er schon irgendwo finden.

Das Madle war nach einer Weile wieder nach draußen gegangen, um drüben auf dem Mauchinhof noch letzte Arbeiten zu erledigen. Sie erschrak, als sie den Gnetzer dort stehen sah. Ihm war seine Wut anzusehen. Die Drieberin hatte alles bekommen, was sie wollte – weil er ihr gezeigt hatte, was möglich war, und sie, sie tat nicht einen Gran für ihn. So lange hatte er warten müssen. Und jetzt hing auch noch dieses hübsche schmale Ding an dem dumpfen Kerl, den alle im Dorf so mochten. Welch eine Verschwendung. Etwas zwang ihn, zu reden, und er legte los – unkontrolliert, was ihm gerade einfiel und was ihn umtrieb. Sein Inneres war aufgewühlt, und der ganze Schmutz trieb an die Oberfläche. Er sprach von den Raubzügen, die er schon als Bursche unternommen hatte, von seinen Kumpanen, von denen der eine hier am Galgen, der andere dort am Schafott geendet ist, und er – er hatte alle überlebt. Sogar von seinem Schatz sprach er – und von seinem Meisterstück. Ganz allein hatte er die Kutsche überfallen, in der sie die Schätze der aufgelassenen Klöster wegschaffen wollten, die geistlichen Herren. Seine Stimme überschlug sich.

»Nicht schleppen konnte man die Säckel, nicht schleppen, ah! Selbst mit drei versoffenen Knechten, die zufällig dazugekommen waren, war das viele Gold nicht wegzuschaffen!« Er machte eine schnelle Bewegung auf sie zu, deutete dabei einen Stich gegen ihren Hals an und lachte abstoßend dabei. »Der Kutscher ... der Kutscher hat ein Held sein wollen, wo die ganzen Pfaffen einfach ruhig geblieben waren. Es waren doch nur Münzen.« Er deutete auf seine Kehle. »Zack – in den Hals«, und dabei röchelte er heiser und tat so, als bekäme er keine Luft mehr. »Der Kutscher wird danach auch nicht mehr haben reden können, so wie du feins Madle. Mitten in den Hals ... hahaha!« Die Erinnerung an seine Tat und an die Dukaten vertrieb seine Wut und die Enttäuschung, und er vollzog ein paar ungelenke Hüpfer. Sie sah ihn erstarrt an. »Mach weiter mit der Arbeit und halt mir meinen Besitz in guter Ordnung«, sagte er zum Schluss, schlug mit dem Stock gegen den Türrahmen und ging den Weg hinunter.

Sie blieb noch lange so stehen, zitterte erst, weinte dann und hockte sich endlich drinnen in der Stube an den Tisch und suchte, sich zu beruhigen.

*

Die Veränderungen waren greifbar, und überall, wo jemand ein Journal, ein Intelligenzblatt in die Hände bekam und daraus vorlas, drängten sich die Menschen drum herum – so auch im Hafen von Lindau, wo Schiffer, Kutscher, Träger, Handwerker und Kaufleute zusammenstanden und die Politik diskutierten. In einigen Schenken bezahlten die Wirte gar diejenigen, die gut und laut lesen konnten, wenn sie nur die Neugierde der Menschen weckten und damit Kundschaft herbeilockten. Mord und Totschlag, die Begierden der Mächtigen, Lug und Trug waren die wirksamsten Anziehungskräfte. Und derlei Nachrichten gab es so wunderbar viele in diesem Sommer. In Frankreich hatte eine Charlotte Corday einen Herren Marat ermordet; gleich danach waren die feudalen Rechte zur Vergangenheit erklärt worden und die Todesstrafe für Kornaufkäufer, Schieber und Schwarzhändler beschlossene Sache. Einigen Kerlen aus dem Hafen wurde es eng um den Hals angesichts solcher Nachrichten. So eine Revolution brauchte doch wahrhaftig kein Mensch. In einer klaren Sommernacht leuchteten die Johannisfeuer rund um den See, und in Frankreich übernahm ein gewisser Robespierre den Vorsitz des sogenannten Wohlfahrtsausschusses. Nur wenige Wochen später kam es zur Schändung der Königsgräber von St. Denis, wobei die Gebeine der französischen Könige in die Seine geworfen wurden. Welch ein Sakrileg. Die Wissenden stellten Bezüge her, denn ein deutlicheres Zeichen für die Zeitenwende gab es nicht: Bischof von Rodt klang ernst, als er seinen Gästen von den einstigen Gottkönigen Pharao Pepi und Anchenespepi berichtete, deren Pharaonengräber man geplündert und deren Leichen man in der Wüste verstreut hatte. Es war das Ende der goldenen Zeit der Pharaonen.

»Welche goldene Zeit endete jetzt?«, fragte von Rodt in die Runde.

Hatten die Hinrichtung von Ludwig XVI. und Marie Antoinette für einen Aufschrei gesorgt, so setzte das Geschehen von St. Denis blanken Hass frei – auf allen Seiten. Es gab kein Halten mehr, keine Moral, keine Gesetze, nichts, auf was mehr Verlass war. Dieser Robespierre etablierte eine Herrschaft des Schreckens und beschönigte nichts. Bis zum Herbst des Jahres hatte das neue Wort seinen Weg nach ganz Europa gefunden – für den vom Staat erzeugten Schrecken: la terreur!

*

Die ersten Vernehmungen durch den Geheimen Rat Gaupp erfolgten wie vorgesehen im September. Eine suppige, schwüle Luft erschwerte das Atmen. Der See dampfte, und entlang der Appenzeller Berge zog sich ein dichtes Dunstband. Der Barbier Josef Schmied nahm den Weg nach Lindau gemeinsam mit der Agatha Bernhardin und der Maria Günthörin. Je näher sie der Stadt kamen, desto langsamer wurden ihre Schritte. Mit Blick auf Landtorbrücke und Türme wurde ihr Gespräch einsilbig.

Die Bernhardin hatte jeder Mut verlassen und wollte wissen, welche Fragen ihr denn gestellt werden würden und was sie antworten sollte. Den Barbier enervierte ihre Unruhe, da sie seine eigene anstachelte und er schon ein Zittern im Leib spürte. Was wusste denn er von der ganzen Sache – doch nichts! Wie kam man bei Gericht überhaupt auf seinen Namen? Noch nie hatte er vor Gericht gestanden.

Mit schweren Beinen passierten sie die Heidenmauer. Am Marktplatz stauten sich Kutschen und Fuhrwerke, weil am Brettermarkt ein Fuhrwerk mit Bauholz umgestürzt war. Sie zwängten sich durch das Gedränge und kamen am Sünfzen vorbei zum Rathaus, wo ein Wachmann sie mitnahm und vor eine schwere eichene Tür brachte. Dort wurden sie angewiesen, auf einer Holzbank Platz zu nehmen und zu warten. Ihr Gespräch war erstickt. Einzig die Kühle hinter den dicken Mauern war angenehm.

Als ersten Zeugen rief Rechtskonsulent Kinkelin den Barbier auf. Der Geheime Rat saß hinter einem breiten Tisch und erfragte Namen und wann und wo der Barbier geboren sei. Kinkelin stand am Stehpult und kratzte laut mit der Feder über das Papier. Gaupp hatte eine strenge Stimme und las vor: »... hiesige Unterthanen über das bemerkte Fragstück mittelst gelehrten Eides vernommen in der Causa Franzisca Mauchin, Köchin und Haushälterin des ehrwürdigen Herrn Pfarrer Wagner zu Oberreitnau, der Josef Schmied, Barbier zu Oberreitnau.« Der Barbier nickte und musste unwillkürlich schlucken. Plötzlich war seine Kehle staubtrocken.

»Kennt der Deponent die Köchin in dem Pfarrhof zu Oberreitnau und wisse er, wie sie heißt?«, lautete seine erste Frage. Den starren Blick des Geheimen Rates empfand der Barbier wie den eines Raubtiers. Stockend und unsicher antwortete er: »Ja ... die Pfarrköchin ... Franzl heißt sie, ah ... so wird sie bei uns gerufen ... sie ... sie heißt Franzisca.«

»Mhm, genau. Franzl ... Franzisca. Obselbige müsst einige Zeit lang abwesend und verreist gewesen sein. Wann und wie lang könnt das gewesen sein?« Der Barbier antwortete beflissen: »Ja, ja, fort war sie gewesen, in der Zeit nach Lichtmess, und man hat erzählt, sie sei in einem Bad bei Markdorf, dann wieder hieß es, sie sei in Altstätten oder im Wald, wo sie herstammt. Der Herr Pfarrer hätte dergleichen gesagt, als ihn jemand gefragt hat. Sie hätte die

Dünnsucht und sei insgesamt enerviert. Es waren sicher zwei Monat, wo sie weg gewesen ist, und man hat schon geredet …« Er stoppte seinen Bericht. Gaupp fragte nach: »Geredet hat man … soso … worüber denn, und wer hat geredet?«

»Ach, die Leut halt so … wer genau, weiß ich nicht mehr … über die Krankheit der Pfarrköchin halt, und dass der Herr Pfarrer so ein Pech hätte mit seinen Haushälterinnen, wo doch schon die letzte …« Gaupp sah auf und winkte mit einem angewiderten Gesichtsausdruck ab.

»Die Sach von der letzten Pfarrköchin ist wohl bekannt. Was für ein Gerede war denn vor der Abreise der Franzisca Mauchin über dieselbe ergangen?«, hakte er noch einmal nach. »Er betreibt doch ein munteres Geschäft, der Herr Barbier, kommt viel herum und hat gar einen rechten Salon, wo sich die Jungfrauen und Burschen treffen in Oberreitnau … er müsst doch genau wissen, welch ein Gerede über dieselbe gegangen ist, nicht wahr? Was ist er so stupend?! Sonst ist er doch auch ein ganz munterer Kerl, was man hört.« Der Barbier war sich nicht sicher, wie er darauf reagieren sollte. Er nahm seine Hände zur Hilfe, faltete sie und knetete und massierte die Finger, während er sprach: »Ja, schon. Der Fuhrmann vom Zeller in der Bindergasse, der hat gesagt, sie sei schwanger, und auch die Milchweiber, die haben gemurmelt, dass sie einer Weiberkrankheit aufgesessen sei … und in der Hoffnung eben.« Gaupp atmete laut.

»Woher ist geglaubt worden, dass sie schwanger sei?« Der Barbier drückste ein wenig herum.

»Ja, nun ja, woher man es geglaubt hat … ja weil sie manchmal bettlägerig gewesen ist, und nach dem Christfest und Epiphanias, da hat man sie nur manchmal in der Messe gesehen.«

»Mhm, bettlägrig war sie gewesen. Und hat der Barbier der Mauchin solches selbst angesehen, die Schwangerschaft, und wenn ja – wie?« Der Barbier schüttelte den Kopf und fuhr mit den Händen auf, als müsste er einen Dämonen vertreiben.

»Nein, nein, nein … nichts hab ich gesehen. Sie hat sich ja nie blicken lassen bei mir so wie die anderen jungen Leut. Immer war sie im Pfarrhof aufhältig, und wenn die Bauernweiber ihn, also den Herrn Pfarrer gefragt haben, ob seine Köchin nicht was hätte, so hat er stets geantwortet, er schaue nicht auf das Gerede der Weiber, und sie sei eben enerviert und krank wegen dem Schicksal ihres Bräutigams, der wo von einem Steinschlag umkommen ist.« Gaupp ging nicht weiter darauf ein und schnaufte angestrengt.

»Soso, hat man also so geredet. Doch selbst hat er nicht gesehen, dass die Pfarrköchin schwanger sei!?« Der Barbier verfiel ins Jammern.

»Nein! Es war ja immer dunkel die langen Wintermonate über, auch in der Kirche, und wegen der Kälte hat sie auch Umhänge getragen.« Gaupp hob beschwichtigend die Hand.

»Er soll die Mauchin nach ihrer Gestalt und Aussehen beschreiben.« Der Barbier sah zur Decke.

»Recht groß gewachsen ist sie, und dünn, hat kräftige Arme, wie die Bauersleut sie eben haben … und dunkles Haar und Augen …« Als er nichts mehr sagte, fragte Gaupp energisch nach: »Wie ist sie gekleidet gewesen?«

»Oh, sie hat derer vielerlei Kleider, und die andern Weiber waren immer ganz närrisch, wenn sie ihre Juppe trug mit dem Hut dazu.«

»Hat sich die Mauchin vor ihrer Krise ordentlich und ohne Scheu unter den Leuten sehen lassen?«

»Mhm … ja in der Messe halt, und in Lindau bei der Erledigung ihrer Besorgnisse für den Pfarrhof und auf den Feldern, wenn die Knechte angewiesen werden mussten.«

»Wie hat sie ihre Arbeit verrichtet?«

»Oh … wie eine Bäuerin. Der Pfarrer hat gute Ernte gehabt, und alles am Pfarrhof ist aufgegangen.«

»Soso. Und wie hat sie sich nach ihrer Rückkunft verhalten?«

»Sie ist nie irgendwohin als da, wo sie ihre Arbeit hatte. Als sie aber nach ihrer Rückkunft wieder den Umgang der Jungfrauen mitmachen wollte, da ist die Malin aus der Goldschmiedemühle vor sie getreten und hat ein Gezeter gemacht und geschrien, sie sei im Kindbett gewesen, und es sei gegen ihr Gewissen, jetzt mit der solchen den Umgang mitzutun, worauf die anderen ledigen Weibsbilder gesagt haben, sie gehen auch nicht mit der Köchin um den Altar wegen ihrem Seelenfrieden und den Höllenqualen.«

»Was hat die Pfarrköchin für einen Lebenswandel geführt?«

»Ihre Arbeit hat sie getan, und in die Messe ist sie gegangen. Mehr weiß ich nicht.«

»Ja, genau. Mehr weiß er nicht.« Gaupp signalisierte ihm mit einer ärgerlichen Handbewegung, zu gehen.

Als nächstes wurde die Agatha Bernhardin in die Amtsstube gerufen. Der Barbier lief gleich davon und ließ die Günthörin alleine im Gang sitzen. Er machte sich auf zum Sünfzen, wo er den ersten Becher Bier derart gierig hinunterstürzte, dass ihm die Hälfte den Hals hinablief.

*

Die Bernhardin war weniger aufgeregt als der Barbier; allerdings irritierte sie sichtlich, dass jemand mitschrieb. Immer wieder ging ihr Blick hinüber zum Kinkelin, der stoisch hinter seinem Pult stand.

»Ja gar wohl kenne ich die Pfarrköchin, sie heißt Franzisca Mauchin … geheißen wird sie Franzl bei uns«, sagte sie auf die erste Frage hin.

»Obselbige Franzisca Mauchin müsst einige Zeit lang abwesend und verreist gewesen sein. Wie lang?«

»Sicher waren das viele Wochen, wie viel genau, weiß ich nicht.«

»Wo könnt sie denn gewesen sein?« Die Bernhardin senkte ihre Stimme, sprach dafür aber um so schneller: »Der Herr Pfarrer hat gesagt, sie sei in einem Bad in Markdorf gewesen … doch wird geredet, sie sei im Kindbett gelegen, im Wald hinten.«

»Soso, den Worten des ehrwürdigen Pfarrers hat man demnach also nicht geglaubet. Doch woher hat man denn dann geglaubt, dass sie schwanger sei? Es muss ja einen Grund dafür geben.« Die Bernhardin war froh, endlich alles loszuwerden. Es brach regelrecht aus ihr heraus.

»Ja weil sie geschwollene Füße gehabt hat … und man ihr die Schwangerschaft angesehen hat … und sie lange nicht mehr in die Marienmesse und zum Umgang gekommen ist. Ich habe selbst gehört, wie die Malin der Günthörin, die wo Näherin im Pfarrhof ist, wie sie die nach dem Befinden der Köchin Franzl gefragt hat, und wie die geantwortet hat, sie sehe gar nicht gut aus, und es ginge ihr die Arbeit schwer von der Hand, und im Gesicht sei sie so blass und habe so oft dicke Füße und weine auch manchmal. Und wie viel unterschiedliche Röck und Kleider sie hatte, und die Näherin hat gejammert darüber, wie viel Arbeit sie damit gehabt, und alleweil ist sie mit den Knechten auf der Fuhre gewesen, ungebührlich oft, wo sie wohl nach Lindau oder nach Unterreitnau gefahren ist, und manchmal sogar in der Kutsche, und sie ist immer so dünn gewesen, und über die Fastenzeit zum Christfest hin hatt sie ein bleiches festes Gesicht bekommen, und die Malin hat dann zur Günthörin gesagt, wenn sie schwanger sei, die Pfarrköchin, dann wäre es nur gerecht, wenn man sie fort täte, und wie groß doch die Schande sei … genau so wie vor zwei Jahren, wo man die Pfarrköchin habe wegschicken müssen, samt dem Kindsvater, dem Herrn Vikar …« Gaupp schlug mit den Fingerknöcheln auf den Tisch und unterbrach den Redefluss.

»Ist gut, ist gut, ist gut!« Er atmete laut aus und fragte anschließend ohne Emotion, ob sie sich denn selbst von der Schwangerschaft der Pfarrköchin versichert habe. Die Bernhardin blickte ihn verständnislos an. »Ja hat sie, oder hat sie nicht!?«, wiederholte er scharf seine Frage. Als immer noch keine Antwort kam, meinte er in Richtung des Rechtskonsulenten Kinkelin: »Also nicht.« Wie nebenbei fragte er die Vernehmung abschließend, ob sie auch schon einmal dicke Füße gehabt habe. Sie nickte ernst.

»Oh ja. Unsereiner hat schon schwere Arbeit, und im Sommer, wenn es heiß ist, dann schwellen die Füße schon an ... und wenn es arg schlimm ist, geh ich zur Kirchenschmiedin, weil die ....« Er hob die Hand und unterbrach sie.

»Sie hat also selbst schon dicke Füße gehabt?«

»Ja ... ja sicher.«

»Und – war sie da schwanger?« Die Bernhardin verstand nicht. Er setzte nach: »Ja, wegen der dicken Füße ... war sie da schwanger oder nicht?«

»Nein ... natürlich nicht.«

»Natürlich nicht!« Er winkte ihr anmaßend zu und entließ sie aus dem Zeugenstand.

Mit sich unzufrieden ging sie hinaus, wo die Günthörin mit bleichem Gesicht wartete. Der war ganz schlecht geworden, als der Barbier kreidebleich in die Stadt davongelaufen war.

*

Die Günthörin sah eher aus wie eine Angeklagte, als sie mit weichen Knien und wackligen Beinen den Raum betrat. Ihr Herz pochte heftig, und in den Ohren rauschte es, dass sie die ersten Worte des Geheimen Rats gar nicht verstand. Seine Handbewegung, die zu einem Stuhl hin wies, begriff sie aber und setzte sich schnell hin. Kaum dass sie saß, wurde sie jedoch unvermutet ganz ruhig und beantwortete die Fragen mit fester Stimme und ohne erkennbare Nervosität.

Ja, sie kannte die Franzisca Mauchin, die im Frühjahr für einige Wochen weg gewesen war. Die einen sagten, sie sei krank, andere behaupteten, sie sei im Kindbett gelegen. Sie kenne sie, weil sie als Näherin für den Pfarrhof arbeite und somit regelmäßig dort zu tun habe. Sie bestätigte, es habe viel böses Gerede gegeben, welches vor allem von der Malin und der Bernhardin betrieben worden sei. Zu den Gerüchten konnte sie nur sagen, dass im Adler die zwei Knechte im Pfarrhof als Kindsväter ebenso verdächtigt worden seien wie ein junger Bauernbursch aus dem Wald, dem sie versprochen gewesen sein soll. Und nein – sie hatte sich nicht selbst von der Schwangerschaft überzeugt und wisse nur von dem Gerede.

»Hat sie nicht der Malin von der Goldschmiedsmühle gegenüber von einer Schwangerschaft gesprochen?«, fragte der Geheime Rat.

»Nein, niemals … ich habe nie mit der Malin gesprochen. Die Malin hat aber immer von einer Schwangerschaft geredet.«

»Woher ist gegläubt worden, dass die Pfarrköchin schwanger sei?«

»Ja wegen dem vielen Gerede davon, und weil sie für einige Wochen weg war. Überall ist zuletzt davon geredet worden, dass sie im Kindbett gelegen sei, und überall habe man gesagt, sie sehe aus wie die schwangeren Weiber.«

»Hat sie der Mauchin solches selbst angesehn und wie?«

»Bisweilen hab ich mir selbst gedacht, die Köchin sei schwanger, und wiederum hab ich gedacht, sie möcht halt viele Röck anhaben, aber rechte Gelegenheit hab ich nicht bekommen, sie genau zu betrachten. Sie hat so übel ausgesehen bei ihrer Rückkunft, und sie ist mir auch schmaler vorgekommen. Aber ihr Bräutigam ist ja auch zu Tode gekommen …« Sie biss sich auf die Lippen.

»Welch einen Lebenswandel hat sie geführt?«

»Brav ist sie gewesen und fleißig und hat den Pfarrhof gut bewirtschaftet. Ich habe das sehen können, wo ich doch oft dort gewesen bin. Gekocht hat sie jeden Tag, das Haus in Ordnung gehalten und die Knechte angewiesen. Seither sie der Schwangerschaft beschuldigt ist, ist sie sehr skrupulös. Man sieht sie kaum noch … nur nach Lindau ist sie viel unterwegs, wo sie eine Muhme hat … im Haus von Seutter …« Schnell warf sie ein: »Nichts mehr als Gutes kann ich von ihr sagen.«

Für Gaupp war genug gesagt worden, um das weitere Vorgehen zu bestimmen. Er entließ die Günthörin und diktierte seinem Adjunkten einige Schlusssätze. Als die Akten ordentlich zu Ende gebracht waren, stöhnte er: »Gerede, Neid, Gehässigkeit und nochmals Gerede. Und der Mauchin werden wir, gleich wie die Causa liegen mag, nicht nahekommen. Die Zeiten sind gefährlich ... auf allen Seiten; in allen Senken des menschlichen Gemüts schlummert der Aufstand. Die Malin aus der Goldschmiede wird eine Straf erhalten, und dann ad acta mit der Rolle bis in alle Ewigkeit.«

*

Franzisca hatte von den Vernehmungen erfahren. Der Schniefer berichtete ihr, was er über die Sache aufgeschnappt hatte, auch von dem Verdacht ihm und dem Flaucher gegenüber. Sie lachte herzhaft, auch wenn sie die Vernehmungen sehr beunruhigten.

An einem trüben Tag nahm der Schniefer sie auf dem Wagen mit nach Lindau. In Tettnang hatte er am Tag zuvor zwanzig Sack Korn geladen, das nach Lindau aufs Schiff sollte. An der Wegkreuzung vor dem Taubenberg mussten sie warten, weil ein Fuhrwerk mit gebrochenem Rad den Weg versperrte und sich einige Kutschen und Gefährte an dem Ort versammelten – ein paar, um zu helfen, die meisten jedoch, um zu gaffen. Der Schniefer schimpfte über die vielen Fuhrwerke und wie überladen sie seien.

»Nirgends mehr ist ein Durchkommen, weil sie aufladen bis in den Himmel und hernach keinen Platz auf dem Chiff... Boot kriegen, und wenn Regen kommt und Dunst, fängt das Getreid an zu stinken und zu dampfen – und dann gibts einen gewaltigen Abchag ... Abchag ...«

»Einen Abzug gibt es halt«, sagte sie gedankenverloren. Er nickte.

»Abzug.« Sie stellte ihm einige Fragen über die Fuhrwerke, und er erzählte ihr von dem vielen Getreide, das von Ravensburg, Biberach und bis von Ulm hierher kam, wo es aber nicht gelagert werden könne, weil die feinen Herren Kaufleute alles mit Salz vollschütteten und mit Stoffen und anderem Plunder. »Als fräßen sie nicht jeden Tag ihr Brot! Auf die Dachspeicher kann man das Getreid nicht alles mehr geben. Die Inselhäuser krachen eh bald auseinander.«

»Man bräucht halt ein Lagerhaus«, meinte Franzisca, »... schön trocken und sicher gegen die Mäuse, in das man mit den Fuhren einfahren kann. Von dort könnt man das Korn dann direkt zum Schiff fahren – und zwar genau dann, wenn es auch geladen werden kann. Was meinst du?«

»Ha, bis unters Dach täten die feisten Händler den Schuppen laden.«

Es dauerte noch eine Weile, bis sie passieren konnten. Bald kam Lindau in Sicht, und am Weg lag die Zufahrt zu einem Gehöft, das ein Stück abseits der Straße im Schatten alter Linden und Buchen stand. Es war verlassen, seit die alte Bäuerin dort gestorben war. Wer wollte schon einsam außerhalb der Stadt leben? Der Garten hinter dem Haus verwilderte schon. Es war ein kleines Haus mit Stallungen und ein wenig Grund herum.

Ein Abschied

Ein zweispänniger Landauer fuhr den Schwarzachtobel empor. In Alberschwende blieben der Kutscher und sein Fahrgast für eine Nacht, um schon in der Morgendämmerung wieder aufzubrechen. Am Nachmittag erreichte das Gefährt Bezau. Wolken hingen über dem Tal und verdeckten den Blick auf die Felsgrate und Gipfel. Die Kutsche hielt vor dem Pfarrhaus, und der Kutscher musste seinem Fahrgast, einem fülligen Geistlichen, aus dem Wagen helfen. Danach trug er einige Kisten und Koffer ins Haus. Der Monsignore schlug den Staub der Reise von seiner Soutane ab und sah sich missvergnügt um. Es war hier in der Tat weit ab, so wie es ihm der Generalvikar beschrieben hatte.

Die Köchin war verdutzt, denn von einem Besuch hatte niemand etwas erwähnt. Sie brachte ihn in die Amtsstube. Dort war der Pfarrer gerade mit Eintragungen in die Kirchenbücher befasst. Viele Beerdigungen und Taufen mussten amtlich gemacht werden. Über diese Arbeit war er derart versunken, dass ihm das Klirren des Gespanns vor dem Haus und die dröhnende Stimme des Monsignore ganz entgangen war. Der drückte ihm herzlich die Hand und lächelte aus kleinen, hinterhältigen Augen. Als die Köchin die Türe geschlossen hatte und ihre Tritte die Treppe hinab leiser wurden, verfinsterte sich die Miene des Ankömmlings. Aus dem Faltenwurf über seinem beachtlichen Bauch holte er ein gesiegeltes Schreiben und schob es zu ihm über den Tisch.

»Lest! Lest es in Ruhe. Gerne will ich den Raum verlassen, wenn Ihr es wünscht.« Der Pfarrer erkannte das Siegel des Bistums, brach es und entfaltete den Brief. Obwohl er ahnte, welcher Inhalt ihn erwartete, verspürte er keine Aufregung. Seine Hände blieben ruhig, seine Miene spiegelte Belanglosigkeit. Der Besucher nahm die Situation irritiert wahr, denn in diesen Dingen hatte er eine gewisse Erfahrung. Viel hatte er schon erleben müssen. Mit einem derart gefassten Gegenüber war er jedoch bislang noch nicht konfrontiert worden.

Als der Pfarrer zu Ende gelesen hatte, richtete er allein die schlichte Frage an den Fremden: »Noch diese Woche?«

»Ja. Der Kutscher wird ihn bis Bregenz mitnehmen. Von dort nehme er bestens die Postkutsche über Ravensburg und Ulm – von den Schiffen rate ich ab.« Nach einem Augenblick hob er in Empörung über die Gleichgültigkeit des Pfarrers an: »Es kann nicht sein, dass unter unseren Augen die schlimmsten Ausschweifungen stattfinden ... die schlimmsten Ausschweifungen.« Doch der Pfarrer ließ sich nicht zu einer Gemütsregung hinreißen. Er faltete den Brief achtsam zusammen und fragte ruhig: »Zell im Wiesental?«

»Oh ja, ein hübscher Flecken«, log der Ankömmling, der noch niemals auch nur in der Nähe des Ortes gewesen war. Er sah ein, dass hier jede Strafpredigt zwecklos war. Dann wurde er förmlich. »Für den morgigen Tag ist die Übernahme vorgesehen, tags darauf kann er packen. Ich werde mich derweil daselbst dem Landammann vorstellen. Am dritten Tag frühmorgens geht die Kutsche. Er wird es genießen können, denn es ist eine der modernen mit einer neuen, wundervollen Aufhängung, und wenn man dem braven Kutscher ein paar Becher Wein spendiert, wird es eine bequeme Fahrt.« Der Pfarrer nickte.

Am Abend saßen alle in der Stube um den Tisch und aßen. Der neue Pfarrer lobte die Köchin, was sie verlegen werden ließ. Kaum dass Platz in seinem Maul war, plapperte er belanglos in die Runde: »Unser Christentum ist eine Brotreligion – immer geht es um Brot.« Während er seine Binsenweisheiten von sich gab, dachte er insgeheim an den Wein, denn mehr noch war das Christentum eine Weinreligion, und die wenigen Flaschen, die da im Keller lieblos in einer Ecke lagen, hatten sein Missfallen erregt. Er erzählte von den Gasthöfen im Wald, in denen er auf der langen Reise genächtigt hatte, und lobte deren Küche. »Man speist dort ganz nach der französischen Art, ohne jedoch den bei den Franzosen üblichen raffinierten Aufwand dabei zu treiben. Es ist somit alles auf das Wesentliche gerichtet.« Niemand entgegnete ihm etwas. Die Köchin lächelte unsicher. Was wollte der unangemeldete Besuch im Haus?

Die fremde Kutsche und der Monsignore waren im Ort nicht unentdeckt geblieben, und schnell gab es Gerede. Der Kutscher brachte die Pferde im Stall der Krone unter, weil in der Gams kein Platz mehr war. Zwei Planwagen waren angekommen, von Soldaten bewacht. Die Offiziere hatten Quartier dort bezogen, und der bucklige Sephi war glücklich über die rassigen Trakehner. Der Kutscher verbrachte den Abend im Hirschen, weil er keine Lust hatte, am Pfaffentisch zu hocken. Wie es kommen musste, verplapperte er sich spät am Abend, als ihm herausrutschte, den Herrn Pfarrer mitnehmen zu müssen. Die Nachricht verbreitete sich noch in der Nacht, als trüge sie der Wind durch die Talschaft. Nur einen Flecken ließ dieser Wind aus – den Drieberhof.

Am Tag der Abreise des Pfarrers war die Hausmagd der Drieberin morgens im Dorf, um Besorgungen beim Tabakhändler Moosbrugger zu tätigen, als ihr eine gehässige Nachbarin in den Nacken zischte, dass es nun mit der unvorstellbaren Sünd am Drieberhof ein Ende habe, gerade so als wäre die Magd die Ursache oder hätte einen Einfluss auf den Gang der Dinge gehabt. Als sie irritiert von dieser Bemerkung die Kreuzer auf den Tisch zählte, fragte sie der Moosbrugger leise, ob sie denn nicht wisse, dass der Pfarrer heute abreisen solle. Erschrocken starrte sie ihn an.

»Der Pfarrer ... abreisen ... heute?« Er nickte.

»Ja, noch am Vormittag soll es bis Bregenz gehen ... die Obrigkeit hat einen andern geschickt. Vor drei Tagen ist die Kutsche gekommen.«

»Jesses Maria!« Sie bekreuzigte sich, ohne eigentlich zu wissen, weshalb, packte schnell ihre Sachen zusammen und eilte zurück. »Drieberin ... Drieberin!«, rief sie aufgeregt, als sie am Hof ankam und erzählte, was sie erfahren hatte.

»Heute?«, fragte die, ohne ein besonderes Erschrecken zu zeigen. Es gab nichts mehr, was sie erschreckte. Sie legte eine Hand auf ihren Bauch.

»Ja, und vielleicht ist die Kutsche sogar schon auf dem Weg nach Bregenz.«

Die Drieberin warf schnell ein Tuch um und lief über die Weide hinüber in Richtung Dorf, ohne zu wissen, warum und zu welchem Zweck. Sie kam gerade noch rechtzeitig, um zu sehen, wie der Landauer mit zurückgeschlagenem Verdeck den Weg entlang kam. Sie stieg die kleine Böschung nach oben – niemand sollte auf sie herabsehen. Der Kutscher wunderte sich über die Frau da am Wegesrand und ließ die Pferde mit langsamem Schritt gehen. Der Pfarrer sah ihr schon von Weitem in die Augen. Er kauerte bleich in seinem Sitz. Der Weg beschrieb einen weiten Bogen um den kleinen Hügel, auf dem die Drieberin stand. Und während sie ihn anstarrte, zogen die Bilder der Vergangenheit an ihr vorbei – ihre geheimen Treffen, ihre unfassbare Nähe zueinander. Was er jetzt wohl dachte, fühlte? Keiner von beiden zeigte eine äußerliche Regung. Die Kutsche passierte, und sie drehte sich mit ihr, blickte ihr nach. Für ein kurzes Stück waren sich ihre Augen noch einmal ganz nahe, klebten aneinander – dann verloren sie sich. Er sah nicht zurück, sondern nach vorne, in eine Zukunft, die für ihn Zell im Wiesental hieß. Sie blieb stehen, bis nichts mehr von der Kutsche zu sehen war. Es schmerzte sie unendlich, obwohl sie erwartet hatte, dass ein solcher Tag kommen würde. Doch nun? Hätte sie ihm etwas sagen sollen von seinem Kind? Hätte es eine Zukunft geben können? – Nicht in dieser Welt. Sie fühlte keinen Schwindel und keine Schwäche und doch torkelte sie auf dem Rückweg. Es gab einiges zu richten. Niemand merkte, wie oft sie sich festhalten musste.

In der Erbsache um den Hof war ein Termin beim Landammann anfällig, der ohne jegliche Irritation verlief. Da die Tochter durch die großzügige Mitgift nicht mehr Teil der Erbfamilie war, saßen nur noch der Veit und die Drieberin in der Amtsstube. Sie sprach keinen Ton, und der Landammann war froh, als die Formalitäten erledigt und die beiden aus dem Haus waren. Wer seinen Stolz verletzte, war in seinem Herzen auf ewig gezeichnet.

Gleich am nächsten Tag ließ sie sich vom Pferdeknecht nach Dornbirn fahren. Beim Ganswirt fragte sie nach dem neuen Advokaten. Der junge Kerl war kaum älter als der Veit, hatte angenehme Räume mieten können, und in seinem Amtszimmer hingen herrliche Gemälde. Sie erkannte einige Gipfel und den Bodensee. Der Bursche machte einen aufgeräumten Eindruck, und sie wies ihn an, ihr Testament aufzusetzen. Sie wusste genau, was sie wollte.

Während er schrieb und anschließend kopierte, wanderte ihr Blick wieder über die Kunstwerke. So etwas hätte sie auch gerne im Haus gehabt. Eine neue Zeit war wohl angebrochen. Statt Kruzifix, Familienporträts und Heiligenbildern hingen sich die jungen Leute nun Gemälde mit Landschaften an die Wand: Seen, Berge, Kühe, Hirten, grüne Auen, Bäche, Tränken und immer wieder aufragende Bäume und Blicke auf Wasserfälle und Felsen.

Ihre wenigen Fragen konnte er schnell und präzise beantworten. Im Ganswirt ließ sie sich ein schlichtes Abendmahl auf die Kammer bringen, weil ihr die Wirtsstube zu umtriebig war. Am Nachmittag des nächsten Tages langten sie wieder am Hof an. Das Madle freute sich ehrlich, und die Drieberin strich der Kleinen zärtlich über den Kopf, als sie aus der Kutsche stieg. Gerne hätte das schmächtige Ding etwas zu ihr gesagt – etwas Tröstendes. Sie fühlte die Eigenart der Stimmung, die seit dem Tod des Bauern und dem Weggang des Pfarrers über dem Hof lag. Als hätte die Drieberin ihre düsteren Gedanken geahnt, sagte sie leise: »Musst dich nicht sorgen, Madle, musst dich nicht sorgen.« Doch so wie sie die Worte sprach, fachten sie ihre Angst noch mehr an, weil sie etwas Endgültiges, Unumkehrbares in sich trugen.

Die Tage schleppten sich dahin. Der Veit wusste nicht, was, wann und wie zu tun war. War seine Mutter zugegen, traute er sich keinen Ton zu sagen, und schlich herum wie ein ängstliches Vieh. An den Abenden und an den Wochenenden trieb er sich herum, doch statt in der Gams oder in der Krone fühlte er sich in der wilden Gesellschaft des Löwen wohler, wo der Tod des Wirts schon lange vergessen war und Schnaps und Wollust die Stimmung auf der Höhe hielten.

An einem Samstagmorgen, es war der Tag des heiligen Nikodemus, ging die Drieberin in die Frühmesse. Zuletzt hatte es ausgiebig geregnet, und es war er erste Tag, an welchem der Blick auf die Morgensterne wieder frei war. Keine der anderen Frauen wollte sich neben sie setzen, als wäre sie aussätzig. So hockte sie also alleine in einer Bank, doch es machte ihr nichts aus. Der feiste Pfarrer belustigte sie, weil von ihm nicht annähernd eine Aura des Heiligen ausging. Lediglich eine Stelle der Messe berührte sie. Es war, als er aus dem Johannesevangelium vorlas.

Der Wind weht, wo er will; du hörst sein Brausen, weißt aber nicht, woher er kommt und wohin er geht. So ist es mit jedem, der aus dem Geist geboren ist.[1]

Sie lächelte. Ja, der Wind weht, wo er will. Als sie den Weg hierher gegangen war, hatte eine leichte Brise sie umfangen, und sie hatte sich tatsächlich gefragt, woher er kam.

Nach der Messe nahm sie nicht den Weg zurück zum Hof, sondern lief nach Süden, dem Rauschen der Bregenzerach zu. Sie kam am Gehöft des Schaffers vorbei, der gerade damit befasst war, einige Stapel Felle in die groben Leinensäcke zu stopfen, in denen sie nach Bregenz zum Schiff gingen. Er rief ihr trotz allem einen Gruß zu und sah verwundert, wie sie in Richtung Bizau lief und hinter den Gehöften am Ellenbogen verschwand.

Es wurde Abend. Als sie auch da noch nicht nach Hause kam, er-

---

1 Johannes 3, 8.

fasste das Madle eine schauderhafte Ahnung. Alle spürten, wie sehr eine Katastrophe, ein Unglück in der Luft hing. Der Veit hielt irgendwo Schmarotzer aus. Die Hausmagd schickte die Knechte los, die Bäuerin zu suchen, und ging selbst ins Dorf, um die Leute zu verständigen. Noch in der Nacht zogen Trupps durch die Gassen, mit Fackeln und Laternen. Der Schaffer führte einen davon an. Er traf auf den buckligen Sephi, der gerade mit zwei Pferden von Bizau zurückkehrte. Er wollte die Drieberin am Weg zum Känzele gesehen haben. Kurz vor Mitternacht wurde die Suche abgebrochen. Was sollte man auch tun und wo suchen in der Nacht?

Das Madle hatte ein Bündel gepackt und war zum Stieglerhof gelaufen. Dem Veit wollte sie auf dem Drieberhof nicht allein begegnen.

Erst nach zwei weiteren Tagen fanden Hirtenbuben den zerschmetterten Leichnam auf einer kleinen Felsplatte unterhalb des Känzele liegen. Ein Schwarm Raben, der im Streit mit Greifvögeln lag, hatte sie aufmerksam gemacht. Es dauerte einige Zeit, bis man die Drieberin bergen und schließlich zur Beerdigung herrichten konnte. Sie war schrecklich zerschlagen.

Ihre Leich ging still vonstatten. Die zwei zähen kleinen Mädchen, die nichts Gutes von ihr erfahren hatten, weinten bitterlich ehrliche Tränen. Der neue Herr im Pfarrhof predigte so, wie er an jedem Tag predigte, und es hätte auch zu einer Hochzeit, einer Sonntagsmesse oder einem anderen Kirchentag passen können. So sehr die Drieberin auch verhasst und beneidet gewesen war und so sehr der alte Pfarrer mit ihr die gültige Moral verletzt hatte, so sehr empfanden die Menschen doch Abscheu vor der Gleichgültigkeit des neuen geistlichen Herrn. Schon nach seiner Ankunft hatte er in der ersten Messe verlauten lassen, wie müßig es doch sei, gegen die Gebrechen der Zeit zu Felde zu ziehen. Er schleppte sich herum, und jeder sah, wie müde er vom Essen und Trinken war.

Auch der Gnetzer mischte sich unter die Trauergemeinde und gesellte sich mal der einen, mal der anderen Gruppe zu, um seine

Phrasen zu krächzen. Er trug ein dunkelblaues Kamisol und ein weißes Hemd, was ihn hätte vornehm erscheinen lassen, wären nicht die klebrigen schwarzgrauen Haarsträhnen gewesen, die wirr unter dem Dreispitz hervorguckten. Er ging mit betrübter Miene umher und erzählte hier und da von dem Unverständnis über das Unglück. Unglück war das Wort, das die Runde machte. Es musste ein Unglück gewesen sein. Der Gnetzer sprach von dem guten Verhältnis, welches er schon immer zum Drieberhof gehabt habe, und wie einvernehmlich sie einander entgegengekommen seien, als es um den Stieglerhof ging. Er betonte, wie sehr er sich freue, nun endlich dort oben seine Heimat zu finden. So hinkte er durch die Menge, von einem zum anderen, und spürte etwas, das eine Aufregung in ihm erzeugte und einen dünnen Schweißfilm auf seine Stirn legte: Ablehnung. Das Wort selbst kam ihm nicht vor Augen – nur die Empfindung. In allen Gesichtern las er, wie unerwünscht er war. Und es war das erste Mal, dass er es als unangenehm empfand, so unangenehm, dass er sich an den Rand der Gemeinde begab, wie von unsichtbaren Händen geschoben.

Noch jemand stand abseits und beobachtete alles – der Schaffer. Er hatte den Gnetzer im Blick, wie er sich mit dem Tuch den Schweiß von der Stirn wischte. Als fühlte der Gnetzer den Blick des Schaffers, drehte er den Kopf in seine Richtung und zuckte zusammen, als er in die heißen Augen blickte. Schnell nahm er seinen Stock und machte sich um die Ecke. Er würde es ihnen allen schon noch zeigen, schwor er sich. Er blieb im Dorf und nächtigte in einer Dachkammer im Löwen. Die Wirtin war ihm noch einiges schuldig.

Das Madle hatte ihn beim Leichenbegängnis nicht mehr aus den Augen gelassen, bis sie ihn im Löwen verschwinden sah. Am Vortag hatte sie einen Brief erhalten. Sie – einen Brief! Am Gartenzaun vor dem Haus hatte sie gestanden mit einem alten angeschlagenen Schmalztopf in der Hand, darin das zerstampfte Futter für die Gänse, Enten und Hühner. Der Postgänger nahm den Weg gerade dem Hof zu, blieb vor ihr stehen und gruschelte fluchend in der Ledertasche.

»Kannst denn überhaupt lesen, Madle?«, fragte er und grinste wohlwollend. »Der ist nämlich für dich.« Er hielt einen Brief vor ihre Augen und schüttelte ihn. Sie lächelte in sich hinein – obwohl sie hörte, verstand sie nicht. Wer sollte ihr schreiben? Nach dem Brief zu greifen, den er ihr auffordernd hinhielt, traute sie sich nicht. »Ja, nimm schon! Du bist doch die Annamaria Feustel, nicht wahr? So hat es mir der Landammann jedenfalls gesagt«, plärrte er. Den Ansatz eines verständigen Nickens versteckte sie in einer Art Knicks und griff zögernd nach dem Brief. Das Schreiben kam vom Gericht. Der Postgänger gab ihr auch noch einen zweiten Brief. »Der ist für den Veit. Ich habe ihn im Dorf drunten beim Löwen gesehen. Ich wollt ihm den Brief da nicht geben, nicht dass er ihn ...« Er machte eine wegwerfende Handbewegung und sah auf das stolze Wälderhaus. »So ein Jammer ... es ist ein Jammer ...« Er deutete auf die Anschrift auf dem Brief und schrie zwei Mal laut »Veit!«, als wäre sie nur schwerhörig und nicht taub. Sie lächelte ihr Lächeln und nickte. Er zog zufrieden davon.

Drinnen brach sie das Siegel und öffnete vorsichtig das Schreiben. Sie sollte zum Landammann kommen. Der neunundzwanzigste September war als Termin genannt – Michaeli! Ihre beiden Herzen pochten – das taube und das hörende –, und sie fasste sich an die Brust. Was sollte sie dort, beim Landammann? Würde man sie von Gerichts wegen an jemanden geben?

Der Kompagnon

Franzisca war auf den langen Gängen nach Lindau und entlang des Seeufers zur Ruhe gekommen und nutzte die Zeit, sich zu fragen, wie es nun weitergehen sollte für sie und ihre Tochter. Regelmäßig traf ein Brief im *Haus zum Baumgarten* ein, in welchem die schweigsame Amme aus Marul mit wenigen und einfachen Worten mitteilte, wie es stand. So hatten sie es vereinbart. Es ging Katharina gut.

Im Haus der Frau von Seutter war ihr viel Neues zugekommen, was sie auf andere Weise durch die Welt gehen ließ. Hier lagen Journale herum, die von schöngeistigen Dingen berichteten und die vielen Besuche von Reisenden mit den ausgiebigen Essen, bei denen viel über die Geschäfte gesprochen wurde, weckten bei Franzisca das Interesse für den Handel. Ihre Besuche im Hafen dienten nun nicht mehr der Zerstreuung. Vielmehr beobachtete sie das Entladen und Beladen der Lädinen und Segner, schaute, welche Waren ankamen und welche die Stadt verließen. In den Gassen schließlich musterte sie die Läden der Kaufleute und warf ihre Blicke in die Lager der Händler – und sie sprach viel mit dem Schniefer. Einmal, als sie fragte, ob er denn für sie arbeiten würde, wenn sie einmal einen Kutscher anstellen könne, lachte er laut und warf seinen Hut in die Luft.

»Es stimmt, was die Leut über dich sagen – eine Verrückte bist und eigen, und ganz andere Gedanken hast, aber ich würd sofort für dich arbeiten, ja.« Ihr Plan nahm Formen an, sie musste mit dem Juden Salomon sprechen.

An einem der folgenden Abende erzählte der Pfarrer vom Tod eines jüdischen Jungen aus Illertissen, der am Leiblachsberg in einer Scheune vor Entkräftung gestorben war. Es rührte sie, als sie hörte, wie seine Schwester bei dem Leichnam ausharrte, während die anderen Betteljuden ihre Angehörigen in Hohenems herbeiholen wollten. Der Pfarrer erzählte es wie nebenbei.

»Eine Abordnung des Lindauer Magistrats unter Leitung des Registrators Riesch hat den Leichnam schließlich in die Stadt geholt. Der Riesch war an der Zollschranke in der Hangnach recht energisch gegen den Amtskollegen aus Bösenreutin vorgegangen, der von den Juden Stolgeld für den Leichnam verlangte, obschon er ihn ja gar nicht beerdigen würde.« Seine Miene verriet Unverständnis. Franzisca war wie elektrisiert und fragte: »Was wird jetzt mit dem Judenjungen?«

»Ein Rabbiner und seine Leut aus Hohenems sollen heute gekommen sein. In einer Ecke an der Kröllschen Kapelle dürfen sie ihn beerdigen.«

In der Nacht holte sie das Papier aus der Schatulle – jenes mit den fremdartigen Schriftzeichen. Am nächsten Tag machte sie sich auf den Weg nach Lindau und fragte nach den Juden, die sie schließlich auf dem Festland fand, wo sie in der Scheuer neben dem Rainhaus bleiben durften. Sie sprach einen der älteren von ihnen an und gab ihm das Papier, das er ohne äußere Regung überflog und sie fragend ansah.

»Ihr wollt Gulden?«

»Nein, nein. Den Juden Salomon muss ich sehen. Könnt Ihr ihm das bestellen? Er soll mir schreiben, wann er in nächster Zeit in Lindau weilt. Ich muss ihn sprechen.«

»In Lindau wird er oft nicht sein. Es ist uns Juden verboten, in den Gasthäusern auf der Insel zu übernachten.« Das hatte sie nicht gewusst.

»Verboten?«

»Ja. Aber ich werde es ihm bestellen, und er wird Euch schreiben.« Er notierte ihren Namen auf die Innenseite eines Buches. Als er den Pfarrhof in Oberreitnau daneben setzen wollte, legte sie ihm sachte die Hand auf den Arm.

»Nicht … schreibt Lindau, Haus zum Baumgarten. Es wird mich erreichen.«

Schneller als sie erwartet hatte, erhielt sie Antwort von Salomon, und zwei Wochen darauf trafen sie sich in der Abgeschiedenheit des Pulverturms. Älter und noch hagerer erschien er ihr, die Haare waren ganz weiß geworden, was in ihr die Frage aufkommen ließ, wie sehr sie selbst sich wohl verändert hatte seit ihrem letzten Treffen. So Bedeutsames war seither geschehen. Aus einem unbekannten Grund erzählte sie ihm alles. Alles. Ihre gesamte Geschichte. Ohne Emotion. Es klang, als berichtete sie ihm vom Schicksal einer fremden Frau. Er war ein geduldiger Zuhörer, und als sie geendet hatte, fragte er: »Eigenständig will sie also leben … mit ihrer Tochter?«

»Ja.«

»Mhm, wer wollte das nicht. Aber wie will sie es anstellen?«, fragte er, wobei seine Finger mit dem dünnen Bart spielten. »Will sie weben, sticken oder spinnen … und wann geht sie wieder zurück in den Wald?« Sie schüttelte energisch den Kopf.

»Ich gehe nicht zurück. Ich muss etwas Neues beginnen, etwas ganz Neues.« Sie zögerte einen Moment, bevor sie schließlich mit Bestimmtheit sagte: »Ich möchte eine Faktorei[1] betreiben.« Er sah sie verwundert an.

»Ein Lagerhaus? Wie soll das funktionieren?«

»Die Händler brauchen Platz zum Lagern und Kutschen, die ihre Waren zum Schiff bringen oder vom Schiff holen, und sie wollen ihre Sache sicher und wohlbehalten behandelt wissen.«

»Und was will sie lagern?«

»Eben alles das, was von Lindau aus gehandelt wird – vor allem Getreide, Stoffe und Wein. Für das Salz werde ich kein Recht bekommen.« Er wiegte den Kopf. Sie sprach schnell weiter. »Von hier gehen alle Waren in die Schweiz und nach Italien – Leinwand,

---

1   Handelshaus, Umschlagplatz.

Leinöl, Tabak, Seifen, Leder, Eisenwaren und Baumwolle, Seide, Tuch- und Wollwaren, Wein und Salz. Ich will nicht selbst Handel treiben, versteht er, nur die Waren zwischenlagern. Dafür kann ich einen Kontrakt vom Magistrat bekommen.« Er blieb skeptisch.

»Ja, die Erlaubnis des Magistrats ist erforderlich.«

»Ich werde ihn bekommen. Ich weiß es schon.« Salomon sah sie aus engen Augen an und überlegte. Überzeugt schien er von ihrer Idee nicht.

»Mhm. Soso … sie weiß es schon. Es ist gut, etwas zu wissen. Sie weiß aber auch – auf der Inselstadt hat es zwei Eisenwarenhändler, vier Weinhändler, zwei Leinwandhändler, einen Pelzhändler, zwei Quincaillerien[2], acht Spezereiwarenhändler, drei Seiden-, Tuch- und Wollhändler. Diese Kaufleutfamilien haben einen jährlichen Umsatz von fast vierhunderttausend Gulden im Jahr, und der größte Teil von ihnen ist zudem als Spediteur tätig. Wo will sie da noch Fuß fassen? Ich glaube nicht, dass sie einen Kontrakt bekommen wird, denn in Lindau ist man immer mit dem, was ist, zufrieden und ändert von sich aus an Bestehendem nichts. Solange ihnen ein Fischlein in der Suppe schwimmt und ein Huhn am Spieß brät … sie brauchen Zwang, so wie seinerzeit als die Buchhorner den Vertrag mit Bayern schlossen, das Reichenhaller Salz für den Handel in die Schweiz zu lagern. Erst dann errichteten sie ein Salzlager. Fast zwanzig Jahre hatten sie zugesehen, wie man woanders gute Geschäfte machte. Mit dem Kontrakt … ich sehe da Schwierigkeiten.« Seine Miene wurde finster. »Und dann – alle diese Waren, ein rechtes Durcheinander, das viel Mühe und Arbeit macht.« Sie blieb hartnäckig. »Jaja, es stimmt alles, was er sagt, doch die Speditionen versorgen nur die eigenen Geschäfte und die der anderen eben nur schlecht. Ich will den Händlern Versorgung bieten, die keine Dependance in Lindau haben, vor allem den Kornhändlern aus Oberschwaben. Ein Drittel aller Getreidesendungen am Bodensee geht

2   Haushaltswaren, Eisen- und Blechwaren.

über Lindau in die Schweiz, und es wird so bleiben, denn sie haben dort nicht genügend Felder – nur Weiden. Lindau hingegen lebt nur vom Handel – schau er sich doch die Krangauben an, an jedem Haus eine. Die paar Gewerbe – eine Brauerei, eine Rotgerberei, eine Nestelfabrik [1]und eine Buchdruckerei – mehr gibt es nicht. Lindau handelt mit der Schweiz, mit der Lombardei und Venedig. Ohne Lager wird es nicht gehen, und auf der Inselstadt ist kein Platz mehr. Erst letzte Woche ist einem Getreidehändler eine ganze Fuhre am Hafen verregnet, und ein Stoffhändler hat ein fürchterliches Geschrei gemacht über den Moder, der in das Leinen gekommen ist, weil es auf dem Fuhrwerk am Hafen zwei Tage auf das Verladen warten musste und der feuchte Dunst in die Ballen kroch.«

Salomon zeigte nicht, wie beeindruckt er von ihrem Geschäftssinn war, sondern stellte nüchtern fest: »Alle Waren kann man nicht handeln – Getreide und Wein ist eine sichere Sache – vielleicht noch Stoffe. Alles andere lass sein, denn es passt nicht dazu. Ein paar Weinfässer und Weinkisten tun dem Korn und den Stoffen nicht weh. Und wo soll das Lagerhaus stehen? Auf der Insel ist kein Platz, da hat sie recht.«

»Gleich drüben auf dem Festland.«

»Soso ... auf dem Festland hat sie ein Gehöft gefunden?«

»Ja. Ich weiß von einem kleinen Haus, das zum Verkauf steht. Es sind Stallungen dabei und genügend Grund. Das Lagerhaus müsste man noch bauen ...«, sie sprach schneller, um einem etwaigen Einwand von ihm zuvorzukommen, »... es liegt direkt am Weg von Tettnang und Wangen her, wo alle Fuhrwerke vorbeikommen, und es ist ganz nah zur Insel – und es ist trocken dort, und ein neues Lagerhaus könnte so gebaut sein, dass das Getreide vor den Mäusen sicher ist. Der Poschter hat bei der Stadt eine Eingabe für ein Lagerhaus hinter dem Rainhaus gemacht, was aber abgelehnt wurde,

---

1   Herstellung von Bändern und Schnüren aus verschiedenen Materialien und Techniken.

weil es zu nah an der Insel ist und die Kaufleute von dort keine Konkurrenz zulassen. Das Gehöft, das ich meine, liegt aber weit genug außerhalb der Stadt ... und man sieht von dort auf den See hinab und auf die Berge.« Er sah sie eine Weile nachdenklich an.

»Mhm ... bauen ... bauen?!«

»Ja ... bauen. Die Fuhrleute sollen in das Lager einfahren können und schnell und einfach sowohl be- und entladen können. Ich habe jemanden, der sich damit auskennt und die Pferde und Fuhrwerke versorgen wird. Meine Frage ist: Reicht mein Vermögen dazu?«

»Euer Vermögen ist nicht gering, und die Geschäfte sind gut gelaufen ... keines der Schiffe ist gesunken, keines abgebrannt, und dennoch ... es ist ein teures Unterfangen. Der Kauf, dann der Bau, und Ihr braucht selbst Fuhrwerke, Pferde, Futter für das Vieh, einen Pferdeknecht und eine Hausmagd, denn Ihr müsst Euch um die Geschäfte kümmern, um das Spedieren, Organisieren und Überwachen – und nicht zuletzt braucht Ihr ausreichend Kapital, um ein Jahr zu existieren, ohne von den Umsätzen abhängig zu sein ... und einen kleinen Rest als Sicherheit natürlich.« Er zog seine Augen schmal und senkte die Stimme. »Ihr bräuchtet einen Kompagnon.«

»Nein, nein ... nein!«, wehrte sie entschieden ab und hob die Hände. »Keinen Kompagnon ... es funktioniert nur alleine ... ich möchte selbst bestimmen.« Er ächzte leise.

»Selbst, selbst, selbst bestimmen. Niemand kann selbst bestimmen, nicht einmal ein Kaiser.« Bevor sie etwas erwiderte, sagte er: »Dreißig von Hundert!« Sie verstand nicht, was er meinte.

»Dreißig von Hundert?«

»Die Beteiligung. Dreißig von Hundert«, erklärte er.

»Welche Beteiligung?«

»Meine Beteiligung. Ich werde mich beteiligen – mit Dreißig von Hundert. Niemand aber darf davon erfahren, wenn es Erfolg haben soll – niemand.« Ohne zu wissen, dass sie damit das Geschäft eingegangen war, flüsterte sie: »Niemand wird etwas erfahren.« Salomon stand auf.

»Ich will mir das Haus ansehen und den Grund.« Franzisca lächelte.

»Niemand wird das Haus sehen, bevor ich es nicht gekauft habe.« Er legte die Stirn in Falten und sah sie lange durchdringend an. Diese Frau wusste, was sie wollte.

»Wir werden uns noch einige Male treffen müssen, was mir aber keine Umstände bereitet, da ich mit Vorbereitungen für eine Hochzeit befasst bin, die in einiger Zeit in Lindau stattfinden wird – die erste Hochzeit für uns in der Inselstadt. Die Zeiten ändern sich. Es werden viele Kaufleute aus Augsburg kommen und aus Hohenems. Ihr findet mich im Gullmanschen Haus am Paradiesplatz. Lasst mich wissen, wenn die Verfügung des Kaufpreises erforderlich ist. Ich stelle Euch dazu einen Plan auf.« Schon im Gehen begriffen drehte er sich noch einmal um. »Wie heißt sie?«

»Wer?«

»Eure Tochter, wie heißt sie?« Ihre Kehle wurde eng und rau, weshalb sie sich schwer tat, den Namen auszusprechen.

»Katharina … Katharina lautet ihr Name.«

*

Ein Vetter der alten Bäuerin war der Erbe des Bauerngehöfts in Hoyren. Er war Fergger[1] und lebte mit Frau und Kindern in Ravensburg. Franzisca wusste, dass es keinen weiteren Bewerber um das Gehöft gab, und er setzte überdies einen Preis an, der weit unter ihrer Erwartung lag. Beide waren zufrieden, als im Gericht zu Lindau die Urkunden gesiegelt wurden und Franzisca die dreihundertfünfzig Gulden zahlte. Jedes Mal, wenn sie am Grundstück vorbeikam, schlug ihr Herz heftig. Sie sah den Garten, wie sie ihn gestalten würde, sie hörte die Gänse, Hühner und Enten schnattern und krähen und das Wiehern der Pferde aus dem Stall – und sie roch die malzigen Aromen getrockneten Getreides.

---

1   Zumeist selbstständiger Zwischenhändler, Mittelsmann im Textilgewerbe.

Den Schniefer weihte sie bald in ihren Plan ein. Entgeistert sah er sie an. Sie forderte ihm Stillschweigen ab, weil sie ein schlechtes Gewissen vor dem Pfarrer hatte, mit dem sie irgendwann ja auch reden musste. Von niemandem anders sollte er es erfahren. In der Dämmerung eines Herbstabends besichtigte ihr Kompagnon aus Hohenems das Grundstück und hörte den Ausführungen des Schniefers zu, der mit ausgebreiteten Händen die Umrisse der Lagerhalle beschrieb und auf den Boden wies, der befestigt werden musste, damit die Fuhrwerke bei jedem Wetter ein- und ausfahren konnten. Franzisca stand am Gartentor und blickte hinunter nach Lindau, auf den See und die Berge dahinter.

Der Schaffer kam endlich auch einmal vorbei, spät im Jahr, als der See bereits von Herbststürmen geschüttelt wurde und die Bäume schon alle Blätter verloren hatten. Er war recht angetan von dem Hof, den Franzisca da gekauft hatte. Es war das erste Mal, dass sie den Eisenofen anschürte und sie in der Stube zusammenhockten. Im Frühjahr sollte es ihr Zuhause werden.

Er hatte Neuigkeiten und zögerte ein wenig, sie ihr mitzuteilen. Vom Tod der Drieberin hatte Franzisca schon erfahren. Ein Schiffer, den sie kannte, hatte in Bregenz davon gehört und es ihr erzählt. Der Schaffer tat geheimnisvoll.

»Was ist denn mit dir?!«, fragte sie ungeduldig.

»Euer Hof ...«, druckste er herum.

»Ja, was ist damit?«

»Er ist in neuen Besitz gekommen.«

»In neuen Besitz? Hat ihn der Veit etwa verkauft?« Er war überrascht, wie wenig Emotion sie inzwischen damit verband.

»Nein – der Veit konnte ihn gar nicht verkaufen, denn die Drieberin hat ihn als Teil ihres Erbes dem Madle vermacht.« Franzisca brauchte eine Weile, um zu verstehen.

»Das kleine, schmächtige ... das taubstumme Madle, das die Drieberin auf den Hof genommen hat?« Er nickte und erzählte ihr vom Madle und dem Kaspar und dass das kleine, schmächtige Ding so taubstumm gar nicht war. Sie wusste nicht, was sie dazu sagen sollte.

»Da werden sie aber eine schöne Nachbarschaft haben mit dem Gnetzer.« Er schüttelte den Kopf.

»Nein, nein, das wird keine Nachbarschaft geben. Der Muxel hat ihn neulich gefunden, als er zum Markt nach Egg unterwegs war. Mitten am Weg ist er gelegen …«

»Der Gnetzer?«

»Ja … tot. In seinem Hals steckte ein Dolch.« Sie stand auf vor Erschrecken und fasste sich unwillkürlich an den Hals und musste schlucken.

»Ein Dolch … im Hals?!«

»Ja … mitten im Hals, und man weiß nicht, wer es gewesen sein könnte. Keiner hat etwas gehört oder gesehen. Gerede geht natürlich herum, und manch einer rückt mit Geschichten über ihn heraus …« Er schüttelte den Kopf. »Ich glaube, jeder hat so eine elende Geschichte über den Kerl. Aber … er ist tot und ganz sicher in der Hölle gelandet, wo er auch hingehört.«

Sie schwiegen einander an.

Kein Mensch auf der Welt wusste von dem Morgen an Michaeli, als der Gnetzer durch die Talschaft gezogen war, von einem großen Gefühl beseelt – und das, wo er doch kaum so etwas wie eine Seele hatte. Ein frischer Morgenwind trieb Wolkenhaufen über die Bergspitzen, und die Blätter, die allen Saft verloren hatten, rauschten, als jammerten sie darüber, bald in der Erde vermodern zu müssen. Freude war in ihm – reine Freude.

Eine Gestalt war ihm in der Dämmerung entgegengekommen – zielstrebig und mit flinkem Schritt. Er kniff die Augen zusammen, sah aber nur den schwarzen Umhang, dessen Saum im Wind schlug. Es dauerte, bis er nah genug heran war und unter dem Stoff ein Gesicht erkannte. Er war stehen geblieben und hatte gelacht.

»Ja, Madle … bist du das …?«

Es waren nur wenige Meter, die sie voneinander trennten, und er erschrak, als sie plötzlich sprach: »Gott zum Gruß, Gnetzer. Ja, ich bins, Annamaria Feustel, das Madle, und von meinem Großvater soll ich dir einen recht schönen Gruß bestellen.«

Ohne das Maß ihrer Schritte zu ändern, lief sie auf ihn zu, zog ihre Hand unter dem Umhang hervor, in welcher ein Messer blitzte, und stach es ihm mit einer blitzartigen Bewegung quer durch den Hals, sodass die Messerspitze unter dem linken Ohr austrat. Sie blickte dem Kerl noch einmal fest in die Augen und verschwand dann hinter ihm ohne ein weiteres Wort. Er hätte sich gern umgedreht, er hätte sie gerne etwas gefragt, doch wusste er nicht, ob er vielleicht träumte. Heute … heute war doch der Tag, an dem er auf dem Stieglerhof Einzug halten würde. Dieser Tag war doch heute. Ganz natürlich war es ein Traum. Das Madle konnte doch nicht sprechen. Er wollte lachen über seine Gedanken und spürte diesen Koloss in seinem Hals und die Hitze und den Schwindel, und als er hatte schreien wollen, war er zur Seite gekippt und fühlte die harten Steine unter ihm und roch das modrige Gras. Vor seinen Augen kroch ein schwarzer Käfer über die Steine.

Der Muxler fand ihn etwa eine Stunde später am Weg.

*

Pfarrer Wagner wusste nicht, was er sagen sollte. Diese Franzisca würde ihm fehlen. Andererseits wäre mit ihrem Fortgang auch der schwelende Konflikt endlich aus dem Haus. Warum ausgerechnet auch der Schniefer gehen musste, verstand er nicht. Über den Winter und die Weihnachtsfeiertage versorgte Franzisca weiter den Haushalt des Pfarrers und überwachte gleichzeitig die Arbeiten am neuen Hof. Zu Lichtmess endete ihre Zeit im Pfarrhaus zu Oberreitnau. Katharina war schon seit den Weihnachtstagen bei der

Tante im *Haus zum Baumgarten*. Kein Wetter war schlecht genug, um Franzisca von den Gängen nach Lindau abzuhalten.

An einem duftigen Frühlingstag stand sie am Fenster ihres neuen Zuhauses und plante in Gedanken, wie der Garten aussehen sollte, wo welche Beete sein würden und welche Obstbäume sie pflanzen wollte. Birnen – sie träumte von süßen Birnen. Eine Amsel sang fröhlich im Holunder. Hinter dem Haus wurde die Halle aufgerichtet.

Am Weg drunten kam eine Gestalt daher, ein Mann mit breitkrempigem Hut und langem schwarzen Mantel. Ein dunkler Bart war auf die Entfernung hin zu erkennen. Er zog das Bein etwas nach. Ihr Blick folgte ihm, wie er nach der langen Kurve hinter einer Kuppe verschwand und bald darauf wieder auftauchte. Ohne innezuhalten, bog er vom Weg ab und kam auf das Haus zu. Sie wunderte sich, denn eigentlich kannte sie alle Arbeiter hier, und der Schniefer war gerade auf dem Weg, weiteres Bauholz zu holen.

Ihr Herz pochte, als es draußen an der Tür klopfte. Katharina lag in der Wiege an der Ofenbank und schlief. Vorsichtig öffnete sie die Tür. Ein Gesicht war vor lauter Bart nicht zu erkennen – aber die Augen, diese Augen kannte sie doch. Er lachte, doch seine Stimme klang nicht mehr jugendlich und naiv, sondern es schwang die Kenntnis schlimmer Erfahrung darin. Die linke Hand hing schlapp am Arm. Aus Erschrecken und Freude zugleich schlug sie die Hände vors Gesicht.

»Lucas«, flüsterte sie und konnte gar nicht glauben, wer da vor ihr stand. »Lucas!« Sie umarmte ihn lange. Als sie ihn endlich losließ, lachte er bitter.

»Genug Revolution … ich hab dich in Bezau gesucht und bin beim Schaffer gewesen, der mir gesagt hat, wo ich dich finde. Er hat mir alles erzählt … alles.« Sie strich ihm über die Haare.

»Soso, der Schaffer hat dir alles erzählt. Na dann komm herein … komm herein.«

Dank

Mein Dank gilt Karl ›Charly‹ Schweizer, der durch seine intensive Arbeit zur Geschichte Lindaus und seine unermüdliche Arbeit in den Archiven rund um den Bodensee die Gerichtsakte der Franzisca Mauchin ausfinding und publik gemacht hat.

Ich danke auch meiner Lektorin Susann Wendt, die viele gute und richtige Fragen gestellt hat und Franzisca Mauchin viel Zeit und Mühe gewidmet hat.

Jakob Maria Soedher

Lindau (B), im Januar 2018

Personenregister

I. Teil

Franzisca Mauchin

Jakob Mathis – junger Großbauer

Gnetzer – ein Lump

Schaffer – freier Schäfer

Ameisler – Jahrmarktheiler

Napimee – Frau vom Ameisler

Kaspar – Nachbar der Mauchins, Stieglerhof

Drieberin – hartleibige Bäuerin vom Drieberhof

Veit Drieber – ihr Sohn

Alte Drieberin – Großmutter von Franzisca,
Mutter des Drieberbauern

Elisabeth Mauchin – die Muhme Franziscas

Madle, Annamaria Feustel – taubstumme Magd
auf dem Drieberhof

Lucas – Hirte und Revolutionär

Lehner – Schindelmacher

Der bucklige Sephi – Viehknecht im Gasthof Gams

Maule – verrückte Alte, die nachts jammernd durch den
Talgrund zieht

Salomon Rosenfeld – jüdischer Händler und Geldanleger

Madligger – Lehrer

Johann Michael Beer – Stempelkommissär

Joseph Anton Muxel – Gastwirt im Hirschen

Josef Feuerstein – Gamswirt

Joseph Gabriel Moosbrugger – Tabakhändler

Anton Metzler – Landammann, Gastwirt und Unternehmer
aus Schwarzenberg

Advokat Franz Xaver Rechlin – Dornbirn, Advokat der
Drieberin

Adang – Pecher (Pechhersteller)

II. und III. Teil

Pfarrer Wagner – Gemeindepfarrer in Oberreitnau

Anna Christina Seutter von Loetzen – Bürgerfrau in Lindau

Landerl – Küchenmagd

Schniefer und Flaucher– zwei Knechte am Pfarrhof

Christina Malin – Magd der Goldschmiedemühle in Oberreitnau

Agatha Bernhardin – Magd in Oberreitnau

Mariana Günthörin – Magd in Oberreitnau

Maximilian Christoph von Rodt – Fürstbischof von Konstanz

Kiegele – Bauer vom Kiegelhof

Josef Schmied – Barbier zu Oberreitnau

Geheimer Rat Gaupp – Ermittler des Magistrats Lindau

Rechtskonsulent Kinkelin – Magistrat Lindau, Gerichtsschreiber